그림 한 장으로 보는

최신 IT 트렌드

최신 개정판

"ZUKAI" KORE 1MAI DE WAKARU SAISHIN IT TREND [KAITEI DAI 5 HAN] by Masanori Saito
Copyright © 2024 NetCommerce Inc.
All rights reserved.
Original Japanese edition published by Gijutsu-Hyoron Co., Ltd., Tokyo.

This Korean edition is published by arrangement with Gijutsu-Hyoron Co., Ltd., Tokyo in care of
Tuttle-Mori Agency, Inc., Tokyo, through Imprima Korea Agency, Seoul.

이 책의 한국어판 출판권은
Tuttle-Mori Agency, Inc., Tokyo와 Imprima Korea Agency를 통해
Gijutsu-Hyoron Co., Ltd., Tokyo와의 독점계약으로 정보문화사에 있습니다.
저작권법에 의해 한국 내에서 보호를 받는 저작물이므로 무단전재와 무단복제를 금합니다.

그림 한 장으로 보는
최신 IT 트렌드 최신 개정판

초판1쇄 인쇄 | 2025년 4월 25일
초판1쇄 발행 | 2025년 4월 30일

지 은 이 | Saito Masanori
옮 긴 이 | 김모세

발 행 인 | 이상만
발 행 처 | 정보문화사

책 임 편 집 | 노미라
편 집 진 행 | 명은별

주　　　소 | 서울시 종로구 동숭길 113 정보빌딩
전　　　화 | (02)3673-0114
팩　　　스 | (02)3673-0260
등　　　록 | 1990년 2월 14일 제 1-1013호
홈 페 이 지 | www.infopub.co.kr

I S B N | 979-11-991583-1-3

이 책은 저작권법에 따라 보호받는 저작물이므로 무단 전재와
무단 복제를 금하며, 이 책 내용의 전부 또는 일부를 사용하려면
반드시 저작권자와 정보문화사 발행인의 서면동의를 받아야 합니다.

※ 책값은 뒤표지에 있습니다.

들어가며

'그림 한 장으로 보는 최신 IT 트렌드(최신 개정판)'의 첫 페이지를 열어주셔서 감사합니다. 2015년 1판이 출간된 후 최신 개정판에 이르기까지 우리는 변함없이 여러분과 함께 IT 세계를 걸어왔습니다. 단지 기술의 진화를 지켜보는 것에 그치지 않고 그 기술이 우리 업무, 일상, 사회 전체에 어떤 영향을 미치는지 이해하고 공유했습니다.

이번 최신 개정판에서는 우리 주변에서 일어나고 있는 기술 혁신 속도가 그 어느 때보다 빨라진 것, 그 기술들이 우리 생활이나 비즈니스에 생각할 수 없을 만큼 깊은 영향을 미치는 것에 초점을 두었습니다. AI의 진화, 클라우드 컴퓨팅 보급, 빅데이터 활용, 사이버 보안의 중요성 향상, 그리고 최신 트렌드인 블록체인 기술이나 가상 현실 등 이 모든 것이 우리 생활을 근본부터 바꾸고 있습니다. 하지만 기술에 관한 이야기만으로 끝맺지는 않을 것입니다. 이 책은 이러한 기술들이 비즈니스나 사회에 어떤 영향을 미치는지, 그리고 그것을 어떻게 여러분의 업무나 일상에 활용할 수 있는지 이해할 수 있게 구체적인 사례와 사고방식을 이해하기 쉽게 설명합니다.

이번 개정판에 손을 뻗는 것은 독서 이상의 행위입니다. 그것은 스스로를 미래로 이끄는 나침반을 손에 넣은 것과 다르지 않습니다. 이 책은 빠른 변화의 시대에 여러분이 계속 앞으로 나아갈 수 있기 위한 필수 가이드가 될 것입니다. 여러분은 이 책을 손에 넣음으로써 기술의 파도에 휩쓸려가는 것이 아니라 그 파도를 헤치고 나가 비즈니스나 일상에서의 새로운 기회를 얻을 수 있는 확실한 한 걸음을 내딛을 수 있을 것입니다.

필자는 IT 전문가로서 모든 사회인이 급격하게 변화하는 디지털 시대를 살아내기 위한 지식과 도구를 손에 넣을 수 있게 노력해왔습니다. 이 노력은 기술에 대한 깊은 이해는 물론, 그 기술을 활용하고 변화에 대응하는 힘을 익혀야 한다는 신념에 기반하고 있습니다.

최신 개정판을 통해 여러분이 새로운 기술의 파도에 그저 휩쓸려가는 것이 아니라 이를 여러분의 힘으로 활용해 새로운 가치를 만들어 내는 계기가 되기를 바랍니다. 이후로도 기술 진화와 함께 우리 여행은 계속될 것입니다. 여러분과 함께 그 한 걸음을 소중히 걷고 싶습니다.

지금 이 책을 읽는 행위는 급격하게 변화하는 세계에서 앞으로 가고자 하는 결단입니다. 미래를 예측하고 준비하는 것의 중요성이 그 어느 때보다 높아지고 있습니다. 이 책을 읽음으로써 여러분은 단순한 관측자가 아니라 변화를 이끄는 능동적인 참가자가 됩니다. 이 책은 비즈니스 영역에서의 경쟁 우위를 만들고 싶거나 개인의 스킬을 향상하고 싶은 분들에게 귀중한 자원이 될 것입니다.

이 책을 통해 최신 IT 트렌드를 즐겁고 충실하게 익힐 수 있기를 바랍니다. 책의 첫 페이지를 여는 순간 미래로 한 걸음을 내딛을 준비가 이미 시작되는 것입니다. 이 책을 통해 여러분의 매일매일이 반짝이기를 기대합니다.

ChatGPT 저

위 내용은 ChatGPT가 작성한 것으로, 필자가 전달하고 싶은 내용이 모두 담겨 있습니다. 다소 낯 부끄러운 표현이 있지만서도, 필자의 생각을 충분히 대변하고 있습니다. 이미 이런 일이 가능하게 된 것입니다(필자는 어떤 수정도 하지 않았습니다).

이 책의 구판은 2022년 10월(일본 기준)에 출간됐습니다. 그 직후 11월에 ChatGPT(GPT3)가 출시되었기 때문에 구판에서는 이에 관해 다루지 못했습니다. 하지만 DALL-E2, Midjourney, Stable Diffusion 같은 이미지 생성 AI는 이미 등장해 '생성형 AI', '기반 모델'과 같은 용어들이 주목받기 시작했던 시점이기에 그에 관해서는 간략하게 다뤘습니다.

그로부터 1년이 지났을 뿐인데 세계가 완전히 변했다고 느껴집니다. 호들갑일지도 모르지만, 'IT 트렌드'라는 제목을 가진 이 책이 다루는 범위에서 생각해보면 절대 호들갑이 아닙니다. 'AI를 사용해서 할 수 있는 것'이 놀랄만한 속도로 증가하고 있습니다.

사실 이번 개정판은 조금 더 나중에 집필하게 될 것이라 생각했습니다. 하지만 그래서는 '최신 IT 트렌드'라는 책의 제목이 거짓이 되어버릴 것이라 판단해 다소 서둘러 개정판을 출간하게 되었습니다.

당연하지만 이번 개정판에서는 특별히 AI에 관해 자세하게 다루며, AI가 다양한 업무에 크게 영향을 주는 것에 관해서도 설명했습니다. 또한 COVID-19 팬데믹을 지나면서 DX에 대한 관심이 크게 늘어났기 때문에 DX 관해서도 자세히 설명했습니다. '트렌드'는 아니지만 DX에 관해 한층 깊이 이해할 수 있게 10장에 'DX 실천'에 관한 내용을 실었으므로 참고해 주시기 바랍니다.

IT 벤더/SI 사업자와 사용자 기업의 관계 역시 달라지고 있습니다. '사용자 기업은 IT를 구축하기 어려우므로' IT 벤더나 SI 사업자에게 IT 시스템 개발이나 운용을 외주로 주는 것이 당연하게 여겨져 왔습니다. 하지만 사용자 기업이 원하는 것은 IT 시스템이 아니라 IT 시스템을 통해 실현하는 것, 즉 매출이나 이익, 고객 만족에 기여하는 IT 서비스입니다.

클라우드 고도화와 AI 전개는 'IT 시스템'을 처음부터 만들어야만 'IT 서비스'를 사용할 수 있었던 시대를 종식시키려 하고 있습니다. IT 시스템을 만드는 부담은 크게 줄어들고 엔지니어가 아닌 사용자가 직접 IT 서비스를 실현할 수 있게 되었습니다. 개발이나 운용 환경 변화는 사용자 기업의 '시스템 내재화'를 뒷받침하고 있습니다. 이런 IT 시스템 개발에 관해서도 최신 정보를 기반으로 설명했습니다.

예측할 수 없는 미래, 빠르게 변화하는 사회, 디지털을 전제로 하는 일상

DX는 이런 시대에 적응하기 위해 기업을 탈바꿈하는 것입니다. 단지 디지털 도구를 활용하고 디지털 리터러시 연구를 하는 것이 아닙니다. 보다 근본적인 경영 혁신입니다.

이 책은 다음과 같은 분들에게 도움이 될 것입니다.

- IT(트렌드)로 인해 곤란에 처한 경영자나 비즈니스 담당자
- IT 업계에 입사하고자 하는 사람
- 사회인으로서 적절한 IT 상식을 익히고자 하는 학생이나 신입사원

그리고 비즈니스 현장에서 IT를 필요로 하는, 다음과 같은 분들에게도 도움이 될 것입니다.

- IT 활용, 디지털 전략/DX 실천에 관련된 모든 사람
- 디지털을 무기로 사업 혁신이나 신규 개발에 뛰어들고자 하는 사람
- 디지털 인재/DX 인재 육성에 관련된 모든 사람

SI 사업자/IT 벤더에서 일하는 분들 역시 이 책으로 IT 상식을 최신 정보로 업데이트할 수 있을 것입니다.

이 책의 설명에서 사용하는 차트들은 파워포인트 버전의 로열티 프리 버전으로 정보문화사 홈페이지(infopub.co.kr) 자료실에서 다운로드할 수 있습니다. 기획서, 제안서, 스터디 등의 소재로 활용해주시기 바랍니다.

여러분의 비즈니스 역량을 디지털로 무장하십시오

이 책을 통해 여러분이 달성해낼 것이라 믿어 의심치 않습니다.

Saito Masanori 드림

차례

들어가며   IV

01 디지털 기초 지식

접점이 되는 UI, 경험을 선사하는 UX	004
구체적인 사례로 풀어보는 UI와 UX의 관계성	006
데이터, UX, 서비스의 관계	008
소프트웨어로 세계를 재구축	012
디지털과 IT의 관계	016
'디지털'과 'IT'에 필요한 능력의 차이	018
두 가지 디지털화: 디지타이제이션과 디지털라이제이션	020
디지털화해야 하는 이유: '레이어 구조화'와 '추상화'	022
'레이어 구조화'와 '추상화'를 실현하는 방법	024
경영 자원의 중앙 집중 관리를 목표로 하는 ERP/ERP 시스템/ERP 패키지	026
업무 프로세스 계층화로 변화에 신속하게 대처	028
혁신의 속도를 높이는 디지털화	030
디지털이 지탱하는 두 가지 경영 기반	034

02 DX/디지털 트랜스포메이션

디지털 네이티브 기업이 기존 세계를 파괴할 수 있는 이유	040
디지털 네이티브 기업의 발상	042
우리가 직면한 'VUCA'	044
VUCA가 가져온 하이퍼컴피티션	046
비즈니스의 전제가 되는 시간 감각의 변화	048

VUCA 시대에 살아남기 위한 가치관	050
높은 빈도의 'Try&Learn'으로 압도적인 속도 실현	052
패러다임 변천과 DX	054
디지털이 실제를 포괄하는 사회	058
'사회'와 '사업'의 관점에서 풀어보는 DX의 정의	060
DX는 무엇을 하는 것인가?	062
목적에 착안한 DX로	066
DX를 지탱하는 네 가지 경험	068
두 가지 디지털화와 DX의 관계	072
디지털 활용의 두 가지 벡터	074
사이버 피지컬 시스템과 DX	078
DX를 지탱하는 세 가지 기술	082
DX 메커니즘	084
DX는 '디지털 능력'과 '인간 능력'의 조합	086
디지털 소용돌이에 휘말린 비즈니스	088

03 IT 인프라스트럭처

정보 시스템 3계층 구조	098
가상화의 본래 의미	100
가상화의 세 가지 유형	102
범용 기기를 전용 기기로 변신시키는 '소프트웨어화'	104
IT 인프라스트럭처에서의 소프트웨어화: 'SDI'	106
소프트웨어화와 클라우드 컴퓨팅	108
가상화/컨테이너의 역사적 변천	110
서버 가상화	112
서버 가상화와 컨테이너	114

차례

컨테이너 관리 소프트웨어/컨테이너 엔진   116
실행 위치를 선택하지 않고 처리 능력을 간단하게 증감할 수 있는
    컨테이너   118
컨테이너를 중앙 집중 관리하는 컨테이너 오케스트레이션 도구:
    Kubernetes   120
가상화의 종류   122

04 클라우드 컴퓨팅

'자가 발전 모델'에서 '발전소 모델'로   128
'소유하는 IT'에서 '사용하는 IT'로   130
클라우드만의 비용 대비 효과에 관한 사고방식   132
클라우드가 등장한 역사적 배경   134
정보 시스템의 현재 상태에서 예측해 보는 클라우드에 대한 기대 140
클라우드의 기원과 정의   142
클라우드의 정의: 서비스 모델   144
다양화되는 클라우드 서비스   146
클라우드의 정의: 배치 모델   148
퍼블릭 클라우드와 프라이빗 클라우드를 조합한 '하이브리드
    클라우드'   150
하이브리드 클라우드와 멀티 클라우드   152
클라우드에서 빼놓을 수 없는 다섯 가지 특징   154
클라우드를 사용하는 네 가지 이유   156
퍼블릭 클라우드 관련 문제   158
클라우드 컴퓨팅 비즈니스 모델   162
보안 대책을 외부에 위탁하는 퍼블릭 클라우드   164
일본과 미국의 비즈니스 문화 차이와 클라우드   166

클라우드 바이 디폴트 원칙(Cloud By Default Policy)	168
소유한 시스템을 퍼블릭 클라우드로 마이그레이션하기 위한 핵심	170
클라우드로 흡수되는 IT 비즈니스	172

05 사이버 보안

보안 구분과 위협	178
정보 보안의 3요소와 7요소	180
리스크 관리에 관한 사고방식	184
부정 접근 대책의 기본이 되는 접근 제어	188
인증 방법과 멀티 팩터 인증	190
비밀번호 없는 인증과 FIDO2	192
비밀번호를 사용하지 않고 로그인할 수 있는 패스키	194
인증 연동과 싱글 사인 온(SSO)	196
'경계 방어'형 보안의 과제와 제로 트러스트 네트워크	198
제로 트러스트	200
사이버 위생	202
항상 신뢰할 수 있는 상태를 유지하기 위한 동적 정책	204
제로 트러스트 정리	206
사이버 공격에 대한 대책을 담당하는 핵심 조직: CSIRT	210

06 IoT/사물 인터넷

IoT로 할 수 있는 세 가지	216
IoT에 의해 달라지는 현실 파악 방법	218
'좁은 의미의 IoT'와 '넓은 의미의 IoT'	220

차례

'넓은 의미의 IoT'가 가치를 만드는 두 가지 루프	222
디지털 트윈과 세 가지 가상 세계	224
IoT가 가져온 두 가지 패러다임 시프트	228
디지털 트윈 활용 ①: 현실 세계 최적화	230
디지털 트윈 활용 ②: 서비스 연동을 통한 새로운 가치 창출	232
IoT가 실현하는 '사물의 서비스화'	234
사물 서비스화의 메커니즘	236
IoT의 3계층 구조	238
IoT 보안	240
초분산 시대	242
5G/5세대 이동통신 시스템: 세 가지 특징	246
로컬 5G	248
네트워크 서비스 품질에 따라 구분하는 네트워크 슬라이싱	250
NEF로 연동하는 네트워크와 애플리케이션	252
차세대 정보 통신 인프라스트럭처 IOWN	254

07 AI/인공지능

AI란?	260
뇌와 AI의 관계	262
AI 분류 방법 ①: AI와 AGI	264
AI 분류 방법 ②: 약한 AI와 강한 AI	266
AI와 머신러닝의 관계	268
머신러닝과 활용	272
머신러닝이 담당하는 '학습'과 '추론'	274
'학습' 프로세스에서 사용되는 세 가지 기본 방법	276

뉴럴 네트워크와 딥러닝	278
딥러닝에서의 '학습'이라는 과제	280
기존 머신러닝과 딥러닝의 차이	282
머신러닝과 AI 애플리케이션	284
머신러닝 응용 ①	286
머신러닝 응용 ②	288
생성형 AI가 대체하는 '인간의 지적 작업'	290
다양한 태스크에 대응하기 위한 '기반 모델'	292
기반 모델/대규모 언어 모델/생성형 AI의 관계	294
Google이 개발한 자연 언어 처리 모델: 트랜스포머	296
트랜스포머의 핵심 기술: 자기 주의 메커니즘	298
트랜스포머의 자기 지도 학습	300
생성형 AI는 무엇을 바꾸는가?	302
할루시네이션과 그 대책	304
생성형 AI가 안고 있는 과제와 그 해결책	306
RLHF: 인간의 피드백을 통한 강화학습	308
AI 에이전트	310
AI 에이전트가 담당하는 데이터 취득 프런트엔드	312
AI 에이전트가 할 수 있는 것	316
생성형 AI 활용 발전 단계	318
AI와 인간의 지적 능력 차이 ①: 효율	320
AI와 인간의 지적 능력 차이 ②: 신체성	322
AI와 함께 일하는 시대	324
AI가 할 수 있는 것과 인간에게 요구되는 능력	326
데이터 사이언스	328
데이터 사이언티스트	330
데이터 활용 실전 프로세스	332

차례

08 개발과 운용

시스템 '개발', '운용', '유지보수'의 역할과 차이	338
가능한 한 만들지 않고 IT 서비스 실현	340
만들지 않는 기술	342
변화에 즉시 대응하기 위한 애자일 개발 ①	346
변화에 즉시 대응하기 위한 애자일 개발 ②	348
애자일 개발의 장점과 목표	350
시스템 워크로드와 라이프타임	352
생성형 AI로 바뀌는 시스템 개발 상식	354
시스템 개발을 비즈니스 현장에 가깝게 만드는 노-코드/로우-코드 개발	358
생성형 AI와 노-코드/로우-코드 개발 도구 조합	360
AIOps: AI를 사용한 IT 시스템 운용	362
RPA: PC 조작 자동화 도구	364
RPA의 과제, 역할과 대처 방법	366
개발과 운용의 협조/연대를 실현하는 DevOps	368
DevOps×컨테이너로 압도적인 속도 실현	370
이뮤터블 인프라스트럭처와 인프라스트럭처 애즈 코드	372
변화에 대한 민첩한 대응을 실현하는 마이크로서비스 아키텍처	374
서버리스(Serverless)와 FaaS	376
애플리케이션 개발에 집중하기 위한 클라우드 네이티브	378
애플리케이션의 부가가치를 높이는 API 경제	380
시스템 개발과 클라우드 서비스의 역할 분담	382
앞으로의 운용 엔지니어와 SRE	384

09 지금 주목해야 할 기술

IT와 사람의 연결 방식을 크게 바꾸는 xR(VR, AR, MR)	388
스마트 글래스가 실현하는 몰입감과 모빌리티 통합	390
제 3의 기관에 의존하지 않고도 거래의 정당성을 보증하는 블록체인	392
블록체인이 조작을 방지하는 구조	394
블록체인으로 실현되는 애플리케이션	396
화폐와 동등한 가치를 갖는 '디지털 화폐'	398
자율 분산형 인터넷을 목표로 하는 Web3	400
Web3 시대의 조직 형태인 DAO(자율 분산형 조직)	402
디지털 데이터에 자산 가치를 부여하는 NFT(비대칭성 토큰)	404
현실 세계와 가상 세계를 융합하는 메타버스	406
컴퓨터의 새로운 형태인 뉴로 모픽 컴퓨터	408
양자 컴퓨터가 필요하게 된 이유	410
양자 컴퓨터와 고전 컴퓨터	412
세 가지 종류의 양자 컴퓨터	414
양자 컴퓨터의 속도가 빠른 이유	416

10 DX 실천

DX라는 마법의 지팡이?	422
DX 실천의 3단계	426
DX에 이르는 3단계	428
현장으로부터의 변혁	430
DX 추진 조직의 역할	434

차례

변혁은 '현재'를 끝내는 것에서 시작	438
DX 인재	440
DX 실현을 지탱하는 네 가지 방법과 사고방식	444
최적의 해결책을 찾아내기 위한 디자인 싱킹	446
신규 사업의 성공 확률을 높이는 린 스타트업	448
크게 다른 자연 생태계와 비즈니스 생태계	450

11 가상화의 종류와 특징

'데스크톱 가상화'와 '애플리케이션 가상화'	456
신 클라이언트	458
Chromebook	460
클라이언트 가상화	462
스토리지 가상화	464
SDI를 손쉽게 실현하는 하이퍼 컨버지드 인프라스트럭처	466
네트워크 가상화	468
WAN 소프트웨어화를 실현하는 SD-WAN	470

부록	472
마치며	475
색인	479

01

디지털 기초 지식

디지털의 본래 의미와
역할 이해

아날로그는 현실 세계에 '존재하는 것' 혹은 현실 세계에서 '할 수 있는 것'입니다. 그러나 아날로그 상태의 데이터를 컴퓨터로 다룰 수는 없습니다. 그래서 이들을 컴퓨터로 다룰 수 있게 '디지털', 즉 0과 1이라는 숫자의 조합으로 변환해야 합니다. 이 프로세스를 '디지털화'라고 부릅니다.

디지털화를 통해 사람이 하던 일을 컴퓨터가 하게 할 수 있습니다. 이를 통해 업무 효율화, 효율성 향상, 비용 절감이 가능해집니다. 사람, 사물, 현상이 시간이나 장소에 구애받지 않고 연결되며, 아날로그 세상에서는 가능하지 않았던 것이 가능해지고 비즈니스나 사회에 새로운 가치가 생겨납니다.

이런 디지털화를 실현하는 기술이 IT/ICT입니다. 컴퓨터나 반도체 같은 하드웨어, 프로그램이나 통신 기술 같은 소프트웨어를 가리킵니다.

우리는 IT/ICT를 사용해 아날로그를 디지털화하고, 컴퓨터를 사용해 풍부하고 효율성이 뛰어난 사회를 실현합니다.

디지털 비즈니스, 디지털 전략, 디지털 트랜스포메이션(DX) 등 '디지털'이라는 용어는 일상적으로 사용되고 있습니다. 그렇다면 디지털이란 무엇일까요? IT와 무엇이 다를까요?

UI(User Interface: 사용자 인터페이스)와 UX(User Experience: 사용자 경험)라는 용어도 많이 사용됩니다. 왜 이런 용어들이 주목받고 있을까요?

데이터의 중요성 역시 날로 증가하고 있습니다. '데이터 주도(Data-Driven) 경영'이라는 용어도 많이 사용됩니다. 데이터가 왜 이렇게나 중요한 것일까요?

최신 IT 트렌드나 이제부터의 비즈니스를 읽고 이해하기 위해서는 우리가 평소에 별다른 의문 없이 사용하고 있던 이런 용어들을 우선 올바르게 이해해야 합니다. '당연히 알고 있다'고 생각해 멋대로 해석하면, 같은 용어를 사용하더라도 다르게 이해하게 될 뿐입니다.

예를 들면 '디지털화'는 '디지털 기술을 사용해 업무를 효율화 하는 것'과 '디지털 기술을 활용해 새로운 비즈니스를 만드는 것'이라는 의미로 사용됩니다. 영어로는 전자를 '디지타이제이션(Digitization)', 후자를 '디지털라이제이션(Digitalization)'으로 구별해서 부릅니다. 예를 들어 전자는 '경비를 30% 절감한다' 또는 '납기를 10일에서 7일로 단축한다' 같은 목표를 설정하고 그 목표를 달성하기 위한 과제를 도출한 뒤, 해결책을 검토해 새로운 시스템 개발이나 클라우드 서비스 이용을 검토할 것입니다. 한편, 후자는 새로운 것을 시작해야 하므로 어떤 방식이 최선인지 알 수 없습니다. 그래서 철저한 논의를 통해 아이디어를 도출하고, '잘 될 것 같다'고 판단되는 아이디어는 곧바로 IT 서비스로써 사용자들이 사용하게 한 뒤, 그 피드백을 참고해 빠른 속도로 시행착오를 반복하면서 가장 좋은 방식을 탐색할 것입니다.

이처럼 똑같이 '디지털화'로 표현되지만 달성하고자 하는 목표나 접근 방식이 완전히 다릅니다. 이 두 개념의 차이에 대한 인식이 모호한 상태로 '디지털 전략'이나 '디지털 비즈니스'에 뛰어들면 일이 원만하게 진행되지 않을 것입니다.

혹은 '디지털화해야 하는 이유는 무엇인가? 아날로그적 방식으로도 충분히 잘 되고 있지 않은가?'라고 말하는 사람도 있을 것입니다. 그럼에도 불구하고 디지털화해야 하는 이유가 있다면, 그것은 무엇일까요?

디지털화의 근원적인 가치는 업무 프로세스를 분해해, '레이어 구조화 및 추상화'하는 것입니다. 업무 기능을 계층적으로 정리하면 시대의 변화에 맞춰 업무 프로세스를 업데이트하거나 새로운 업무 프로세스를 만들 때 레고 블록과 같이 쉽게 부품을 교환할 수 있기 때문에 유연하면서 빠르게 처리할 수 있습니다. VUCA(변동성(Volatile), 불확실성(Uncertainty), 복잡성(Complexity), 모호성(Ambiguity)의 머리글자를 조합한 용어로 불확실한 미래를 뜻합니다)라 불리는 오늘날에는 변화에 빠르게 대응하지 못하는 기업은 존속은 물론 성장도 할 수 없습니다. 바로 이것이 '디지털화해야 하는 이유'입니다. 예를 들면 ERP(기업 경영에 필요한 경영 자원을 중앙 집중 관리하고 효율적으로 활용하기 위한 소프트웨어)는 업무 프로세스를 계층적으로 정리하고 부품처럼 교체하면서 다루는 방법을 실천하기 위한 수단으로, 업무 프로세스의 디지털화를 쉽게 실현할 수 있습니다.

VUCA 시대에는 지속적인 개선만으로는 대처할 수 없습니다. 비연속적인 새로운 방식, 즉 '혁신(Innovation)'을 만들고 지금까지와는 다른 방식으로 대처해야 합니다. 혁신은 시행착오의 결과로 만들어집니다. '레이어 구조화 및 추상화'는 이런 혁신을 가속하는 근원적인 힘입니다.

데이터의 중요성에 관해서도 생각해봅시다. 오늘날 OpenAI가 출시한 ChatGPT, Google이 출시한 Gemini 같은 '생성형 AI(Generative AI)'가 세계를 뒤흔들고 있습니다. 이것들을 잘 사용하면 업무 효율화나 경쟁력을 향상하는 데 도움이 됩니다. 이런 기술을 활용해 성과를 올리려면 데이터를 아주 세세하게, 실시간으로 수집해야 합니다. 이를 위해 업무 프로세스를 '디지털화'해야 하는 것입니다.

디지털화할 업무 프로세스의 범위는 서비스 자체에도 영향을 주기 때문에, 디지털 서비스를 통해 자사의 가치를 고객에게 전달하는 것이 일반적입니다. 이런 서비스의 가치는 쉽게 사용하고 이해할 수 있게 하는 UI와 즐거운 사용 경험과 감동을 실현하는 UX에 의해 결정됩니다. UI와 UX도 디지털 전제 사회에서는 매우 중요합니다.

이번 1장에서는 '최신'을 올바르게 이해하기 위해 이와 같은 사전 지식이 되는 기본적인 용어의 뜻 그리고 디지털과 비즈니스의 관계에 관해 설명합니다.

접점이 되는 UI, 경험을 선사하는 UX

UI
사람과 디지털을 연결하는 창구
User Interface

☑ 즉시 알 수 있다   ☑ 사용하기 쉽다   ☑ 고민하지 않는다

UX
사람과 디지털을 연결해 얻어지는 경험
User eXperience

UI   UX

☑ 매우 편리하다   ☑ 더 사용하고 싶다   ☑ 감동했다

UI(User Interface, 사용자 인터페이스)는 사용자와 디지털 도구/서비스(이하 디지털) 사이의 직접적인 접점입니다. '사람과 디지털을 연결하는 창구'라 할 수 있습니다. 화면, 버튼, 아이콘, 시각적 설명문과 같은 텍스트로 구성됩니다. UI의 목적은 사람이 직관적이고 효율적으로 디지털을 사용하게 하는 것입니다. 이를 위해 색채학, 타이포그래피, 레이아웃 배치 같은 지식을 활용해 '즉시 알 수 있는', '쉽게 사용할 수 있는', '당황하지 않게 하는' 요구사항을 만족시켜야 합니다.

한편, UX(User eXperience, 사용자 경험)는 사용자가 제품이나 서비스를 통해 얻을 수 있는 편의성, 유용성, 즐거움과 같은 경험입니다. '사람과 디지털을 연결함으로써 얻을 수 있는 경험'이라 말할 수 있습니다. UX의 목적은 사용자의 문제를 해결하고 가치 있는 경험을 제공하는 것입니다. 이를 위해서는 사용자의 니즈를 이해하고 그에 대응해야 합니다. 이를 통해 '매우 편리한', '더욱 사용하고 싶은', '감동적인'과 같은 말을 끌어내야 합니다.

UI는 '어떻게 보이는가?', UX는 '사용했을 때 어떤 경험을 주는가?'에 중점을 둡니다. 이들은 상호 보완적이며, 이것들을 잘 조합함으로써 비로소 사용자에게 만족을 줄 수 있습니다.

예를 들면 과거 스마트폰을 사용할 때는 다른 사람이 마음대로 그 스마트폰을 사용하지 못하도록 스마트폰의 주인만 아는 무작위 문자나 숫자를 조합한 비밀번호(문구)를 입력했습니다. 하지만 비밀번호(문구)를 기억해야 하고, 입력 조작을 하는 등 사용자의 노력이 필요했습니다. 이런 보안 방식은 손가락을 대는 것만으로 해제되는 지문 인식 방식으로, 이제는 화면을 보는 것만으로 해제되는 얼굴 인식 방식으로 바뀌었습니다. 이런 편리함에 감동한 사람도 적지 않을 것입니다. 이 조작의 목적은 조작자가 스마트폰 소유주 본인임을 확실하게 인증하는 것입니다. 이를 위한 수단인 UI는 비밀번호(문구), 지문 인식, 얼굴 인식 등 사용자의 수고가 보다 적게 드는 방향으로 바뀌어 왔습니다. 그와 함께 우리는 '매우 편리하다', '더 사용하고 싶다', '감동했다' 같은 경험을 하며 UX가 향상되어온 것입니다. UI 디자인을 아무리 세련되게 하더라도 UX를 함께 향상시키지 않으면 아무도 사용하지 않습니다. 철저히 사용자의 목적과 니즈에 따라 그 수단으로 적합한 UI를 디자인한다는 사고방식이 중요합니다.

구체적인 사례로 풀어보는 UI와 UX의 관계성

UI — 사람과 디지털을 연결하는 창구
User Interface

× 좋지 않은 UI　　　　　　　　　○ 좋은 UI

☑ 즉시 알 수 있다　　☑ 사용하기 쉽다　　☑ 고민하지 않는다 등

UX — 사람과 디지털을 연결해 얻어지는 경험
User eXperience

× **좋지 않은 UI**
케첩인 것을 즉시 알 수 없다.

× **좋지 않은 UX**
입구가 더러워지기 쉽고, 양이 줄면 사용하기 어렵다

○ **좋은 UI**
케첩인 것을 즉시 알 수 있다

× **좋지 않은 UX**
입구가 더러워지기 쉽고, 양이 줄면 사용하기 어렵다

○ **좋은 UI**
케첩인 것을 즉시 알 수 있다

○ **좋은 UX**
입구가 더러워지지 않고, 끝까지 사용할 수 있다

☑ 매우 편리하다　　☑ 더 사용하고 싶다　　☑ 감동했다 등

UI에 관해 생각해 봅시다. 가로쓰기 화면에서 '다음 페이지' 버튼이 왼쪽에 위치한다면 잘못된 조작을 할 수 있습니다. '이전 페이지'가 왼쪽, '다음 페이지'가 오른쪽에 있다는 상식이 머릿속에 있기 때문입니다. 컵의 손잡이는 손으로 잡기 위해 있는 것이며, 빨간 원 안에 그려진 흰색의 오른쪽 삼각형을 보면 누구나 동영상 재생 버튼을 떠올립니다. 이처럼 굳이 설명하지 않아도 그 역할이나 사용 방법을 직관적으로 '알 수 있는' 것이 뛰어난 UI의 필요 조건입니다.

UX에 관해서도 생각해 봅시다. 왼쪽 그림의 '케첩'을 예시로 들어 설명해 보겠습니다. 만약 케첩이 파란 병에 들어 있고, '토마토'의 일러스트도 그려져 있지 않다면 여러분은 그것이 '케첩'이라고 바로 알아챌 수 없습니다. 라벨에 쓰인 '케첩'이라는 문자를 봐야 비로소 알 수 있을 것입니다. 이를 개선해 병을 파란색에서 '케첩'의 빨간색으로 바꾸고 그림 한 가운데 '토마토' 일러스트를 넣으면 '케첩'임을 직관적으로 알 수 있습니다. 하지만, 그림의 형태대로라면 바닥에 있는 케첩을 사용하기 위해 입구를 아래쪽으로 돌려 한참을 기다려야 합니다. 그리고 입구 주변에 케첩이 묻기 때문에 뚜껑을 닫을 때 그것을 닦아내야만 하므로 사용성이 좋지 않다고 느낄 것입니다. 더군다나 케첩은 끈기가 있기 때문에 마지막까지 사용하기 쉽지 않습니다.

분명, 병을 빨간색으로 하면 '케첩'이라고 즉시 알 수 있습니다. 이렇게 하면 UI는 개선됩니다. 하지만 사용 경험(=UX)에는 불만이 남습니다. 이를 개선한 것이 그림의 오른쪽 형태의 병입니다. 큼지막하고 평평한 뚜껑이 달려 있어 별다른 설명이나 그림이 없어도 자연스럽게 입구를 아래로 해서 놓게 됩니다. 덕분에 케첩이 병 입구에 항상 남아 있어 병을 손가락으로 가볍게 누르기만 하면 곧바로 나옵니다. 병 입구는 작고, 적정한 양을 확실하게 내보내므로 입구를 더럽히지 않고 마지막까지 사용할 수 있습니다. 이것을 매우 뛰어난 UI와 UX라고 말할 수 있습니다.

상품이나 서비스를 제공하는 측이 UI를 고민해 쉽게 알 수 있는 조작성을 실현했다 하더라도, 사용자가 만족할 것이라 단언할 수는 없습니다. 사용자가 이 서비스에 기대하는 것이 무엇인지 생각하고, 그 기대에 부응하는 것이 중요합니다. 사용하고 싶다고 느끼게 하지 않으면 사용자는 멀어질 것입니다. 이렇게 사용자 관점에 서서 사용자의 만족을 추구하지 않으면 뛰어난 UX라고 할 수 없습니다. IT 서비스도 마찬가지입니다.

데이터, UX, 서비스의 관계

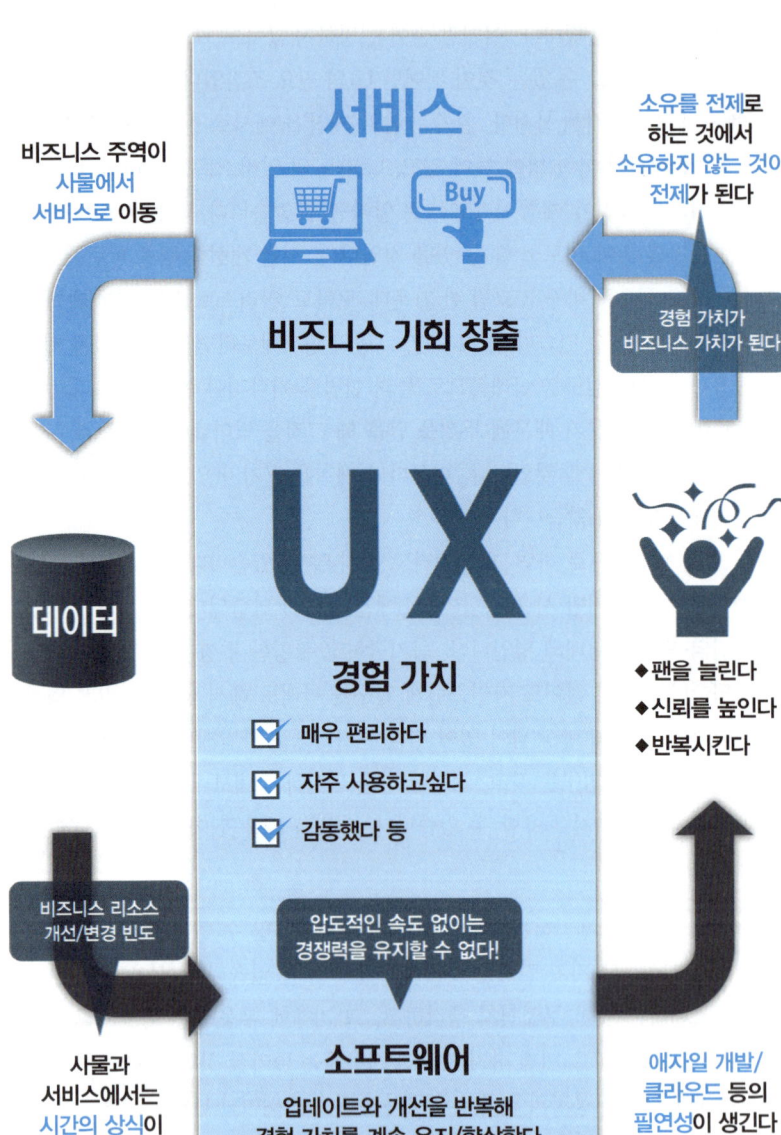

우리 일상이나 업무는 이미 네트워크를 통해 이뤄지고 있습니다. 우리는 네트워크 서비스를 이용해 쇼핑을 하고, 티켓을 끊습니다. 온라인 회의, 교육 수강, 영상이나 문장 작성, 데이터 분석 등도 마찬가지입니다.

매장을 방문하거나 창구에 들르지 않아도 됩니다. 회의실이나 교실에 모일 필요도, 전문가에게 방문을 요청할 필요도 없습니다. 많은 것을 네트워크 서비스로 완료할 수 있는 시대가 되었습니다. 매력적인 경험을 제공할 수 있는 서비스 유무가 기업의 수익에 큰 영향을 주는 시대입니다.

다양한 것들이 네트워크에 연결된 시대이기도 합니다. 컴퓨터나 스마트폰뿐만 아니라 자동차, 가전제품, 건물, 설비 등이 네트워크에 연결되어 있습니다. 스마트 워치를 착용하고 있으면 우리 신체까지 네트워크에 연결됩니다.

자동차 운전을 예로 들어봅시다. 자동차 제조사는 네트워크를 통해 그 자동차에 오류가 없는지, 운전자가 어떤 방식으로 운전을 하는지, 특정 조작에 얼마의 시간이 걸리는지와 같은 데이터를 수집할 수 있습니다. 운전자가 일일이 보고할 필요가 없습니다. 데이터에서 오류가 발견되면 운전자에게 오류를 알리고, GPS 데이터로 해당 자동차의 위치를 파악해 가까운 정비소 방문을 권유할 수 있습니다. 심지어 자율 주행으로 전환해 사람이 운전하지 않아도 정비소로 이동하게 할 수 있게 되었습니다.

이 모든 것은 자동차에 탑재된 소프트웨어와 네트워크를 통해 제공되는 서비스를 사용해 실현됩니다. 개선된 소프트웨어를 네트워크를 사용해 자동차에 보내 업데이트하는 것만으로 '쉽게 운전할 수 있게 되었다', '안전성이 향상되었다', '연비가 향상되었다' 같은 경험을 향상시킬 수 있습니다.

사물의 가치는 사물 자체가 아니라, 사물을 사용함으로써 얻을 수 있는 경험에 있습니다. 그렇다면 사물을 구입하는 것이 아니라, 필요할 때 빌리고 필요하지 않으면 반환할 수 있는 서비스가 비용 대비 효과가 탁월합니다. 이런 서비스는 보관 장소에 대한 고민이나 관리를 위한 노력도 줄여듭니다. 과거에는 사물을 구입하고 소유하지 않으면 '경험 가치'를 얻을 수 없었습니다. 하지만 사물도 사람도 네트워크로 연결되어 있는 지금은, 사물을 구입하지 않고도 동일한 '경험 가치'를 서비스로 손에 넣을 수 있습니다. 이것을 '비즈니스의 주역이 사물에서 서비스로 이동했다'고 표현합니다.

사물이 주역인 비즈니스에서는 사물을 구입해서 소유해야 원하는 '경험 가치'를 얻을 수 있었습니다. 하지만 서비스는 소유할 수 없으므로, 서비스가 중심이 되는 비즈니스에서 제공하는 가치는 '경험 가치' 그 자체입니다.

서비스 비즈니스의 가치 = 네트워크 연결 × 소프트웨어를 통한 기능 구현 × 빠른 속도로 업데이트를 반복할 수 있는 능력

서비스가 비즈니스의 주역이 되는 시대에는 '경험 가치', 즉 UX의 완성도가 기업 수익을 좌우합니다. 이를 위해서는 '매력적인 하드웨어를 만드는 능력'과 더불어 '네트워크에 연결된다', '소프트웨어를 통해 기능이나 조작성을 실현한다'는 구조를 토대로 '소프트웨어를 업데이트해서 UX를 계속 향상시키는 능력'이 비즈니스의 성패를 결정하게 됩니다.

스마트폰이나 웹 서비스에서는 이런 구조가 이미 상식이 되었습니다. 다음 단계는 이러한 구조를 사물로 넓히는 것입니다. 사물이 서비스와 일체화되며 그 구성 요소의 하나가 될 뿐입니다.

이런 서비스의 실체는 소프트웨어입니다. 사용자가 서비스를 사용하면 소프트웨어가 실행되고 데이터가 만들어집니다. 그 데이터를 통해 사용자가 서비스를 사용하는 상황을 파악할 수 있습니다. 무엇에 만족하고 어디서 불만이나 불편을 느끼는지, 어떠한 예상치 못한 방법으로 사용하고 있는지 등을 정확하게 알 수 있습니다.

이런 데이터를 사용해 학습함으로써 서비스 개선점을 찾아낼 수 있습니다. 서비스의 실체는 소프트웨어이므로 소프트웨어를 수정해 서비스를 개선합니다. 개선한 서비스를 제공하면 사용자의 '경험 가치'가 향상되고, 사용자가 증가하고, 신뢰가 높아지고, 리피터(Repeater)를 늘릴 수 있습니다. '서비스 운영'은 이 사이클을 반복하는 것입니다.

서비스 비즈니스와 사물 비즈니스에는 결정적인 차이점이 있습니다. 그것은 바로 '속도'입니다. 사물 비즈니스에서는 사물을 만들고 판매하기 위한 기획, 설계, 재료 조달, 공장 설비 준비, 생산, 물류, 매장에서의 판매 등 일련의 구조를 만드는 데 긴 시간이 소요됩니다.

한편, 서비스 비즈니스의 본질은 소프트웨어이므로 기획, 설계, 제조(시스템 개발)를 병행하여 진행합니다. 재료 조달, 공장 설비 준비, 생산, 물류, 매장에서의 판매 등은 불필요합니다. 속도가 완전히 다른 것입니다. 비즈니스를 움직이는 '시간의 상식'은 첫째도 속도, 둘째도 속도입니다.

소프트웨어는 다시 말해 프로그램 코드입니다. 이는 사물에 비해 훨씬 짧은 기간에 만들 수 있습니다. 특히 만들기 위한 준비(시간)가 압도적으로 짧습니다. 한편, 매력적인 서비스가 등장하면 카피캣(Copycat)도 순식간에 등장합니다. 쓸모 있는 경쟁 서비스가 등장하면 네트워크에서 그 정보가 그대로 확산되고, 사용자가 그쪽으로 이동할 수도 있습니다. 그렇기 때문에 경쟁 서비스보다 조금이라도 더 빠르게 개선함으로써 계속 '경험 가치'의 우위를 차지해야 합니다. 이런 압도적인 속도가 바로 경쟁력의 원천입니다.

서비스에 압도적인 속도를 부여하기 위해서는 소프트웨어 개발, 수정, 시스템 자원 조달, 소프트웨어 실행 환경 개선 등은 물론 압도적인 속도가 요구됩니다. 그렇기 때문에 애자일 개발, 클라우드 컴퓨팅과 같은 방법이나 기술, 서비스가 필요하며 이들이 발전 및 보급되었다고도 말할 수 있는 것입니다.

고품질의 사물(하드웨어)을 합리적인 금액으로 제공하는 것만으로는 기업의 경쟁력을 유지할 수 없게 되었습니다. 고객의 상황을 누구보다 빠르게 데이터로 찾아내고 빠른 속도로 '경험 가치', 즉 UX를 계속 개선 및 향상시키는 것이 경쟁 우위를 유지하기 위해 중요한 요구사항이 되었습니다.

사물을 구입, 소유하는 것을 전제로 하는 '사물 주역' 시대와는 경쟁의 원리가 크게 바뀌었습니다. 비즈니스를 서비스화하고 UX를 계속 개선 및 향상시키는 메커니즘을 기업 활동 구조로 만들어야 합니다. 이것이 가능한지 아닌지가 기업의 존망을 결정하는 시대가 되었다고 말할 수 있을 것입니다.

소프트웨어로 세계를 재구축

Virtual~: 진짜는 아니지만 진짜와 같은~

클라우드

카 셰어링

온라인 쇼핑

가상 Virtual
실제와 같은 경험을 할 수 있게 최적화된 세계

SDGs, ESG 투자 지속 가능성 등

실질적인 가치를 얻는다

막대한 현실 세계의 정보를 삭제/압축/추상화해 효율화/최적화/편의성 향상을 실현한다

세계를 소프트웨어로 재구축

디지털 트윈 Digital Twin
실제/현실을 충실하게 재현한 디지털 복사본

재해석 최적화 재구성

자사 소유 컴퓨터

개인 소유 자가용

매장

실제/현실 세계의 다양한 사물과 현상을 디지털 데이터로 치환한다

실제 Real
현실의 물리 법칙의 지배를 받는 실제 세계

데이터
실시간의, 현실 세계의 사실

미국의 유명 벤더 캐피털리스트인 마크 앤드리슨(Marc Andreessen)은 2011년에 다음과 같이 언급했습니다.

'Software is eating the world(소프트웨어가 세상을 집어삼키고 있다).'

이 말은 앞에서 설명한 '비즈니스의 중심이 사물에서 서비스로' 옮겨지고 있는 오늘날, 서비스의 실체인 소프트웨어가 점점 중요하게 되어가고 있다는 점을 시사한 것입니다. 또한 업종이나 업계에 관계 없이 모든 비즈니스 분야와 사회의 다양한 구조까지도 소프트웨어 없이는 기능할 수 없는 시대가 된 것을 가리키기도 합니다.

예를 들자면, 자동 판매기를 통해 지하철 티켓을 구입하고 자동 개찰구를 지나 정시 운행되는 지하철을 탈 수 있는 것은 소프트웨어가 동작하기 때문입니다. 은행에서의 인출이나 송금, 자동차나 가전 제품의 조작도 소프트웨어가 인간과 기계를 중개하고 있기 때문입니다. 기업에서의 경비 정산이나 품의서 제출, 보고서나 기획서 작성, 메일이나 SNS에서의 대화, 온라인 회의나 자료 공유, 홈페이지에서의 상품 소개나 네트워크 판매 등 일상의 일들을 이미 소프트웨어 없이는 할 수 없게 되었습니다. 예를 들자면 끝이 없습니다. 그야말로 우리가 살고 있는 세계를 소프트웨어가 집어삼키고 있습니다.

소프트웨어가 비즈니스에서 뗄 수 없는 존재가 된 오늘날, 소프트웨어의 우열이 기업 경쟁력이나 실적을 좌우합니다. 소프트웨어를 경영 전략이나 사업 전략과 동기화해, 직원이나 고객에게 매력적이고 가치 있는 서비스를 보다 빠르게 제공하고 계속 개선해야 합니다. 그럴 수 없다면 기업은 존속할 수 없으며 사업도 유지할 수 없습니다.

이렇게 기업의 핵심 가치가 되는 소프트웨어를 직접 만들고 유지하는 것은 자연스럽습니다. 정보 시스템을 내재화하려던 오늘날의 움직임은 이 트렌드와 자연스러운 현상입니다. 소위 소프트웨어가 스스로 기업이 되려고 하는 것입니다.

오늘날은 변화가 빠르고 미래 예측이 어려운 시대입니다. 변화에 빠르게 대응할 수 있는 능력의 유무가 기업의 존망을 좌우합니다. 이는 소프트웨어 개발이나 운용에 민첩함이 요구된다는 것을 의미합니다.

이를 위해서는 경영이나 업무 현장과 소프트웨어를 개발 및 운용하는 현장이 원만하게 의사 소통을 할 수 있고, 즉시 결정, 즉시 판단, 즉시 실행할 수 있게 현장과 가까이 있어야 합니다.

이는 소프트웨어를 외주로 개발해서는 달성할 수 없습니다. 그렇기 때문에라도 내재화는 자연스럽다고 할 수 있을 것입니다. 마크 앤드리슨은 '모든 기업이 소프트웨어 기업이 된다'고도 말했습니다. 이런 시대를 예언한 발언이었던 것입니다.

앤드리슨이 말하는 '소프트웨어가 세상을 집어삼키고 있다'에 관해 또 다른 관점에서 생각해봅시다.

우리는 '실제(Real)=현실 세계'에서 일하고 생활합니다. '실제'는 아날로그(연속적인 양)의 세계이며 우리는 이 세계에서 필요한 컴퓨터, 자동차, 물건 등을 사용합니다. 다양한 사물이 연결된 사회에서는 이들의 기능이나 구조, 그와 관련된 사람들의 행동을 데이터로 얻을 수 있습니다. 즉 현실 세계의 디지털 복사본이 실시간으로 만들어집니다. 이것을 '디지털 트윈(Digital Twin)=아날로그 현실 세계의 디지털 쌍둥이 형제'라 부릅니다.

디지털 트윈은 실제를 충실하게 반영한 것이므로 노이즈가 많고, 비즈니스 가치로 직접 연결되지 않는 정보도 포함하고 있습니다. 이들을 잘 구분해 본질적으로 중요한 정보만 꺼내(추상화) 그것을 최적의 상태로 조합해 연결한 것이 '가상(Virtual)=가상 세계'입니다.

'Virtual'이라는 영어는 한국어로 '가상'으로 번역되기 때문에 종종 오해를 일으킵니다. 본래는 '진짜와 같은'이라는 의미이며, 한국어(한자)에서 연상되는 '가공, 상상, 실체가 없는'이라는 의미와는 크게 다릅니다. 즉 '가상=가상 세계'는 '실제(현실 세계)'와는 다르지만 본질적으로는 실체와 같은 것을 할 수 있는 세계'라는 의미입니다.

이런 '가상'에서는 '실제'에서 소유해야 하는 컴퓨터 기능이나 성능을 클라우드 서비스로 사용할 수 있습니다. 즉 '물리적인 실체가 있는 실물인 컴퓨터는 갖고 있지 않지만, 실물을 사용할 때와 마찬가지로 그 기능이나 성능을 사용할 수 있다'는 것입니다.

'실재하는 실물 매장에 가지 않아도 가상의 매장(Amazon이나 Naver 쇼핑 등)에서 실물 매장과 마찬가지로 쇼핑할 수 있다', '실재하는 실물 자동차를 소유하지 않아도 가상의 차량 공유를 통해 실물 자동차를 소유하고 있는 것과 동일하게 이동 수단을 손에 넣을 수 있다'와 같이 '실물과 같은 경험'을 할 수 있습니다.

클라우드 서비스라면 기능과 성능에 한계가 없습니다. 또한 기기를 둘 장소의 확보, 전원이나 냉각을 위한 설비의 유지 관리, 구축이나 운용 관리를 할 필요가 없습니다. 가상(Virtual)의 매장이라면 막대한 상품 중에서 원하는 것을 찾아 비교하기도 쉽습니다. 차량 공유 서비스를 사용하면 주차장 확보, 보험이나 자동차 성능 검사 같은 절차도 불필요하며, 필요할 때 필요에 따라 차량을 바꿀 수도 있습니다.

- 실제/현실 세계에 존재하는 것이나 할 수 있는 것을 데이터로 치환해 디지털 트윈으로 만든다.
- 디지털 트윈의 막대한 현실 세계의 정보를 삭제/압축/추상화한다.
- 실제 기능이나 프로세스를 재구성하고 효율화/최적화해 편의성이나 비용 대비 성능을 향상해 가상(Virtual) 세계에 제공한다.

이런 일련의 프로세스들은 소프트웨어를 통해 실행됩니다. 바꿔 말하면 소프트웨어로 세계를 재구축해 효율이 좋고, 편의성이 높고, 낭비가 없는 사회나 비즈니스 구조로 탈바꿈하는 것입니다.

마크 앤드리슨이 말한 '소프트웨어가 세상을 집어삼키고 있다'란, 세계가 바로 이런 구조가 되는 것을 시사한 것이라 할 수 있습니다. 당연히 비즈니스 구조나 수행 방식도 이 세계에 최적화된 형태로 바뀌어야 합니다.

디지털과 IT의 관계

'디지털(Digital)'은 '이산적인 양(구분된, 끊어진 값을 갖는 양)'을 의미하며 '아날로그(Analog)', 즉 '연속적인 양(구분되지 않은, 연속된 값을 갖는 양)'과 대비되는 개념입니다. 라틴어의 '손가락(Digitus)'을 어원으로 하며 '손가락으로 세다'는 의미에서 이산적인 양, 또는 숫자라는 의미로 사용됩니다.

현실 세계는 모두 '아날로그'입니다. 예를 들면 시간, 온도, 밝기, 소리의 크기와 같은 물리 현상은 물론이고 사물을 움직이고 누군가와 대화하는 등의 인간의 행위 또한 아날로그입니다. 하지만 아날로그 상태 그대로의 데이터는 컴퓨터를 사용해 다룰 수 없습니다. 그래서 컴퓨터를 사용해 다룰 수 있는 디지털, 즉 0과 1의 숫자의 조합으로 변환해야 합니다. 이 프로세스가 바로 '디지털화'입니다.

이런 컴퓨터를 실현하기 위한 기술, 예를 들면 반도체나 스토리지, 센서나 통신 회선, 알고리즘이나 프로그래밍 언어 같은 기술을 통틀어 'Information Technology(IT): 정보 기술'이라 부릅니다.

IT에는 '통신(Communication)'의 의미도 포함되어 있지만, 통신을 의도적으로 강조하기 위해 'ICT=Information&Communication Technology'라는 표현도 사용합니다. 두 용어 모두 기본적으로 같은 의미이지만 다음과 같이 구분해서 사용합니다.

- IT: 반도체나 스토리지 같은 하드웨어, 프로그래밍이나 개발 기법 같은 컴퓨터 소프트웨어 관련 기술 전반을 설명할 때 사용
- ICT: 위 내용을 포함하며 특히 통신 기술 활용 방법이나 이를 실현하는 하드웨어와 소프트웨어, 즉 정보 전달을 중시한 기술을 설명할 때 사용

과거에는 정부 부처에 따라 IT와 ICT를 나눠서 사용했습니다. 예를 들면 경제산업성*에서는 컴퓨터 제품이나 그 기술에 관한 산업을 담당하므로 'IT'를 사용하고, 총무성**에서는 정보 통신 산업을 담당하므로 'ICT'를 사용했습니다. 하지만 이 둘 사이의 명확한 구분은 없습니다.

---

* 일본의 중앙 정부 기관 중 하나. 대한민국의 산업통상자원부, 기획재정부와 유사하다. _편집자 주
** 일본의 중앙 정부 기관 중 하나. 대한민국의 행정안전부, 방송통신위원회와 유사하다. _편집자 주

'디지털'과 'IT'에 필요한 능력의 차이

기술력 × 인간력

디지털
IT를 사용해 가치를 만드는
사회나 비즈니스 구조

기술력

IT(또는 ICT)
컴퓨터나 네트워크를 실현하고
그것을 활용하기 위한 기술

앞에서 설명했듯 '디지털'의 본래 의미는 '이산적인 양'입니다. 하지만 현실에서는 이와 다른 해석으로 사용되기도 합니다.

왼쪽 그림의 'IT는 컴퓨터나 네트워크를 실현하고 그것을 활용하기 위한 기술'이라는 표현은 앞에서 설명한 'IT'에 대한 해석과 같습니다. 예를 들면 대량의 데이터를 빠른 속도로 계산할 수 있는 '프로세서', 대용량 데이터를 고속으로 통신할 수 있는 '5G(차세대 이동통신 시스템)', 높은 정확도로 이미지를 구별 및 식별할 수 있는 계산 방법인 '딥러닝' 등이 있습니다. 이는 지금까지 불가능했던 일이나 사람의 시간 또는 노력을 들이던 것을 낮은 비용으로 실현하는 '기술'입니다.

이에 비해 본래 의미와 달리 '디지털'을 'IT를 사용해 기존 상식을 변혁하고, 새로운 가치를 만들어내는 것'이라 해석하기도 합니다. 새로운 가치란 스마트폰의 애플리케이션이나 GPS 등을 활용한 '차량 공유 서비스', 어디서나 회의에 참가할 수 있는 '온라인 회의 시스템', 5G를 사용해 높은 정확도의 이미지를 전송해 의사가 없는 지역에서도 의료 서비스를 제공할 수 있는 '원격 의료 서비스' 등을 들 수 있습니다. 이것은 '기술'로 IT를 사용해 사회나 서비스를 변혁하고 새로운 가치를 만드는 것을 의미합니다.

'IT'에 관련되기 위해서는 기술 자체에 착안해 그 기능이나 성능을 높이고, 이것을 극적으로 추구하는 마인드셋이나 지식, 스킬 같은 '기술 스킬'이 필요합니다. '디지털'에 관련되기 위해서는 IT를 전제로 사회나 비즈니스의 구조를 생각하고, 사람이나 지식을 포함해 새롭게 일하는 방식의 구조를 실현한다는 의지를 갖고 사람과 조직을 움직이는 '휴먼 스킬'이 필요합니다.

이 둘을 구별하는 예로 'IT 부문'이라는 조직과 'CIO(Chief Information Officer, 최고 정보 관리자)'라는 직책이 이미 존재함에도 불구하고 그와 별도로 '디지털 전략부문'이나 'DX 추진실'과 같은 '디지털' 관련 조직이나 'CDO(Chief Digital Officer, 최고 디지털 관리자)'라는 직책을 만드는 기업이 있습니다.

'IT'와 '디지털'은 뗄 수 없는 관계에 있습니다. 하지만 각각의 목표에 차이가 있습니다. 이 둘을 상이한 조직에 맡길 것인지, 또는 하나의 조직으로 통합할 것인지는 조직 전략에 따라 다릅니다. 하지만 기술 개발을 적극적으로 활용하고 사업 가치로 전환하기 위해서는 이 둘을 밀접하게 연대해야 합니다.

두 가지 디지털화: 디지타이제이션과 디지털라이제이션

디지타이제이션 Digitization

- 아날로그 방송→디지털 방송
- 종이책→전자책
- 사람 손에 의한 복사/붙이기→RPA

비즈니스 프로세스

효율화

개선/개량/수정
비용 및 납기 단축/효율화

↓

기존 개선

기업 활동의 효율 향상과
지속적 성장

디지털라이제이션 Digitalization

- 자동차 판매→카 셰어링/구독
- 비디오 대여→스트리밍
- 전화 및 우편→SNS/챗

비즈니스 모델

변혁

사업 구조 전환
새로운 가치 창조

↓

기존 파괴

새로운 고객 가치나
파괴적 경쟁력 창출

한국어에서는 '디지털화'라는 동일한 용어로 두 가지 개념을 표현하지만 영어에서는 두 가지 용어를 사용해 표현을 구분합니다.

첫 번째는 '**디지타이제이션(Digitization)**'입니다. 디지털 기술을 사용해 비즈니스 프로세스를 개선하고 효율화, 비용 절감 또는 부가가치 향상을 목표로 할 때 이 용어를 사용합니다. 두 번째는 '**디지털라이제이션(Digitalization)**'입니다. 디지털 기술을 사용해 비즈니스 모델을 변혁하고, 새로운 이익이나 가치를 만드는 것을 목표로 할 때 이 용어를 사용합니다.

이 두 가지 디지털화는 어느 한 쪽이 뛰어나다거나, 어느 한 쪽이 훌륭하다는 기준 등으로 비교할 수 없습니다. 두 가지 모두 필요한 '디지털화'입니다. 둘의 차이를 구별하지 않거나 모호한 상태에서 무작정 노력하기만 해서는 안 됩니다.

전자는 '기존의 개선'이며 기업 활동의 효율을 높이고, 지속적인 성장을 지탱하기 위한 디지털화입니다. 한편, 후자는 '기존의 파괴'이며 새로운 고객 가치를 창출하고 압도적인 차별화, 경쟁 우위를 점하기 위한 디지털화입니다.

'디지타이제이션'은 현재 상태를 기준으로 '비용을 30퍼센트 줄인다', '기한을 10일에서 5일로 줄인다' 같은 목표를 설정하고, 그 목표를 달성하기 위한 방법을 생각합니다. 또는 매출이나 이익 같은 목표를 명확하게 결정하고, 목표에 도달할 수 있는 과제를 도출합니다. 해결책을 명확하게 하며 계획을 세우고, 그 성과를 숫자로 관리해야 합니다. 한편, '디지털라이제이션'은 '해보지 않으면 알 수 없으므로' 시행착오를 반복하면서 정답을 찾아야 합니다. 그리고 자사에 한정하지 않고 많은 사람과의 연결을 만들기 위한 무대를 만들고 호기심과 동심을 갖고 실패를 허용할 수 있는, 시행착오를 반복할 수 있는 조직으로 만들어 나가야 합니다. 새로운 고객 지지를 획득하거나 새로운 시장을 개척하는 것 등이 목표입니다. 전자는 기존의 상황을 전제로 목표를 설정하고 달성할 수 있습니다. 후자는 기존의 상황에서 벗어나 새롭게 일하는 방법을 발견해야 합니다.

두 가지 디지털화 사이에 우열은 없습니다. 모두 기업의 존속이나 성장에 필요합니다. 중요한 것은 이 두 가지 디지털화의 차이를 명확하게 이해하고 팀을 나누어 노력하는 것입니다.

디지털화해야 하는 이유: '레이어 구조화'와 '추상화'

추상적

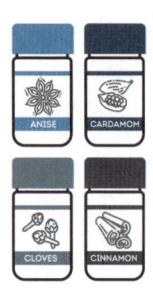

조정이 가능하다
다양한 요리에
사용할 수 있다

카레 요리에만
사용할 수 있다

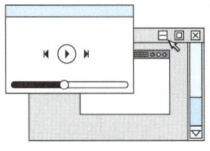

개별 업무

컴퓨터
프로세서 스토리지 네트워크 등

OS
Windows Linux MacOS 등

미들웨어
데이터베이스 인증 기반 통신 제어 등

애플리케이션
업무 전용 프로그램
판매 관리	생산 관리	회계 관리

카레

구체적

업무별로 다른 복잡한 작업 순서

비즈니스의 디지털화는 '레이어 구조화'와 '추상화'라는 두 가지 특성을 업무 프로세스에 녹이는 것입니다.

변화가 빠르고, 미래를 예측하기 어려운 시대에는 변화에 민첩하게 대응할 수 있는 압도적인 속도가 필요합니다. '압도적인 속도'는 사회 현상이나 고객 니즈 변화에 즉시 대응하고, 신속한 경영 판단을 내리고, 업무 프로세스를 유연하게 변화할 수 있는 것입니다. 또한 시행착오를 빠른 속도로 반복하는 것이기도 합니다. 디지털화는 이를 위한 토대입니다.

예를 들면 시판되는 카레 분말을 그대로 사용하면 카레의 향이나 맛밖에 낼 수 없습니다. 하지만 카레 분말은 그 원재료인 커민, 오레가노, 타메릭이라는 향을 조합해 만들 수 있습니다. 그러나 이런 향들만으로는 매운 맛을 낼 수 없으므로 매운 맛을 내고 싶다면 칠리 페퍼를 넣고, 깊이 있는 향을 내고 싶다면 카다멈을 넣는 등 향신료 단위로 유연하게 대응할 수 있습니다. 그리고 이 향신료를 단독으로 다른 식자재와 조합하면 전혀 다른 요리를 만들 수도 있습니다. 이렇게 기본적인 요소로 환원(추상화)해서 다루면 그 조합을 바꿔 다양하게 응용할 수 있습니다. 디지털화란 카레 분말을 원래 요소인 향신료로 나누는 것처럼, 업무 기능이나 프로세스를 요소로 분해하고 역할에 따라 레이어 구조화하는 것입니다. 예를 들어 컴퓨터를 구조화하면 애플리케이션은 업무별로 다른 순서에 대응하고, 미들웨어는 데이터 관리나 개인 정보 등 다양한 애플리케이션에서 공통으로 사용하는 순서에 대응하고, OS는 통신이나 스토리지 등 컴퓨터를 제어하는 기능을 제공합니다. 최상위에 있는 컴퓨터는 0과 1로 구성된 비트 데이터를 다루므로, 하위 레이어의 모든 처리를 받을 수 있습니다.

예를 들면 '판매 관리', '생산 관리', '합계 관리 시스템(경리 시스템)'을 요리라고 가정해 봅시다. 이들을 각각 '커리', '하이라이스', '감자 고기 조림'에 비유할 수 있습니다. 하지만 소고기나 양파 같은 요소 또는 재료 손질과 끓이기 같은 프로세스는 공통입니다. 조미료를 바꾸는 것만으로 다른 요리를 만들 수 있습니다. 식자재나 요리 방법을 응용해 조합을 조금 바꾸는 것만으로 새로운 요리를 만들 수도 있습니다. 이렇게 추상화해두면 그때그때의 요구사항에 맞춰 유연하고 빠르게 요리를 바꿀 수 있습니다.

이런 특성을 업무나 경영에 녹이는 것이 디지털화의 역할입니다.

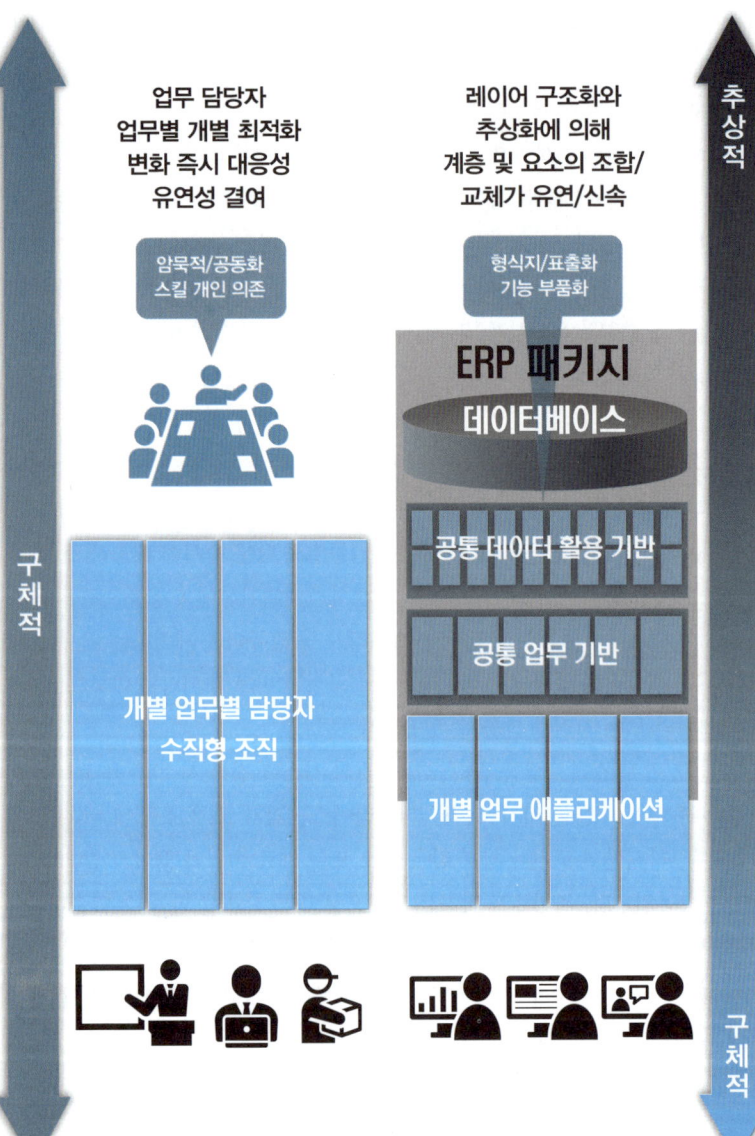

아날로그적 수단만으로 업무 과제를 해결하려고 하면 각각의 업무를 담당하는 개인의 경험이나 노하우, 또는 개인이 소속된 조직의 기능이나 권한에 의존하게 됩니다. 사회 변화가 완만한 시대에는 오랜 기간 경험의 축적에 따라 고도로 최적화된 개인의 노하우나 스킬, 조직 기능에 따라 효율적으로 과제를 해결할 수 있었습니다.

하지만 변화가 빠르고 미래를 예측하는 것이 어려운 시대에는 이런 개별 최적화, 또는 특정한 사람에 의존하는 구조는 다음과 같은 이유에서 변화에 대응하기 위한 유연성이나 즉각적인 대응성을 잃어버리게 됩니다.

- 부서간 커뮤니케이션에 시간이 걸린다.
- 고정화되고 특정한 사람에게 의존하는 구조를 변경하기 어렵다.
- 변화에 대응하기 위한 업무 내용이나 순서의 새로운 조합을 테스트하기 어렵다.

업무 프로세스를 디지털화하면 이 상황을 개선할 수 있습니다. 예를 들면 가장 하위 레이어는 개별 업무에 특화된 애플리케이션으로, 업무별로 다른 복잡한 프로세스에 대응합니다. 그 위의 공통 업무 기반 레이어는 개발 애플리케이션을 위한 공통 데이터 관리, 개인 인증, 커뮤니케이션 같은 기능을 담당합니다. 최상위는 프로세스나 데이터베이스에서 0과 1로 구성된 비트 데이터를 관리합니다. 이렇게 상위 레이어로 갈수록 추상도가 높아지고, 특정한 애플리케이션에 대한 개별 의존은 낮아지며 각 요소를 유연하게 조합할 수 있습니다.

위와 같은 구조에서 최상위의 통합 데이터베이스에 저장된 '고객 정보'는 판매 시스템, 물류 시스템, 경리 시스템 같은 다양한 애플리케이션에서 사용할 수 있습니다. 그리고 추상화된 요소들을 조합하면 새로운 업무에도 즉시 대응할 수 있습니다. 이런 특성을 활용해 변화에 대한 유연성이나 즉각적인 대응성을 획득할 수 있을 것입니다.

ERP 패키지는 이러한 '레이어 구조화와 추상화'의 사상을 기반으로 만들어졌습니다. ERP 패키지가 제공하는 업무별 애플리케이션(템플릿)에 맞춰 기존 업무의 순서를 변경하면 디지털화의 혜택을 빠르게 손에 넣을 수 있습니다.

경영 자원의 중앙 집중 관리를 목표로 하는 ERP/ERP 시스템/ERP 패키지

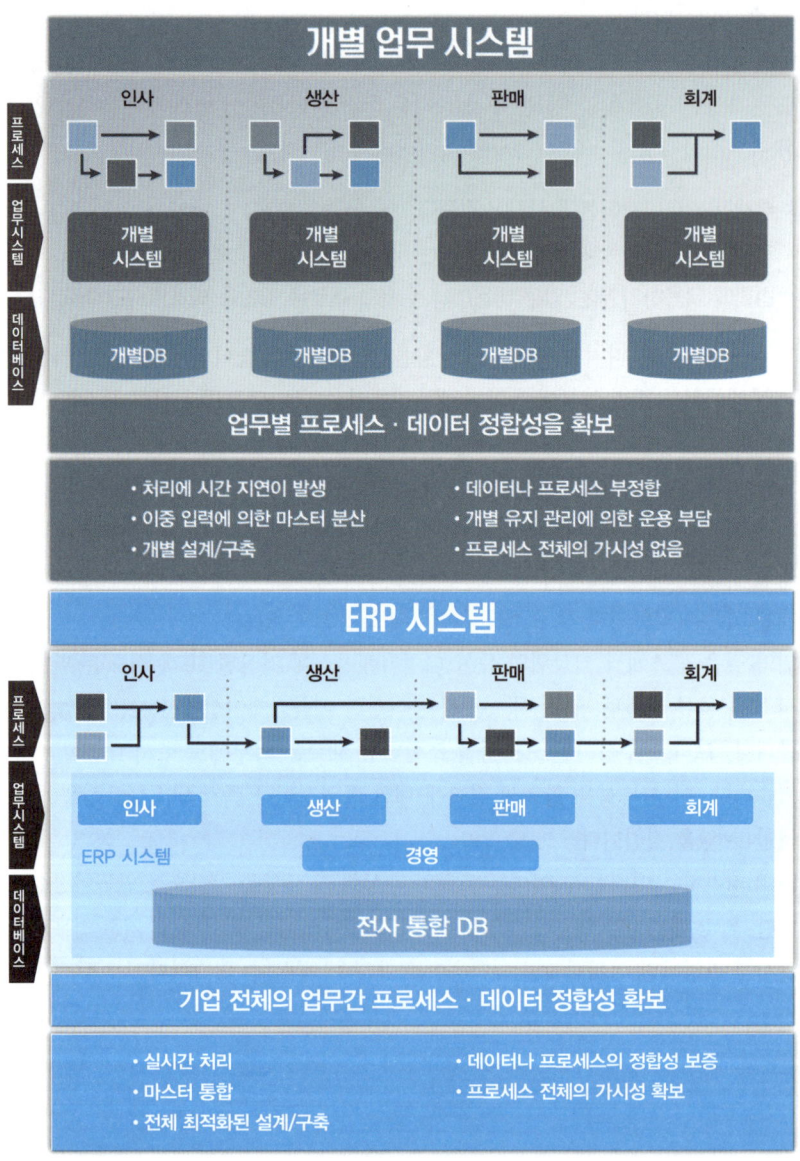

ERP(Enterprise Resource Planning)는 기업 경영의 기반이 되는 경영 자원인 사람(Man), 자본(Money), 물자(Material)를 전사 차원에서 중앙 집중적으로 파악하고 이를 적절하게 분해해서 효과적으로 활용하는 경영 방법입니다. 이를 지탱하는 것이 'ERP 시스템'입니다. 합계/재무, 생산 계획/관리, 인사/급여, 판매 등 기업 경영을 지탱하는 주요 기능이 모여 있습니다.

ERP 시스템이 있기 전에는 업무별로 정보 시스템이 만들어져 있었습니다. 그렇기 때문에 각 업무별로는 잘 동작하더라도 다른 업무와의 연계가 잘 되지 않았고 중복 업무나 중복 입력, 데이터 부정합이 발생하는 것과 같은 과제를 안고 있었습니다.

예를 들면 고객 정보는 판매 정보를 관리하기 위해 판매 시스템에서 사용됩니다. 또한 고객에게 물품을 운송하기 위해 물류 시스템에서도 필요합니다. 청구서를 발행하기 위해 회계 시스템에서도 사용됩니다. 하지만 고객 정보가 개별 시스템에 관리되면 특정 업무에서 정보가 변경되었을 때 관련된 모든 시스템에 그 변경을 전달해 데이터를 덮어써야 합니다. 고객 정보뿐만 아니라 인사 정보, 회계 정보 등도 같은 과제를 안고 있었습니다. 이 상황을 개선하기 위해 ERP 시스템이 등장했습니다.

ERP 시스템은 기업 전체에서 공통된 정보들을 하나로 모으고(통합 데이터베이스), 이를 다양한 업무 시스템에서 공유할 수 있게 합니다. 그렇기 때문에 정보에 포함된 모든 데이터의 일관성이 보증되며, 데이터 부정합이나 같은 데이터를 다른 시스템에 중복해서 입력하는 노력도 필요하지 않습니다. 또한 어떤 애플리케이션에서 데이터를 변경하더라도 즉시 다른 애플리케이션에도 그 변경이 반영되어, 항상 최신 데이터를 사용해 업무를 할 수 있습니다.

이를 통해 경영자나 업무 현장은 유일한 데이터를 기반으로 기업의 경영 자원을 정확하게 파악할 수 있으므로 적절한 때를 놓치지 않고 필요한 의사 결정을 하고 효율적인 경영과 업무 운영을 할 수 있게 됩니다.

ERP 패키지는 EPR 시스템에 필요한 주요 기능을 ERP 경영의 베스트 프랙티스에 기반해 최적화된 템플릿으로 제공하는 패키지 소프트웨어입니다. 기업은 이 템플릿에 맞춰 자신의 업무를 개혁해 효율적인 ERP 경영을 실현할 수 있습니다. 하지만 현재 상태에 따라 템플릿을 자의적으로 변경하게 되면 템플릿이 본래의 역할을 다하지 못한다는 점에 주의해야 합니다.

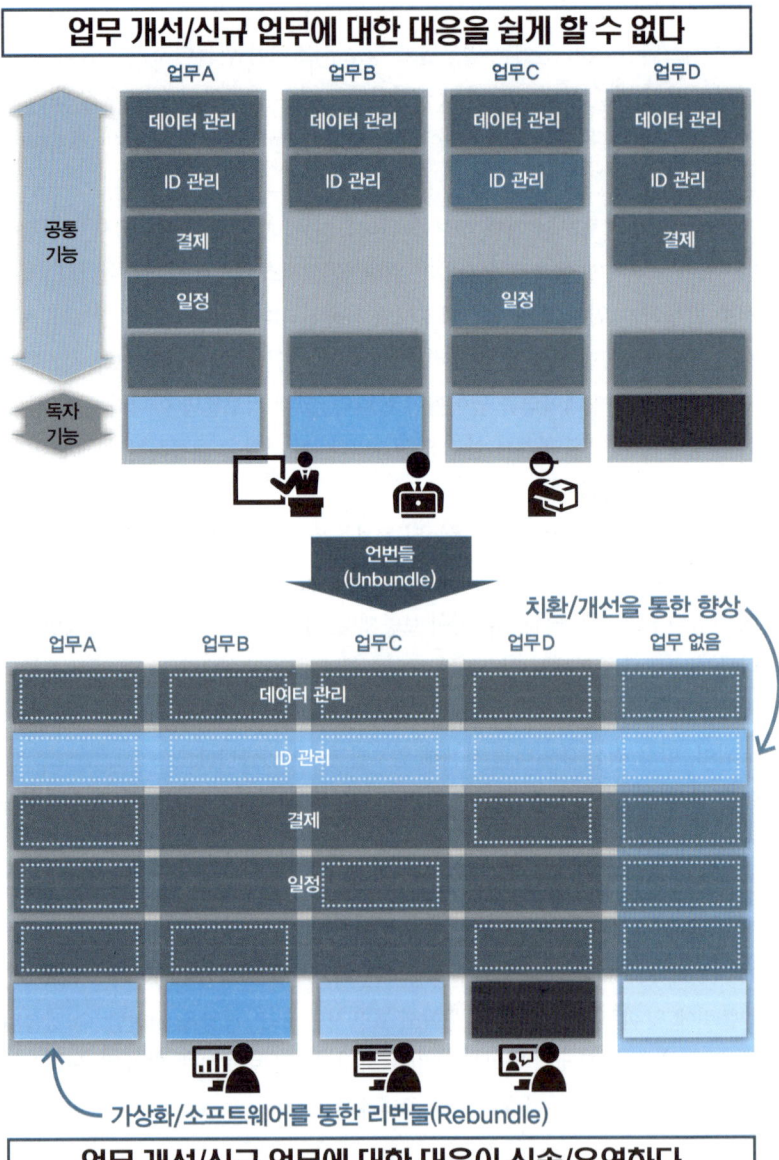

앞에서 설명했듯 업무별로 최적화된 조직이나 업무 프로세스는 변경에 대한 유연성이 결여됩니다. 하지만 많은 업무 시스템은 각각 최적화된 조직이나 업무 프로세스에 맞춰 만들어져 왔습니다. 그렇기 때문에 업무 환경이나 고객 니즈 변화에 쉽게 대응할 수 없습니다. 이런 업무 시스템에서 공통된 데이터 관리나 결제 같은 기능을 하나로 모아 이것을 공통 기능으로 사전에 준비하는 것을 '언번들(Unbundle)'이라고 부릅니다.

하지만 공통 기능만으로는 개별 업무에 대응할 수 없습니다. 그래서 최소한으로 필요한 독자적인 기능은 개별적으로 만듭니다. 이 두 가지를 조합해 개별 업무 시스템을 구현하는 것을 '리번들(Rebundle)'이라고 부릅니다. 새로운 업무 시스템을 만들어야 할 때는 먼저 공통 기능에서 사용할 수 있는 기능을 선택합니다. 그리고 실현할 수 없는 기능만 독자적으로 만들어서 이들을 조합해 새로운 업무 시스템을 실현합니다.

만약 보안을 강화하기 위해 최신 ID 관리 기능을 사용해야 한다면 관련된 공통 기능 레이어를 바꾸는 것만으로 다른 업무 시스템도 포함해 즉시 대응할 수 있습니다. 이것을 '향상(Enhancement)'이라고 합니다. 이렇게 업무를 '공통 기능'과 '독자 기능'으로 나누고 그것들을 조합함으로써 업무 시스템을 실현할 수 있게 해 두면 업무 개선이나 신규 사업에 대해 유연하고 민첩하게 대응할 수 있습니다. 이 공통 기능 레이어와 독자 기능을 손쉽게 만들어 주는 개발 도구가 클라우드 서비스로 제공되고 있습니다. 생성형 AI를 탑재해 '무엇을 하고 싶은지'를 자연 언어로 입력하기만 하면 프로그램 코드를 생성하고 실행 준비까지 해주는 서비스도 등장했습니다.

업무 시스템의 목적은 '매출이나 이익을 증대한다'와 같은 '비즈니스 목적의 달성'이므로 서버나 네트워크 준비, 프로그래밍 등 부가가치를 만들지 않는 것에는 시간을 들이지 않으려고 합니다. 한편, 압도적인 속도를 실현하려면 업무 순서 변경이나 기능 추가에도 즉시 대응해야 합니다. 그렇다면 가능한 한 프로그램 코드를 작성하지 않고 비즈니스 목적을 달성하는 것이 현실적인 해결책입니다. 디지털화를 통한 '레이어 구조화와 추상화'는 이러한, 이제부터의 비즈니스에 반드시 필요합니다.

혁신의 속도를 높이는 디지털화

혁신
Innovation

새로운 조합에 의해
지금까지는 없는 가치를 만들어
불가역적 행동 변화를 가져오는 것

빠른 시행착오
피드백과 업데이트

발명
Invention

이제까지는 없었던
새로운 '사물'을 만들어
새로운 가치를 만드는 것

끈질긴 시행착오
지식 축적/영감/통찰

디지털화는 혁신을 가속합니다. '혁신'은 '기술 혁신'이라 해석되기도 하지만 '발명(Invention)'과는 다른 개념입니다. 혁신의 본래 의미는 다음과 같습니다.

'새로운 기술, 새로운 아이디어를 활용한 제품이나 서비스, 구조가 시장에 투입되어 소비자에게 받아들여짐으로써 기업은 이익을 얻고, 사회는 새로운 가치를 누릴 수 있게 된다는 개념'

혁신이 '기술 혁신'처럼 기술에 한정해 사용된 것은 일본에서 1958년에 발간된 '경제 백서'부터입니다. 당시 일본 경제는 아직 발전 도상에 있었으며 기술을 혁신, 또는 개량하는 것을 매우 중요하게 생각했던 시대였다는 것을 생각하면 경제 발전은 기술에 의해 만들어진다고 생각하는 것이 일반적이었을지도 모릅니다. 하지만 성숙한 오늘날에는 기술에 지나치게 한정된 의식이 해로운 혁신을 가로막는 걸림돌이 될 수도 있습니다.

혁신의 어원을 거슬러 올라가 보면 15세기 라틴어 'Innovatio'를 찾을 수 있습니다. in은 '안으로', nova는 '새로운'이라는 의미입니다. 이들을 조합하면 내부에서 스스로 새로운 것을 만들어낸다는 의미가 될 것입니다.

혁신에 앞에서 설명한 의미를 반영한 것은 20세기 전반 경제학자로 활약했던 조지프 슘페터(Joseph Schumpeter)입니다. 슘페터는 1912년 자신이 쓴 '경제 발전 이론'에서 혁신을 '새로운 결합(neue Kombination, new Combination)'이라 부르며 다음과 같이 다섯 종류로 분류했습니다.

- 새로운 재화 생산: 제품 혁신(Product Innovation)
- 새로운 생산 방법 도입: 프로세스 혁신(Process Innovation)
- 새로운 판매처 개척: 마케팅 혁신(Marketing Innovation)
- 새로운 구매처 획득: 공급망 혁신(Supply-Chain Innovation)
- 새로운 조직 실현: 조직 혁신(Organization Innovation)

혁신은 이렇게 다섯 가지로 분류된 혁신을 실현하기 위한 새로운 '결합'이며, 그것은 새로운 가치 창조, 사회에서의 활용/보급으로 연결되는 프로세스라고 설명하고 있습니다.

오늘날을 기준으로 보면 '새로운 경험 창조'를 통한 '감성 혁신'도 추가해야 할 것입니다. 예를 들면 iPhone의 혁신적인 UI가 지금까지는 없던 경험 가치(UX)를 낳고, 새로운 경제적 가치나 전세계의 혁신을 촉발했습니다. 그것은 기술이나 기능뿐만 아니라 디자인과 사용, 이를 포함한 새로운 경험의 창조가 구매 행동에 큰 영향을 주고 새로운 라이프스타일을 낳은 현상입니다.

슘페터는 '혁신은 창조적 파괴를 가져온다'고 말했습니다. 그 전형으로 생산 혁명기의 '철도'를 예로 들어 다음과 같이 말하고 있습니다.

'마차를 아무리 많이 연결하더라도 기차가 되지는 않는다'

즉 '철도'가 가져온 혁신은 마차의 힘을 보다 강력한 증기기관의 힘으로 바꿔 수많은 화물차와 객차를 연결한다는 '새로운 결합'이 가져온 것이라는 의미입니다. 이를 통해 오래된 역마차에 의한 교통망은 역사의 뒤편으로 사라지고 새로운 철도망이 생겨났습니다.

사용된 각각의 기술 요소가 새로운 것은 아니었습니다. 예를 들면 화물차나 객차는 마차 시대에서 물려받은 것이며, 증기 기관도 철도가 탄생하기 40년 전에 발명되었습니다. 즉 혁신이란 발명하는 것이 아니라 지금까지 없었던 '새로운 결합'이라는 것입니다. 그것이 역마차라는 기존 시스템에 창조적 파괴를 가져온 것입니다. 창조적 파괴는 '불가역적 행동 변화'도 가져왔습니다. 예를 들면 누구나 당연하게 철도를 사용하게 됨에 따라 역마차를 사용하지 않게 된 것입니다.

이렇게 생각하면 iPhone 역시 혁신의 전형적인 사례라고 말할 수 있습니다. iPhone은 이전부터 존재했던 노트북과 PC를 항상 가지고 다닐 수 있는 크기로 소형화한 컴퓨터입니다. 여기에 휴대용 음악 재생기기과 휴대 전화 기능을 융합했습니다. 각각의 기능은 기존부터 존재했지만 이들을 한 데 연결한 '새로운 결합'에 의해 iPhone이 생겨난 것입니다.

iPhone이 등장함에 따라 스마트폰이라는 새로운 제품 장르가 생겨났고, 누구나 스마트폰을 가지고 다니게 되었습니다. 이로 인해 카메라나 휴대 음악 재생기기는 사라지고, PC의 용도도 바뀌는 것과 같은 창조적 파괴가 일어났습니다. 이미 '스마트폰이 없는 생활로는 돌아갈 수 없다'라는 '불가역적 행동 변화'를 가져온 것입니다.

ChatGPT도 이런 혁신의 하나일 것입니다. 지금까지도 챗을 통해 자동 응답을 해주는 '챗봇'은 존재했습니다. 거기에 생성형 AI라 불리는 기술이 조합되어 다양한 업무 현장이나 일상에서 사용되고 있습니다. 그 편리함과 유용함, 생산성 향상을 누린 사람들은 그 이전으로는 돌아갈 수 없는 '불가역적 행동 변화'를 가져왔습니다. 이런 ChatGPT의 기능이나 성능은 급격하게 향상되고 있습니다. 또한 Google의 Gemini, Anthropic의 Claude3 같은 경쟁 서비스가 등장해 업무 방식을 크게 바꾸고 있습니다.

하지만 이런 '새로운 결합'이 모두 새로운 가치를 만든다고 말할 수 없습니다. 잘 될 것이라 생각해 시도해 보면 성과가 나지 않기도 합니다. 그래서 시행착오를 반복하고 현장의 피드백을 얻어 즉시 개선하는 과정을 빠르게 반복함으로써 혁신으로 다가가는 것입니다. 이를 위해서는 현장의 아이디어 창출이나 도전을 장려하고, 실패를 허용하는 풍토와 문화가 필요합니다.

디지털은 이런 혁신을 가속하는 데 도움을 줍니다. 그것은 디지털화에 따른 '레이어 구조화와 추상화'에 따라 기능 단위로 요소가 분리되어 각 요소들의 조합을 쉽게 시도할 수 있기 때문입니다. 이것은 소프트웨어로 구현되는 네트워크 서비스뿐만 아니라 제조에 있어서도 마찬가지입니다.

제조업에서의 제품 개발 방법 중 '모델 기반 개발(Model-Based Design, MBD)'이 있습니다. 모델 기반 개발은 실제로 사물을 만들기 전에 컴퓨터에서 시행착오를 반복적으로 수행해 최적의 사물 형태, 기능, 구조의 조합을 찾아내는 것입니다.

자동차 개발의 경우 컴퓨터를 사용해 다양한 부품의 조합을 쉽게 시도할 수 있습니다. 엔진을 움직이고, 핸들을 돌리고, 기구의 간섭이나 성능 시험을 실제처럼 수행할 수 있습니다. 실제 사물은 만들지 않으므로 비용이 저렴하고 노력도 시간도 들지 않습니다. 이것을 여러차례 최적의 조합으로 반복해 컴퓨터를 통해 찾아낸 뒤 실제 자동차를 만듭니다.

이 방식 덕분에 제조에서도 설계 개발의 속도가 빨라지고 비용을 줄일 수 있습니다. 그리고 혁신을 가속하는 데 도움이 됩니다.

디지털이 지탱하는 두 가지 경영 기반

변화에 민첩하게 대처할 수 있는 경영 기반

사업 경쟁력 강화

개선

신속한 리스크 회피

✓ 적확/신속한 상황 파악
✓ 판단이나 실행 고도화/자동화

디지털화
ERP, IoT, 워크플로 등

빠른 속도
높은 빈도

업무 시각화
머신러닝, 대시보드,
생성형 AI 등

✓ 실시간 사실 파악
✓ 데이터 취득 범위 확대

상황 파악의 정확도 향상

데이터

모든 기업 활동의 데이터 파악

데이터 주도 경영 기반

AI 활용 기반

우리는 EPR 패키지나 온라인 회의 같은 디지털 도구를 활용해 업무를 효율화하고 비용을 줄였습니다. 그리고 온라인 매장이나 웹 광고를 통해 고객과의 관계를 디지털화하고 매출 향상 기회 확대를 위해 노력했습니다. 또한 공장이나 창고, 매장의 기기나 설비, 제품 등에 센서나 통신 기기를 내장해 그 상태를 실시간으로 파악할 수 있게 하고 있습니다.

이들을 통해 '기업 활동의 디지털 트윈'이 구축되고 기업 활동의 현재 상태를 실시간 데이터로 파악할 수 있게 됩니다. 예를 들면 제조나 물류의 병목, 새로운 판매 이니셔티브의 진척, 자사 제품이나 서비스에 관해 고객이 느끼는 만족과 불만족 등을 실시간으로 파악할 수 있습니다.

이렇게 데이터를 활용해 사실을 시각화할 수 있으면 개선해야 할 과제를 쉽게 도출할 수 있습니다. 디지털화의 범위를 넓히면 데이터들의 해상도가 높아져, 보다 정확한 판단을 내릴 수 있을 것입니다. 경험이나 느낌, 생각에 의지하는 것이 아니라 데이터에 기반한 실시간 사실로부터 민첩하고 적절하며 정확하게 판단하고, 빠르게 개선을 반복할 수 있게 됩니다.

VUCA에 대처하기 위해서는 '변화에 민첩하게 대처할 수 있는 경영 인프라스트럭처'가 필요합니다. 이를 위해서는 데이터에 기반한 즉각적인 판단과 실행, 결과에 기반한 개선을 반복하는 사이클을 빠르고 빈번하게 계속 실행해야 합니다. 여기에서 AI는 큰 도움이 되지만, 데이터가 있을 때의 이야기입니다. AI를 활용하면 업무 생산성을 높이고, 자동화 범위를 넓히고, 개선 사이클을 가속할 수 있습니다. 또한 디지털화의 범위가 넓어지면 보안 위협이 경영이나 사업에 미치는 영향도 커집니다. 업무 프로세스가 철저하게 디지털화되어 실시간으로 사실을 파악할 수 있게 되면 사이버 공격이나 부정을 즉시 탐지해 자동으로 대처할 수도 있습니다.

이런 '데이터 주도(Data-Driven) 경영 인프라스트럭처'는 VUCA 시대에 기업이 살아남고 성장하기 위한 전제가 됩니다.

02

DX/디지털 트랜스포메이션

디지털이 전제되는 사회에 적응하기 위한 기업의 탈바꿈

오늘날 우리 일상이나 비즈니스는 디지털을 바탕으로 기능하고 있습니다. 기업은 이런 디지털 전제 사회에 적응해야 존속하며 성장할 수 있습니다. DX는 이런 디지털 전제 사회에 적응하기 위해 기업을 탈바꿈하는 것입니다.

디지털을 사용한다고 DX를 할 수 있는 것은 아닙니다. 디지털 사용 이외에도 많은 것을 해야 합니다. 예를 들면 비즈니스 모델이나 업무 프로세스, 조직의 형태나 의사 결정 구조, 일하는 방식이나 운용 제도를 바꿔야 합니다. 그야말로 기업 자체를 토대부터 새롭게 탈바꿈하는 변혁인 것입니다.

이런 변혁에 형태를 가진 목표는 없습니다. 변화가 빠르고 미래를 예측할 수 없는 사회에 민첩하게 대처하기 위해서는 계속 부단히 변화하는 능력을 가져야 합니다. DX의 목표는 이런 것이라 할 수 있습니다.

이런 디지털 전제 사회에 적응하기 위해 변화에 민첩하게 대처할 수 있는 압도적인 속도를 가진 기업으로 바꿔가는 노력이 DX입니다.

회사가 하나되어 DX를 추진하고 싶다!

경영진으로부터 이런 호령이 내려졌다고 가정해 봅시다. 이 말을 듣고 '디지털 기술을 사용해 신규 사업을 만드는 것'을 상상할 수도 있습니다. '디지털 기술을 사용해 업무를 효율화 하는 것'이라고 받아들이는 사람도 있을 것입니다. IT 관련 업무를 하고 있다면 '자사가 소유한 시스템을 클라우드로 마이그레이션하는 것'이라 판단할 수도 있습니다. 또는 '디지털 기술을 사용하면 무엇이든 좋다'는 안일한 해석으로 만족할 수도 있습니다.

하지만 이런 접근은 'DX'라는 용어가 사용되기 전부터 있었습니다. 우리는 이를 '디지털화' 혹은 'IT화'라고 불렀습니다. 그렇다면 지금까지의 이런 노력과 'DX'는 무엇이 다를까요? 물론 '디지털화'나 'IT화', 'DX' 사이에 아무런 관계가 없지는 않지만 DX의 역사적인 경위를 돌아보면 단순히 1 : 1로 맞바꿀 수는 없는 것임을 알 수 있습니다.

그 답은 'DX=Digital Transformation'의 'Transformation=변혁'에 있습니다. 이 용어는 'trans=향하는 쪽'과 'form=형태를 만드는 것'이라는 두 가지 의미를 합친 것입니다. 즉 지금까지 없던 새로운 형태를 만드는 것으로 '무엇인가를 완전하게 (일반적으로는 좋은 방향으로) 탈바꿈하는 것'이라는 의미입니다.

즉 DX는 '디지털로 사회나 비즈니스를 새롭게 탈바꿈하는 것'이 됩니다. 디지털은 변혁의 수식어이며, 변혁의 전제이자 수단으로써 DX의 중요성과 필요성이 드러나고 있는 것입니다. DX의 목적은 결코 '디지털을 사용하는 것'이 아닙니다.

'디지털 전제 사회에 적응하기 위해 스스로도 디지털을 활용해 기업(또는 사회)을 탈바꿈하는 것'

DX를 이렇게 해석하면 어떨가요? 이미 우리 사회는 디지털 없이는 너무나 불편합니다. 쇼핑, 여행, 식사를 할 때도 인터넷에 연결된 스마트폰이나 PC를 사용해 알아보고 예약합니다. 일을 할 때도 PC를 켜고 메일을 확인하고, 온라인으로 회의를 하고, 웹으로 비용을 정산합니다. ChatGPT 같은 생성형 AI를 사용하면 정보 수집이나 자료 작성 시간은 극적으로 줄어들고, 신규 사업의 아이디어를 내기 위해 몇 시간이라도 브레인스토밍의 상대로 활용할 수 있습니다.

제안서나 보고서 작성 또한 누구에게 전달하는지, 무엇을 전달하고 싶은지 입력하기만 하면 지정한 상대에게 적절한 내용과 표현으로 작성해주며 '이런 기능을 실현하고 싶다'고 입력하면 그것을 위한 프로그램을 생성해줍니다.

우리는 이런 디지털 전제 사회에 살고 있습니다. 당연히 인간은 디지털 존재로 생각하고 행동합니다. 사업을 영위하기 위해서는 기업 구조 또한 그에 적응해야 합니다. 업무 프로세스나 비즈니스 모델, 의사 결정 방법이나 조직 형태, 일하는 방식이나 고용 제도 등을 디지털을 전제로 최적화하고 완전히 새로운 것으로 탈바꿈하는 것입니다. DX는 이런 '변혁'입니다.

DX를 위해 노력해야 하는 또 한 가지 이유로 VUCA(변화가 빠르고 예측할 수 없는 상황)에 대한 대응을 들 수 있습니다.

전세계가 인터넷으로 연결되고 지구 반대편에서 발생한 일이 순식간에 확산되는 사회가 되었습니다. 그 결과 사회 변화는 복잡해지고 변화 속도도 계속 빨라지고 있습니다. 그 결과 미래를 정확하게 예측할 수 없는 사회, 즉 VUCA의 시대가 된 것입니다. COVID-19 팬데믹이나 우크라이나 전쟁은 이런 시대를 상징하는 사건입니다. 그리고 생성형 AI는 비즈니스나 사회에 큰 영향을 주며 기존 사회의 연장선상에서 미래를 생각하는 것이 불가능하게 됨을 보여줬습니다. 등장한지 오랜 시간이 지나지 않았음에도 말입니다.

미래를 예측할 수 없다면 현재의 사실들을 즉시 판단하고, 곧바로 가장 적합하게 대처하고, 변화에 맞춰 개선을 빠르게 반복해야 합니다. 즉 압도적인 속도를 획득하고 '변화에 민첩하게 대응할 수 있는 기업, 애자일 기업으로 변해야 합니다. Google, Amazon, Facebook, Apple과 같은 디지털 네이티브 기업은 '압도적인 속도와 애자일'을 무기 삼아 기존 업계의 경쟁 원리를 직접 바꾸며 경쟁력을 발휘하고 있습니다. 이들에게 대항해 살아남기 위해서라도 DX를 위해 노력해야 합니다.

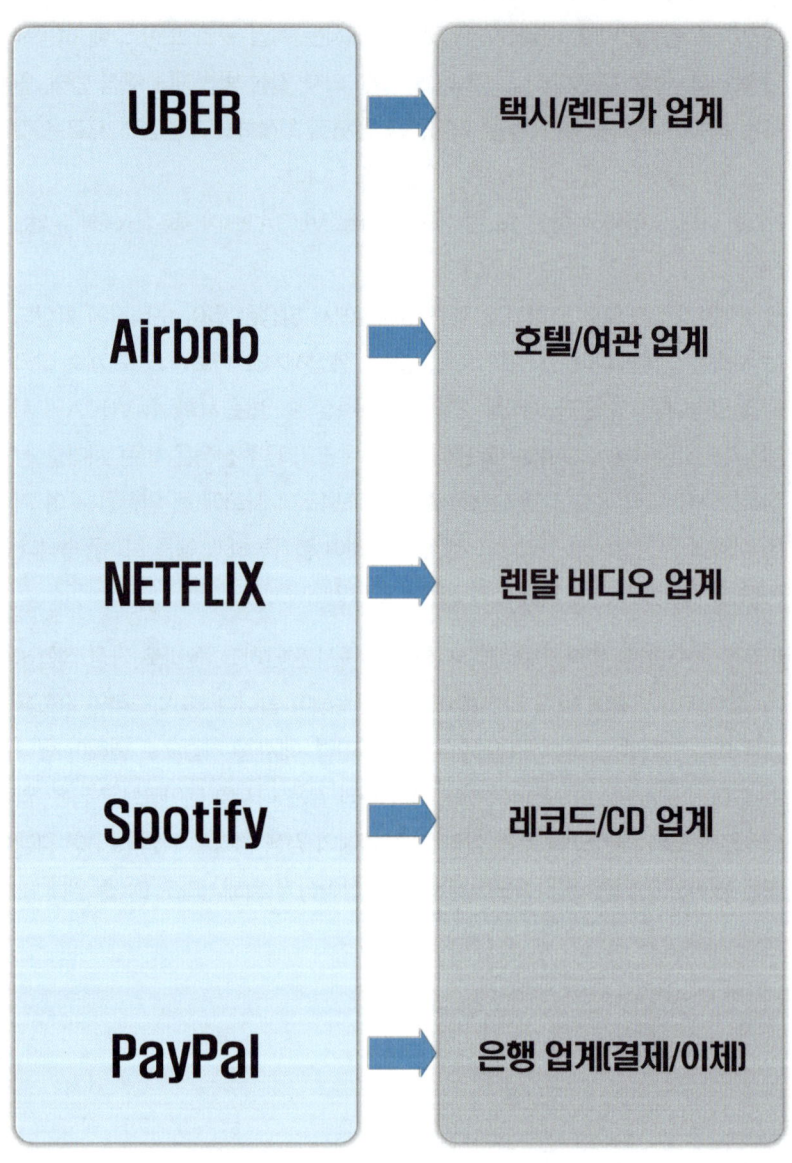

'디지털 디스럽션(Digital Disruption)=디지털에 의한 파괴'는 디지털 기술을 활용하는 기업이 새로운 서비스나 경쟁 원리를 만들고, 기존 사업자를 대체하고, 업계의 질서를 파괴하는 것을 의미합니다.

예를 들면 미국에서는 Uber나 Lyft 같은 차량 공유 서비스가 택시나 렌터카 업계를 대체하는 형태로 사업을 확대하고 있습니다. 그리고 Airbnb 같은 휴가 대여 서비스(숙박지를 제공하는 사람과 숙박지를 사용하는 사람의 매칭 서비스/민박 서비스)는 과거의 여관이나 호텔에 대항해 수요를 확대하고 있습니다. Netflix 같은 온라인 동영상 스트리밍 서비스는 렌탈 비디오/DVD 서비스를 몰아내고 직접 콘텐츠를 제작함으로써 영상 기업들과도 경쟁하며 시장을 빼앗고 있습니다. 그 밖에도 물류 판매, 금융, 헬스케어나 광고 및 홍보 등 넓은 분야에서 '디지털 디스럽션'이 진행되고 있습니다.

이런 일은 디지털 기술을 활용하는 디지털 네이티브 기업이 압도적인 속도로 사용자의 니즈나 시장 변화에 즉시 대응해 새로운 서비스를 투입하고 개선을 반복하기 때문에 발생합니다.

한편, 기존 사업자는 아날로그 시대부터 지속하던 일하는 방식, 업계 질서, 법률이나 제도의 틀에 머무르며 디지털 시대의 새로운 상식에 대한 대응을 주저하고 있습니다. 그렇기 때문에 처음에는 미숙하지만 지속적으로 사용자의 니즈나 시장 변화에 맞춰 개선을 계속해 나가며 편리하고, 비용 대비 뛰어난 성능의 서비스를 제공하는 디지털 네이티브 기업 서비스에 고객을 빼앗기는 것입니다.

디지털 네이티브 기업들이 이런 것을 할 수 있는 이유는 업무 프로세스를 철저하게 디지털화하고 '레이어 구조화'와 '추상화'를 사업 인프라스트럭처로 만들기 때문입니다. 이런 것들 덕분에 누구보다 빠르게 사용자나 시장의 니즈를 데이터로 바꾸고 추상화된 기능 부품을 빠른 속도로 조합하고 바꿀 수 있습니다. 그 결과 고객 만족도와 관련된 두 기업의 차이가 커지며 고객을 빼앗기고, '디지털 디스럽션'이 발생합니다.

디지털 네이티브 기업의 발상

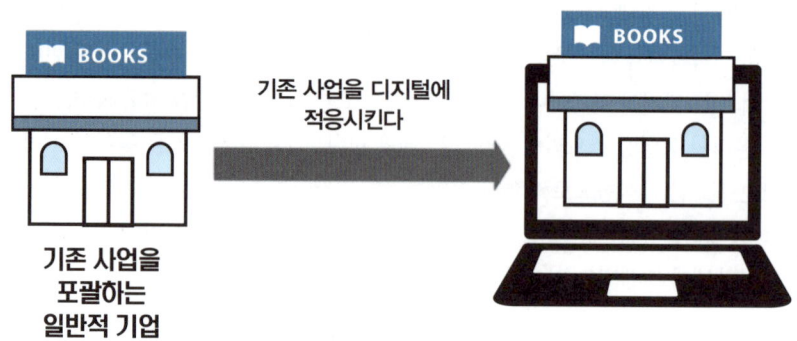

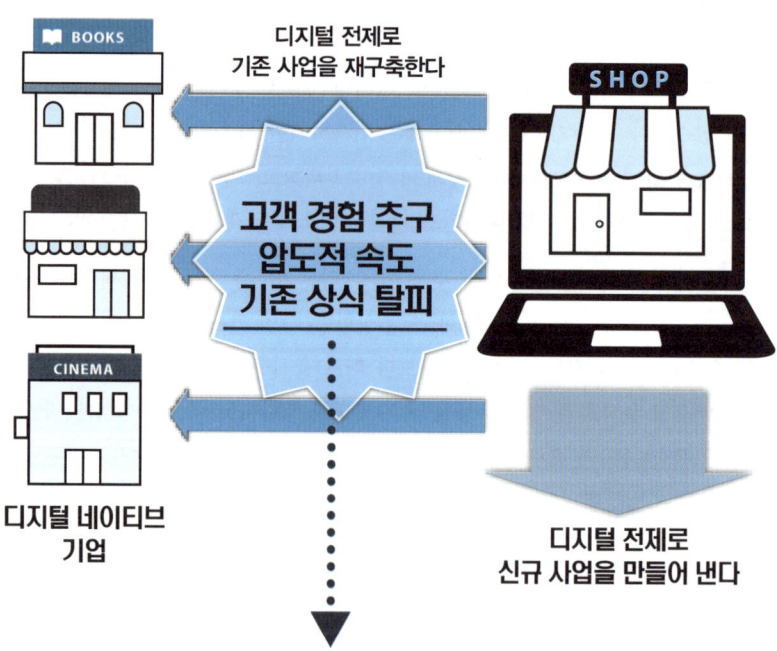

기존 사업을 영위하는 많은 기업들은 지금까지의 구조를 근본적으로 바꾸지 않고 업무 프로세스나 고객과의 접점을 디지털로 치환하려고 합니다. 한편, 디지털 네이티브 기업들은 기존 상식에 집착하지 않고 디지털 전제 사회에 최적화된 업무 프로세스나 고객과의 접점을 만듭니다. 이로 인해 기존 사업이 가진 다양한 제약을 해소하고 생산 구조나 경쟁 원리를 새롭게 탈바꿈하는 것을 목표로 합니다. 지금까지 상식으로 여겨지던 세계의 상식을 새로운 상식으로 바꾸고자 하는 것입니다.

디지털 네이티브 기업들은 디지털을 단지 편리한 도구로만 사용하지 않습니다. 디지털을 기반으로 비즈니스의 형태 자체를 바꾸려고 합니다. 그들과 맞서서 승부를 내지 못한다면 기존 기업들은 곧 자신들의 지위를 빼앗기고 업계의 플레이어 위치가 바뀔 것입니다.

이미 디지털은 '편리한 도구'라는 생각을 넘어 사업이나 경영 형태의 재검토를 촉구하는 '새로운 비즈니스나 사회 원리'라고 말할 수 있을 정도의 역할을 갖기 시작했습니다. 이 현실을 받아들이지 않으면 다른 기업들과 맞서 싸울 수 없습니다.

'디지털을 전제로 기업을 탈바꿈한다'

이런 각오 없이는 디지털 네이티브 기업에 대항할 수 없습니다. 업무 개혁은 물론 신규 사업도 아날로그 시대의 상식의 연장선에서가 아니라 디지털 시대의 상식을 전제로 해서 노력해야 합니다. 이를 위해서는 그들의 손 안에 있는 것이 무엇인지 알고, 그들을 지탱하는 기술이나 방법론을 이해하기 위해 철저하게 노력해야 합니다.

동종 업계 내 다른 기업의 성공 사례나 자신들의 과거 성공 경험을 기준으로 업무 개혁이나 신규 사업의 좋고 나쁨을 평가하는 것, 예측할 수 없는 미래를 지금까지 상식의 연장선에서 예측하고 가능성을 논의하는 것은 의미가 없습니다. 동종 업계 내 다른 기업의 성공 사례를 참고한다면 '이것과 똑같이 하지 않기' 위함일 뿐입니다. 과거의 성공 경험이나 기존 연장선에서가 아니라 그와 다른 새로운 노력을 생각해 실천해야 합니다.

이미 디지털 네이티브인 기업들과 같은 위치에서 경쟁할 수는 없습니다. 스스로의 사업을 지속시키고 기업을 존속시키기 위해서는 이런 사고방식을 당연한 것으로 여길 수 있는 기업 문화와 풍토를 가져야 합니다.

우리가 직면한 'VUCA'

VUCA

2016년 다보스 회의(세계 경제 포럼)에서 사용되어 주목받게 되었다. 오늘날은 비즈니스 씬에서도 일반적으로 사용되고 있으며, COVID-19 팬데믹에 의해 몸소 경험하고 있다. 일하는 방식이나 조직의 형태, 경영 등의 방침에 관한 사고방식의 전제가 되고 있다.

어려움

Volatility(변동성)
기술 진화나 사회 상식의 변화 등, 가치관이나 사회 구조 등이 맹렬한 속도로 변화함에 따라, 앞을 예측하기가 어렵다. 변화의 정도나 비율이 크고, 변동성을 예측하는 것이 어려워진다.

압도적인 속도
눈 앞의 변화를 즉시 파악해 현시점에서의 최적을 선택하고 빠른 속도로 개선을 반복한다.

Uncertainty(불확실성)
영국의 EU 이탈, 미중 무역 전쟁, 민족 간 전쟁 등 현대를 둘러싼 정세는 예측을 허용하지 않으며, 다양한 위험에 대응해야만 하는 상황에 놓여있다.

Complexity(복잡성)
하나의 기업, 하나의 국가에서 해결할 수 있는 문제가 극도로 적어진다. 글로벌 규모로 매개변수가 복잡하게 얽혀 있기 때문에 문제 해결이 단순하지 않고, 한층 복잡해진다.

사회 환경이 복잡성을 늘리고 미래 예측이 어려운 상황

Ambiguity(모호성)
변동성, 불확실성, 복잡성에 의해 인과 관계가 명확하지 않고 전례 없는 일들이 늘어나, 과거의 실적이나 성공 사례에 기반한 방법이 통용되지 않는 시대가 되었다.

미래 예측　　현재 이해　　　　　　　　　어려움

'사회 환경의 복잡성이 증가하고 미래 예측이 어려운 상황'

우리가 놓여진 현재 상황을 'VUCA'라 부릅니다. Volatility(변동성), Uncertainty(불확실성), Complexity(복잡성), Ambiguity(모호성)라는 네 가지 키워드의 머리글자를 조합한 용어로, 2016년 다보스 회의(세계 경제 포럼)에서 사용되어 주목받게 되었습니다. 오늘날 비즈니스 씬에서도 일반적으로 사용되고 있습니다.

- Volatility(변동성): 기술 진화와 사회 상식 또는 가치관이나 사회 구조 등이 맹렬한 속도로 변화해 한 치 앞을 예측하기 어렵다. 변화의 정도가 크고 변동성을 예상하기 어렵다.
- Uncertainty(불확실성): 영국의 EU 탈출, 미중 무역 전쟁, COVID-19 팬데믹, 우크라이나 전쟁 등 현대를 둘러싼 정세는 예측을 허용하지 않는 상황이며 다양한 리스크에 대응할 수 있어야만 한다.
- Complexity(복잡성): 한 기업, 한 국가에서 해결할 수 있는 문제가 극단적으로 작아졌다. 글로벌 규모로 매개변수가 복잡하게 조합되기 때문에 문제 해결이 단순하지 않고 한층 어려워졌다.
- Ambiguity(모호성): 위 3요소에 의해 인과 관계가 명확하지 않고 전례 없는 일들이 늘어나며, 과거의 실적이나 성공 사례에 기반한 방법을 운용할 수 없는 시대가 되었다.

VUCA를 가져온 것은 바로 정보 통신 기술의 발달입니다. 1990년대 초에 등장한 인터넷은 정보 전달 속도를 가속하고 정보량 또한 폭발적으로 늘렸습니다. 그리고 그 정보들을 처리하기 위한 컴퓨터와 융합해 새로운 사회나 경제 기반인 사이버 스페이스를 만들어냈습니다. 사이버 스페이스는 현실 세계와 혼연일체가 되었고, 사회나 경제 변화를 가속화하고 복잡성을 한층 높였습니다. 무슨 일이 일어나는지 알 수 없고, 일어난 뒤의 변화가 빠르고, 어떻게 대처하는 것이 좋을지 판단하려 하더라도 판단 기준이나 관련 정보가 너무 많고, 동시에 그 정보들이 빠르게 얽히고 설켜 쉽게 판단할 수도 없게 되었습니다. 정확하게 미래를 예측하는 것이 불가능한 시대가 되었습니다. 이 상황에 대처하기 위해서는 시시각각 변화를 빠르게 파악하고 현시점에서 가장 적합한 선택을 하며, 변화에 맞춰 개선을 빠르게 반복해야 합니다.

우리는 이런 'VUCA'의 시대를 살고 있습니다.

VUCA가 가져온 하이퍼컴피티션

미국 콜럼비아 대학 비즈니스 스쿨의 교수인 리타 맥그래스(Rita McGrath)는 저서 '경쟁우위의 종말(2014, 경문사)'에서 '우리는 VUCA 시대에 직면해 있고 비즈니스의 두 가지 기본적인 가정이 크게 바뀌었다'고 논했습니다.

첫 번째 가정은 '업계라는 프레임이 존재한다'는 것입니다. 업계는 변화가 적은 경쟁 요인에 의해 지배되고 있으며 그 동향을 예의주시해 적절한 전략을 구축할 수 있다면, 오랫동안 안정적인 비즈니스 모델을 그릴 수 있다는 사고방식이 기존의 상식이었습니다. 업계가 포함되어 있는 시장은 어느 정도 예측 가능하며, 그 예측에 기반해 5년 단위 계획을 수립하면 추후에 그 계획을 수정하더라도 수행할 수 있다고 생각했습니다.

두 번째 가정은 '한 번 확립된 경쟁 우위는 지속된다'는 것입니다. 어떤 업계에서 확고한 지위를 만들면 그 기업의 실적은 유지됩니다. 그 경쟁 우위성을 중심으로 직원을 육성하고, 조직에 배치하는 것으로 실적을 충분히 유지할 수 있었습니다. 하나의 우위성이 지속되는 세계에서는 그 프레임 안에서 사업 효율을 높이고 비용을 줄이는 한편, 기존의 우위성을 유지할 수 있는 역량을 가진 인재가 승진합니다. 이런 관점에서 인재를 순환시키는 사업 구조가 좋은 업적을 가져왔습니다. 이 우위성을 중심으로 조직이나 업무 프로세스를 최적화하면 사업 성장과 지속이 보장되었습니다.

그러나 이제는 이 두 가지 기본 가정이 성립되지 않게 된 것입니다. 이제는 업계를 뛰어 넘어 다른 업종의 기업이 기존 경쟁 원리를 파괴하고 있습니다. 예를 들면 Uber는 택시나 렌터카 사업을 파괴하고, Airbnb는 호텔이나 여관 업계를 파괴하고 있습니다. Netflix는 렌탈 비디오 업계를 파괴하고, 영화 업계와 각축을 벌이고 있습니다. 오늘날 생성형 AI의 등장과 적용 범위의 확대로 인해 인간과 기계의 역할 분담이 달라지고 새로운 경쟁 구도가 만들어졌습니다. 그 변화의 속도는 매우 빠르며 미래를 예측하는 것은 과거 어느 때보다 어려워졌습니다. 하나의 성공 경험은 눈깜짝할 새에 진부해지고 성공을 계속 유지할 수 없습니다.

'시장 변화에 맞춰 전략을 바꾸며 계속 움직인다'

그렇게 하지 않으면 기업이 가진 경쟁 우위성이 순식간에 사라지는 시장의 특성을 '하이퍼컴피티션(Hypercompetition)'이라 부릅니다. 오늘날의 비즈니스는 이런 상황에 놓여 있습니다.

비즈니스의 전제가 되는 시간 감각의 변화

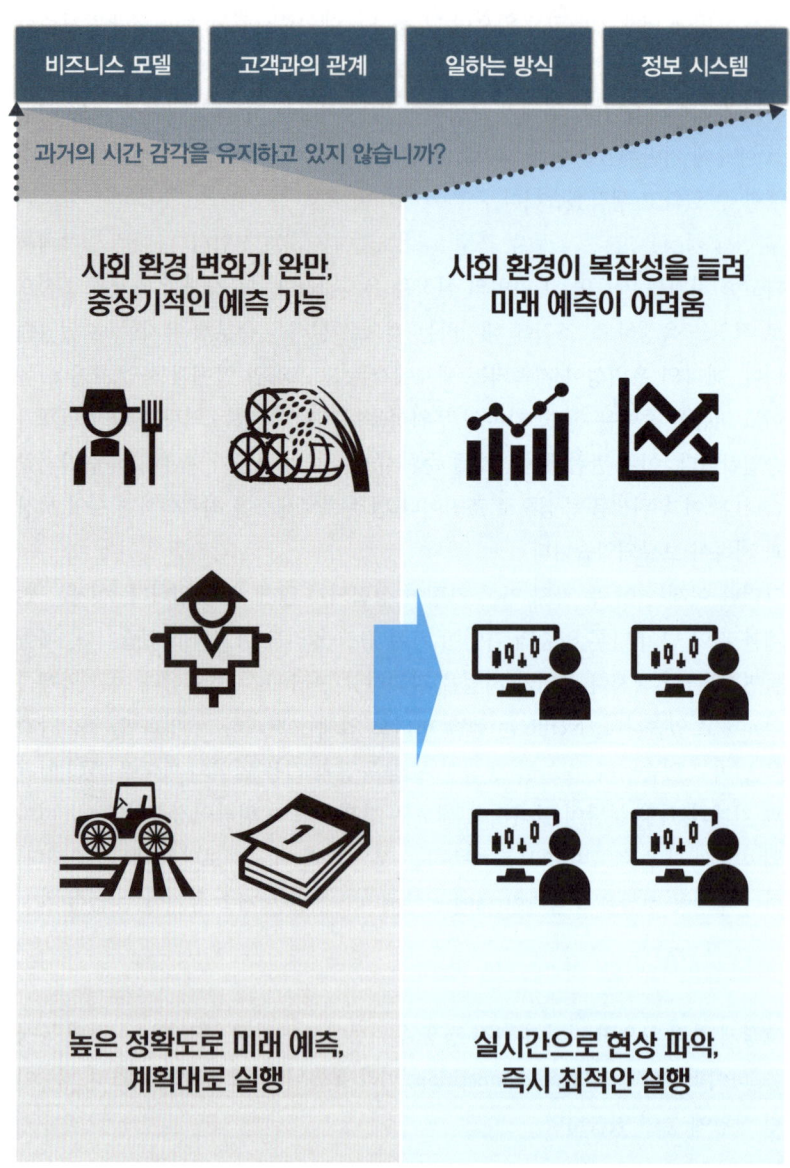

많은 기업들이 계층적인 조직 구조를 전제로 다음과 같은 시간 감각에 따라 의사 결정을 내려왔습니다.

- 3년마다 1번 꼴로 중기 경영 계획 수립
- 1년마다 1번 꼴로 연간 계획 수립
- 6개월마다 1번 꼴로 설비 투자 계획 수립
- 매월 정례 임원 회의 실시
- 매주 부문 회의 실시

이 시간 감각은 고도 경제 성장 시대의 흔적일지도 모릅니다. 경제는 우상향이었고 미래는 예측하기 쉬웠습니다. 지속적인 개선에 따라 업적이 향상될 것이라는 전망도 있었습니다. 또한 정해진 기간에 의사 결정의 사이클을 실행하면 쉽게 관리할 수 있었기에 이 방식을 유지하는 기업이 적지 않습니다.

하지만 시대는 변했습니다. 이미 미래를 정확하게 예측할 수 없습니다. 눈이 어지럽게 빨리 변하는 고객의 니즈, 업계에 갑자기 모습을 드러낸 파괴자들에 대처하기 위해서는 시시각각 일어나는 변화를 즉시 파악하고, 현시점에서 가장 적합한 선택을 하고, 변화에 맞춰 개선을 빠르게 반복하는 방법뿐입니다. 즉 미래를 정확하게 예측할 수 있는 능력이 아니라 변화에 민첩하게 대처할 수 있는 능력이 필요합니다.

3년 후의 미래를 정확하게 예측해 계획하고 목표치를 달성하는 것을 절대시하는 중기 경영 계획은 현실적이지 않습니다. COVID-19 팬데믹과 우크라이나 전쟁을 통해 중기 경영 계획이 얼마나 의미 없는 것인지 실감한 사람도 많을 것입니다. 불확실하기만 한 3년 후의 미래에 현재를 옭아매는 방식은 변화에 민첩하게 대응하는 데 오히려 족쇄에 지나지 않습니다.

기업의 최고 수장의 역할은 비전과 미션을 명확하게 제시하고, 현장을 신뢰하며 권한을 대폭 이양하고, 현장 담당자들이 자율적으로 판단하고 행동할 수 있게 하는 것입니다. 업무 프로세스를 디지털화하고, 현장을 실시간으로 '시각화'하고, 데이터에 기반해 적확하며 빠르게 '판단'하고, 즉시 '행동'하고, 그 결과 또한 실시간으로 파악할 수 있어야 합니다. 이렇게 디지털화된 구조를 전제로 전략을 계속 움직이며 변화에 민첩하게 대처할 수 있어야 합니다.

당연히 비즈니스 모델, 고객과의 관계, 일하는 방식, 이들을 지탱하는 정보 시스템 역시 같은 시간 감각으로 동기시켜야 합니다.

VUCA 시대에 살아남기 위한 가치관

디지털 디스럽션	VUCA
디지털 전제로 비즈니스 재구축	변화가 빠르고 예측이 어려운 사회

압도적인 속도
가설/실천/검증을 빠른 속도로 반복하는 것

가설 → 실천 → 검증 → 고속

> 타인의 정답이 나의 정답은 아니다!

- ✓ 스스로 생각해 답(가설)을 만든다.
- ✓ 즉시 실천으로 옮겨 결과를 확인한다.
- ✓ 결과로 검토하고 가설을 업데이트 한다.

■ 즉시 행동하지 않으면 기회를 놓쳐 버린다.
■ 실패해도 즉시 수정해, 큰 타격을 피할 수 있다.
■ 속도를 철저하게 추구하면 사물을 단순화해서 파악할 수 있을 뿐만 아니라 본질에만 집중할 수 있다.

Try and Learn!

DX는 이 가치관을 기업 활동의 기반으로 삼기 위한 노력

VUCA는 '정답이 없는' 동시에 '빠르게 변화하는' 사회입니다. '정답이 없다'란 오늘의 정답이 내일의 정답이라 단정할 수 없는 것입니다. 미래를 예측할 수 없으므로 정답의 선택지가 다양할 수 밖에 없습니다. 미리 준비된 정답은 없으며 기존의 연장선에서 정답을 구할 수도 없습니다. 직접 정답을 만들고, 변화에 따라 계속 개선해야 합니다. 또한 '빠르게 변화하기' 때문에 '변화에 민첩하게 대처할 수 있는 압도적인 속도'를 갖는 것이 기업의 존속과 사업 유지를 지탱하는 동시에 경쟁력의 원천이 됩니다.

'아이디어가 떠올랐다면 즉시 시도해 본다. 그 행동 결과에 따라 의논하고 다시 새로운 방식을 즉시 시도해 본다.'

이런 'Try and Learn'을 빠른 속도로 매우 빈번하게 시도하는 능력을 갖춰야 합니다. 그 이유로 다음 세 가지를 들 수 있습니다.

- 즉시 행동하지 않으면 대응이 늦어지고 기회를 놓치게 되기 때문이다.
- 실패하더라도 즉시 수정할 수 있어 큰 어려움을 피할 수 있기 때문이다.
- 속도를 추구하기 위해서는 사물을 단순하게 파악하고, 본질에만 집중해야 한다. 그 결과로 적확한 과제 해결을 할 수 있기 때문이다.

비즈니스 기회는 오래 유지되지 않습니다. 눈부시게 빠르게 변화하는 시대에는 그 시점을 놓쳐서는 안 됩니다. 고객 니즈도 점점 변화합니다. 변화하는 고객 니즈에 대한 대응 속도가 기업 가치를 좌우합니다. 경쟁 역시 번갈아가며 찾아옵니다. 결단과 행동이 느리면 치명적인 결과를 피할 수 없습니다.

IT도 마찬가지로 이 가치관을 실현할 수 있게 진화를 가속화하고 있습니다. 디지털 네이티브 벤처나 Google, Amazon, Apple 같은 빅 테크(Big Tech) 기업은 이 가치관을 몸소 실천하며 최첨단 IT를 활용해 압도적인 속도를 무기로 기존의 경쟁 원리를 완전히 바꾸고 있습니다. 이런 빅 테크에도 맞서야 합니다.

DX는 이 가치관을 기업 활동의 기반에 두기 위한 노력입니다. '사회 현상의 변화가 완만해 중장기적인 예측이 가능'한 시대의 상식은 이미 과거의 것입니다. 기업은 물론 개인도 이 가치관을 기반으로 삼고 살아가야 합니다.

높은 빈도의 'Try&Learn'으로 압도적인 속도 실현

지속적인 개선과 변혁 인간의 역할

디지털의 역할

압도적인 속도
현재의 몇 %가 아닌, 몇 배 혹은 몇십 배로 가속하는 것

압도적인 속도로 사실을 파악할 수 있다
실시간으로 비즈니스에 관한 데이터를 수집한다

- ✔ 업무 프로세스 디지털화
- ✔ IoT 적용
- ✔ ERP를 핵심으로 한 경영 등

압도적인 속도로 최적의 솔루션을 찾을 수 있다
경험이나 감에 의존하지 않고 데이터를 신속하게 분석해 적확한 판단을 내린다

- ✔ AI(머신러닝) 활용
- ✔ 데이터의 공개적인 공유
- ✔ 데이터 사이언스 능력 강화 등

압도적인 속도로 실행할 수 있다
비즈니스 프로세스를 자동화/자율화해 인간의 개입을 없앤다

- ✔ AI에 의한 지적 능력 업무 대체
- ✔ 디지털 전제의 업무 수정
- ✔ 조직 개편과 역할 재정의

VUCA 시대에는 반드시 '변화에 민첩하게 대처하기 위한 **"압도적인 속도"**를 가져야' 합니다. '압도적인 속도'는 '현재의 몇 %가 아니라 몇 배, 몇십 배로 가속하는 것'이라 바꿔 말할 수 있습니다.

이를 위해서는 현재의 사실을 실시간으로 파악할 수 있는 데이터가 반드시 필요합니다. 이런 데이터를 손에 넣으려면 비즈니스 프로세스나 비즈니스 모델을 철저하게 디지털화해야 합니다. 예를 들면 ERP 시스템을 도입함으로써 업무의 현재 상태나 진척, 사용자의 의향을 데이터로 파악할 수 있습니다. 기기나 설비의 가동 상황은 IoT나 모바일을 활용해 다양한 비즈니스 접점을 디지털화해 손에 넣을 수 있습니다.

이렇게 수집한 막대한 데이터를 기반으로 즉시 결정, 판단, 실행을 진행하고 지속적으로 개선을 반복하기 위해서는 거기에 포함되는 규칙, 법칙, 특징을 찾아내야 합니다. 이를 위한 계산이 AI 기술의 하나인 머신러닝입니다.

이를 통해 명확해진 규칙, 법칙, 특징을 기반으로 어떻게 행동해야 좋을지 최적의 답을 찾아내고 그 후의 프로세스를 자동화하거나 인간이 적절하게 판단하기 위한 정보를 제공합니다.

인간이 관여하는 범위가 넓을수록 속도는 줄어듭니다. 그리고 과거의 성공 경험이나 추측에 의한 편견이 생겨 잘못된 판단을 할 가능성도 있습니다. 따라서 인간이 관여하는 범위를 가능한 한 줄이는 것이 중요합니다.

그렇다고 해서 인간의 역할이 사라지는 것은 아닙니다. 변화가 빠르고 미래를 예측할 수 없기 때문에 우선 만들어진 프로세스를 빠르게 개선하고 수정해야 합니다. 무엇이 과제인지, 어떻게 과제를 해결할 수 있는지 가늠하기 위해서는 인간만이 가진 이상이나 가치관 같은 기준이 필요합니다. 인간은 데이터가 알려주는 사실로부터 통찰을 얻고 변화에 대한 대응을 실행해야 합니다.

그렇게 판단과 실행을 하더라도 반드시 잘 된다고 보증할 수는 없습니다. 그래서 앞절에서 설명했듯 우선 시도한 뒤 그 결과로부터 판단하고 개선하는 과정을 빠르게 반복하면서 계속 최선의 방안을 찾아내야 하는 것입니다.

압도적인 속도는 'Try and Learn'을 빠른 속도, 높은 빈도로 반복해 답을 찾아내는 것입니다. 이런 '디지털과 인간의 협동 기술'이 변화에 민첩하게 대처할 수 있는 능력을 만듭니다.

패러다임 변천과 DX

인간성
지속 가능성 Sustainability

자원 고갈/환경 파괴에 직면해 글로벌 규모, 포괄적으로 세계를 파악하고 공감적/논리적으로 사업 수행

소량 생산 · 순환 사용

- 마이크로 서비스
- 애자일+AI개발
- 초단기 개발/지속적 배포
- 클라우드(서버리스, SaaS)
- 자율적 인재에 의한 팀 전술

2020년

민첩성
다양성 Diversity

예측 불가능한 미래에 대처하기 위해 실시간으로 사물을 파악하고 창조적/자율적으로 사업 수행

최적 생성 · 다양 소비

- 소규모 시스템
- 애자일 개발
- 단기 개발/고빈도 배포
- 클라우드(인프라스트럭처, PaaS)
- 자율적 인재에 의한 팀 전술

2000년

안정성
생산성 Productivity

예측 가능한 미래에 대비해 계획적/분석적 사상을 바탕으로 균질적/집단적으로 사업 수행

대량 생산 · 대량 소비

- 대규모 시스템
- 폭포수 개발
- 장기 개발/저빈도 배포
- 온프레미스
- 표준적 인재에 의한 인해전술

공유와 순환

소유와 소비

DX

사회 변화를 뒤돌아보면 2000년대를 지나 가치관의 큰 전환이 시작되었다고 생각합니다. 그것은 '안정성(Stability)'에서 '민첩성(Agility)'으로 가치관의 중심이 변화한 것, 즉 우선하는 대상에 대한 기준이 변한 것입니다.

'가치관 전환'을 상징하는 일 중 하나는 2001년 9월 11일에 일어났던 미국의 동시 다발 테러 사건일 것입니다. 이 사건으로 우리는 사회의 불확실성이 높아지고 예측이 어려운 시대가 되었음을 알게 되었습니다. IT 관련 에피소드들도 이런 시대 흐름을 반영하고 있습니다. 다음과 같은 예를 들 수 있습니다.

- 클라우드적인 서비스의 등장: '클라우드 컴퓨팅'이라는 용어는 2006년에 등장했지만, 그 이전부터 '클라우드적인 서비스'는 존재했습니다. 예를 들면 1997년의 Hotmail, 2000년의 Salesforce.com 등을 들 수 있습니다.
- 다운 사이징과 오픈화: PC는 1980년대 널리 사용되기 시작했으며 1990년대는 1인 1PC 시대가 되었습니다. 소형 컴퓨터, 사무용 컴퓨터, 엔지니어링 워크스테이션이라 불리는 중소 규모의 컴퓨터가 대형 메인프레임을 대체했습니다. 그 후 이들은 PC 서버로 이동해 오픈화가 가속되었습니다. 메인프레임/호스트 컴퓨터의 시대는 종언을 맞이했고 유연하고 빠른 IT 활용의 시대가 도래했습니다.
- 클라이언트 서버에서 웹 시스템으로: 1990년대 초 여명기를 맞이한 인터넷 보급의 기폭제가 된 것은 1995년에 등장한 Windows95입니다. 브라우저나 TCP/IP 통신 기기를 표준 탑재함으로써 인터넷을 쉽게 이용할 수 있게 되었습니다. 이것이 또 하나의 큰 변화를 일으켰습니다. Windows95가 표준 탑재된 브라우저를 사내 업무 시스템으로 사용하는 움직임이 일었습니다. 그 이전에는 대규모의 데이터 처리나 저장은 서버 측 프로그램을, UI나 데이터 가공 편집 같은 소규모의 작업은 PC 측 프로그램을 사용하는 클라이언트 서버 방식이 일반적이었습니다. 하지만 '무료로 따라오는 브라우저'를 사용하면 PC 수준의 UI를 실현할 수 있어 개발 및 유지보수의 수고를 덜 수 있었고, 비용도 낮아져 브라우저를 사용한 웹 애플리케이션 사용이 늘어났습니다
- 애자일 소프트웨어 개발 선언: 2001년 경량 소프트웨어 개발 방법(이라 당시 불렸던) 분야에서 유명한 소프트웨어 크루 17명이 모여, 각자 개별적으로 제창했던 개발 방법에 깃든 공통된 가치관에 대해 논의하고 '애자일 소프트웨어 개발 선언'(Manifesto for Agile Software Development)이라는 문서로 모아 공개했습니다. '애자일 개발'의 기점이라고도 할 수 있는 사건입니다.

이 개발 방법들이 가진 공통된 가치관은 '민첩성'입니다. VUCA 시대에는 '미래를 정확하게 예측'할 수 없습니다. 그렇다면 눈 앞의 변화를 즉시 파악하고, 그 시점에서 가장 적합한 방법을 실행하고, 빠르게 수정/개선을 반복할 수 있는 압도적인 속도가 필요합니다. 앞에서 설명한 에피소드 역시 이런 가치관을 반영한 것입니다.

기술 트렌드도 이런 시대의 추세를 반영하고 있습니다.

- 폭포수(Waterfall) 개발 → 애자일 개발
- 온프레미스(On-Premise) → 클라우드 컴퓨팅
- 모놀리식(Monolithic) 아키텍처 → 마이크로서비스(Microservice) 아키텍처

사회가 추구하는 가치관이 변했기 때문에 그에 적합한 방식이 받아들여지고 정착되었습니다. 즉 계획에 따라 일을 진행하는 시대에서 예측할 수 없는 일에 민첩하게 대응하는 것이 중시되는 시대가 된 것입니다. 여전히 어느 쪽이 우수한지, 어느 쪽의 생산성이 높은지와 같은 주제에 대한 논의가 계속되고 있지만, 애초에 추구하는 목표가 다르기 때문에 이것은 빗나간 논의입니다.

이 변화를 받아들이기 위해서는 그 전제가 되는 가치관을 기업 문화나 풍토에 녹여야 합니다. 예를 들면 '안정성'을 중시하는 문화나 풍토를 가진 기업은 애자일 개발에 뛰어들어도 잘 할 수 없습니다. 애자일 개발은 모든 시스템 개발을 자율적으로 현장 팀에 위임하는 것, 현장과 지속적이고 대등하게 대화하는 것을 전제로 하기 때문입니다.

'안정성'을 중시하고 계층적인 조직 안에서 행동을 세세하게 관리하고 지시하는, 모든 의사 결정은 리스크를 철저하게 배제하기 위해 품의를 만드는 조직 풍토에서는 '애자일 개발' 방법을 사용하더라도 '민첩한(애자일) 시스템 개발'은 불가능합니다. 클라우드나 마이크로서비스도 마찬가지입니다. 전제가 되는 가치관을 전환하지 않으면 충분한 성과를 올리기 어렵습니다.

각각의 장단점이 있으므로 시대에 따라 어느 쪽이 효과적인지 판단해야 합니다. 예를 들면 '안정성'이 요구되는 시대에는 폭포수 개발, 온프레미스, 모놀리식 아키텍처가 효과적일 수 있습니다. '민첩성'이 요구되는 시대에는 애자일 개발, 클라우드, 마이크로서비스가 효과적일 것입니다.

단, '민첩성'이 요구되는 시대에 어울리는 방식을 선택했다 하더라도 다양한 과제가 발생합니다. 이를 해소하는 방법을 고려하고 대책을 마련해야 합니다. 예를 들면 '민첩성'을 우선해 클라우드를 사용하기 위해서는 '통신 장애나 클라우드 밴더 장애'가 발생할 가능성을 염두에 두고 다음과 같은 대책을 마련해야 합니다.

- 다른 통신 사업자의 복수 회선을 사용한다.
- 가용 영역(Availability Zone)을 나누어 다중화 구성을 한다.
- 여러 클라우드 사업자에 분산한다.
- 컨테이너화 해서 서비스 가용성을 높인다.

여전히 '안정성'을 절대적 정의라 생각하며 시스템을 구축하는 기업이 있습니다. 하지만 사회가 추구하는 가치관이 '안정성'에서 '민첩성'으로 변하고 있는 지금, 그에 어울리는 문화와 풍토, 기술을 허용하지 않으면 시대 흐름에 뒤쳐질 것입니다. 이 변화에 대응해 기술 또한 '민첩성'에 대처할 수 있게 계속 발전/보급되고 있습니다. 그리고 안정성 시대의 '소유와 소비'를 전제로 한 비즈니스가 '공유와 순환'으로 변하고 있는 것에도 주목해야 합니다.

DX는 우리가 오랫동안 당연하게 받아들였던 '안정성'이라는 가치관과 이를 실천하기 위해 만든 비즈니스 방식과 사회 구조를, '민첩성'의 그것으로 바꿔 만들어가는 노력이라 할 수 있습니다. 기술 역시 같은 방향을 향하고 있습니다.

디지털이 실제를 포괄하는 사회

'애프터 디지털(アフターデジタル)(후지이 야스후미(藤井保文) 저)'을 참고해 작성

후지이 야스후미(藤井保文)는 저서『애프터 디지털 - 온라인이 없는 시대에 살아남기』(닛케이BP, 2019년 3월)*에서 실제와 디지털의 융합이 일어나는 것을 지적했습니다. 애초에 디지털은 실제의 편의성을 높이고, 비용을 절감하기 위한 '편리한 도구'였습니다. 하지만 후지이는 이미 실제와 디지털을 나누어 생각할 수 없게 되었다고 말합니다.

예를 들면 여행을 할 때 우리는 먼저 인터넷을 통해 어디로 갈지 찾아보고, 볼거리나 유명한 레스토랑, 평가가 좋은 숙박지 등을 조사하고, 비행기나 렌터카를 예약합니다. 이런 디지털적 경험을 한 뒤 실제 여행을 경험하고, 그 리뷰를 다시 SNS나 여행 사이트에 게재합니다.

이렇게 우리 일상은 디지털이 실제를 포괄하듯 융합되어 하나의 동선으로 연결되어 있습니다. 이 일련의 경험을 매력적인 것으로 만드는 것이 고객의 만족도를 높이고, 상품이나 서비스 매출을 향상시킵니다. 즉 디지털과 실제가 융합한 세계에서의 경험 가치/UX를 향상시키는 것이 비즈니스 성과에 큰 영향을 주게 됩니다. 디지털의 역할이 '실제를 지원하는 편리한 도구'에서 '실제를 포괄하는 구조'로 바뀌었습니다. 즉 실제에서의 가치를 손에 넣으려면 디지털로 제공되는 다양한 구조나 순서를 통과해야 하는 시대가 된 것입니다. 이미 디지털은 편리한 도구의 영역을 넘어섰습니다.

이 변화에 대처하기 위해 데이터의 중요성이 날로 높아졌습니다. 사용자의 성별, 연령, 생활권, 취미 같은 정적인 '속성 데이터'뿐만 아니라 지금 무엇을 경험하는지, 어떻게 느끼는지, 무엇을 하고 싶은지 등을 실시간 및 동적인 '행동 데이터'를 이용해 그 시점에 최적화된 경험 가치를 제공하는 것이 비즈니스를 좌우하는 시대가 되었습니다. 예를 들면 '25세, 독신, 취미는 요리와 정원 가꾸기'를 상대에게 다이렉트 메일로 보내는 것이 아니라 '지금 강남에서 쇼핑을 하고 있는 여성이 마음에 드는 백을 매장의 쇼윈도에서 발견한' 시점에 해당 매장의 쿠폰 등을 스마트폰으로 보내는 것입니다.

디지털이 실제를 포괄하는 사회에 적응하기 위해서는 이런 상식을 전제로 사회를 파악하고, 그에 적합한 비즈니스 구조를 만들어야 합니다.

* 『アフターデジタル - オフラインのない時代に生き残る』(藤井保文, 日経BP), 국내 미출간

'사회'와 '사업'의 관점에서 풀어보는 DX의 정의

디지털 트랜스포메이션

디지털을 전제로 비즈니스를 변혁하는 것

디지털이 실제를 포괄하는 사회에 = 적응하기 위해 기업을 바꿔 만드는 것

디지털 기술의 진보에 따라 생산 구조나 경쟁 원리가 바뀌고, 이에 적응하지 못하면 사업 지속, 기업 존속이 어려워진다.

DX는 이런 상황에 대처하기 위해 비즈니스 모델, 업무 순서, 고객과의 관계, 일하는 방식, 기업 문화나 풍토를 변혁하는 것이다.

변화에 민첩하게 대응할 수 있는(애자일) 기업으로 바꾸는 것

'디지털을 전제로 비즈니스를 변혁하는 것'

DX를 글자 그대로 해석하면 이와 같을 것입니다. 여기에서 '디지털 전제'는 '사회'와 '사업'의 두 가지 관점이 있습니다.

- 사회의 관점: 누구나 당연하게 스마트폰을 활용한다. 쇼핑, 호텔이나 교통 기관 예약은 인터넷을 사용한다. 역에서 내리면 지도 서비스를 사용해 자신의 위치와 목적지를 확인하고 도착 시간을 메신저로 상대에게 알린다. 사회는 '디지털 전제'로 움직인다.
- 사업의 관점: '디지털 전제' 사회에 대처하기 위해서는 스스로도 디지털을 활용할 수 있어야 한다. 그렇지 않으면 고객은 멀어지고, 수익의 기회를 놓칠 수밖에 없다.

이 관점에서 DX를 다음과 같이 바꿔 표현할 수 있습니다.

'디지털이 현실을 포괄하는 사회에 적응하기 위해, 디지털을 수단으로 활용하면서 사회를 탈바꿈하는 것'

한 단계 내려가 해석하면 '디지털을 전제로 최적화된 기업으로 탈바꿈하는 것'이 DX입니다.

그렇다면 이런 변혁이 필요하게 된 이유는 무엇일까요? 그것은 VUCA나 하이퍼컴퍼티션에 대처할 수 있는 '압도적인 속도'를 얻기 위해서입니다. '압도적인 속도'는 다음과 같은 특징을 갖습니다.

- 현재의 몇 %가 아니라 몇 배, 몇십 배의 속도이다.
- 변화를 즉시 포착하고 민첩하게 대응한다.
- 가설 검증을 반복해 개선하고, 새로운 서비스를 연속해서 내놓는다.

빅 테크 또는 디지털 네이티브 기업들이 만드는 '창조적 파괴'라는 경쟁력의 근원은 '압도적인 속도'입니다. 이런 그들과 대등하게 경쟁하는 능력을 갖기 위해서는 스스로도 '압도적인 속도'로 대처해야 합니다.

DX는 이런 '압도적인 속도'를 사업 기반으로 삼기 위한 노력입니다. 즉 **'디지털 전제 사회에 적응하기 위해, 스스로의 기업을 변화에 민첩하게 대응할 수 있는(애자일한) 기업으로 바꿔 존속과 성장을 도모하는 것'**이 DX의 목표입니다.

DX는 무엇을 하는 것인가?

수익 창출 방법
비즈니스 모델을 바꾼다

업무 순서/비즈니스
프로세스를 바꾼다

전제가 되는
기술도 바꾼다

일하는 방식이나 노무,
고용 제도를 바꾼다

디지털 전제 사회에
적응하기 위해
회사를 바꾼다

업적 관리 방법이나
업적 목표를 바꾼다

DX
디지털 트랜스포메이션

시스템 개발/운용
방식을 바꾼다

데이터 관리나
활용 방법을 바꾼다

조직, 체제, 의사 결정 방법 및
권한 범위를 바꾼다

사업 계획,
사업 목적/목표를 바꾼다

디지털 기술을 활용하더라도 근본적인 업무 방식이나 조직 형태를 바꾸지 않으면 압도적인 속도를 얻을 수 없습니다. 예를 들면 슬랙(Slack)이나 마이크로소프트 팀즈(Microsoft Teams)를 사용해 대화를 속도를 높이더라도 매월 한 번 열리는 경영 회의에서 종이 서류에 날인을 받아야만 행동할 수 있다면 결국 아날로그 시대의 속도를 유지할 수밖에 없습니다. 그리고 IoT나 AI를 활용해 시시각각 변하는 사실을 정확하게 파악할 수 있더라도 상사의 판단을 위해 보고서를 작성하거나 회의를 해야 한다면 절호의 시점을 놓치는 것은 물론 오히려 위기 상황을 초래할 것입니다.

아날로그적 방식을 바꾸지 않은 채 디지털을 사용하면 사용할수록 그 괴리가 현저하게 벌어집니다. 이 사태를 방치하면 일하는 사람들의 능력을 충분히 활용할 수 없고, 기업은 피폐해지고 경쟁력을 잃게 됩니다.

디지털을 사용할수록 기업은 피폐해지고 쇠퇴한다

일본 기업이 글로벌 경쟁력을 잃어버린 이유는 해외, 특히 미국에서 만든 디지털 도구나 디지털 서비스를 사용하는 것에는 열심이었지만, 그 제품의 배경 사상이나 개발 이유를 무시하고 효과적이지 않은 방식으로 사용함으로써 그 가치를 충분히 이끌어내지 못했기 때문일 것입니다. 예를 들면 다음과 같은 것들입니다.

- MA(Marketing Automation) 도구는 도입했으나, 안건을 발굴하는 조직인 디맨드 센터(Demand Center)를 만들지 않고 단지 광고 홍보 자동화 도구로만 사용하여 마케팅 도구로써의 효과를 충분히 발휘하지 못한다.
- ERP 패키지는 본래 업무 변혁을 가속하기 위한 도구로 등장했다. 하지만 기존 업무 방식에 맞추기 위한 커스터마이즈, 애드온이 늘어나 막대한 비용을 지불하게 된다.
- 셀프 서비스 기능을 충실하게 제공하는 클라우드 서비스를 도입했으나, 시스템 구축이나 운용을 외주에 맡기고 스스로 활용하려 하지 않는다. 막대한 비용의 손해가 발생하며 민첩성도 잃어버린다.

등장 배경이나 사상을 무시하고 겉모습만 흉내내면, 디지털 도구를 사용할수록 다음과 같은 사태에 빠지게 됩니다.

- 불필요한 작업을 늘리고 생산성을 저하시킨다.
- 도구의 기능을 살리지 못하고 비용 대비 효과가 나쁜 방식으로 사용한다.
- 도구의 기능이나 사용 방식에 얽매여 현실과의 괴리가 커지고, 현장의 스트레스나 부담을 늘린다.

그 결과 도구를 사용하는 것에만 경영 자원을 소비하고, 실적에는 기여하지 못하거나 혹은 기여하더라도 투자 대비 성과에 미치지 못하게 됩니다. 이래서는 기술의 배경이 되는 사상이나 등장 이유를 당연하게 이해하고 있는 디지털 네이티브에 대항할 수 없고, 노동 생산성의 저하를 초래해 기업이 피폐해지고 쇠퇴하게 될 뿐입니다.

DX는 디지털을 활용하기 위한 전제를 만드는 것

DX 역시 마찬가지입니다. 디지털 사용을 목적으로 만들지 않고, 디지털을 활용하는 데 적합하게 일하는 방식이나 조직 풍토를 바꾸지 않으면 디지털의 가치를 충분히 끌어낼 수 없으며 현장은 피폐해질 뿐입니다. 이래서는 백해무익입니다. 디지털을 잘 활용하기 위해서는 디지털 이외에도 많은 것들을 해야 합니다. 앞절에서 정의한 DX를 다음과 같이 바꿔 말할 수 있습니다.

'디지털이 실제를 포괄하는 사회에 적응하기 위해, 디지털을 수단으로 활용해 그 가치를 최대한 이끌어내는 기업으로 탈바꿈하는 것'

어떻게 표현하더라도 디지털과 사회 구조, 문화나 풍토를 함께 변혁하지 않으면 디지털 전제로의 변혁은 진행되지 않습니다.

DX는 기술 발전을 비즈니스 가치 향상으로 전환하는 것

비즈니스 환경과 기술은 서로 영향을 주고받으면서 변화, 발전하고 있습니다. 이들을 별도로 생각할 수는 없습니다. 예를 들면 인터넷의 등장은 고객과 기업의 관계, 사람과 사람의 연결, 게재 메커니즘, 수익 창출 같은 비즈니스 환경을 이전과 완전히 다르게 바꿨습니다. 이어서 등장한 스마트폰은 인터넷과 사람을 항상 연결함으로써 인터넷 없이는 살 수 없는 일상을 정착시켰습니다.

생성형 AI는 이 두 가지 사건에 필적하는 비즈니스 환경 변화를 가져올지도 모릅니다. 자세한 내용은 7장에서 설명하겠지만 AI 에이전트의 역할이 큰 변화를 가져올 것입니다.

AI 에이전트는 매우 뛰어난 전임 비서 같은 존재입니다. 무엇을 하고 싶은지만 전달하면 정보를 수집하고, 순서를 정리하고, 서비스나 기기를 조작해 결과를 도출합니다. 예를 들어 출장 예정을 일정표에 기입하면 교통 수단이나 숙박지 예약, 상대방에 대한 예약 확인 등을 사람을 대신해 수행해 줍니다. 그리고 '신규 사업 아이디어를 도출해 그 가능성이나 과제를 보고서로 작성하고 싶다'고 질문하면 자신이 담당하는 사업 분야, 동종 업계 다른 기업의 동향, 생각할 수 있는 기술 정보 등을 조사해 주제를 도출하고, 다이어그램을 그리고, 아이디어를 설명하고, 진척표를 제시합니다. 이런 미래가 코앞에 와있습니다.

이런 구조를 쇼핑 사이트에도 접목할 수 있습니다. 고객이 무엇을 필요로 하는지에 관한 가설을 세우고 질문한 후 대답하면서 요구사항을 필터링하고, 가장 적합한 상품을 소개하고, 그 상품이 잘 어울리는 이유를 소개해줍니다. 이를 콜센터에 사용하면 고객의 모호한 설명으로부터 고객의 의도를 파악하고, 대화를 통해 요구사항을 한층 구체화하여 최적의 응답을 반환하게 됩니다.

생성형 AI를 시작으로 다양한 기술이 발전되고, 이로 인해 인간과 기계의 역할이 크게 바뀌어 업무 프로세스나 비즈니스 모델이 지금까지와는 완전히 달라질 것입니다. 디지털의 가치를 최대한으로 도출하고 비즈니스에 활용하기 위해서는 이런 변화를 일상으로 받아들이고 사고나 행동의 전제로 삼아야 합니다.

DX는 이런 것을 당연히 여길 수 있는 기업의 문화와 풍토를 기르고 정착시키는 것이기도 합니다.

목적에 착안한 DX로

2018년 IIRC(국제 통합 보고 위원회) 보고서
'Purpose Beyond Profit'

Purpose Beyond Profit
기업의 존재 의의는 이익보다 우선한다

- 기업은 이익만을 위해 존재하는 것이 아니다.

- 이익은 기업이나 사업의 목적이 아니라 조건이다.

- 기업의 최대 목적은 영속적으로 지속 성장하는 과정에서 사회적 책임을 다하는 것이다.

COVID-19 팬데믹을 지나면서 우리는 좋든 싫든 'VUCA'라는 현실과 마주하게 되었습니다. COVID-19 팬데믹이 끝난 지금도 'VUCA'는 사회의 '일반적인 상태'로 계속되고 있습니다. 기업이 이익만 추구해서는 이런 시대에서 살아남을 수 없습니다.

피터 드러커(Peter Drucker)가 말한 것처럼 '사회적인 목적을 실현하고 기업, 커뮤니티, 개인의 니즈를 만족시키는 것', 즉 타인을 위한 존재 의의(목적)를 추구하고 사업을 통해 사회에 환원하는 것이 기업의 사명입니다.

사회 환경의 극적인 변화 혹은 디지털 기술의 급속한 발전이 있다 하더라도 스스로의 존재 의의에 관해 항상 질문하고, 비즈니스를 계속 업데이트해야 사업을 유지하고 기업을 존속할 수 있습니다.

Purpose Beyond Profit(기업의 존재 의의는 이익보다 우선한다)

IIRC(International Integrated Reporting Council, 국제 통합 보고 위원회)의 2018년 보고서 제목입니다. '이익은 기업이 스스로의 존재 의의를 추구한 결과로 얻어진다'고 바꿔 읽어보면 어떨까요?

기업이 이익을 추구하는 것은 당연합니다. 그러나 'VUCA가 일반적인 상태'가 된 시대에는 같은 방식이 더 이상 통용되지 않게 되었습니다. 기업은 스스로의 목적에 대해 계속 질문하고 시대에 맞춰 비즈니스를 변화시켜야 합니다. 이익은 이런 목적을 관철하면서 일하는 방식을 끊임없이 변화시킨 결과 얻어지는 것이라 생각해야 합니다.

DX는 디지털을 전제로 기업의 존재 의의를 실현하는 노력

이렇게 해석할 수도 있을 것입니다. 세계적인 변화를 차분히 지켜보면서 시간을 들여 계획적으로 대처하는 것은 이제 불가능합니다. 그렇기 때문에 변화에 민첩하게 대응하고 비즈니스를 동적으로 계속 변화시킬 수 있는 능력을 길러야 합니다. 디지털을 그를 위한 전제로 두고 변화에 대응하려고 하는 것이 DX의 본질이라 할 수 있습니다.

DX를 지탱하는 네 가지 경험

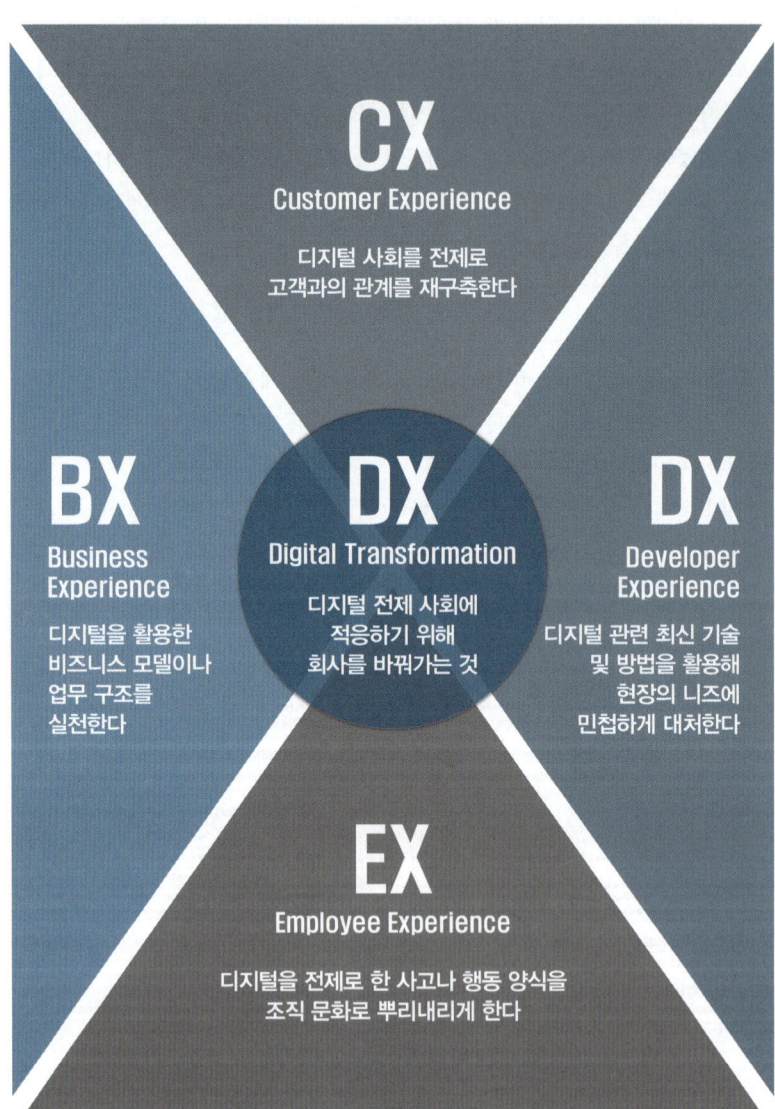

DX = '디지털 전제 사회에 적응하기 위해 기업을 탈바꿈하는 것'은 고객, 직원, 사업(비즈니스), 시스템 개발 경험을 변혁하는 것입니다.

▌고객 경험(CX: Customer Experience) 변혁

디지털은 실제와 융합되어 하나의 동선으로 연결됩니다. 이 일련의 경험(UX)을 매력적으로 만드는 것이 고객의 만족도를 높이고 매출을 증대시킵니다. 예를 들면 생성형 AI를 내장한 MA(Marketing Automation)나 CRM(Customer Relationship Management) 같은 도구를 사용하면 개별 고객에게 최적화된 콘텐츠 생성, 고객 질문에 유연하게 대응할 수 있는 헬프 데스크 실현 등 고객과의 관계를 구축하는 업무를 높은 품질로 자동화할 수 있습니다.

인간은 이를 통해 확보한 시간을 활용해 고객에게 다가가는 진솔한 고객 대응을 할 수 있습니다. 예를 들면 고객 감정을 세심하게 배려한 대화, 고도의 전문 지식을 활용한 조언, 고객의 생각이나 가치관을 살핀 과제 도출 등 인간만 할 수 있는 것에 생각과 시간을 들일 수 있게 됩니다.

▌직원 경험(EX: Employee Experience) 변혁

예측할 수 없는 변화에 민첩하게 대처하기 위해서는 비즈니스의 최전선에 있는 담당자들에게 많은 권한을 위임하고 즉시 결정, 즉시 판단, 즉시 실행을 가능하게 함으로써 현장에서 즉시 대처할 수 있게 해야 합니다. 리스크를 배제하기 위한 프로세스에 시간을 들이느라 현장이 도전을 주저하게 해서는 안 됩니다. 이를 위해 경영과 현장 사이의 강한 신뢰 관계를 구축해야 합니다.

그 수단으로써 업무 프로세스를 철저하게 디지털화하고 기업 활동을 실시간 데이터로 파악하기 위한 ERP를 빼놓을 수 없습니다. ERP를 사용하면 회의 없이, 보고서 작성 없이, 있는 사실 그대로를 모든 관계자가 즉시 공유할 수 있습니다. 또한 사내 SNS나 온라인 회의 도구, 워크플로 시스템을 정비해 어디에서든 일할 수 있게 하면 업무 스타일 다양화에 대처할 수 있습니다. 생성형 AI 도구를 사용하면 정보 수집, 분석, 보고 자료 및 제안서 작성, 과제 분석이나 신규 사업 아이디어 도출 같은 '지능이 필요한 업무'의 생산성을 높일 수 있습니다.

인간은 인간만 할 수 있는 업무, 즉 새로운 주제 창출이나 인간끼리의 접촉이 필요한 업무에 보다 많은 시간을 할당할 수 있게 될 것입니다. 그 결과 비즈니스 가치와 생산성이 향상되고 직원의 수입이나 고용 조건 같은 대우와 직원 참여가 향상됩니다.

▍업무 경험(BX: Business Experience) 변혁

업무 프로세스나 비즈니스 모델을 디지털화하면 사업 활동이나 고객 관계를 데이터를 통해 실시간으로 파악할 수 있게 됩니다. 앞에서 설명했듯 ERP 패키지는 이를 위한 토대가 됩니다.

업무 진행 방식, 실적 평가 방법, 일하는 방식, 고용 제도, 조직, 체제 등도 디지털에 최적화된 방법으로 바꿔야 합니다. 이런 노력 없이는 디지털 도구를 사용하더라도 성과로 이어지지 않습니다.

▍개발 경험(DX/DevX: Developer Experience) 변혁

AI에게 무엇을 하고 싶은지 전달하면 사양이나 구현 계획을 작성하고, 그에 따라 코드를 생성하거나 기존 코드를 수정하고 빌드까지 할 수 있습니다. 코드 작성과 관련된 거의 모든 공정을 자동화할 수 있는 시대가 된 것입니다. 사람은 각 공정을 확인하고 필요에 따라 수정하면 될 뿐입니다.

지금까지 대규모 시스템에서는 이런 공정에 막대한 노동력이 필요했기 때문에, 일반적으로 이를 외주에 맡겼습니다. 그리고 시스템 개발이나 개선을 할 때 외주 기업과의 협상, 업무 과제나 니즈 설명에 상당한 노력과 시간을 들였습니다. 이런 방식으로는 변화에 민첩하게 대처할 수 없습니다. 그래서 외주에 의존하지 않고 내부에서 직접 만들어 대처할 수 있는 능력을 가져야 합니다.

앞에서 설명한 생성형 AI를 활용한 서비스를 사용하면 적은 인원으로 구성된 내부 팀으로도 시스템 개발을 잘 할 수 있게 됩니다. 예측할 수 없는 미래는 뒤로 미루고 현재 상태에서 최선을 다하는 애자일 개발, 불확실한 시스템 자원의 수요 변동에 유연하고 빠르게 대처할 수 있는 클라우드 등 시대에 맞는 기술이나 도구를 활용해 변화에 민첩하게 대응할 수 있는 시스템 개발을 목표로 해야 합니다.

칼럼

DX는 인간과의 공생을 밀고 나가는 변혁

'압도적인 속도'는 기업에게 있어 허벅지 힘과 같습니다. 이 힘을 활용해 변화에 민첩하게 대처해야 합니다. 이것이 디지털의 장점입니다. 하지만 발이 아무리 빠르더라도 적절한 방향으로 향하기 위해서는 지적 능력이 필요합니다. 지적 능력은 질문을 하고 가치를 찾아내는 인간만의 능력입니다. 디지털을 통해 얻은 허벅지 힘, 인간만의 지적 능력을 최대화해서 비즈니스의 가치를 높이는 것도 DX의 목표입니다.

디지털과 인간의 공생을 목표로 하는 사고방식은 최근의 것이 아닙니다. 1960년 미국의 음향 심리학자인 J. C. R. 리클라이더(Joseph Carl Robnett Licklider)는 '인간과 컴퓨터의 공생(Man-Computer Symbiosis)'이라는 논문을 발표했습니다. 당시는 1차 AI 붐이 일었던 시기로 많은 연구자들이 인간의 지적 능력을 능가하는 컴퓨터 개발에 열을 올리고 있었습니다. 또한 인간의 역할을 대체하는 컴퓨터에 대한 경계심이 높아지기도 했습니다. 리클라이더는 컴퓨터를 인간과 대립하는 존재가 아니라 인간과 공생하는 존재라는 관점에서 바라봐야 한다며 다음과 같이 기술했습니다.

'사람은 목표를 정하고, 가설을 세우고, 지표를 정하고, 평가를 실행한다. 계산 기기(컴퓨터)는 루틴화된 일을 수행하지만 그것은 과학적인 동시에 과학적 사고를 가진 동료, 또는 어떤 결정을 내리기 위해 사용하는 재료에 지나지 않는다.'

리클라이더는 그 뒤 미국 국방성 고등 연구 계획국(ARPA)의 연구 부문장으로 채용되어 '글로벌 규모의 컴퓨터 네트워크'를 실현하는 ARPANet 구현을 이끌었습니다. ARPANet은 인터넷의 뿌리가 되었고 오늘날 디지털 사회의 기반이 되었습니다.

리클라이더가 자신의 후임으로 지명한 아이번 서덜랜드(Ivan Edward Sutherland)는 오늘날의 GUI의 뿌리가 되는 Sketchpad를 개발했습니다. 아이번 서덜랜드의 형제인 앨런 케이(Alan Curtis Kay)는 아이들도 사용할 수 있는 컴퓨터인 Dynabook을 개발했습니다. 스티브 잡스(Steve Jobs)는 그 시제품을 보고 Macintosh를 개발했으며 오늘날 Apple의 기초를 닦았습니다. 이 모두가 컴퓨터와 인간의 공생을 실현하고자 하는 노력의 계보를 밟은 것입니다.

두 가지 디지털화와 DX의 관계

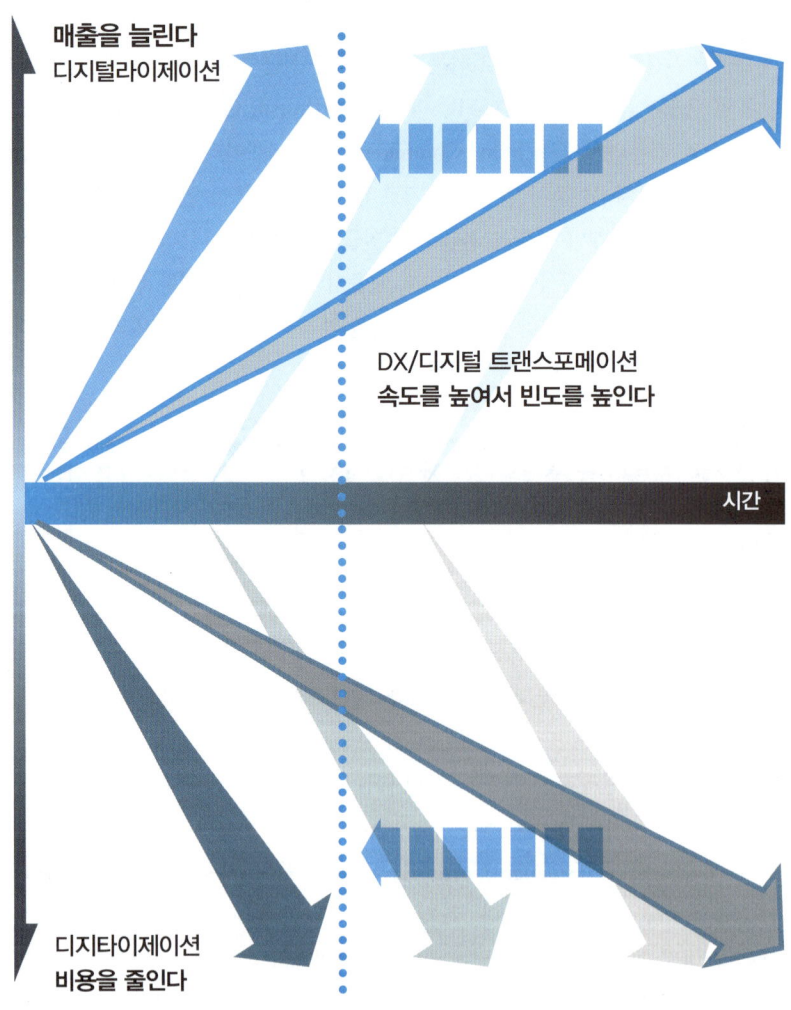

앞절에서 두 가지 '디지털화'에 관해 설명했습니다. 첫 번째는 디지털 기술을 사용해 비즈니스 프로세스를 변환하고 효율화와 비용 감소, 또는 부가가치 향상을 목표료 하는 '디지타이제이션'입니다. 두 번째는 디지털 기술을 활용해 비즈니스 모델을 변혁하고 새로운 이익이나 가치를 만드는 것을 목표로 하는 '디지털라이제이션'입니다.

이 두 가지 디지털화는 DX라는 용어가 등장하기 이전부터 사용되었던 용어입니다. 그리고 많은 기업이 이 두 가지 디지털화를 위해 지금까지 노력해왔습니다. 이런 디지털화와 DX의 차이는 무엇일까요?

지금까지 설명했듯 DX는 '디지털 전제 사회에 적응하기 위해 기업을 탈바꿈하는 것'입니다. 이런 의미에서 이 두 가지 디지털화는 DX 실천에 뺄 수 없는 요구사항입니다.

이런 DX의 목표는 '변화에 민첩하게 대처할 수 있는 애자일 기업으로 바뀌는 것'입니다. 즉 '디지타이제이션'과 '디지털라이제이션'을 짧은 기간에 수없이 반복할 수 있는 기업이 되는 것이 DX입니다.

변화가 빠르고 예측할 수 없는 사회에서는 현재의 정답이 갖는 유통 기한이 짧고, 예상치 못한 일도 빈번하게 발생합니다. 그렇기 때문에 높은 빈도로 개선을 반복함으로써 짧은 기간에 수많은 새로운 것을 만들어야 합니다.

DX가 '디지털을 사용해 업무를 효율화하는 것'과 '새로운 비즈니스 모델을 만들어 내는 것'과 같은 의미는 아닙니다. 더욱이, 단지 디지털 도구를 사용한다고 무조건 'DX를 한 것'이 되지도 않습니다. '빠른 속도, 높은 빈도로 두 가지 디지털화를 반복할 수 있는 조직과 체제, 의사 결정 프로세스나 업무 평가 기준 등을 정비하는 것', 즉 '디지털화의 속도를 높여 높은 빈도로 반복할 수 있게 되는 것'이 DX라 할 수 있습니다.

디지털화와 DX에 대한 이해가 모호한 상태에서는 DX라고 말하더라도 지금까지의 디지털화에 머무를 뿐, 그 진척이나 성과를 올바르게 평가할 수 없습니다. 심지어 '디지털 도구를 사용하는 것'을 'DX를 하고 있는 것'이라 생각하고, 그 성과를 'DX의 실천 사례'로 경영자에게 어필하려고 하는 몰지각한 상황을 만들어 낼지도 모릅니다.

경영자나 DX 추진 조직의 역할은 이 기본을 현장에서 철저하게 지키는 것이라 말할 수 있습니다.

디지털 활용의 두 가지 벡터

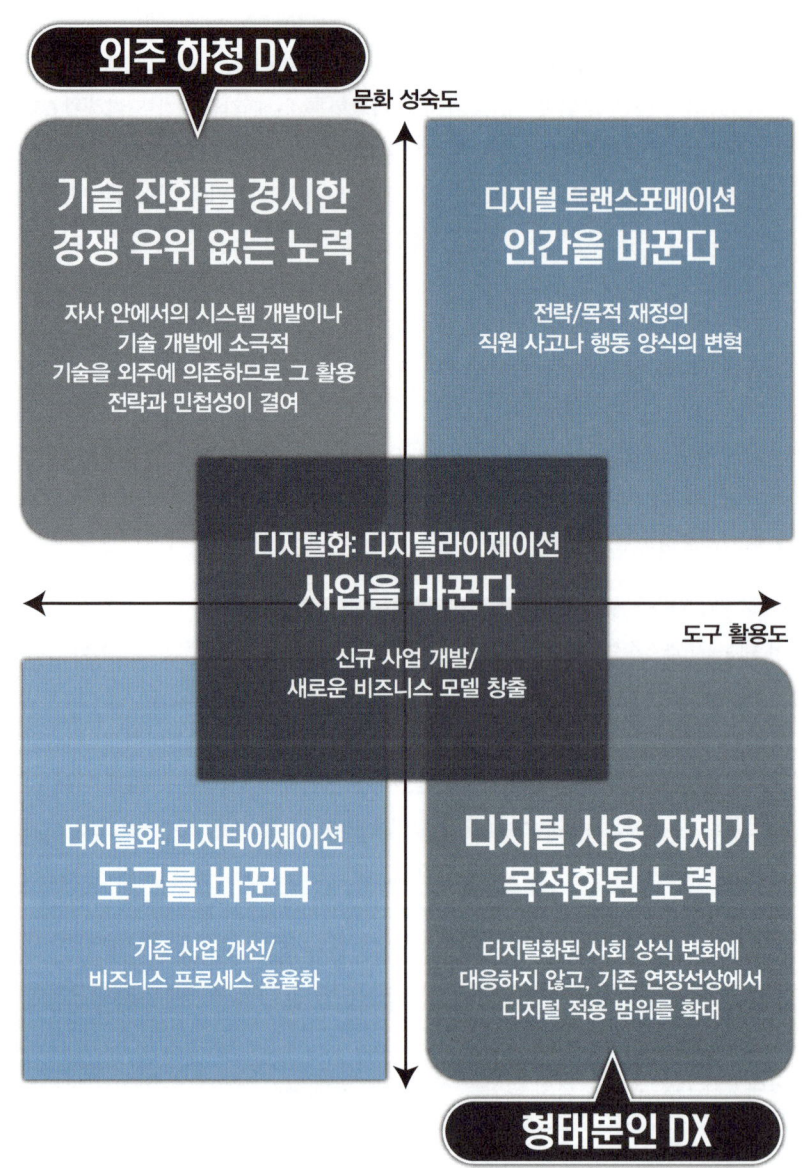

디지털화와 DX의 관계는 다음과 같이 다시 정리할 수 있습니다.

▍디지털화: 디지타이제이션은 도구를 바꾸는 것

도구, 즉 수단을 아날로그에서 디지털로 바꿈으로써 기존 사업 개선 및 비즈니스 프로세스 효율화를 도모합니다. 기존 업무를 아날로그 방식에서 디지털로 바꾸는 것에 머무른 채로는 디지털의 가치를 충분히 끌어냈다고 말할 수 없습니다. 물론 효율화나 생산성을 향상시킬 수는 있지만 기존 업무 방식을 근본적으로 변경하는 것에 도달하지 못하고 성과도 한정적입니다. '도구 활용도'와 '문화 성숙도' 모두 한정적인 단계에 머물러 있습니다.

- 종이 서류나 날인을 포함하는 업무 처리를 전자 워크플로로 바꾼다.
- 커뮤니케이션 단계를 회의 혹은 구두로 전달하는 것에서 사내 SNS로 바꾼다.
- 일하는 방식을 100% 출근에서 원격 근무를 허용하는 하이브리드로 바꾼다.

▍디지털화: 디지털라이제이션은 사업을 바꾸는 것

신규 사업이나 새로운 비즈니스 모델을 창출하고 디지털 사회에 최적화된 새로운 사업을 만드는 것을 목표로 합니다. 고객과의 관계, 수익 향상 방식을 디지털 전제로 새롭게 바꾸는 것을 목표로 합니다. 대면이나 종이 매체에서 모바일이나 Web 등을 통해 고객이나 행동 데이터를 활용해 마케팅 및 프로모션을 수행하고, 수익 구조 또한 일회성 판매 방식에서 구독 방식으로 바꾸는 등 비즈니스 모델을 크게 바꿔 접근 가능한 고객 범위 확대, 지속적인 고객 관계 유지, 새로운 시장 창출을 시도합니다. 이를 위해서는 새로운 기술 활용이나 사용 방식 모색, 혁신적인 가치 창출, 생산성 향상을 통해 비용 대비 효과를 향상 등을 해야합니다.

- 디지털을 활용한 새로운 사업을 창출한다.
- 기존 수익 모델과는 다른 사업을 만든다.
- 새로운 영역의 사업을 시작한다.

디지털 트랜스포메이션/DX는 인간을 바꾸는 것

전략, 목적의 재정의와 직원의 사고나 행동 양식의 변혁을 진행하며 디지털 사회에 적응하기 위해 기업을 탈바꿈하는 것을 목표로 합니다. 힘을 들여 디지털화를 위해 노력하는 것이 아니라 일상적으로 디지털을 당연하게 활용할 수 있는 기업 문화나 풍토로 바꾸는 것입니다.

- 목적이나 사업 목적을 수정해 재정의한다.
- 조직이나 의사 결정 방식을 변경한다.
- 업적 관리 기준이나 고용 제도를 개혁한다.

이를 '도구 활용도'와 '문화 성숙도' 기준으로 정리하면 86쪽의 차트와 같은 형태가 됩니다. DX는 이 두 가지 디지털화를 위해 노력한 결과라 볼 수 있을 것입니다.

디지털을 일상적으로 활용하지 못하는 기업이 단숨에 DX에 도달할 수는 없습니다. 각 상황에 맞게 디지털화하면서 디지털의 '도구 활용도'와 '문화 성숙도'를 높인 결과물이 DX입니다. 이 단계를 명확하게 구분할 필요는 없습니다. 병행하거나 왔다 갔다 하면서 두 가지 디지털화를 고도화함에 따라 그 노력이 축적되면 'DX 실천'이 되는 것입니다.

한편, 디지털 도구를 도입하고 '도구 활용도'를 높이는 것을 목표로 하는 '형태만의 DX=디지털 사용 자체가 목적이 되어버린 노력'이나 DX라는 '문화 성숙도'만을 외치면서도, 한편으로 새로운 기술의 시도를 주저하며 기술을 외주에 의존하는 태도를 바꾸지 않고, 그 활용 전략성이나 민첩성이 결여된 '외주 주도 DX=기술 진화를 경시한 경쟁 우위가 없는 대처'도 찾아볼 수 있습니다.

스스로 처한 상황을 냉정하게 평가하고 현실에 맞는 노력을 축적하는 것이 현실성 있는 'DX의 실천'이 되는 것임을 충분히 이해해야 합니다.

> 칼럼

우리가 지금 하고 있는 것은 DX일까?

'우리가 지금 하고 있는 것을 DX라고 말할 수 있습니까?'
경영진의 강력한 지시로 DX에 뛰어든 사업부의 구성원에게 이런 질문을 받았습니다.
이야기를 들어보니 지금까지 해왔던 디지털화와 별다르지 않아 그 차이가 모호한 상태였습니다. 어떤 과제를 해결해야 하는지에 관한 논의도 진행되지 않았고, 명확한 위기감이나 변혁의 필요성에 관한 공통 인식도 없었습니다. '지금 이대로는 위험할지도 모른다'는 개인 차원의 막연한 두려움이 확산되고 있을 뿐이었습니다.
무엇이든 하지 않으면 위험하다는 생각에 사로잡혀 미디어에서 말하는 일반론을 따라 'DX처럼 보이는' 것을 해보거나, IT 벤더가 판매하는 '어쨌든 DX' 같은 도구를 도입해 'DX를 하고 있다는 것'으로 경영진에 대한 체면을 유지하면서 안심하고 싶었던 것일지도 모릅니다.
이런 것보다는, 디지털 전제 사회에서 지금 스스로가 직면하고 있는 과제와 진솔하게 마주해야 합니다. 어떤 과제가 있는가, 그 과제를 해결함으로써 스스로의 미래를 어떻게 바꿀 수 있는가에 관해 철저하게 논의해야 합니다. 그것이 DX인지 아닌지는 상관없습니다. 이런 과제를 해결하기 위해 힘껏 노력하고 있다면, 스스로 자신있게 'DX를 실천하고 있다'고 말하기에 충분합니다.
다른 기업이나 사람들의 DX와 비교할 필요는 없습니다. 일하는 방식은 기업, 조직, 개인에 따라 다릅니다. DX를 위한 행동을 하고 있는가가 중요합니다. DX는 과정이자 성과이며, 'Try and Learn'을 반복하는 것입니다. 세상에서 말하는 일반론으로 대변되는 '주어진 프레임'을 따를 필요가 없습니다.

'우리가 지금 하고 있는 것을 DX라고 말할 수 있습니까?'

이런 질문이 떠오른다면 먼저 다음 질문을 자신에게 던져보면 좋을 것입니다.

'내가 하고 있는 것이 정말로 해야 하는 것인가?'

DX 여부를 묻는 것보다 이 질문이 훨씬 중요합니다.

사이버 피지컬 시스템과 DX

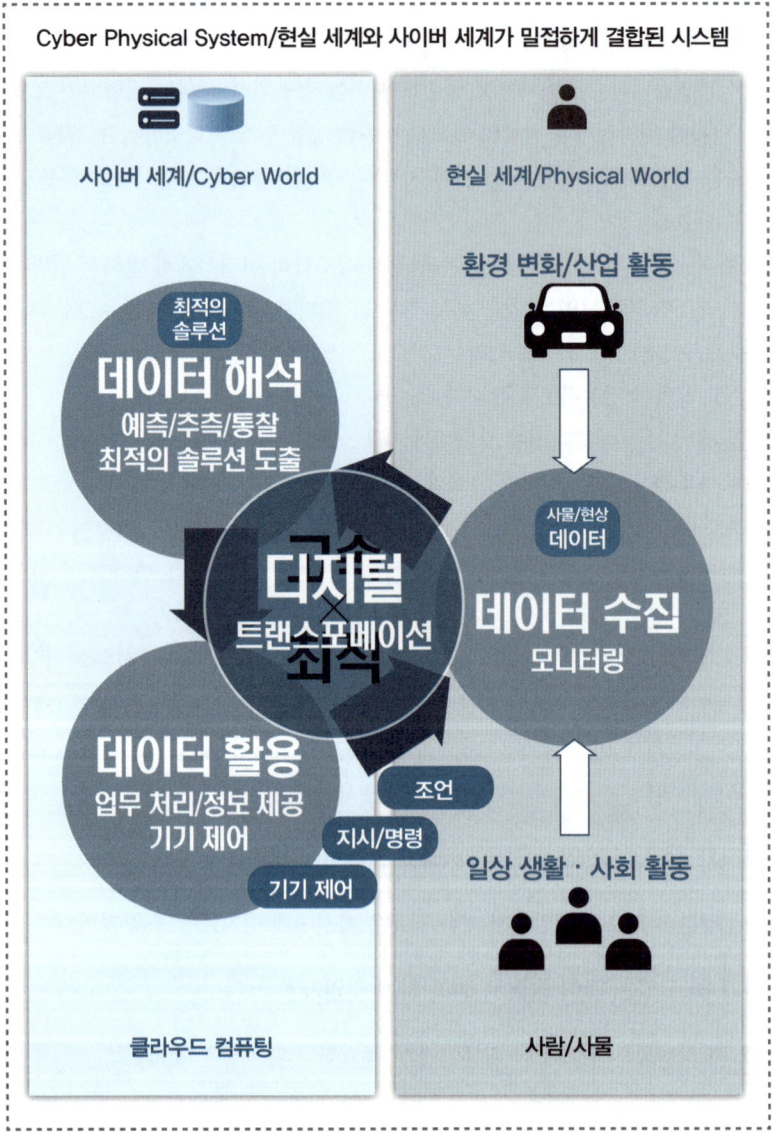

현실 세계의 다양한 '사물'이나 '현상'은 사물에 내장된 센서, 모바일, 소셜 미디어 같은 현실 세계와 네트워크의 접점을 통해 실시간으로 데이터로 변환되어 클라우드로 보내집니다.

인터넷에 연결된 기기(디바이스) 수는 급속하게 증가하고 있습니다. 총무성이 발표한 '2022년 정보 통신 백서'에 따르면 2021년에는 292억대, 2022년에는 323억대, 2023년에는 358억대, 2024년에는 400억대 정도가 되고, 이후에도 계속 증가할 것으로 예상되고 있습니다. 우리 현실 세계는 막대한 센서에 둘러싸여 '현실 세계의 디지털 복사본=디지털 트윈'이 실시간으로 만들어지며 계속 업데이트되고 있습니다.

'디지털 트윈'은 막대한 양의 데이터(빅데이터)지만, 그 데이터를 수집하는 것만으로는 가치를 만들 수 없습니다. 수집한 데이터로부터 누가 무엇에 흥미를 갖고 있는가, 누가 연결되어 있는가, 제품 품질을 높이기 위해서는 어떻게 해야 하는가, 고객 만족도를 높이려면 어떻게 해야 하는가를 찾아내야 합니다. 이를 위해 AI 기술의 하나인 머신러닝으로 비즈니스를 최적의 방법으로 움직이기 위한 예측과 판단을 수행합니다.

이렇게 비즈니스를 움직이고 기기를 제어하고 정보나 지시를 보내면, 현실 세계가 변화하고 그 결과가 데이터의 형태로 다시 네트워크로 보내집니다.

인터넷에 연결되는 사물의 수가 날이 갈수록 증가하고 있습니다. 웹이나 소셜 미디어 또한 그 종류나 사용자 수가 기하급수적으로 증가하고 있습니다. 현실 세계와 네트워크 세계를 연결하는 디지털 접점과 데이터 양도 계속 증가하고 있습니다. 디지털 트윈의 해상도가 시간적, 공간적으로 높아지고 있는 것입니다. 그러면 보다 적확한 예측이나 판단을 할 수 있게 됩니다. 이런 구조가 지속적이고 빠른 속도로 기능함으로써 비즈니스가 항상 최적의 상태로 유지됩니다. 소위 디지털 세계와 현실 세계가 하나되어 실시간으로 빠른 속도로 반복해서 개선되는 것입니다.

이런 현실 세계를 데이터로 파악하고, 현실 세계와 디지털이 하나되어 비즈니스를 움직이는 구조를 '사이버 피지컬 시스템(CPS: Cyber-Physical System)'이라고 부릅니다.

우리가 살고 있는 '물리적인(Physical)' 일상은 이미 '디지털'과 하나되어 기능하고 있습니다. 이것을 다시 정리하면 다음과 같이 표현할 수 있습니다.

- 물리적인 현실 세계의 '사물'이나 '현상'을 IoT, Web, 모바일과 같은 디지털 접점을 통해 디지털 세계로 옮기고 컴퓨터로 다룰 수 있게 합니다.
- 만들어진 막대한 '데이터=빅데이터'를 해석해 다음에 어떤 상품이 팔릴 것인지, 누구에게 이 상품을 추천하면 높은 확률로 구입할지, 업무 효율을 높이려면 어떻게 해야 할지, 사고가 발생할 전조는 없는지, 고객 만족을 높이기 위해서는 무엇을 해야 할지 등을 찾아냅니다. 이를 위한 기술이 머신러닝입니다.
- '머신러닝으로 얻은 답=최적의 솔루션 또는 미래 예측'을 사용해 신속하고 적확한 판단을 내리고, 기기를 제어하고, 현장에 지시를 내리고, 상품을 추천하는 등, 물리적인 현실 세계를 최적의 상태로 유지하고 비즈니스 속도를 가속시킵니다.

이 사이클, 즉 CPS가 우리 비즈니스의 기반이 되고 있습니다. CPS는 피지컬과 디지털의 경계를 허물고 양자를 융합해 하나의 구조로 기능하게 합니다. 우리는 피지컬과 디지털을 구별하지 않고 쇼핑을 하고, 서비스를 제공받을 수 있습니다. 필요할 때 필요한 '마술'이나 '일'을 편리하게 손에 넣을 수 있는 자유를 얻었다고 바꿔 말할 수 있을 것입니다.

이렇게 CPS에 의해 비즈니스나 일상은 최적의 상태가 유지됩니다. 이 CPS를 비즈니스 프로세스에 녹여내는 것이 'DX를 구현하는 것'이라 할 수 있습니다. 앞에서 설명했듯 불확실성이 늘어난 VUCA에 대처하기 위해서는 변화에 민첩하게 대응하기 위한 '압도적인 속도'를 손에 넣어야 합니다. CPS는 그 기반이며 이를 비즈니스 프로세스에 녹임으로써 구체적으로 다음과 같은 것이 가능하게 됩니다.

- **빠른 속도로 시각화**: IoT나 비즈니스 프로세스의 디지털화에 따라 높은 빈도, 여러 접점에서 데이터를 수집하는 구조를 비즈니스의 기반으로 삼는 것
- **빠른 속도로 판단**: 시각화를 통해 얻어진 데이터를 분석/해석하고 고객과의 관계나 비즈니스에 관한 과제 및 테마를 찾아내는 것
- **빠른 속도로 행동**: 찾아낸 과제나 테마에 대해 사용자와의 접점인 UI(User Interface)나 이해하기 쉽고 기분 좋은 경험을 실현하는 UX(User eXperience), 수익의 원천인 제품과 서비스, 비즈니스를 주도하는 비즈니스 프로세스를 빠른 속도/높은 빈도로 계속 개선하는 것

이 일련의 노력을 당연한 것으로 생각하고 행동하는 습관이 조직에 뿌리내리도록 해야 합니다. 이때 중요한 것이 조직의 '심리적 안전감(Psychological Safety)'입니다.

심리적 안전감이란 '대인 관계에 위험을 미칠 수 있는 발언이나 행동을 하더라도 이 팀 안에서는 안전하다'고 모든 구성원 사이에 공유된 신념을 말합니다. 단순히 사이만 좋은 관계가 아닙니다. 자신의 확고한 주장이나 의견을 갖고, 그것이 서로 부딪힐 수 있는 전문가가 서로를 신뢰하고, 상대의 다양성을 인정하며 경의를 표하고 건설적인 의견을 나누는 인간 관계를 말합니다.

조직 구성원 모두가 '심리적 안전감'을 바탕으로 업무를 자율적으로 수행하고, 다양한 생각을 갖는 것을 허용할 수 있어야 비로소 압도적인 속도가 생겨납니다. 이런 조직에서 일하는 사람들은 자율적, 자발적으로 개선하고 부가가치가 보다 높은 업무에 생각과 시간을 사용합니다. 철저하게 논의하고, 실패하면서도 빠른 속도로 시행착오를 반복하는 것이 허용되는 분위기여야 비로소 '신규 사업'이 계속 만들어질 수 있습니다. 또한 비즈니스 최전선에 있는 사람들이 환경 변화를 민감하게 느끼고 주체적으로 비즈니스 모델을 전환해 나갈 수 있게 되기도 합니다. DX는 '빠른 속도로 계속 변화할 수 있는 비즈니스의 기반'을 실현하는 것입니다. 이를 위해서는 디지털 기술을 사용할 뿐만 아니라 이런 '심리적 안전감'을 보강하는 조직 문화나 풍토를 양성하고 유지해야 합니다.

DX를 지탱하는 세 가지 기술

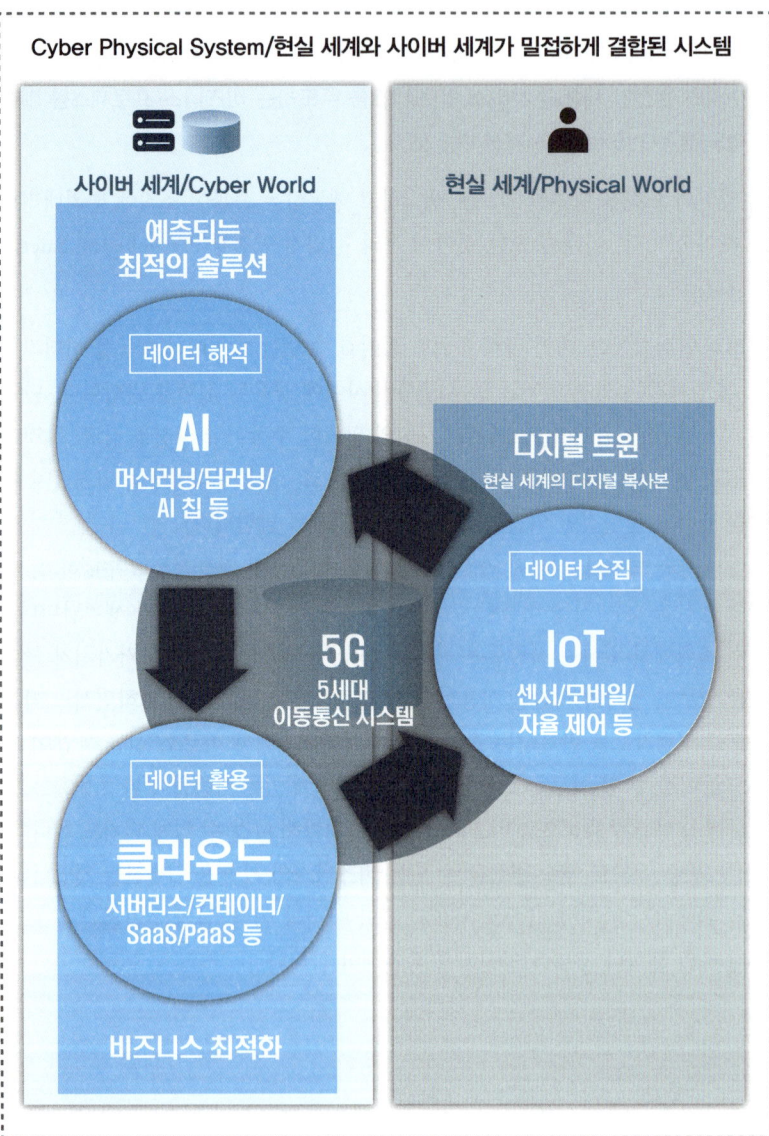

CPS를 사용해 '빠른 속도로 시각화/판단/행동'하는 사이클을 실현하는 열쇠는 데이터에 있습니다. 데이터를 만들어 내고 활용하기 위한 기술이 바로 IoT, AI, 클라우드입니다. 그리고 IoT, AI, 클라우드를 연결하는 구조가 5G(5세대 통신 시스템) 같은 대용량 고속 통신 기술입니다.

IoT는 사물과 모바일 기기에 내장된 센서를 통해 현실 세계의 아날로그적 '사물'과 '현상'을 데이터로 변환해 네트워크로 보내는 구조입니다. 현실 세계의 디지털 복사본인 '디지털 트윈'을 만드는 구조라 할 수 있습니다. 기기 자율화나 자동화도 IoT로 볼 수 있습니다.

이 디지털 트윈을 해석하고 앞으로 일어날 일을 예측해 최적의 솔루션을 찾아내는 것이 AI/머신러닝의 역할입니다. 여기에서 도출한 최적의 솔루션을 사용해 비즈니스 최적화를 도모하는 구조는 계산 능력이나 데이터 저장 용량에 제약이 없고, 필요한 기능과 성능을 민첩하게 조달할 수 있는 클라우드에서 동작합니다. 클라우드는 계산 처리나 데이터 저장을 위한 수단에 머무르지 않고 다음과 같은 역할도 담당합니다.

- 시스템 구축이나 운용 등 중요하지만 비즈니스로서 부가가치를 만들지 않는 업무 수행을 위한 노력이나 부담을 낮춤
- 시스템을 자산으로 '소유'하던 것을, 비용으로 '사용'하는 것으로 바꾸고 컴퓨팅 자산(계산 능력, 데이터 용량, 업무 기능 등)을 변화에 맞춰 민첩하게 대응할 수 있게 함
- 다른 클라우드 서비스와 연동해 독자적으로는 만들 수 없는 비즈니스 가치를 실현함

클라우드는 '압도적인 속도'를 손에 넣는 효과적인 수단입니다.

이들을 효율적으로 연결해 상호 연동시키는 것이 5G입니다. 그리고 LAN 케이블이나 Wi-Fi처럼 위치의 제약을 받는 연결에서 해방되어 대용량의 데이터를 빠른 속도로, 뛰어난 통신 품질로 주고받을 수 있다는 것도 매력입니다.

DX 메커니즘

변화가 빠르고 예측이 어려운 사회

디지털을 전제로 변화에 민첩하게 대응할 수 있는
기업/애자일 기업으로 바꾼다

압도적인 속도를 획득해 연속적인 변화에 대응한다	혁신을 반복해 불연속적인 변화에 대응한다

디지털화		인간 능력 활성화
레이어 구조화와 추상화	변화에 유연/신속하게 대처	새로운 조합으로 빠른 시행착오
데이터화	비즈니스의 실시간 사실 파악	변화 예측과 통찰
자동화/자율화	육체적/지적 능력 업무에서 해방	인간만 할 수 있는 일에 시간과 의식을 이동

디지털을 지탱하는 소프트웨어
신속/유연한 조합의 변경이나 새로운 요소를 조합해 고속으로 개선

인간 중심 사고방식
UX/경험이나 감성 가치 확대
인간 중심 디자인/설계로 이동

기업이나 조직 문화 및 풍토 변혁

'VUCA(변화가 빠르고 예측이 어려운 사회)'에 대처하기 위해서는 압도적인 속도를 손에 넣어야만 하며, 그를 위한 수단으로 디지털을 빼놓을 수 없습니다. 변화에 유연하고 빠른 속도로 대처하기 위한 '레이어 구조화와 추상화', 비즈니스의 실시간 상태를 파악하기 위한 '데이터화', 육체적 및 지적 능력이 필요한 일에서 인간을 해방하는 '자동화/자율화' 없이는 압도적인 속도를 손에 넣을 수 없습니다. '자동화(Automation)'는 인간이 지정한 규칙을 프로그램으로 기술해 사람 손을 거치지 않고 실행시키는 것입니다. 한편, '자율화(Autonomous)'는 목표나 순서를 인간이 제공하고 그 뒤는 프로그램이 스스로 최적의 방식과 규칙을 발견해서 실행하는 것입니다. 디지털 기술을 활용해 '자동화', '자율화'를 철저하게 구현함으로써 '인간이, 인간만이 할 수 있는 일에 시간과 생각을 이동'할 수 있습니다.

사회 환경이나 고객 니즈의 변화가 기존의 연장선 위에 있다고 단정할 수 없습니다. 과거의 경향에서 미래를 예측하는 것은 AI/머신러닝으로 어느 정도 가능하게 되었지만, 불연속적인 변화를 예측할 수는 없습니다. 그리고 시장이 성숙해지면 가격에 의한 경쟁은 정체되고 결국 치킨 게임으로 치달습니다. 이 상황을 타개하는 것이 바로 '인간 능력'에 의한 혁신, 즉 '지금까지 아무도 하지 않았던 것을 시작하는 것'입니다. 다시 말해 디지털화는 인간 능력을 활성화하고 불연속적인 변화에 대처하는 기업 능력을 높이는 것입니다.

디지털화에 의한 '압도적인 속도의 획득'과 인간 능력에 의한 '혁신을 통한 불연속적인 변화에 대한 대응'을 양립함으로써 변화에 민첩하게 대응할 수 있는 기업, 즉 '애자일 기업'으로 변혁할 수 있습니다. 이것이 DX의 메커니즘입니다.

이 메커니즘을 지탱하는 것이 소프트웨어이고 인간 중심 사고방식입니다. 앞절에서 설명했듯 비즈니스의 주역이 서비스로 이동하고 있으며 소프트웨어가 이를 구현합니다. 인간 중심이란 '사용자의 경험 가치=UX'를 확실하게 고려하는 구조를 만드는 것입니다. 이런 사고방식을 사업 목적이나 경영의 올바른 모습으로 반영시킨 문화나 풍토가 토대가 되어 DX를 실천할 수 있게 됩니다.

DX는 '디지털 능력'과 '인간 능력'의 조합

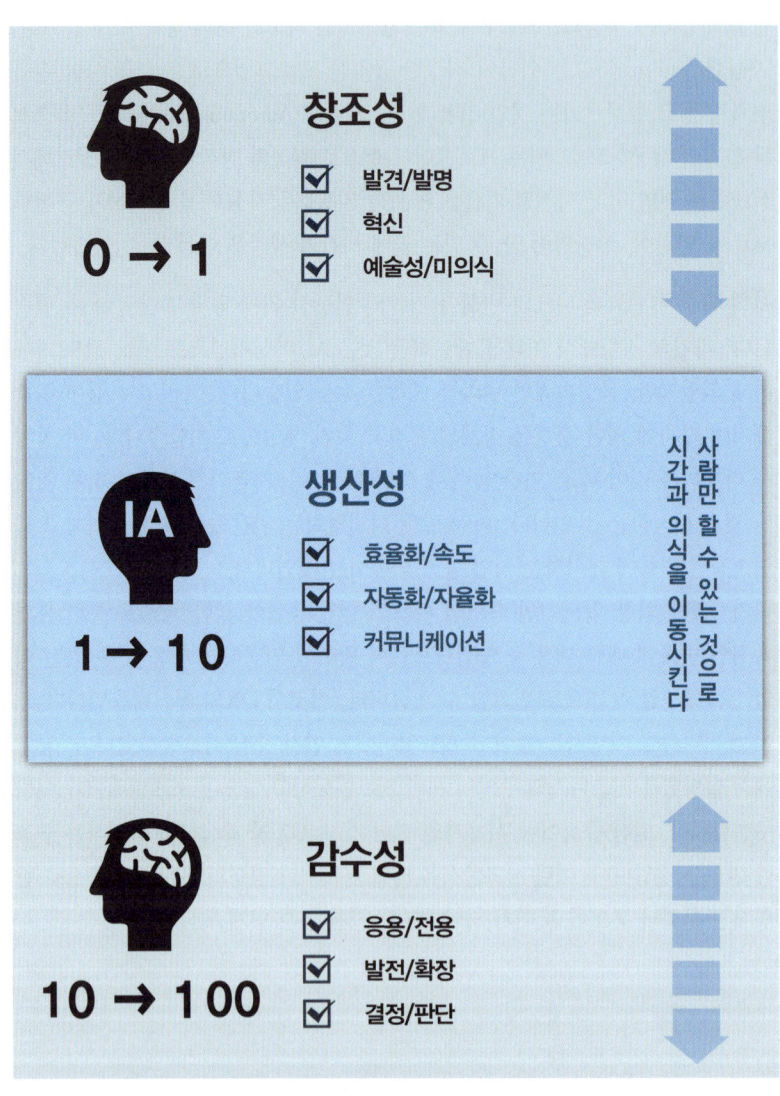

DX는 이런 기업 문화나 풍토를 만드는 것

디지털로는 불가능한 '인간 능력'의 본질은 '창조성'과 '감수성'입니다. '창조성'은 '0 → 1'의 프로세스이며 발견, 발명, 혁신, 예술성, 미의식 등을 나타냅니다. '감수성'은 '10 → 100'의 프로세스이며 응용, 전용, 발전, 확장, 결정, 판단 등 사물을 성숙하게 만들고 다음 단계의 '창조'를 만드는 환경과 계기를 만듭니다. 한편, 디지털은 '생산성'에 기여하는 '1 → 10'의 프로세스이며 효율화, 속도, 자동화, 자율화, 커뮤니케이션, 연동 같은 역할을 담당합니다.

이 3계층을 추구하는 것, 즉 '디지털로 가능한 것은 철저하게 디지털에 위임하고, 인간만 할 수 있는 것으로 인간의 역할을 철저하게 이동하는 것'이 가능하다면 '압도적인 속도'와 '혁신'을 동시에 만들어 낼 수 있습니다. 그렇게 되면 기업의 경쟁력이 향상되고 업적도 크게 개선됩니다. 변화에도 민첩하게 대처할 수 있습니다. 이것을 당연하게 받아들이고 실천할 수 있는 기업으로 탈바꿈하는 것이 DX입니다.

'디지털화로 인해 일을 빼앗긴다'는 개념이 여전히 깊이 뿌리를 내리고 있습니다. 하지만 비즈니스가 글로벌화되면서 경쟁 또한 글로벌한 관점에서 파악해야 하는 오늘날, 이런 개념이 족쇄가 되어 새로운 기술의 채용이나 변혁을 정체시킨다면 그 기업의 존속은 어려울 것입니다.

디지털에게 빼앗길 수밖에 없는 일은 철저하게 내주고 '인간 능력'을 현재 이상으로 발휘할 수 있는 기업으로 탈바꿈으로써 글로벌화된 경쟁에 대처할 수 있는 경쟁력을 가진 기업이 될 수 있습니다.

DX를 위한 노력이란 디지털 기술을 사용하는 것만이 아닙니다. 디지털과 인간의 역할을 각각 특화된 곳으로 철저하게 이동시키고, 기업 경쟁력을 전체적으로 바닥부터 높이는 것입니다.

이런 DX의 본질로 향할 때 DX가 비로소 실적 개선으로 이어질 것입니다.

앞절에서 설명했듯 비즈니스의 주역이 사물에서 서비스로 이동하고 있습니다. 사물이 주역이던 시대에는 사물의 매력, 즉 기능, 성능, 품질, 외관 등이 수익을 좌우했습니다. 하지만 서비스가 주역인 시대에는 고객 경험이나 공감 가치, 즉 UX의 매력이 수익을 좌우합니다.

서비스는 언제든 사용을 시작할 수 있고 중지할 수도 있습니다. 사물과 같이 '이미 샀기 때문에' 또는 '이미 소유하고 있기 때문에' 쉽게 바꿀 수 없는 제약이 존재하지 않습니다.

그리고 서비스는 사물에 비해 진입 장벽이 낮습니다. 매력적인 아이디어만 있으면 쉽게 진입할 수 있기 때문에 다양한 기업이 기존의 틀이나 상식에 구애받지 않고 예상치 못한 경쟁을 벌이고 있습니다. 이런 기업들의 속도는 그야말로 압도적입니다.

우리는 이 경쟁에서 승리해야 합니다. 이를 위해서는 서비스 내용이나 기능은 물론이고 UX를 지속적으로 개선하고, 고객의 상황 변화에 세심하게 대응하고 항상 매력적인 상태를 지속해야 합니다.

다른 기업이 매력적인 서비스를 시작한다면 그 평판이 순식간에 확산되고 고객은 주저하지 않고 서비스를 바꿉니다. 이에 대항하기 위해서는 고객의 상황이나 니즈 변화를 누구보다 빠르게 파악하고 경쟁 기업을 뛰어 넘는 속도로 빠르게 UX 개선을 반복해야 합니다.

우리가 Facebook, Google, 당근마켓 등과 같은 친숙한 서비스를 계속 사용하는 것은 이 서비스들을 개발한 기업의 조직 문화와 풍토에 압도적인 속도가 뿌리내리고 있기 때문입니다. 이를 바탕으로 서비스들이 현장이나 고객의 상황을 데이터로 빠르게 파악하고 UX 개선을 반복할 수 있습니다.

디지털 소용돌이

'디지털 소용돌이(Digital Vortex)'는 시장에 일어나는 파괴 현상으로 '디지털화 할 수 있는 것은 모두 디지털화된다'는 한 특성을 향해 기업을 좋든 싫든 끌어당기는 성질을 말한다.

'DX 실행 전략'*에 나온 구절입니다. 스위스 로잔에 본거지를 둔 비즈니스 스쿨인 'IMD'의 마이클 웨이드(Michael Wade)는 '볼텍스(Vortex)', 즉 모든 것을 집어 삼키는 '소용돌이'로 디지털화의 트렌드를 설명합니다. 지금 우리가 직면하고 있는 디지털화의 거센 흐름을 훌륭하게, 그야말로 적절하게 표현한 것입니다.

한편, 디지털 소용돌이의 기세가 강해질수록 디지털만으로는 불가능한 '경험/공감 가치'의 중요성이 높아지고 있습니다.

제러미 리프킨(Jeremy Rifkin)은 그의 책 '한계비용 제로 사회'(민음사, 2014년)에서 디지털의 진전에 관해 설명합니다. 구체적으로는 IoT에 의해 통신, 에너지, 운송의 '인텔리전트 인프라스트럭처'가 형성되고 효율성과 생산성이 극한까지 향상됨에 따라 하나의 사물이나 서비스를 추가하는 데 발생하는 비용(한계비용)은 0으로 수렴하고, 이에 따라 미래의 사물이나 서비스는 무료가 되어 기업의 이익은 사라지고 자본주의는 쇠퇴를 피할 수 없을 것이라 기술했습니다.

디지털화는 이런 사회나 경제의 대규모 패러다임의 전환이며 이미 그것은 거대한 소용돌이가 되어 세상을 집어삼키고 있습니다. 우리는 이 현실에서 도망칠 수 없습니다. 그렇다면 그곳에 어떤 비즈니스 기회가 있는지 생각해야 합니다.

'디지털 소용돌이'를 전제로 하는 미래의 비즈니스를 생각하기 위해서는 '디지털화 영역의 확대', '경험/공감 가치 제공'이라는 두 가지 관점이 필요합니다.

▎디지털화 영역의 확대

자동화는 다양한 업종이나 업무에 이를 것이고 온라인화도 광범위한 업무 및 일상 생활로 확산되고 있습니다. 장애 예측이나 진단, 의사 결정도 머신러닝을 활용해 인간의 개입 없이 수행할 수 있는 것이 늘어났습니다. 온라인 회의나 페이퍼리스(Paperless) 트렌드는 COVID-19 팬데믹을 계기로 단숨에 확산되었습니다. 생성형 AI의 등장과 발전은 이 흐름에 박차를 가하고 있습니다.

---

* 「Orchestrating Transformation」(Michael Wade, DBT Center Press), 국내 미출간

경험/공감 가치 제공

한편, '디지털화 할 수 없는 것'의 가치가 높아질 것입니다. 예술이나 크리에이티브 영역이 대표적이라 할 수 있습니다. 음악, 그림, 문학, 디자인, 애니메이션, 게임 등은 그것을 표현하는 수단이 디지털이라 하더라도 그 원천은 인간의 경험과 공감에서 만들어집니다.

생성형 AI는 이 영역에서 가능성 확장에 기여할 것입니다. 지금까지는 없던 새로운 조합이나 표현을 만들어낼 수 있기 때문입니다. 단, 그 성과를 아름답다 혹은 멋지다고 느끼는 것은 인간의 감성이며 가치관입니다. 이런 감성이나 가치관을 통해 매력을 한층 높이는 것은 인간만이 할 수 있습니다. 이런 협력이 요구되는 시대가 되었습니다.

또한 간호, 술집, 객석이나 라이브 공연, 경마 등과 같은 접객, 엔터테인먼트, 도박 등도 경험이나 공감이 가져다주는 가치이며 이들은 사라지지 않을 것입니다. 오히려 지금까지보다 더욱 두드러질 것입니다.

Spotify로 음악을 들어도, 좋아하는 아티스트의 음악은 라이브 콘서트를 통해 즐기고 싶다고 생각하는 사람들이 많습니다. Google Arts&Culture에서 전세계 미술관의 예술 작품을 감상한 뒤 루브르 박물관에 가서 진품을 직접 보고 싶어하는 사람도 있을 것입니다. 디지털화는 결과로서 경험과 공감 가치를 높이고, 그 특별한 행위나 존재에 새로운 가치를 부여하게 될 것입니다.

결국 사람과의 직접적인 접촉, 진품을 지향하는 감성이나 가치관은 디지털 진화에 의해 뺏기는 것이 아니라 오히려 그 중요성이나 가치가 높아질 것입니다.

'디지털 소용돌이'는 '디지털화 영역의 확대', '경험/공감 가치 제공'을 동시에 강화하게 됩니다. 'DX=디지털 전체 사회에 적응하기 위해 사회를 바꾸는 것'은 이 두 가지를 당연하게 받아들이고, 실천할 수 있는 기업 활동의 기반을 실현하는 노력이라고 말할 수 있습니다.

> 칼럼

DX의 두 가지 계보와 현재 사용되고 있는 해석

DX의 역사적 계보는 크게 두 갈래입니다. 첫 번째는 '사회 현상으로서의 DX', 두 번째는 '비즈니스 변혁으로서의 DX'입니다.

▎사회 현상으로서의 DX

DX라는 용어는 2004년 스웨덴 우메오 대학의 에릭 스톨터만(Erik Stolterman) 교수와 그 동료 연구자들이 제창한 다음의 정의에 뿌리를 두고 있습니다.

'디지털 기술의 침투가 모든 사람의 생활을 다양한 측면에서 보다 좋은 방향으로 변화시키는 것'

이 논문에서 '디지털 기술 발전은 대중의 생활을 개선한다'고 주장하며 연구자들은 그 변화를 올바르게 분석/논의할 수 있는 방법을 찾아내야 한다고 기술합니다.

그리고 비즈니스와 IT에 관해서도 언급합니다. 기업이 IT를 사용해 '사업의 업적이나 대상 범위를 근본부터 변화시킨다', 다음으로 '기술과 현실이 점차 융합해 연결되는 변화가 일어난다', 그리고 '모든 사람의 생활을 보다 좋은 방향으로 변화시킨다'는 단계가 있다고 기술합니다. 이렇게 스톨터만은 디지털이 가져오는 '사회적인 변화의 트렌드'를 나타내는 학문적인 용어로 DX를 제창했습니다.

▎비즈니스 변혁으로써의 DX

2010년대가 되어 비즈니스에 다양한 디지털 기기나 소셜 미디어 등이 들어오게 되었습니다. 스위스 비즈니스 스쿨 IMD의 마이클 웨이드 교수와 그 동료 연구자들은 이 변화를 다음과 같이 설명했습니다.

'디지털 기술의 진보에 의해 산업 구조나 경쟁 원리가 변화하고 있다. 이것에 적응하지 못하면 사업 유지나 기업 존속은 어려워진다. 이 상황에 대처하기 위해서는 비즈니스 모델이나 업무 순서, 고객과의 관계, 일하는 방식, 기업 문화나 풍토를 변혁해야 한다.'

IT 컨설팅 기업인 가트너(Gartner)는 이것을 '디지털 비즈니스 트랜스포메이션'이라 부르기로 제창했습니다. 이것은 스톨터만 교수의 해석과 달리 경영이나 사업 관점에 기반한 것이며, 디지털 기술에 적극적으로 노력해야 할 필요성을 언급한 것입니다. 이것이 불가능한 사업의 지속은 어려울 것이라는 경고도 포함하고 있습니다. 즉 디지털 기술의 진보를 전제로 경쟁 환경, 비즈니스 모델, 조직 및 체제의 재정의, 기업 문화 및 체질의 변혁을 촉진하는 것입니다.

이런 '디지털 비즈니스 트랜스포메이션'에 관해 마이클 웨이드는 그의 저서 'DX 실행 전략'*에서 다음과 같은 해석을 내놨습니다.

'디지털 기술과 디지털 비즈니스 모델을 사용해 조직을 변화시켜 업적을 개선하는 것'

'디지털 비즈니스 트랜스포메이션에는 기술보다 훨씬 많은 것이 관여하고 있다'

아무리 뛰어난 최첨단 기술을 활용하더라도 인간의 사고 프로세스나 리터러시, 조직의 행동을 디지털 기술 활용에 적합한 형태로 변혁하지 않으면 '업적을 개선하는 것'은 불가능합니다.

또한 2018년 경제산업성이 발표한 'DX 보고서~IT 시스템 '2025년의 절벽' 극복과 DX의 본격적인 전개~'**에서는 'DX/디지털 트랜스포메이션'에 관해 다음과 같이 정의를 기술하고 있습니다.

'기업이 비즈니스 환경의 격심한 변화에 대응해 데이터와 디지털 기술을 활용해 고객이나 사회의 니즈를 기반으로 제품과 서비스, 비즈니스 모델을 변혁함과 동시에 업무 자체나 조직, 프로세스, 기업 문화/풍토를 변혁해 경쟁 우위를 확보하는 것'

이것은 IT 조사 기업인 IDC에서 정의한 것으로 가트너, 마이클 웨이드가 제창한 '디지털 비즈니스 트랜스포메이션'의 해석에 따르는 것이며, 이것을 'DX/디지털 트랜스포메이션'이라 부르고 있습니다. 용어 자체는 스톨터만이 제창한 것과 동일하지만 그 해석은 같지 않습니다.

우리가 일반적으로 비즈니스 현장에서 사용하는 'DX'는 '디지털 비즈니스 트랜스포메이션'을 줄인 표현입니다.

---

* 『Orchestrating Transformation』(Michael Wade, DBT Center Press), 국내 미출간
** https://www.meti.go.jp/shingikai/mono_info_service/digital_transformation/20180907_report.html

03

IT 인프라스트럭처

변화에 신속하게 대처할 수 있는 IT의 실현

DX의 목표는 변화에 민첩하게 대처할 수 있는 기업으로 탈바꿈하는 것입니다. IT는 이를 실현하는 데 반드시 필요한 수단이며, 여기에서 반드시 필요한 것이 '가상화'와 '소프트웨어화'입니다.

'가상화'는 하드웨어를 물리적으로 늘리지 않고 소프트웨어 설정 작업만으로 컴퓨터 기능이나 성능을 조달/변경할 수 있는 기술입니다. '소프트웨어화'는 다양한 용도로 사용할 수 있는 컴퓨터를 시시각각 용도에 맞춰 전용 기기처럼 사용할 수 있는 기술입니다.

이런 기술을 활용하면 변화에 민첩하게 대처할 수 있는 IT 인프라를 실현할 수 있습니다.

도로/철도, 전기/전화, 병원/학교 등 생활과 사회를 유지하는 기반을 인프라스트럭처라 부릅니다. 프로그램을 실행하는 서버, 데이터를 저장하는 스토리지, 통신을 담당하는 네트워크 기기와 네트워크 회선, 이들을 설치한 데이터 센터 등은 'IT 인프라스트럭처'라고 부릅니다.

과거 IT 인프라스트럭처는 필요에 따라 개별적으로 기기를 조달하고 구축했습니다. 하지만 이런 방식으로는 급격하게 변화하는 시대에 대응할 수 없습니다. 필요한 기기나 규모를 예측하기 어렵기 때문입니다. 수요가 결정되지 않은 상태에서 시스템 기기를 조달하면 불필요한 자산이 증가하지만 막상 필요한 시점이 되었을 때는 그 능력이나 성능이 부족하고, 상황에 맞춰 최적의 구성을 할 수 없기 때문에 결과적으로 사용자의 UX(경험 가치)를 떨어뜨립니다.

비즈니스의 주역이 서비스로 이동한 지금, 사용자 니즈의 변화에 즉시 대응해 시스템 기기나 성능을 조달 또는 변경하지 못하면 고객 만족도가 낮아져 매출이나 이익이 감소할 수도 있습니다. 직원 만족도나 생산성도 낮아집니다. 이런 상태로는 DX의 목표인 '변화에 민첩하게 대응할 수 있는 기업으로 탈바꿈하는 것'이 불가능합니다.

이 상황을 타파하는 것이 'IT 인프라스트럭처의 소프트웨어화'입니다. 시스템 자원을 물리적으로 소유하지 않고, 필요한 기기나 성능을 Web 메뉴를 통해 지정하면 즉시 조달 및 변경할 수 있는 것이 바로 IT 인프라스트럭처입니다.

최신 IT 인프라스트럭처를 이해하기 위해서는 '가상화'와 '소프트웨어화'에 관해 알아야 합니다.

'가상화'는 시스템 자원을 물리적으로 조합하거나 연결하지 않고 소프트웨어 설정 작업만으로 그 기능이나 성능을 조합하거나 조달/변경할 수 있게 하는 기술입니다.

'소프트웨어화'는 특정 업무에 맞게 준비된 전용 하드웨어를 사용하지 않고 범용 하드웨어를 미리 준비한 뒤, 그 하드웨어에 탑재된 소프트웨어를 통해 다양한 기능을 실현하는 것입니다. '가상화' 기술과 함께 이들을 자동화하기 위한 기술도 소프트웨어를 조합해 실현합니다.

IT 인프라스트럭처를 소프트웨어화함으로써 사용자 기업은 '중요하기는 하지만 비즈니스 차별화나 부가가치 향상'에 기여하지 않는 IT 인프라스트럭처와 관련된 인력, 사물, 비용 같은 경영 자원의 부담을 줄일 수 있습니다. 또한 비즈니스의 차별화에 큰 역할을 담당하는 애플리케이션에 경영 자원을 투입해 변화에 민첩하게 대응할 수 있게 됩니다.

IT 인프라스트럭처를 지탱하는 핵심 기술 중 하나인 '가상화'는 종류가 매우 다양합니다. 이번 장에서는 '가상화'의 본질이나 역할, 그 종류 등 기본적인 지식에 관해서만 설명합니다.

단, '가상화'의 대표적인 사용 방법인 '서버 가상화'는 정보 시스템의 핵심 기술인 동시에 그 발전된 형태의 기술인 '컨테이너'(8장 '개발과 운용'에서 설명)를 이해하는 전제가 되므로 이번 장에서 자세히 설명합니다.

그리고 '소프트웨어화 된 IT 인프라스트럭처'를 자사에서 소유하지 않고, 사용 요금을 지불하고 온라인 서비스를 사용하는 것이 클라우드 컴퓨팅인 'IaaS(Infrastructure as a Service)'입니다. IaaS 외에 플랫폼이나 애플리케이션을 온라인에서 사용할 수 있는 서비스도 있습니다. 이들을 잘 조합해 사용함으로써 사용자 기업은 시스템 구입, 구축, 운용에 노력을 들이지 않고 필요한 시스템 자원을 사용한 만큼의 비용만 지불하고 사용할 수 있습니다. 자산이 아닌 비용으로써 사용할 수 있기 때문에 비즈니스 환경 변화에 민첩하게 대응할 수 있게 되는 것입니다.

클라우드 컴퓨팅에 관한 상세한 내용은 4장 '클라우드 컴퓨팅'에서 설명하므로, 이번 장에서는 IT 인프라스트럭처와의 관계에 한정해 설명합니다.

DX 실천에 있어 IT 인프라스트럭처는 DX와 뗄 수 없는 관계입니다. 그래서 사용자 기업은 더욱 그 구축이나 운용의 부담에서 해방되어 사업을 차별화하고 경쟁력을 높이는, 또는 업무 생산성을 향상시키기 위한 직접적인 역할을 담당하는 애플리케이션으로 경영 자원을 이동시켜야 합니다. 이번 3장에서는 이런 IT 인프라스트럭처에 관해 설명합니다.

정보 시스템 3계층 구조

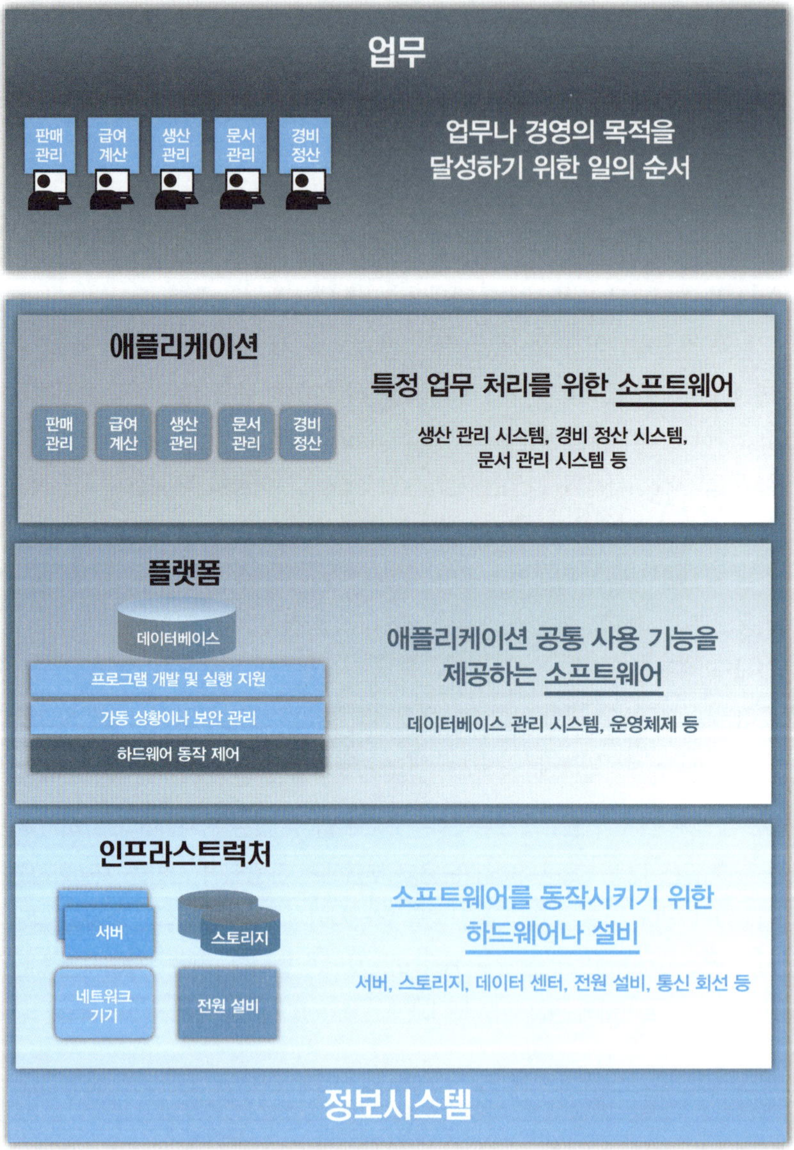

업무
판매관리 / 급여계산 / 생산관리 / 문서관리 / 경비정산

업무나 경영의 목적을 달성하기 위한 일의 순서

애플리케이션
판매관리 / 급여계산 / 생산관리 / 문서관리 / 경비정산

특정 업무 처리를 위한 <u>소프트웨어</u>

생산 관리 시스템, 경비 정산 시스템, 문서 관리 시스템 등

플랫폼
- 데이터베이스
- 프로그램 개발 및 실행 지원
- 가동 상황이나 보안 관리
- 하드웨어 동작 제어

애플리케이션 공통 사용 기능을 제공하는 <u>소프트웨어</u>

데이터베이스 관리 시스템, 운영체제 등

인프라스트럭처
- 서버
- 스토리지
- 네트워크 기기
- 전원 설비

소프트웨어를 동작시키기 위한 <u>하드웨어나 설비</u>

서버, 스토리지, 데이터 센터, 전원 설비, 통신 회선 등

정보시스템

다양한 업무를 처리하는 정보 시스템은 다음 3계층으로 구성됩니다.

▍애플리케이션: 특정 업무 처리를 수행하는 소프트웨어

'애플리케이션(Application)'은 '적용, 응용'이라는 의미로 개별 업무의 작업 흐름을 컴퓨터로 실행하기 위한 소프트웨어입니다. 적용 업무 시스템 또는 애플리케이션 시스템이라 불립니다. 판매 관리 시스템, 문서 관리 시스템, 경비 정산 시스템과 같이 기업에서 사용하는 것과 워드프로세서, 스프레드시트 소프트웨어, 브라우저, 음악 재생 소프트웨어, 게임 소프트웨어와 같이 개인이 사용하는 것이 있습니다.

▍플랫폼: 애플리케이션에서 공통적으로 사용하는 기능을 제공하는 소프트웨어

'플랫폼(Platform)'은 '토대'라는 의미로 애플리케이션을 동작시키기 위해 공통적으로 필요한 기능을 제공하는 소프트웨어입니다. 예를 들면 애플리케이션을 사용하기 위해서는 통신 장치, 스토리지(데이터를 저장하는 장치) 같은 하드웨어와 애플리케이션의 통신을 중개하고 시스템 전체의 동작을 제어하는 기능이 필요합니다. 이것을 애플리케이션에서 개별적으로 만든다면 상당한 수고가 필요합니다. 그래서 '운영체제(Operating System 또는 OS)'라 불리는 플랫폼을 사용합니다. OS 외에도 데이터를 효율적으로 관리하는 '데이터베이스 관리 시스템', 시스템 가동 상황을 감시해 문제가 발생하면 알려주는 '운용 관리 시스템' 등도 있습니다. 이들은 애플리케이션과 OS 사이에 위치하는 소프트웨어이기 때문에 '미들웨어(Middleware)'라 부르기도 합니다.

▍인프라스트럭처: 소프트웨어를 동작하기 위한 하드웨어나 설비

'인프라스트럭처(Infrastructure)'는 '하부를 지탱하는 것 또는 그 구조'라는 의미로 줄여서 '인프라(Infra)'라고 부르기도 합니다. 프로그램을 동작시키는 전자기기인 컴퓨터, 데이터를 저장하는 스토리지, 통신을 담당하는 네트워크 기기 같은 하드웨어나 이들을 설치한 데이터 센터, 데이터 센터에 설치된 전원이나 냉각 설비 등을 가리킵니다.

개인이 사용하는 PC나 스마트폰 등은 인프라스트럭처라 부르지 않습니다. 기업, 조직, 또는 모든 사람이 네트워크를 통해 함께 사용하는 것들이 인프라스트럭처에 해당합니다.

가상화의 본래 의미

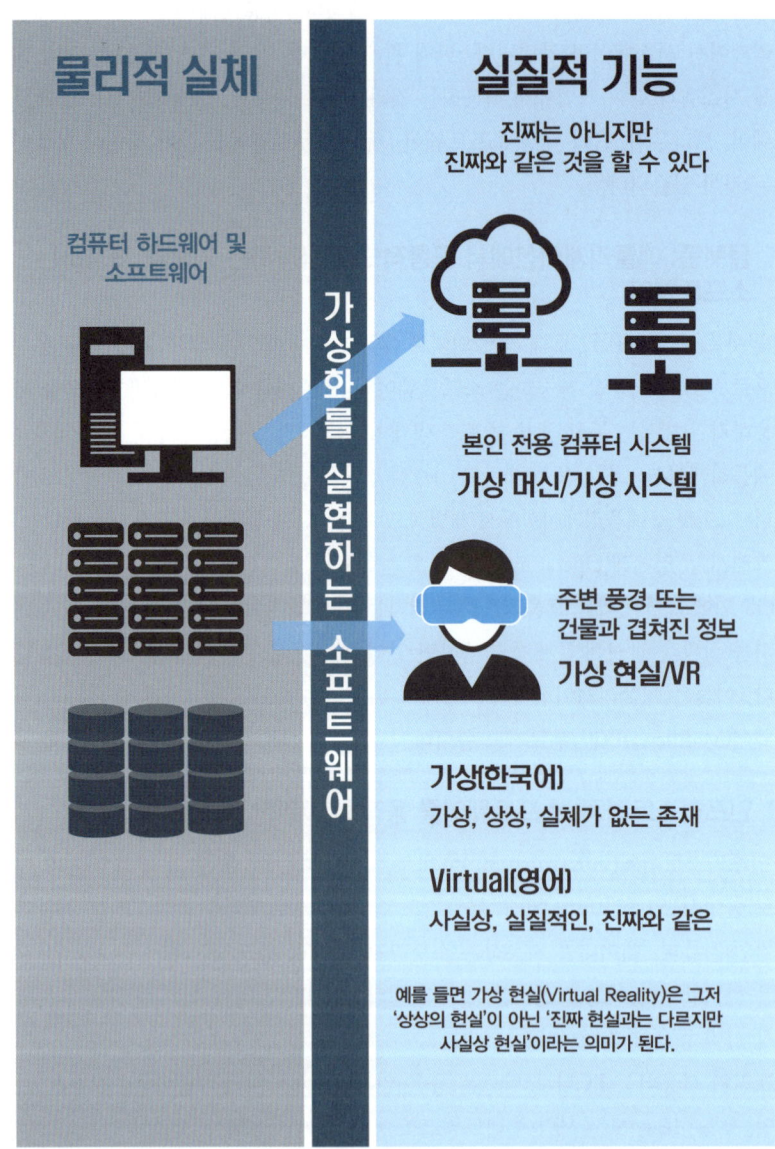

'가상'이라는 한국어는 '허상의', '실체가 없는' 같은 이미지를 떠오르게 합니다. 하지만 원어인 영어 'Virtual'의 의미는 전혀 다릅니다. '진짜는 아니지만 진짜와 같은'이라는 의미입니다. 사전을 찾아보면 영어 예문이 다음과 같이 기술되어 있습니다.

It was a virtual promise.
(약속은 아니지만)사실상 약속과 마찬가지였다.

He was the virtual leader of the movement.
사실상 그는 그 운동의 지도자였다.

He was formally a general, but he was a virtual king of this country.
그는 공식적으로는 '장군'이었지만, 사실상 그 국가의 실질적인 왕이었다.

이를 바탕으로 우리가 IT 용어로 사용하고 있는 '가상화=Virtualization'을 다음과 같이 해석하는 것이 자연스러울 것입니다.

'물리적 실체와는 다르지만 진짜와 같은 기능을 실현하는 구조'

가상화는 결코 '허상의, 실체가 없는' 시스템을 만들어 내는 구조가 아닙니다. 서버, 스토리지, 네트워크 기기의 구성과 기능, 성능을 '진짜(물리적 실체를 갖고 있는)와 동일하게' 사용하는 기술입니다.

덧붙여 'VR(Virtual Reality)=가상 현실'이라는 용어가 있습니다. 이것은 진짜인 현실은 실내 공간일 수 있지만, 고글을 쓰면 마치 바다 속이나 우주 공간에 있는 것처럼 '진짜는 아니지만 진짜와 같은=가상의(Virtual)' 현실(Reality)을 경험할 수 있기 때문에 이런 이름으로 불리게 되었습니다.

우리는 눈에 보이는 물리적인 실체가 없으면 그 존재를 인식하기 어렵습니다. 하지만 물리적 실체가 어떻든 필요한 기기 구성이나 기능, 성능을 동일히게 현실적으로 사용할 수 있다면 그것으로 충분합니다.

'가상화'는 물리적인 시스템 자원은 존재하지 않지만 '실질적'으로 '진짜' 물리적인 시스템 자원과 동등한 기능이나 성능, 조작을 사용자에게 제공하는 것입니다.

가상화의 세 가지 유형

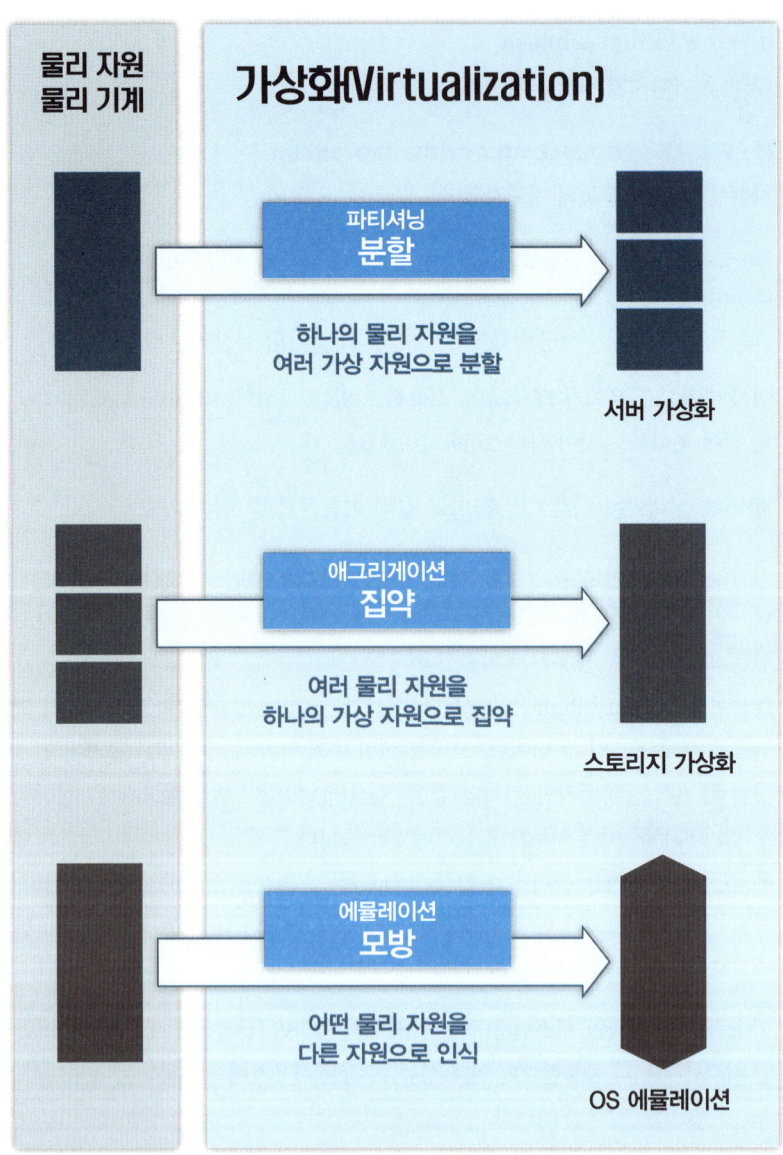

'물리적 실체와는 다르지만 같은 기능을 실현하는' 소프트웨어 기술인 '가상화'는 다음의 세 가지 유형으로 나눌 수 있습니다.

▌파티셔닝(분할)

하나의 시스템 자원을 독립된 개별 자원으로 기능하게 합니다. 예를 들어 1대의 서버로 10대의 개별/독립된 진짜 서버가 존재하는 것처럼 느끼게 하는 경우 등이 있습니다.

이 방법을 사용하면 물리 서버 1대에서 여러 개의 가상 서버를 기동할 수 있어, 여러 명의 사용자가 각 서버를 자신의 전용 서버처럼 사용할 수 있습니다. 그리고 시스템 자원을 낭비하지 않고 효과적으로 활용하는 데 도움이 됩니다.

▌애그리게이션(집약)

여러 시스템 자원을 하나의 시스템 자원으로 기능하게 합니다. 예를 들면 여러 물리적 스토리지를 1대의 진짜와 같은 스토리지로 보이게 하는 경우입니다. 이 기능을 사용하면 사용자는 여러 개별 스토리지의 존재를 의식하지 않을 수 있고 복잡한 조작이나 설정에서 해방됩니다. 또한 물리적인 구성이나 개별 설정을 신경 쓰지 않는 동시에 제조사나 기기 종류를 의식하지 않고 하나의 스토리지로 다룰 수 있으므로 편의성이 크게 향상됩니다.

▌에뮬레이션(모방)

어떤 시스템 자원을 다른 시스템 자원으로 기능하게 합니다. 예를 들어 PC에서 스마트폰의 기본 소프트웨어를 가동시키고, 스마트폰 화면을 PC에 표시해 그 기능을 사용할 수 있습니다. 에뮬레이션을 사용하면 스마트폰에는 없는 커다란 화면과 키보드를 사용할 수 있어, 애플리케이션 개발이나 테스트의 편의성을 향상시킬 있습니다.

사용자에 따라서는 물리적인 실체가 어떻든 필요한 기능이나 조작이 진짜와 같기만 하면 충분할 수도 있습니다. 이런 것을 실현하는 소프트웨어 기술을 하나로 묶어 '가상화'라 부릅니다.

범용 기기를 전용 기기로 변신시키는 '소프트웨어화'

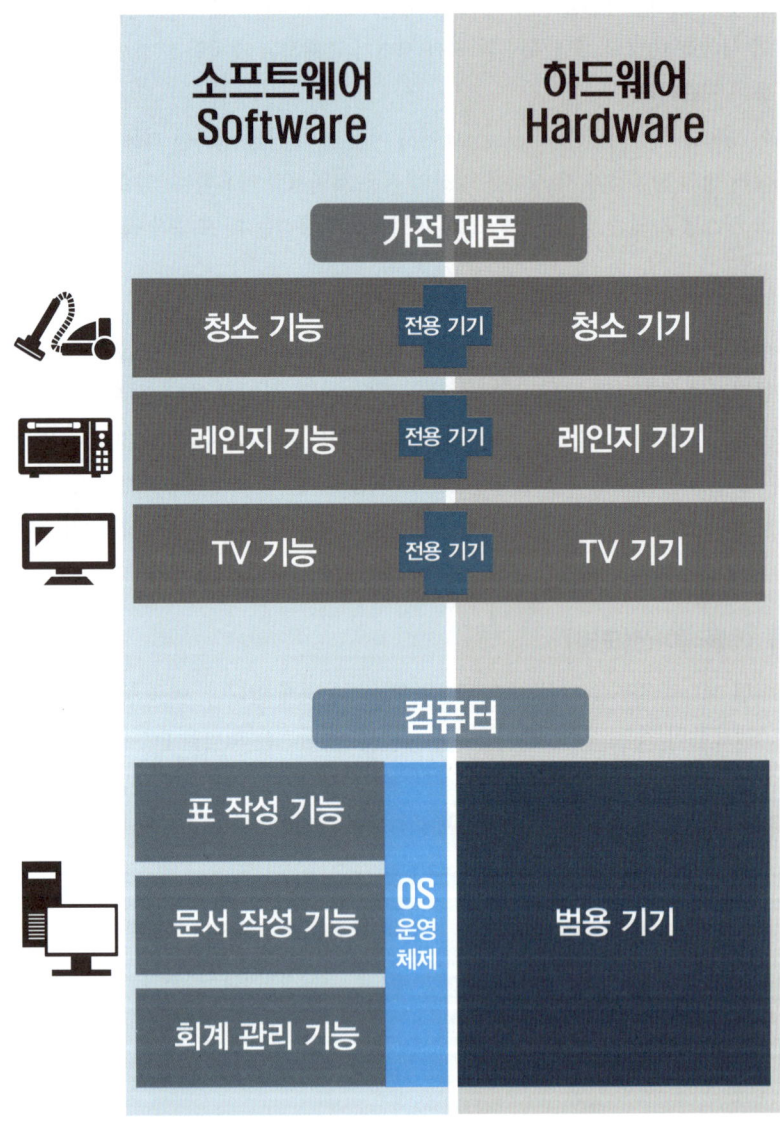

청소기로 밥을 지을 수는 없습니다. 전자렌지로 TV 방송을 볼 수도 없습니다. 우리가 일반적으로 사용하는 가전 제품은 각각의 기능이나 역할에 특화된 전용 하드웨어와 소프트웨어가 조합돼 움직이는 기기입니다.

PC는 어떨까요? 'Excel'이라는 소프트웨어를 실행하면 표 계산 기기가 됩니다. 'Word'를 실행하면 문서 작성 기기가 됩니다. '브라우저'를 실행하면 웹 페이지를 보는 기기가 됩니다.

PC라는 '범용(널리 다양하게 사용할 수 있는) 기기'에 다양한 업무 및 작업을 위해 만들어진 전용 소프트웨어(애플리케이션)를 실행하면 해당 업무 및 작업을 위한 전용 기기로 사용할 수 있습니다.

스마트폰도 범용 기기입니다. 전화 기능을 실현하는 애플리케이션을 실행하면 전화기가 되고, 카메라 애플리케이션을 실행하면 카메라, 게임 애플리케이션을 실행하면 게임기가 됩니다. 이렇게 소프트웨어에 따라 각자 하고 싶은 것을 실현해주는 전용 기기처럼 사용할 수 있습니다. 이것이 '소프트웨어화'입니다.

'소프트웨어화'에는 한 가지 역할이 더 있습니다. 바로 인간의 개입을 줄이고 최적의 조작을 하게 하는 것입니다. 자동차는 이런 '소프트웨어화'가 급속하게 진행되는 분야 중 하나입니다. 자동차의 기본 기능인 '달린다/멈춘다/회전한다'는 하드웨어 구조 혹은 기구를 통해 실현됩니다. 하지만 이들이 확실하게 기능하도록 하려면 적절한 조작이 필수입니다. 기존에는 이런 조작을 모두 사람에게 의존했지만, 이제는 자동차 전용 컴퓨터(ECU: Electronic Control Unit)와 ECU에서 동작하는 소프트웨어가 적절한 조작을 지원하게 되었습니다. 이를 통해 개인의 조작 스킬의 차이를 줄여 인적 실수를 피할 수 있고, 자동차의 기능을 잘 활용할 수 있게 됐습니다. 그 결과, 쾌적성이나 안전성이 크게 향상되었습니다. 가까운 미래에는 운전 조작에 인간이 개입하지 않고 모두 소프트웨어에 맡길 수 있게 될 것입니다.

IT 인프라스트럭처 역시 소프트웨어화가 진행되고 있습니다 범용적으로 사용할 수 있는 기기들을 데이터 센터에 설치하고 '소프트웨어화'함으로써 필요한 기능과 성능을 실현하고, 운용 관리도 맡길 수 있게 되었습니다.

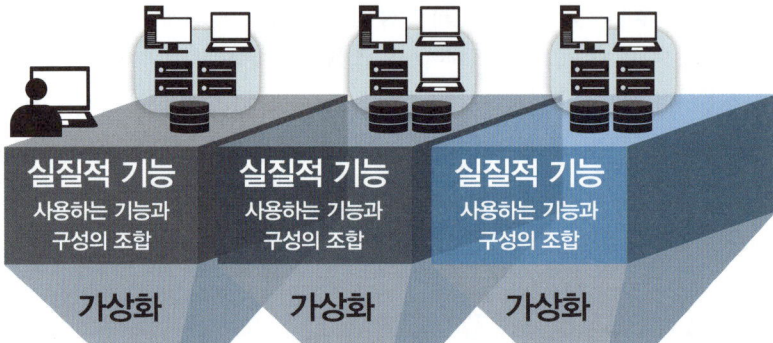

IT 인프라스트럭처에서의 소프트웨어화: 'SDI'

물리적 실체(하드웨어 및 설비)와
실질적 기능(가상화 된 시스템)을 분리

사용자는 유연성과 속도를 손에 넣는다
물리적인 설비/설치 작업 없이 설정만으로
시스템 구성을 조달/변경할 수 있다

실질적 기능
사용하는 기능과 구성의 조합

실질적 기능
사용하는 기능과 구성의 조합

실질적 기능
사용하는 기능과 구성의 조합

가상화 가상화 가상화

소프트웨어로 정의된 인프라스트럭처: SDI
Software-Defined Infrastructure
가상화를 위한 소프트웨어

연산 기능 / 데이터관리 기능 / 네트워킹 기능

물리적 실체(하드웨어 및 설비)

분할
집약
모방

추상화*

운용 관리자는 비용 대비 성능을 손에 넣는다
표준화된 하드웨어 소프트웨어를 대량으로 조달해 운용을
자동화/중앙 집중화한다

---

* '추상화'는 대상에서 본질적으로 중요한 요소만 추출하고, 그 밖의 요소는 무시하는 것.

기존의 IT 인프라스트럭처는 필요에 따라 개별적으로 기기를 조달해서 구축했지만, 변화가 빠르고 비즈니스의 향방을 예측하기 어려운 시대가 되면서 필요한 시스템 기능이나 규모 또한 정확하게 예측할 수 없게 되었습니다.

예를 들면 새로운 서비스의 사용자가 예상과 달리 크게 증가했을 때 시스템 능력이 부족해 응답 시간이 느려지면 사용자가 이탈할 수도 있습니다. 신규 사업이 사회 환경의 급격한 변화로 인해 유지할 수 없게 되면 구입한 시스템이 모두 불필요하게 될 수도 있습니다. 그럴 때 기능이나 성능을 변경할 수 없다면 경영 리스크가 높아집니다.

이 상황을 타파하는 것이 IT 인프라스트럭처의 '소프트웨어화'입니다. 예를 들면 표준 구성의 하드웨어를 미리 준비하고, 거기에 필요한 시스템 자원(CPU 처리 능력, 스토리지 용량, 네트워크 기능 등)을 Web 화면에서 지정해 조달할 수 있습니다.

여기에 운용 관리나 구축을 자동화하는 소프트웨어를 조합하면 시스템 자원을 조달할 때 'CPU 개수', '네트워크 회선 수' 같은 물리적 요구사항이 아니라 '트랜잭션 처리 능력', '보안 레벨', '네트워크 서비스 레벨' 같은 정책(목표값, 제약사항 등)을 지정할 수 있게 되어 전문 지식이 없더라도 시스템 자원을 조달할 수 있습니다.

이렇게 '소프트웨어 시스템의 기능이나 성능을 조달/설정/관리할 수 있는 인프라스트럭처'를 'SDI(Software-Defined Infrastructure)'라 부릅니다.

SDI를 사용하면 애플리케이션 개발을 담당하는 엔지니어는 필요한 시스템의 조달, 기능과 성능 변경을 물리적인 설치/설정 작업 없이 소프트웨어 설정만으로 수행할 수 있게 됩니다.

한편, 인프라스트럭처의 운용 관리를 담당하는 엔지니어는 그 작업의 대부분을 시스템에 위임하게 되므로 운용 관리 부담을 줄이고, 안정적인 가동이나 안정성 향상, 편의성 개선에 시간을 들일 수 있습니다. 그리고 하드웨어를 표준화해 한 번에 조달하거나 운용 관리를 고도로 자동화함으로써 구축에 걸리는 노력, 시간, 비용을 줄일 수 있습니다.

소프트웨어화와 클라우드 컴퓨팅

언제/어디서든
IT 기능과 성능을 서비스로 사용

네트워크

클라우드 OS를 통한 소프트웨어화
가상화 및 자동화 기술을 사용해
사용할 기능과 성능을 자유롭게 조합하고 변경할 수 있다

애플리케이션
판매 관리 시스템
회계 관리 시스템 등

특정한 업무 처리를 위한
소프트웨어

플랫폼
운영체제
데이터베이스 관리 시스템 등

애플리케이션에서 공통 사용하는
기능을 제공하는 소프트웨어

인프라스트럭처
서버, 스토리지,
데이터 센터, 통신 회선 등

소프트웨어를 동작시키기 위한
하드웨어 및 설비

구축과 운용 관리
안정적인 가동, 상태 감시, 장애 대응,
보안 대책, 환경 정비 등

고도의 전문 스킬/기술력 필요

매력적인 서비스와 비용 대비 성능, 안정적인 가동을 실현

'소프트웨어화 된 인프라스트럭처=SDI'를 네트워크를 통해 온라인 서비스로 사용할 수 있게 한 것이 클라우드 서비스 중 하나인 IaaS(Infrastructure as a Service)입니다. 인프라스트럭처의 기능과 성능을 서비스로 사용할 수 있으므로 자사에서 시스템을 구입, 구축, 운용할 필요가 없습니다. 자신들이 사용하는 애플리케이션에 필요한 기능과 성능을 메뉴에서 설정하고 즉시 사용할 수 있습니다. 또한 설정만으로 기능이나 성능을 변경할 수 있으므로 자사에서 소유하는 것에 비해 압도적으로 신속하고 유연하게 대응할 수 있습니다.

OS나 데이터베이스 같은 '플랫폼'을 온라인 서비스로 사용할 수 있게 한 것이 PaaS(Platform as a Service)입니다. 그리고 경리나 회계, 생산 관리 같은 업무에 특화된 프로그램인 '애플리케이션'을 온라인 서비스에서 사용할 수 있게 한 것이 SaaS(Software as a Service)입니다.

이들은 모두 '다양한 기능이나 성능을 메뉴나 명령어로 선택, 설정하기만 하면 사용할 수 있다', '구축이나 운용 관리를 자동화해 사용자의 부담을 줄일 수 있다'라는 소프트웨어화의 특징을 살린 것입니다. 이들을 활용해 다음과 같은 일을 할 수 있습니다.

- 사업 환경 변화에 즉각 대응해 수시로 필요한 기능이나 성능 같은 시스템 자원을 조달할 수 있다. 언제든지 사용을 중단할 수 있다.
- 시스템 구입이나 구축, 운용 부담에서 사용자를 해방한다.
- 소유하고 있는 자산이 아니므로 사용 요금은 비용으로 처리되며 재무제표 개선에 기여한다.

변화가 빠르고 비즈니스의 향방을 예측하기 어려우며 필요한 시스템의 기능이나 규모를 정확하게 예측할 수 없는 오늘날, 시스템을 자산으로 소유하는 것은 경영 리스크가 됩니다.

그렇기 때문에 '서비스로 사용'할 수 있는 인프라스트럭처, 플랫폼, 애플리케이션은 변화에 즉시 대응힐 수 있는 능력을 시스템에 부여하게 되며, 이는 DX 실천을 지탱하는 기반이 되어 중요한 역할을 담당합니다.

자세한 내용은 4장 '클라우드 컴퓨팅'에서 설명합니다.

가상화/컨테이너의 역사적 변천

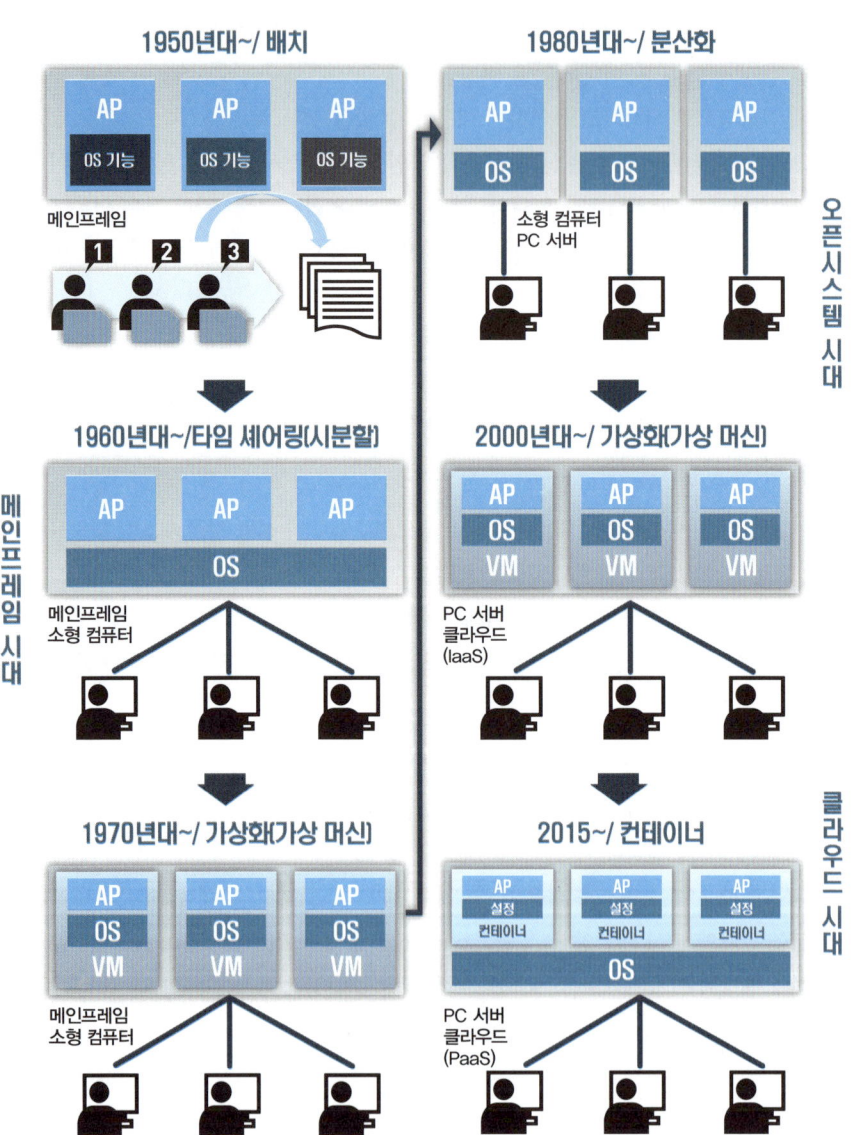

1950년대가 되어 비즈니스에서 컴퓨터를 사용하기 시작했습니다. 하지만 당시 컴퓨터는 매우 고가였기 때문에 개인이 점유해서 사용하기는 불가능했습니다. 그래서 대형 컴퓨터(메인프레임)를 함께 사용하기 위해 '배치 처리'가 등장합니다. 배치는 특정한 업무 처리에 대응한 '프로그램과 데이터의 덩어리(작업, Job)'를 순차적으로 처리하는 방식이며, 각 사용자가 각각의 작업을 준비하고 같은 컴퓨터에서 처리함으로써 공동으로 사용을 실현했습니다. 하지만 이 방식에서는 이전 처리가 끝날 때까지 다음 처리를 시작할 수 없었습니다.

1960년대에는 '타임 셰어링(시분할)' 방식이 고안되었습니다. 타임 셰어링은 CPU 처리 시간을 세세하게 나눠 짧은 시간에 사용자를 전환함으로써 마치 동시에 여러 사용자가 사용할 수 있는 것처럼 동작하는 기법입니다. 1960년대 후반 시분할 된 처리 단위별로 하드웨어 기능 할당을 전환하고, 마치 여러 하드웨어가 동시에 동작하는 듯 사용하게 하는 '가상화'가 등장합니다.

1980년대에는 PC나 소형 컴퓨터 등 저렴한 컴퓨터가 등장함에 따라 비용은 물론 수고가 드는 메인프레임 가상화가 아니라 개별 업무용 컴퓨터를 구입하는 분위기가 확산됐습니다. 그 결과 기업이 가진 컴퓨터가 증가하고 버전 업데이트나 문제 대응 같은 수고나 비용이 늘어났습니다.

2000년대에는 이 사태에 대처하기 위해 여러 하드웨어를 집약할 수 있는 '가상화'가 다시 주목받게 됩니다. 단, 가상화 된 컴퓨터(가상 머신)는 각각 OS나 파일을 갖고, CPU나 메모리 등 시스템 자원을 진짜처럼 소비합니다. 그래서 OS의 코어(커널)는 공유하고 '가상화'처럼 사용자별로 격리된 애플리케이션 실행 환경, 즉 독자적인 시스템 관리와 사용자 그룹을 가진 '컨테이너'가 사용되게 되었습니다. 컨테이너를 사용하면 OS 커널을 함께 사용할 수 있어, 같은 능력을 가진 시스템 자원이라도 가상화에 비해 효율적으로 '격리된 애플리케이션 실행 환경'을 움직일 수 있습니다. 그리고 컨테이너는 OS 위에서 동작하는 프로그램 실행 단위(프로세스)와 동일하게 취급되기 때문에 한 시스템에서 동작하면 다른 시스템에서도 그대로 동작합니다. 예를 들어 테스트 환경에서 프로덕션 환경으로 마이그레이션을 신속하게 할 수 있고, 실행된 하드웨어/가상 머신 수를 늘려 처리 능력을 간단히 늘릴 수 있습니다. 따라서 운용 자유도를 높이고 부담도 줄일 수 있습니다.

서버 가상화

물리 시스템

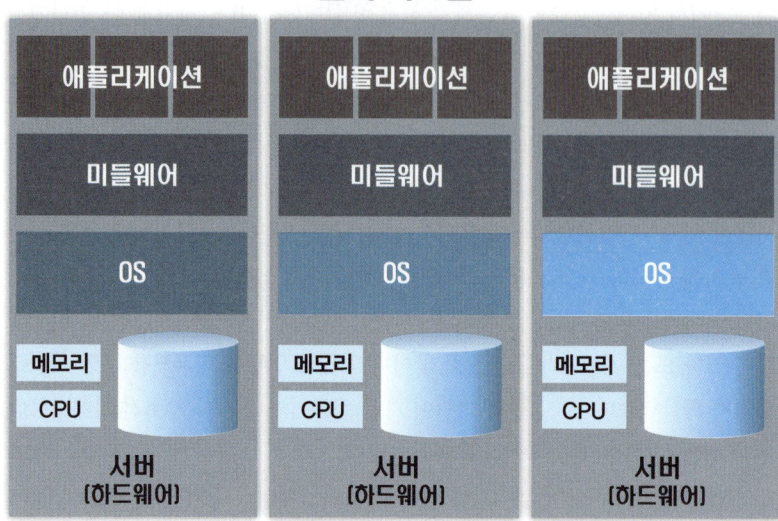

가상 시스템

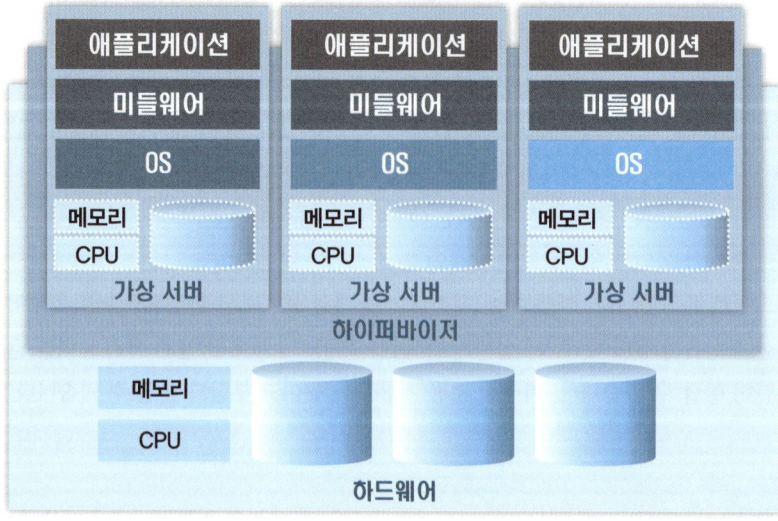

서버는 프로세서, 메모리, 스토리지 등으로 구성된 하드웨어입니다. '서버'는 본래 '서비스를 제공하는 사람'을 의미하며 여러 사용자가 사용하는 서비스를 제공하는 컴퓨터'를 나타냅니다. 덧붙여 이에 대응하는 '클라이언트'는 '서비스를 사용하는 사람'으로, 서버가 제공하는 서비스를 사용하는 PC, 스마트폰 등 사용자가 직접 조작하는 기기나 소프트웨어를 나타냅니다.

운영체제(OS)라 불리는 소프트웨어가 이 하드웨어를 제어합니다. 업무를 처리하는 애플리케이션이나 데이터를 관리하는 데이터베이스, 통신 제어나 사용자 관리를 수행하는 시스템 등 다양한 프로그램에 하드웨어 자원을 적정하게 할당해, 사용자가 요청하는 처리를 효율적으로 확실하게 실행할 수 있습니다. 서버 OS에는 Windows Server, Linux 등이 있습니다.

'서버 가상화'는 이 하드웨어에 탑재된 프로세스나 메모리 사용 시간, 또는 스토리지 용량을 세세하게 분할해 여러 사용자에게 할당합니다. 사용자는 할당된 시스템 자원을 각각 점유해서 사용할 수 있습니다.

이 구조에 따라 물리적으로는 1대의 서버이지만, 자신만 사용하는 개별적인 '실제와 같은(=가상의)' 서버가 사용자별로 제공됩니다. 겉으로 보이는 서버 하나하나를 '가상 서버' 또는 '가상 머신'이라 부르며, 이것을 실현하는 소프트웨어는 하이퍼바이저(Hypervisor)라 부릅니다. 하이퍼바이저에는 VMware ESXi, Microsoft Hyper-V, Linux용의 KVM 같은 제품이 있습니다.

가상 서버는 실제 물리 서버와 동일하게 동작합니다. 따라서 가상 서버마다 독립된 OS를 가지며 개별적으로 애플리케이션을 실행할 수 있어, 하드웨어처럼 사용할 수 있습니다.

그리고 다른 물리 서버나 클라우드 서비스에 가상 머신 설정 정보를 기재한 '설정 파일'을 복사하면, 같은 설정의 가상 머신을 만들어 동작 시킵니다(단, 이것은 복사하기 전의 서버와 하이퍼바이저에서 동작하는 서버로 한정됩니다). 이를 통해 인프라스트럭처가 달라도 같은 조건의 프로더션 환경과 테스트 환경을 구축할 수 있습니다. 장애에 대비한 백업이나 부하 증가에 대비한 예비 시스템 등으로 사용하는 방식입니다.

서버 가상화와 컨테이너

'서버 가상화'를 통해 가상 머신을 사용하는 목적은 '격리된 애플리케이션 실행 환경을 갖는 것', 즉 애플리케이션이 중단되어도 다른 애플리케이션에 영향을 미치지 않게 애플리케이션마다 독자적으로 시스템을 관리하고, 독자적으로 사용자 그룹을 가질 수 있게 하는 것입니다.

같은 목적을 실현하는 수단으로 '컨테이너'가 있습니다. 컨테이너는 '격리된 애플리케이션 실행 환경'이라는 점에서는 가상 머신과 같지만, 가상 머신과 달리 하나의 OS에서 여러 컨테이너가 실행됩니다.

가상 머신은 진짜와 같은 서버로서 기능하므로 각 가상 머신마다 OS를 실행하고, CPU나 메모리, 스토리지 등도 진짜와 동일하게 소비합니다. 한편, 컨테이너는 OS가 하나이므로 시스템 자원의 오버헤드(중복 소비되는 자원이나 능력)가 적습니다. 같은 성능의 하드웨어라면 가상 머신을 사용하는 것보다 많은 수의 컨테이너를 실행할 수 있습니다.

또한 컨테이너는 기동하기 위한 노력이 가상 머신만큼 들지 않아 기동 속도가 매우 빠릅니다. 또한 개별적으로 OS를 준비할 필요가 없으므로 스토리지 용량 및 이를 동작하기 위한 시스템 자원도 적게 소비합니다.

단, 컨테이너는 모두 같은 OS입니다. 가상 머신은 그보다 한 단계 아래의 레벨, 즉 하드웨어와 같은 동작을 하므로 가상 머신별로 다른 OS를 실행시킬 수 있습니다. 가상화는 다른 OS로 동작하는 시스템을 하나의 물리 머신에 집약할 때, 특정한 애플리케이션을 동작시키기 위해 다른 OS를 사용해야 할 때 등에 사용합니다.

하나의 컨테이너는 OS 입장에서는 하나의 프로세스입니다. 프로세스는 프로그램이 동작하는 단위입니다. 따라서 다른 서버에서 컨테이너를 실행해 동작시킬 때도 OS에서 동작하는 하나의 프로그램을 실행하는 것과 마찬가지로, 하드웨어의 기능이나 설정에 영향을 주지 않습니다. 가상 머신은 가상 머신별 기능과 구성에 관련된 설정 정보를 유지해야 하지만, 컨테이너에서는 그럴 필요 없이 서버가 달라도 실행 환경을 쉽게 마이그레이션 할 수 있습니다.

컨테이너 관리 소프트웨어/컨테이너 엔진

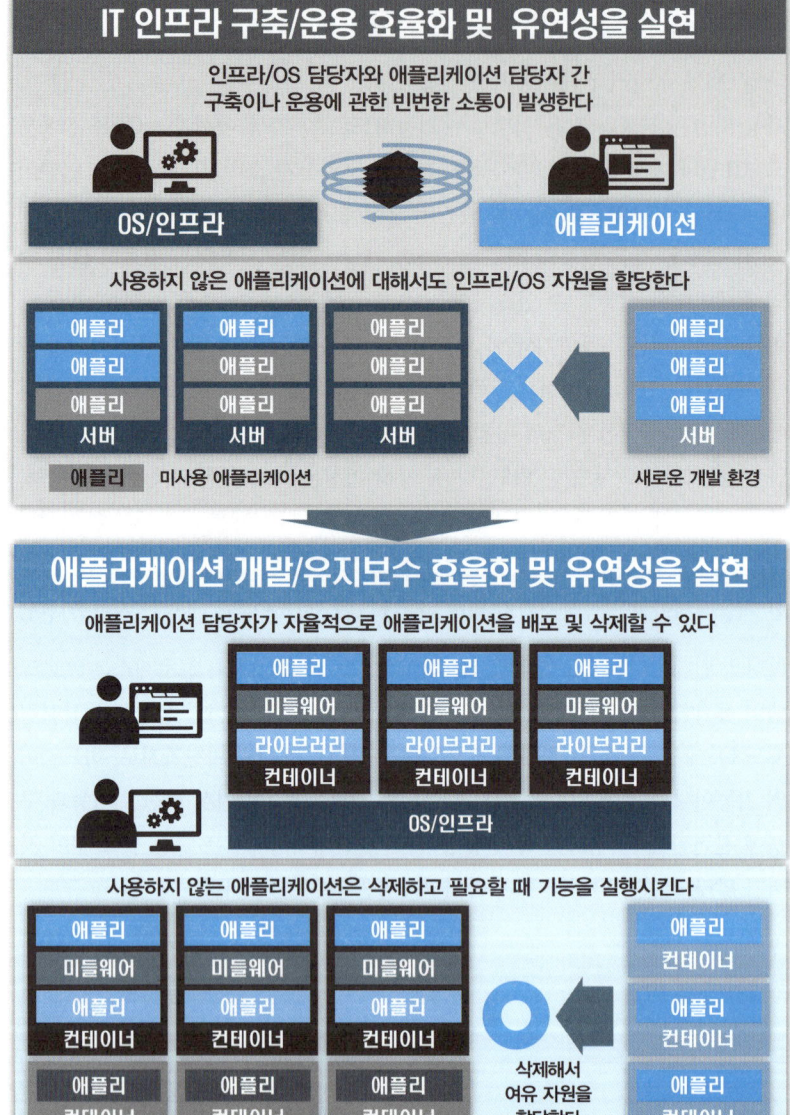

'컨테이너'를 실현하는 것이 '컨테이너 관리 소프트웨어(컨테이너 엔진)'입니다. 이 '컨테이너 엔진'이 실행되는 컴퓨터만 있다면 다른 곳에서 만든 컨테이너도 '변경하지 않고 그대로 실행'할 수 있습니다. 하드웨어나 OS, 미들웨어의 차이를 의식하지 않고 애플리케이션을 실행할 수 있습니다.

클라우드가 당연한 세상이 된 오늘날, 이런 컨테이너의 특성은 특정한 클라우드 서비스에 의존하지 않고(로그인/고정화 등) 애플리케이션을 실행할 수 있음을 의미하며 애플리케이션을 실행하는 시스템 규모나 실행 위치의 자유도를 향상시킵니다.

서버 가상화에서는 하이퍼바이저를 도입해 가상 머신을 실행하고, OS를 설정하고, 애플리케이션에 맞춰 튜닝하거나 애플리케이션별로 애플리케이션 개발자가 운용 유지 관리자와 개별적으로 상담해서 대응해야 했습니다.

한편, 컨테이너에서는 '컨테이너 엔진'이 자신들이 사용하는 컴퓨터에서 안정적으로 실행되는 것을 운용 관리자가 보증하기만 한다면 컴퓨터 간 마이그레이션을 개발자가 직접 수행할 수 있습니다.

애플리케이션 개발자는 빠른 속도로 애플리케이션을 개발, 변경해서 사용자에게 제공할 수 있습니다. 한편, 운용 관리자는 인프라스트럭처를 안정적으로 가동시킵니다. 이렇게 각자의 책임을 독립적으로 달성할 수 있습니다. 그 결과 프로덕션 환경으로의 배포(마이그레이션 작업)를 매우 빠르고 빈번하게 수행할 수 있어 애플리케이션 개발과 변경에 따르는 혜택을 사용자가 빠르게 경험할 수 있게 됩니다. 이로 인해 물리 머신이나 가상 머신을 사용할 때와 같이 프로덕션 환경으로 마이그레이션하기 전 OS를 설치해 설정/테스트 같은 작업을 할 필요가 없고, 프로덕션 마이그레이션 노력과 시간이 크게 줄어듭니다.

현재 '컨테이너 엔진'으로 'Docker'를 널리 사용하고 있습니다. 하지만 컨테이너 사양에 대한 표준화가 진행되고 있으며 호환성을 유지하면서 상호 운용할 수 있는 긴데이니 엔진들(containerd, cri-o 등)도 등장하고 있습니다.

실행 위치를 선택하지 않고 처리 능력을 간단하게 증감할 수 있는 컨테이너

하드웨어나 OS에 의존하지 않고 소프트웨어 기능을 배포/실행할 수 있다

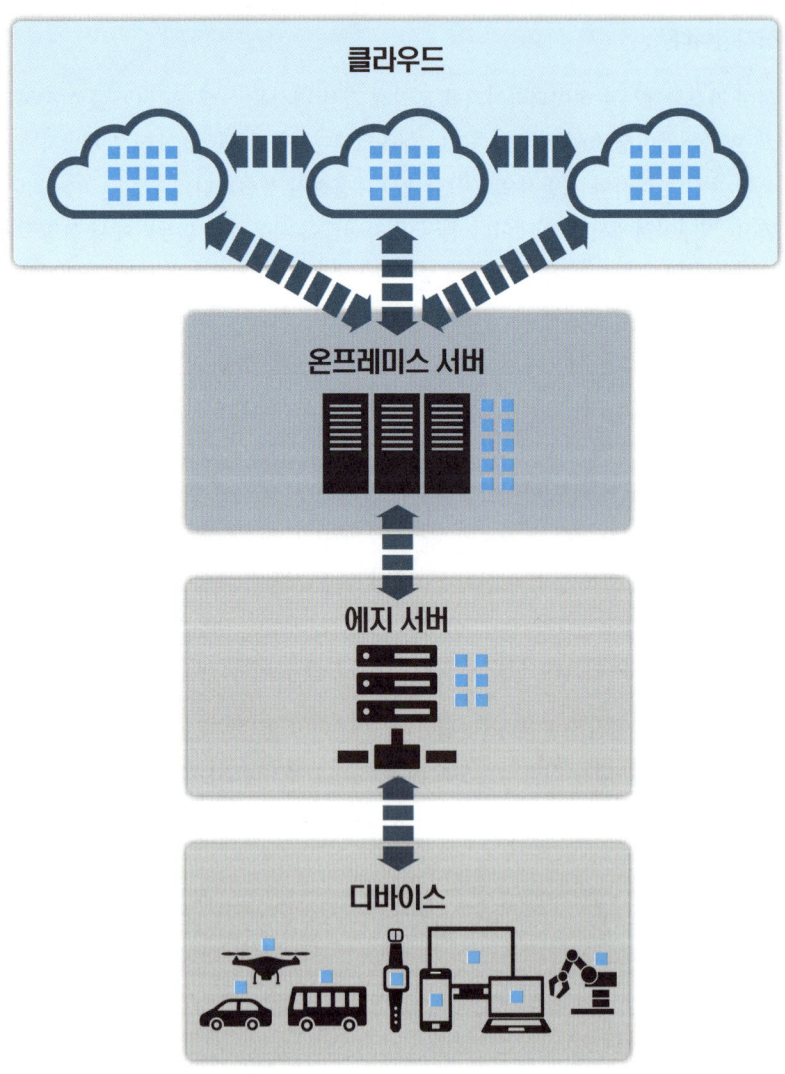

앞에서 설명했듯 '시스템 환경의 차이를 의식하지 않고 애플리케이션을 개발/실행할 수 있다'는 컨테이너의 특징을 활용하면 프로그램을 실행시키는 서버를 간단하게 증설/분산할 수 있습니다.

예를 들면 온프레미스 서버(직접 소유하고 있는 시설 안에 설치한 서버)를 사용해 애플리케이션을 개발/테스트하고 컨테이너에 저장한 뒤, 그대로 클라우드의 프로덕션 환경으로 이동해 간단하게 실행할 수 있습니다.

그리고 온프레미스 서버에서 실행하고 있는 프로그램의 사용자가 증가해 처리 능력이 부족해지면 그 프로그램을 실행하는 컨테이너를 처리 능력이 높은 클라우드로 옮기거나, 실행하는 컨테이너 수를 늘려서 처리 능력을 즉시 향상할 수 있습니다. 사용자의 지역이 국가를 넘어 확대되면 각 국가의 데이터 센터에 설치되어 있는 서버에 컨테이너를 복사해서 처리를 분산해 응답 시간 지연을 줄일 수도 있습니다.

이렇게 컨테이너를 사용하면 애플리케이션 실행 위치를 선택하지 않고 최적의 위치에서 실행할 수 있기 때문에 컨테이너 수를 조정해 처리 능력을 간단히 증감할 수 있습니다.

최근에는 자동차나 가전제품 같은 디바이스에 탑재되어 있는 프로세서의 처리 성능이 향상되었습니다. 그에 따라 이전까지는 온프레미스 서버나 에지 서버의 큰 처리 능력에 의존하던 처리를 디바이스 쪽으로 옮겨 서버 부하와 응답 지연을 줄일 수 있는 것도 기대되고 있습니다. 물론 서버와 디바이스의 하드웨어가 다르므로 그 차이를 고려한 애플리케이션 수정이나 테스트가 필요하지만, 기존에 비하면 부담이 줄어들 것입니다.

사용자 니즈가 빠르게 변화하고 수요 변동을 예측할 수 없는 비즈니스 환경에 대처하기 위해서는 변화에 민첩하게 대응할 수 있는 능력이 필요합니다. 컨테이너를 사용하면 프로그램 구축, 실행, 운용 관리를 신속하고 유연하게 할 수 있어 이런 상황에 대처할 수 있게 됩니다.

컨테이너를 중앙 집중 관리하는 컨테이너 오케스트레이션 도구: Kubernetes

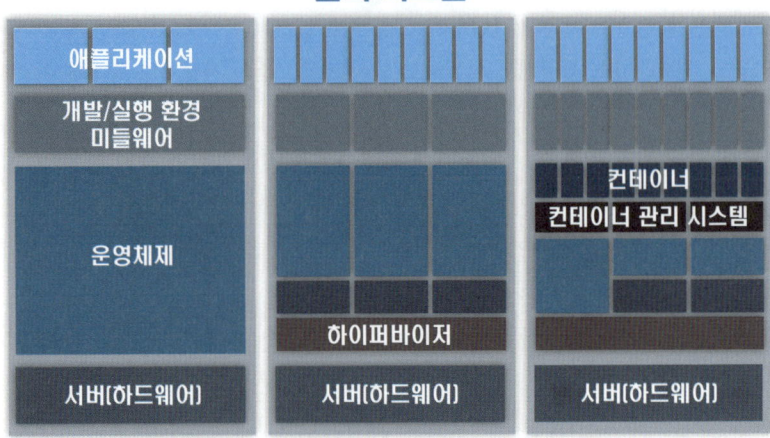

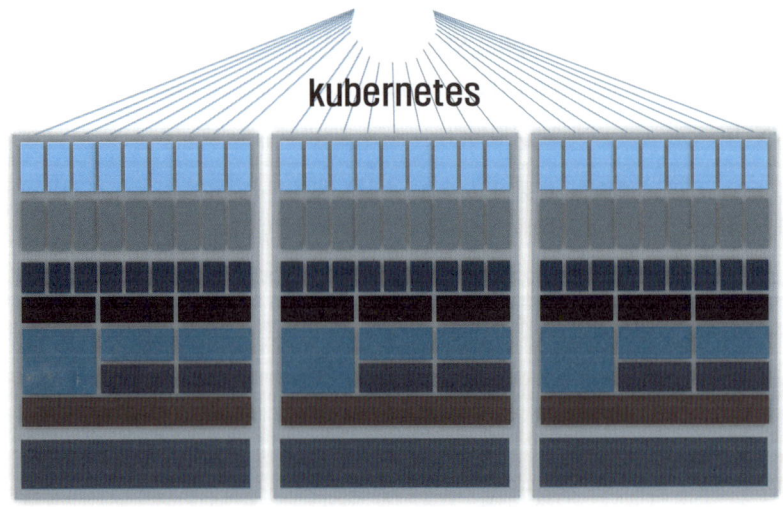

분산/대규모 시스템 리소스를 사용해
하나의 시스템(서비스)을 실현한다

컨테이너 엔진인 Docker는 1대의 서버에 컨테이너를 만들고 실행을 관리합니다. 그래서 네트워크로 연결된 여러 대의 서버에서 실행되는 컨테이너들을 중앙 집중 관리하지는 못합니다. 예를 들면 사용자가 증가해 여러 대의 서버에 걸쳐 컨테이너 수를 늘려야만 하는 경우, Docker만으로는 이 상황에 대처해 스케일 아웃(Scale-Out, 서버 수를 늘려 처리 능력을 확장하는 것)할 수 없습니다. 이 문제를 해결해주는 것이 컨테이너 오케스트레이션 도구인 'Kubernetes(쿠버네티스)'입니다. Kubernetes는 그리스어로 '인생의 길잡이'라는 의미입니다.

Kubernetes를 사용하면 여러 대의 서버로 구성된 실행 환경을 마치 1대로 구성된 실행 환경처럼 다룰 수 있습니다. 컨테이너를 기동할 때 이미지(컨테이너를 만들기 위한 지시 사항이 기재된 것)와 서버 수를 설정하기만 하면 됩니다. 어떤 서버에 어떤 컨테이너를 배치할 것인지는 Kubernetes에게 맡길 수 있습니다. 그리고 컨테이너가 필요로 하는 시스템 자원(CPU, 메모리, 저장장치 등)이 부족하면 기존 서비스에 영향을 주지 않고 자동으로 확장해줍니다.

그리고 운용 관리자가 어떤 컨테이너를 얼마나 실행했는지에 관한 정보를 Kubernetes에게 알려주면 남은 시스템 자원을 모니터링하면서 이들을 배치하는 방법을 결정하고, 그에 따라 컨테이너를 실행합니다. 그리고 실행 중인 컨테이너에 문제가 발생해 서비스가 중단되더라도 Kubernetes는 이 상황을 탐지하고 필요에 따라 컨테이너를 자동으로 재실행합니다. 그밖에도 관련된 컨테이너 그루핑, 컨테이너에 할당된 IP 주소 관리, 컨테이너에 할당된 스토리지 관리를 수행합니다.

Kubernetes가 관리하는 기본 단위는 Pod라 불리는 컨테이너의 집합입니다. 그리고 컨테이너 관리 시스템인 Docker가 실행되고 있는 서버의 단위를 Node라 부릅니다. 그리고 Node를 모은 단위를 Cluster라 부릅니다. Pod, Node, Cluster를 관리하는 것이 Master 그리고 Master에 대한 지시나 설정을 매니페스트(Manifest)라 부릅니다.

Kubernetes는 컨테이너화한 애플리케이션의 배치, 실행, 스케일링 및 그 관리를 자동화하는 소프트웨어입니다.

가상화의 종류

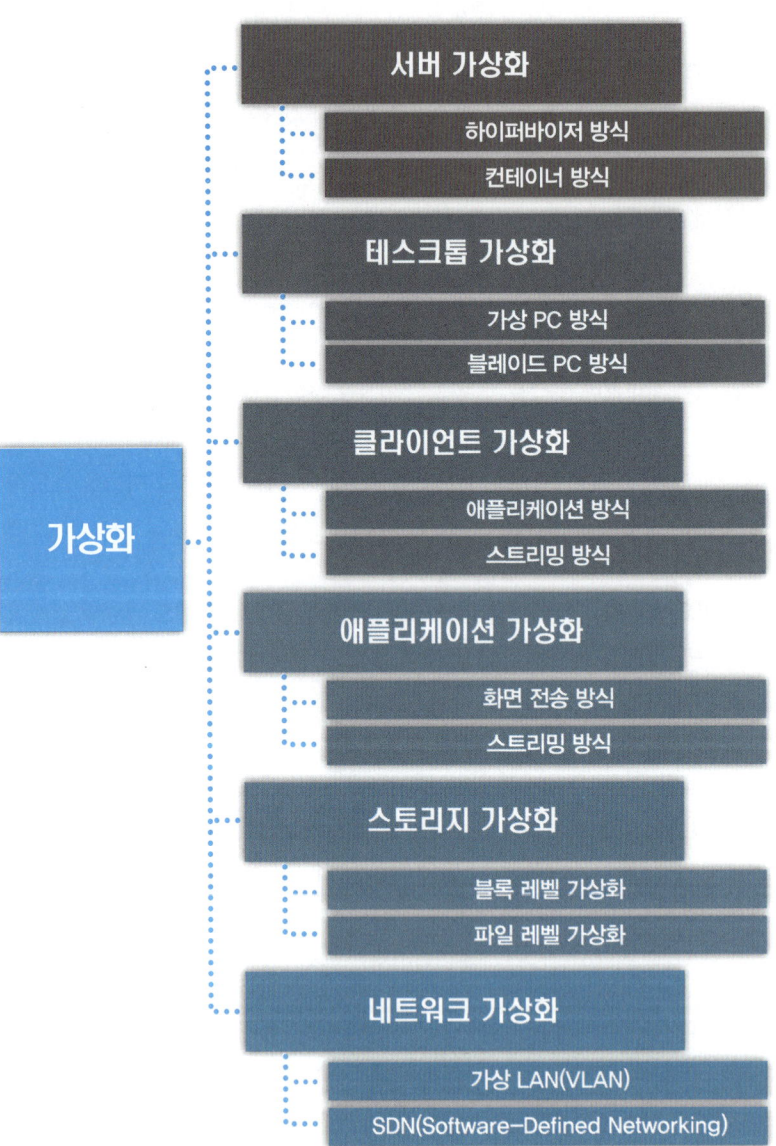

'**서버 가상화**'는 서버와 관련된 시스템 자원을 가상화해 사용 효율을 높이거나 이식성(Portability)을 높이는 데 사용되지만, 다른 시스템 자원을 가상화하는 기술도 있습니다.

'**데스크톱 가상화**'는 사용자가 사용하는 PC(개인용 컴퓨터/개인이 점유하고 사용하는 컴퓨터)를 공용 컴퓨터인 서버에서 '가상 PC'라는 가상 머신으로 동작시키고 그 화면, 키보드, 마우스를 네트워크로 연결해 사용하는 것입니다. VDI(Virtual Desktop Infrastructure)라 부르기도 합니다.

로컬에서는 최소한으로 필요한 기기로 한정된 PC, '신 클라이언트(Thin Client)'만 조작하며 실질적으로는 고성능의 컴퓨터를 사용할 수 있습니다. '클라이언트'는 '서버에서 제공되는 서비스를 사용하는' 컴퓨터라는 의미이지만 여기에서는 '특정 시점에서 한 사람의 사용자가 점유하고 사용하는' 컴퓨터라고 이해하면 좋습니다.

'**클라이언트 가상화**'는 1대의 PC에 Windows, MacOS 같은 다른 OS를 동시에 실행해 사용자의 편의성을 높입니다.

'**애플리케이션 가상화**'는 Microsoft의 Word, Excel 같은 본래 사용자 PC에서 실행되는 애플리케이션 프로그램을 서버에서 실행하고, 네트워크를 통해 여러 사용자가 함께 사용하는 것입니다. 데스크톱 가상화와 마찬가지로 신 클라이언트에서 사용할 수도 있습니다.

'**스토리지 가상화**'는 스토리지(저장 장치)라 불리는 데이터나 프로그램을 저장하는 장치를 여러 컴퓨터에서 함께 사용해 사용 효율성과 편의성을 높입니다.

'**네트워크 가상화**'는 네트워크 연결 경로나 QoS(Quality of Service/처리량, 응답, 보안 같은 수준), 라우터나 스위치라 불리는 네트워크 기기 구성을 소프트웨어 설정만으로 조달, 변경할 수 있게 합니다.

04

클라우드 컴퓨팅

소유하지 않고 사용하는 IT, 이제부터는 상식

사용자가 요구하는 것은 업무 과제를 해결할 수 있는 'IT 서비스'입니다. 이런 IT 서비스를 손에 넣기 위해서는 컴퓨터를 구입/소유하고 이를 전원이나 냉각 설비가 갖춰진 데이터 센터에 설치해서 사용할 수 있게 셋업하고, 프로그램을 작성하는 'IT 시스템' 구축이 필요했습니다. 그리고 IT 시스템을 안정적으로 실행하기 위한 운용 및 유지보수도 필요했습니다.

클라우드는 이런 IT 시스템 구축이나 운용 및 유지보수와 관련된 사용자의 부담을 크게 줄이고 IT 서비스를 필요할 때 즉시 사용할 수 있게 하는 수단입니다.

클라우드는 일반 기업뿐만 아니라 고도의 보안이 요구되는 금융 기관이나 정부 기관에도 널리 확대되고 있습니다.

그리고 변화가 빠르고 예측할 수 없는 사회에서 '자산의 형태로 소유하는 것'은 큰 경영 리스크입니다. 클라우드는 컴퓨터를 '자산으로 **소유하지 않고** 비용으로 **사용하는**' 수단으로 널리 받아들여지고 있습니다.

클라우드 컴퓨팅은 '컴퓨터의 기능과 성능을 공동으로 사용하기 위한 구조'이 며 줄여서 '클라우드'라 부르기도 합니다. 예를 들면 거대 클라우드 사업자 중 하나인 Amazon의 자회사인 Amazon Web Services(AWS)는 수백만 대의 실제 서버 컴퓨터를 소유한 것으로 알려져 있습니다. 덧붙여 일본 전체가 소유 하고 있는 서브는 약 200만대 정도이므로 그 규모가 얼마나 큰지 알 수 있습 니다.

AWS는 3년을 감가상각 단위로 해서 이 서버들을 교체하며, AWS에서만 매년 막대한 수의 서버를 구입한다고 계산할 수 있습니다. 일본에서 연간 출하되는 서버 수가 약 35만대임을 생각하면 그 규모의 단위부터 다릅니다.

이렇게 규모가 크기 때문에 AWS는 기성 제품이 아닌 특수 서버를 직접 설계 하고 대만 등의 기업에 위탁 제조해서 사용합니다. 그리고 서버의 핵심인 CPU 도 독자 사양으로 설계해 대량으로 발주하고 있습니다. 네트워크 기기나 기타 설비도 마찬가지로 자사 서비스에 최적화된 사양으로 개발 및 제조해서 사용 합니다.

기기나 설비를 자사가 개발하고 대량 구입함으로써 구입 금액이 낮아지고, 운 용 관리는 고도로 자동화됩니다. 이렇게 '규모의 경제'를 활용해 설비 투자를 억제하고 운용 관리를 철저하게 효율화했기 때문에 사용자는 저렴한 가격으로 컴퓨팅 자원을 사용할 수 있게 되었습니다. AWS 외에도 Microsoft, Google, Alibaba, IBM 등이 같은 방식으로 서비스를 제공하고 있습니다.

클라우드가 없던 시대에는 컴퓨터를 사용하기 위해 하드웨어나 소프트웨어를 자산으로 구입하고, 직접 운용, 관리해야 했습니다. 클라우드가 등장하면서 이 를 서비스로써 사용할 수 있게 되었습니다. 최소한의 초기 투자로 사용한 만큼 만 요금을 지불하면 사용할 수 있게 된 것입니다. 비유로 설명하자면 과거에는 물을 얻기 위해 각 가정에 우물을 파서 펌프를 설치해야 했지만, 수도를 설치하 면 수도꼭지를 돌리는 것만으로 물을 얻게 된 것과 같습니다. 그리고 사용한만 큼 지불하는 '종량제 요금'도 수도나 전기와 같습니다.

'클라우드 컴퓨팅(Cloud Computing)'이라는 용어가 처음 사용된 것은 2006년 입니다. 당시 Google의 CEO였던 에릭 슈밋(Eric Emerson Schmidt)이 인터넷 등 네트워크를 경유해 컴퓨팅 자원을 서비스 형태로 제공하는 개념을 나타내기 위해 이 용어를 사용했습니다.

'클라우드(Cloud)'는 '구름'이라는 의미입니다. 이전부터 네트워크를 표기할 때 구름 아이콘을 사용한 것에서 유래됐습니다. 사용자가 네트워크를 통해 네트워크에 연결된 컴퓨팅 자원을 사용하므로 이런 이름이 붙은 것입니다.

현재 클라우드는 고도의 안전성/안정성을 요구하는 기간 계열 업무 시스템, 은행 시스템 같은 미션 크리티컬 시스템(24시간 365일, 장애나 오작동 등으로 멈추어서는 안 되는 시스템)에도 사용되고 있습니다.

2018년 일본 정부는 '정부 기관의 정보 시스템은 클라우드 서비스 채용을 우선한다'는 방침(클라우드 바이 디폴트 원칙)을 결정했습니다. 이런 측면에서 앞서가는 미국에서는 CIA(중앙정보국)가 AWS를 사용하고 DOD(국방성)도 클라우드로 마이그레이션을 진행하고 있습니다. 고도의 기밀성, 가용성, 신뢰성이 요구되는 정보 기관에서도 클라우드를 사용하는 시대가 되었습니다.

컴퓨팅 자원을 자산으로 소유하는 것은 변화에 민첩하게 대응하는 데 있어 무거운 족쇄가 됩니다. 그리고 정교해지는 사이버 공격 위협에 대처하기 위한 큰 부담이 기업과 정부 모두에 가해지고 있습니다. 클라우드는 이런 과제를 해결하는 수단이 되어, 사용자의 저변을 넓히고 있습니다.

그리고 생성형 AI의 등장으로 컴퓨팅 수요가 급격하게 확대되고 있습니다. 그렇기 때문에 AI 처리에 특화된 서비스 수요 또한 급격하게 증가하고 있습니다. 각 클라우드 사업자는 이를 위한 충실한 준비에 더불어 사업의 규모를 확대하고 있습니다.

예측할 수 없는 환경 변화에 민첩하게 대처하거나 새로운 기술을 적극적으로 활용하는 데 있어 사용자가 직접 컴퓨팅 자원을 소유하고 유지 관리하는 것은 큰 부담이 되는 동시에 현실적이지 않게 되었습니다. 이 상황에 대처하는 수단으로, 클라우드는 직접 '소유하는 것'에서 서비스로 '사용하는 것'으로 컴퓨팅의 존재를 근본적으로 바꾸고 있습니다.

이번 4장에서는 이런 클라우드에 관해 설명합니다.

'자가 발전 모델'에서 '발전소 모델'로

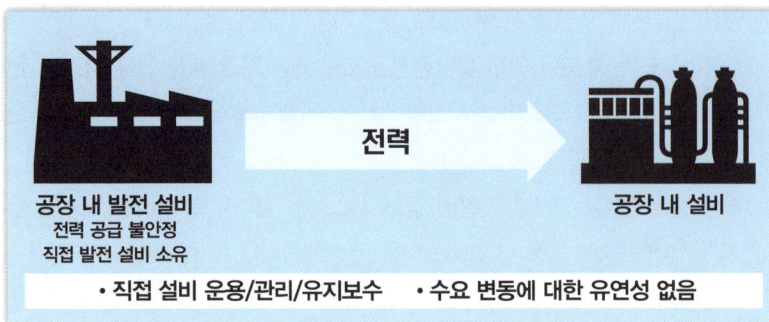

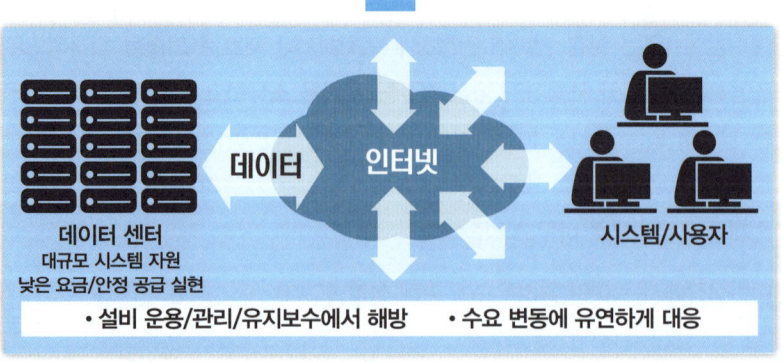

전기가 일상에서 사용되기 시작했을 때의 목적은 '전등'을 켜는 것이었습니다. 그렇기 때문에 발전이나 송전 설비는 그에 필요한 정도의 능력만 갖고 있었고 공업 생산에 필요한 수많은 모터를 돌리는 용도로 사용하기에는 충분하지 않았습니다. 그래서 19세기 말부터 20세기 초에 걸쳐 전력을 공업 생산에 사용하게 되었을 때는 일반적으로 발전기를 소유함으로써 안정적인 전력을 확보했습니다. 하지만 발전기는 비쌀뿐만 아니라 유지보수와 운영도 직접 수행해야 했습니다. 그리고 발전기의 발전 능력에는 한계가 있어 갑작스러운 증산이나 수요 변동에 대응할 수 없었습니다.

이 과제를 해결하기 위해 전력기업은 발전이나 송전 능력을 높여 공업 생산에도 사용할 수 있는 높은 출력의 안정된 전력을 공급할 수 있게 했습니다. 그리고 이를 함께 사용함으로써 전력 수요 변동이 있더라도 전체적으로는 수요 변동이 상쇄되어 필요한 전력을 수요 변동에 맞춰 안정적으로 제공할 수 있게 되었습니다. 결과적으로 직접 발전기를 소유할 필요가 없게 되고 전기를 사용한만큼 사용료를 지불하는 '종량제 요금'으로 바뀌었습니다.

이것을 IT로 대입해 보면 발전소는 컴퓨팅 자원, 즉 계산을 수행하는 CPU, 데이터를 저장하는 스토리지, 통신을 제어하는 네트워크 기기, 이들을 설치한 데이터 센터, 이를 지탱하는 전력과 냉각 같은 설비입니다. 송전망은 인터넷이나 기업 전용 네트워크입니다. 수요 변동에 대해서도 능력의 상한값이 정해져 있는 자사 소요 시스템과 달리 유연하게 대응할 수 있습니다. 그리고 전력과 마찬가지로 종량제 요금이므로 큰 초기 투자가 불필요합니다.

콘센트에 플러그를 끼우듯 인터넷에 연결하면 시스템 자원을 필요할 때 필요한 만큼 손에 넣을 수 있는 클라우드 컴퓨팅(클라우드)은 IT 기능과 성능을 '소유'에서 '사용'하는 것으로 빠르게 바꾸고 있습니다.

클라우드는 위와 같은 인프라뿐만 아니라 플랫폼이나 애플리케이션 같은 소프트웨어 또한 라이선스를 구입해 '소유'하는 것에서 '사용'하는 것으로 바꾸고 있습니다.

'소유하는 IT'에서 '사용하는 IT'로

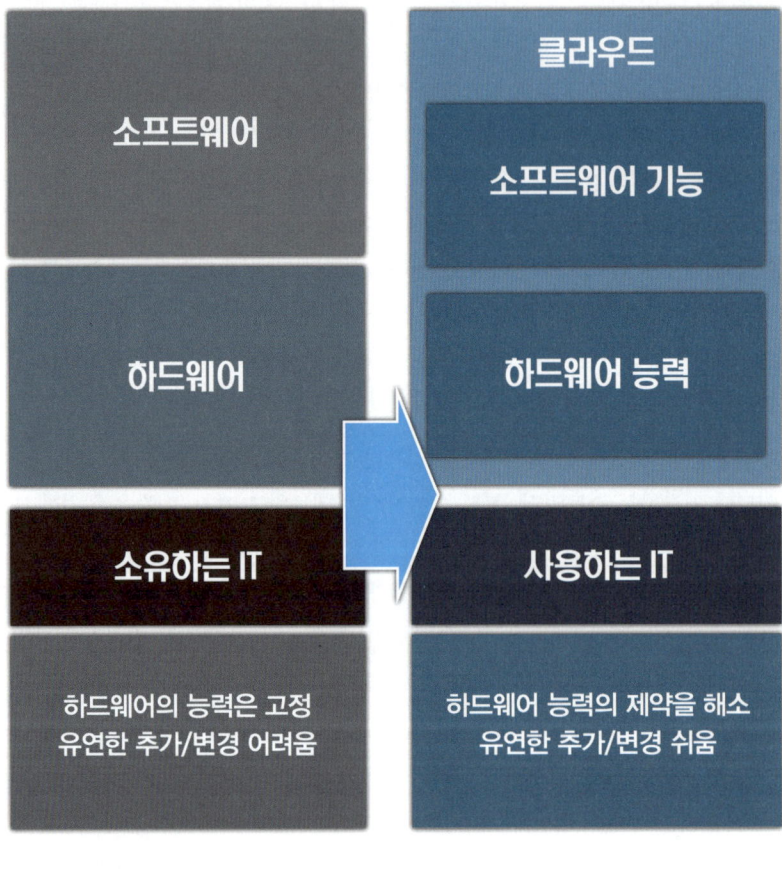

- 부하를 정확하게 예측하고, 최대치에 맞춰 하드웨어 능력을 미리 결정해야 한다.
- 하드웨어나 소프트웨어는 자산으로 소유해야만 한다.
- 운용이나 관리는 각 기업의 개별 사양이므로 사용자의 책임으로 설계하고 입수해야 할 때가 많다.

- 하드웨어 능력 제약이 없어져 필요할 때 필요한 기능이나 능력만 조합해서 사용할 수 있다.
- 하드웨어나 소프트웨어를 자산으로 소유할 필요가 없고, 비용으로 사용할 수 있다.
- 사람 손에 의존하던 운용이나 관리를 광범위하게 자동화할 수 있다.

시스템 자원을 자사 자산으로 '소유'하는 것에서 외부 서비스로 '사용'하게 되면 그 조달이나 운용에 관한 사고방식이 크게 달라집니다.

예를 들면 클라우드 이전 '소유'의 시대에는 하드웨어 능력이 고정되고, 기능이나 성능 추가 및 변경이 쉽지 않았으며 다음과 같은 제약이 존재했습니다.

- 부하를 정확하게 예측하고, 최대치에 맞춰 하드웨어 능력을 미리 결정해야 한다.
- 하드웨어나 소프트웨어는 자산으로 소유해야 한다.
- 운용이나 유지보수는 사용자가 책임지고 설계하고, 사람 손에 의존할 때도 많다.

변화가 빠르고 미래를 예측할 수 없는 세상에서는 시스템 수요를 정확하게 예측하기 어렵습니다. 그리고 속속히 등장하는 새로운 기술이나 서비스를 빠른 속도로 업무에 활용하는 것도 간단하지 않습니다.

클라우드라면 하드웨어 능력의 제약이 없어 유연하게 변경 및 추가할 수 있습니다. 그렇기 때문에 다음과 같은 것들이 가능해집니다.

- 필요할 때 필요한 기능이나 능력만 조합해서 사용할 수 있다.
- 하드웨어나 소프트웨어를 자산으로 소유할 필요가 없고, 비용으로 사용할 수 있다.
- 사람 손에 의존하던 운용이나 관리를 광범위하게 자동화할 수 있다.

사용량이 증가하거나 운용 요구사항이 달라질 때마다 메뉴 화면에서 설정을 변경할 수 있으므로 예측할 수 없는 미래까지 추측해 시스템을 구성할 필요가 없습니다. 그리고 시스템 부하 변동에 따라 자동으로 시스템 자원 변경을 수행하는 기능도 제공됩니다. 또한 요금은 전기 요금과 같이 사용량에 따라 지불하는 구조이므로, 불필요해지면 언제든 종료할 수 있어 투자 리스크를 억제할 수 있습니다. 필요할 때 필요한만큼 시스템의 능력이나 성능을 비용을 지불해 사용할 수 있는 클라우드는 비즈니스 환경 변화에 민첩하게 대처하는 것이 요구되는 오늘날에 딱 맞는 시스템 자원 조달 수단이라 할 수 있을 것입니다.

그리고 생성형 AI를 필두로 하는 새로운 기술이나 서비스를 클라우드에서만 릴리스 하는 경우도 늘어나고 있습니다. 많은 애플리케이션도 패키지에서 클라우드로 마이그레이션이 진행되고 있습니다. 패키지를 유지한다 하더라도 최신 기능은 클라우드로 제공되는 경우가 많습니다. 이미 시스템 자원 조달은 클라우드 전제로 바뀌고 있습니다.

클라우드만의 비용 대비 효과에 관한 사고방식

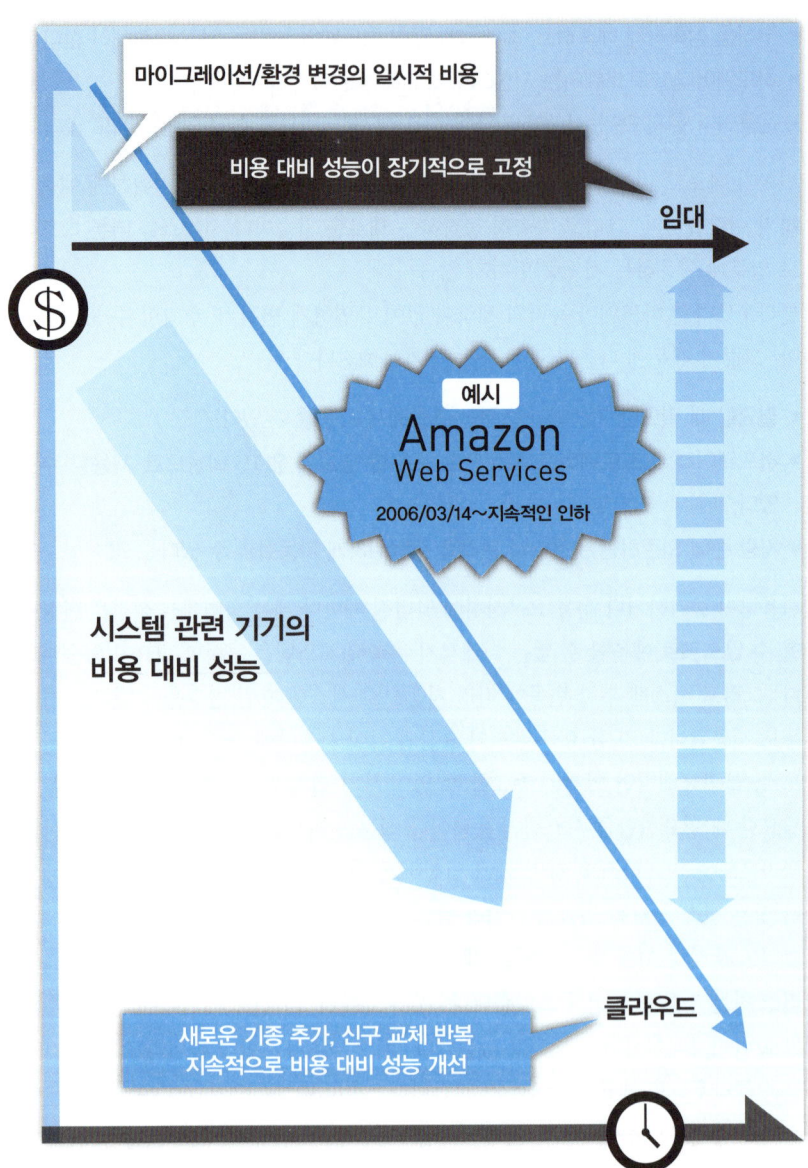

시스템 기기 성능은 매년 향상되고 있습니다. 하지만 기존의 '소유'하는 시스템에서는 자산으로 감가상각을 해야 하며, 그 사이에는 새로운 것으로 교체할 수 없습니다. 그렇기 때문에 감가상각 기간 동안은 성능이나 기능 향상의 혜택을 누릴 수 없습니다.

이것은 소프트웨어도 마찬가지입니다. 라이선스 자산으로 소유하게 되면 보다 기능이 뛰어난 소프트웨어가 등장하더라도 간단하게 대체할 수 없습니다. 또한 오래된 제품에서는 버전 업그레이드 제약이나 새로운 위협에 대한 보안 대책, 지원에 문제가 발생하기도 합니다.

한편, 클라우드 사업자는 자신들이 제공하는 서비스에 맞춰 불필요한 기능이나 부수적인 자재들을 극단적으로 제거한 특수한 사양의 기기를 대량으로 발주하고, 낮은 가격으로 구입합니다. 또한 철저한 자동화를 통해 인건비를 줄입니다. 그리고 지속적으로 최신 기능을 도입하고 순차적으로 오래된 것과 교체함으로써 비용 대비 효과를 지속적으로 개선합니다. 이와 함께 최신 기술을 계속 투입하고 서비스 확충을 도모하는 동시에 계속 새로운 컴퓨팅 형태를 제안합니다. 예를 들면 글로벌 최대 클라우드 사업자인 AWS는 2006년 서비스를 시작한 이후 가격을 계속 낮추고 있으며, 서비스/메뉴도 확충해 왔습니다. 이것은 '소유'로는 얻을 수 없는 빈도와 속도입니다. 그리고 최신 기술을 사용해 업무를 고도화하는 AI 기능이나 다양해지는 위협에 대처할 수 있는 보안 기능 등 시대의 니즈에 앞선 서비스를 사용할 수 있게 되었습니다. 관점을 달리하면, 사용할 수 있는 예산이 같을 때 수년 뒤에는 몇 배의 성능과 최신 기능을 사용할 수 있는 것입니다.

물론 이미 소유하고 있는 시스템을 클라우드로 교체하기 위해서는 비용이 듭니다. 그리고 어느 시점까지의 사용 방식을 그대로 클라우드로 마이그레이션한다면 클라우드 고유의 뛰어난 기능이나 다양한 장점을 활용하기 어렵거나 성능 다운그레이드, 사용 요금 증가, 보안 요구사항 부적합, 운용 관리 방법 변경이나 새로운 운용 부하 등 단점이 커질 가능성이 있습니다.

이런 상황에 처하지 않기 위해 클라우드의 특성, 기능, 서비스를 올바르게 이해하고 클라우드의 장점을 최대한으로 끌어낼 수 있는 시스템 구성과 사용 방식으로 바꿔서 마이그레이션해야 합니다. 한편, 일단 마이그레이션이 잘 됐다면 비용 대비 효과 개선의 혜택을 오랜 기간 지속적으로 얻을 수 있습니다.

클라우드가 등장한 역사적 배경

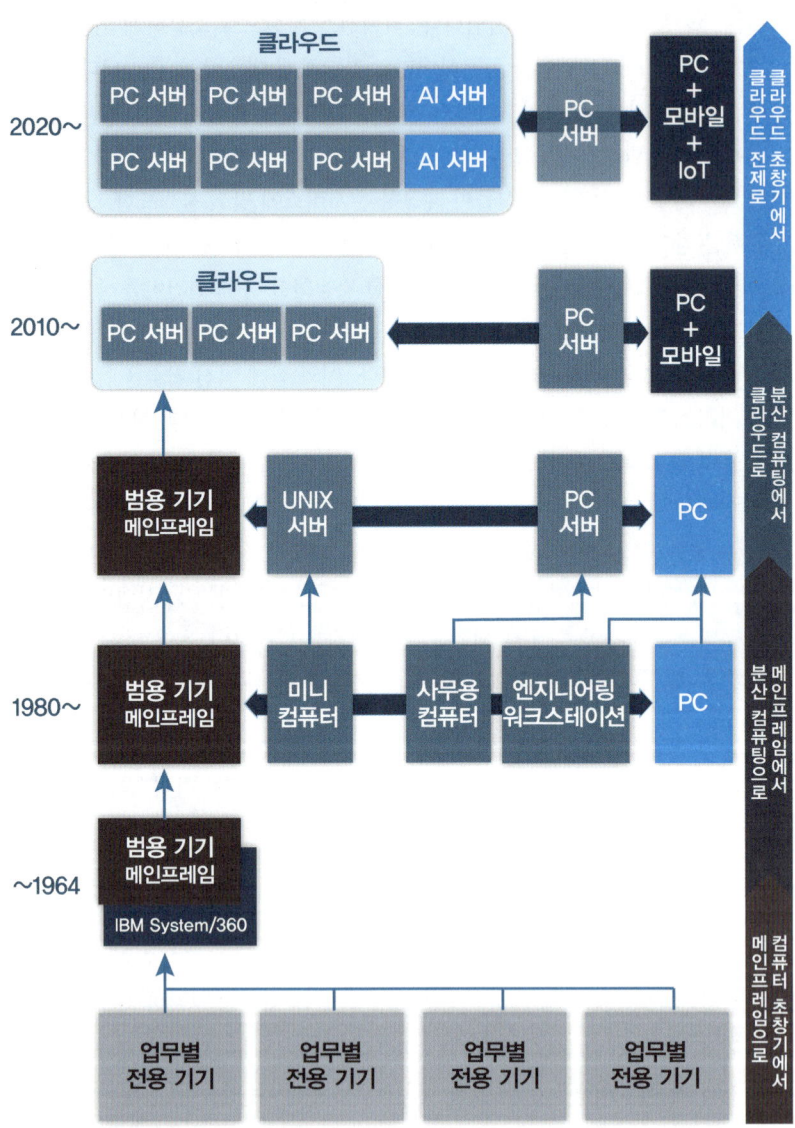

클라우드가 주목받게 된 이유와 보급 역사에 관해 살펴봅시다.

▌시작, UNIVAC I

(현 Unisys사의 전신인) Reminton Rand사는 1951년 세계 최초로 상용 컴퓨터인 UNIVAC I을 출시했습니다. 그 이전 컴퓨터는 대부분 군사 혹은 대학에서의 연구 목적으로 사용되었으며 비즈니스에서는 거의 사용되지 않았습니다. UNIVAC I의 등장은 이 상식을 바꾸는 계기가 되었습니다. 당시 컴퓨터라고 하면 곧장 UNIVAC을 떠올릴만큼 많은 기업에서 사용하게 되었습니다.

▌당시 컴퓨터가 안고 있던 과제

UNIVAC I의 성공을 계기로 다양한 기업들이 상용 컴퓨터를 제조, 판매하게 되었습니다. 하지만 당시의 컴퓨터는 업무 목적에 따라 전용 기종이 필요했습니다. 그래서 다양한 업무를 수행하는 기업은 업무별로 다른 기종의 컴퓨터를 구입해야 했으며 그 비용 또한 막대했습니다. 또한 현재와 달리 프로그램이나 연결할 수 있는 기기의 종류도 컴퓨터마다 달랐고, 사용되는 기술이나 설계도 달랐습니다. 그렇기 때문에 매번 다른 조작 방법을 학습해야 했고 운용 관리의 부담 역시 계속 증가했습니다.

따라서 컴퓨터 제조사 역시 다양한 종류의 컴퓨터를 개발, 제조해야 했으며 그 부담은 실로 막대했습니다.

▌범용 기기의 등장

1964년, IBM은 당시의 이런 상식을 뒤엎은 컴퓨터인 System/360(S/360)을 발표했습니다. 전방위(360도)를 의미하는 이름처럼 어떤 업무에도 이 컴퓨터 한 대만으로 충분한 '범용 기기', 즉 현재 메인프레임이라 부르는 컴퓨터가 등장한 것입니다.

S/360은 상용뿐만 아니라 과학 기술 계산에도 대응하고 있으며 부동소수점 계산도 가능했습니다. 또한 기술 사양을 표준화해 'System/360 아키텍처'로 일반에 공개했습니다.

'아키텍처'는 '설계 사상' 또는 '방식'이라는 의미입니다. '아키텍처'가 같다면 컴퓨터의 크고 작음에 관계없이 프로그램이나 데이터의 호환성이 보장될뿐만 아니라, 컴퓨터에 연결되는 기기 종류도 동일한 것들을 사용할 수 있었습니다.

IBM은 이 'System/360 아키텍처'를 활용해 다양한 규모나 가격의 제품들을 호환성을 유지하면서 제공했습니다. 업계 규모나 업무 목적이 달라도 동일한 '아키텍처'의 제품을 사용할 수 있기 때문에 사용 노하우나 소프트웨어들을 그대로 사용할 수 있게 된 것입니다. 그 결과 사용자 측의 편의성이 향상되고 제공자 측도 개발 비용을 줄일 수 있게 되었습니다.

그리고 '아키텍처'를 공개하면서 IBM 이외의 기업들이 S/360에서 동작하는 프로그램을 개발하게 되었고, IBM에 연결할 수 있는 기기들도 쉽게 개발할 수 있게 되었습니다. 그 결과 S/360을 중심으로 하는 다양한 관련 비즈니스가 만들어졌습니다.

'아키텍처'를 공개함으로써 S/360 주변에 많은 비즈니스가 만들어져 생태계를 형성하게 되었고, IBM 컴퓨터는 사실상 업계 표준으로 시장을 석권하게 되었습니다. 이 시기에 일본의 통상산업성(현 경제산업성)은 일본산 컴퓨터 제조사들을 보호하기 위해 국가 정책으로 S/360을 계승하는 S/370 '아키텍처'와 호환 컴퓨터 개발을 지원했고 후지쯔(富士通)이 1974년부터 FACOM M190을 판매하기 시작했습니다.

▎VAX11의 성공과 소형 컴퓨터의 등장

IBM이 절대적 지위를 유지하고 있던 1977년, DEC(현 HPE가 흡수)는 VAX11/780이라는 컴퓨터를 발표했습니다. 이 컴퓨터는 IBM 컴퓨터에 비해 처리 성능당 단가가 매우 저렴했기에 처음에는 과학 기술 계산 분야에서 활약했고, 이후 업무 컴퓨팅 분야로 용도를 확장하게 되었습니다. DEC는 IBM의 뒤를 이어 세계 2위 자리에까지 올랐습니다.

1980년대에는 그 밖에도 많은 소형 컴퓨터가 출시됐습니다. 사무용 컴퓨터, 소형 컴퓨터, 엔지니어링 워크스테이션이라 불리는 컴퓨터 등입니다. 높은 가격의 메인프레임에 의존했던 시기에, 보다 저렴하고 가볍게 사용할 수 있는 컴퓨터가 원하는 수요에 맞춰 널리 보급되었습니다.

그후 이 소형 컴퓨터의 성능이 향상되어 메인프레임에서 수행하던 작업들을 대체할 수 있게 되었습니다. 그리고 새로운 업무를 처음부터 이 소형 컴퓨터로 개발하거나 시판 패키지 소프트웨어를 사용해서 수행하게 되었습니다. 이런 움직임을 '다운 사이징'(Down Sizing)이라 말합니다.

당시를 전후해 개인용 컴퓨터(PC, Personal Computer)도 등장했습니다. 소위

PC 트리오라 불리는 애플(Apple), 텐디/라디오섹(Tandy/RadioShack), 코모도어(Commodore)는 이름 그대로 개인(Personal)이 취미로 사용하는 컴퓨터를 출시했습니다. 이것들은 곧이어 테이블 계산, 주문 작성 등 일반 사무에서도 사용되었고, 비즈니스 컴퓨터의 제왕이었던 IBM도 이 시장에 뛰어들었습니다. 그리고 1981년 Personal Computer model 5150(통칭 IBM PC)을 발매하면서 비즈니스에서의 PC 사용이 폭발적으로 늘어났습니다.

IBM 호환 PC의 탄생

다양한 소형 컴퓨터의 출현으로 인해 기술 표준을 세우는 것이 어려워졌습니다. 이 사태를 크게 바꾼 계기가 된 것이 앞에서 소개한 IBM PC의 등장입니다. IBM이 가진 브랜드 파워는 PC에 대한 신뢰도를 높였습니다. PC를 비즈니스에서 널리 사용하게 되면서 IBM PC에서 동작하는 소프트웨어가 그대로 동작하는 호환 기기가 등장했습니다. 그 결과로 가격 경쟁이 촉발되어 IBM PC 시장이 확대되고, IBM PC와 그 호환기기가 비즈니스 분야에서 압도적인 점유율을 갖게 되었습니다.

IBM은 PC 시장에서는 후발 주자였지만 시장으로 빠르게 침투하기 위해 시판 부품을 사용하고 기술을 공개해 다른 기업에서 주변 기기나 애플리케이션을 만들게 하는 전략을 채용했습니다. 컴퓨터의 핵심인 프로세서(CPU)를 Intel에서, 운영체제(OS: Operating System)를 Microsoft에서 조달한 것입니다.

한편, Intel은 자사 CPU의 기술 사양을 '인텔 아키텍처(IA, Intel Architecture)'로 공개해 CPU뿐만 아니라 컴퓨터를 구성하기 위해 필요한 주변 반도체 칩 및 이들을 탑재한 프린트 기판인 마더 보드(Motherboard) 등을 세트로 제공하기 시작했습니다. 또한 Microsoft 역시 독자적으로 이 Intel 제품에 동작하는 OS를 판매하게 되었습니다.

그 결과 IBM 이외의 기업에서도 IBM PC와 동일하게 동작하는 PC를 만들 수 있게 되었습니다. 이런 배경에서 IBM PC 호환 기기가 탄생하게 됩니다.

IBM PC보다 저렴한 가격/높은 성능으로 같은 주변 기기를 사용할 수 있고, 같은 애플리케이션이 동작하는 IBM PC 호환 기기는 많은 지지를 받으며 사용자를 늘려 나갔습니다. 이렇게 IBM PC 호환 기기 제조사가 증가하고, 가격 경쟁도 치열해지며 IBM PC 호환 기기는 시장을 차지했습니다.

▌Wintel의 융성과 TCA 감소

역설적이게도 호환 기기들에 시장을 뺏긴 IBM의 PC 관련 매출은 좀처럼 오르지 않았고 이익률도 악화되었습니다. 그 결과 IBM은 PC 사업을 매각하게 됩니다. 한편, PC 시장이 확대되면서 Intel은 보다 높은 성능의 CPU를 개발했고, 동시에 Microsoft는 개인 사용을 전제로 한 OS뿐만 아니라 여러 사용자의 동시 사용을 전제로 한 서버 OS를 개발했습니다. PC는 Microsoft의 OS인 Windows와 Intel CPU의 조합이 시장을 점령하면서 Wintel(Windows+Intel) 시대가 되었습니다. 당시까지 난립하던 아키텍처는 Wintel로 수렴했고 다양한 기술의 진화와 대량 생산에 따라 컴퓨터 조달 비용(TCA: Total Cost of Acquisition)이 크게 낮아졌습니다. 1990년대 중반에는 1인 1PC 시대가 됨과 동시에 각 기업은 여러 메인프레임과 서버 컴퓨터를 소유하게 되었습니다.

▌TCO 상승과 클라우드의 등장

기업에 컴퓨터가 대량으로 도입되면서 이들을 설치하기 위한 설비, 공간, 소프트웨어, 문제 대응, 보안 대책 등 소유에 따르는 총소유비용(TCO: Total Cost of Ownership)이 크게 높아져 총 예산의 60~80%에 이르게 되었습니다. 이런 시대적 배경에서 클라우드가 등장합니다.

'클라우드 컴퓨팅(Cloud Computing)'이라는 용어는 2006년 당시 Google의 CEO였던 에릭 슈밋이 처음 사용했습니다.

"데이터는 물론 프로그램도 서버에 둡시다. 이런 것은 어딘가 '구름(클라우드)' 안에 있으면 됩니다. 필요한 것은 브라우저와 인터넷 연결, PC 또는 맥, 휴대전화, 블랙베리(스마트폰의 선구적인 제품명), 아무튼 손에 쥐고 있는 어떤 단말에서도 사용할 수 있습니다. 데이터도 데이터 처리도, 그 이외의 모든 것도 서버에 두는 것입니다."

'구름(클라우드)'은 인터넷을 말하는 것으로, 인터넷과 네트워크를 표현하는 아이콘으로 구름 아이콘을 자주 사용합니다. 그의 발언을 통해 클라우드를 다음과 같이 정리할 수 있습니다.

- 인터넷으로 연결된 데이터 센터에 시스템을 설치하고
- 인터넷과 브라우저를 사용하는 다양한 디바이스에서
- 정보 시스템의 다양한 기능이나 성능을 서비스로 사용하는 구조

현재 클라우드는 안전성/안정성이 고도로 요구되는 기간 계열 업무 시스템이나 은행 시스템 같은 미션 크리티컬 시스템(24시간 365일, 장애나 오작동 등으로 멈추어서는 안 되는 시스템)에도 사용되고 있습니다.

그리고 2018년 일본 정부는 '정부 기관의 정보 시스템은 클라우드 서비스 채용을 우선한다'는 방침(클라우드 바이 디폴트 원칙)을 결정했습니다. 이런 측면에서 앞서가는 미국에서는 CIA(중앙정보국)가 AWS를 사용하고 DOD(국방성)도 클라우드로 마이그레이션을 진행하고 있습니다. 고도의 기밀성, 가용성, 신뢰성이 요구되는 정보 기관에서도 클라우드를 사용하는 시대가 되었습니다.

컴퓨팅 자원을 자산으로 소유하는 것은 변화에 민첩하게 대응하는 데 있어 무거운 족쇄가 됩니다. 그리고 정교해지는 사이버 공격 위협에 대처하기 위한 큰 부담이 기업과 정부 모두에게 가해지고 있습니다. 클라우드는 이런 과제를 해결하는 수단으로 사용자의 저변을 넓히고 있습니다.

AI 수요 확대와 클라우드 컴퓨팅

2022년 11월 릴리스된 ChatGPT를 시작으로 생성형 AI 붐에 불이 붙었습니다. AI를 복잡한 사건 해석이나 고도의 업무 자동화에 사용하던 것에서 새로운 콘텐츠 생성에 사용하는 것으로 수요가 확대되었습니다. 이에 대처하기 위해서는 기존과는 차원이 다른 컴퓨팅 자원이 필요하며 이는 한 기업이 소유하는 것으로 대응할 수 있는 규모를 넘어선지 오래되었습니다.

그리고 AI뿐만 아니라 다양한 분야에서의 디지털화가 확대되면서 컴퓨팅 자원의 수요는 기하급수적으로 계속 증가하고 있습니다. 이런 상황에 대처하는 수단으로 클라우드 컴퓨팅의 수요도 높아지고 클라우드 사업자의 설비 투자도 확대되고 있습니다.

정보 시스템의 현재 상태에서 예측해 보는 클라우드에 대한 기대

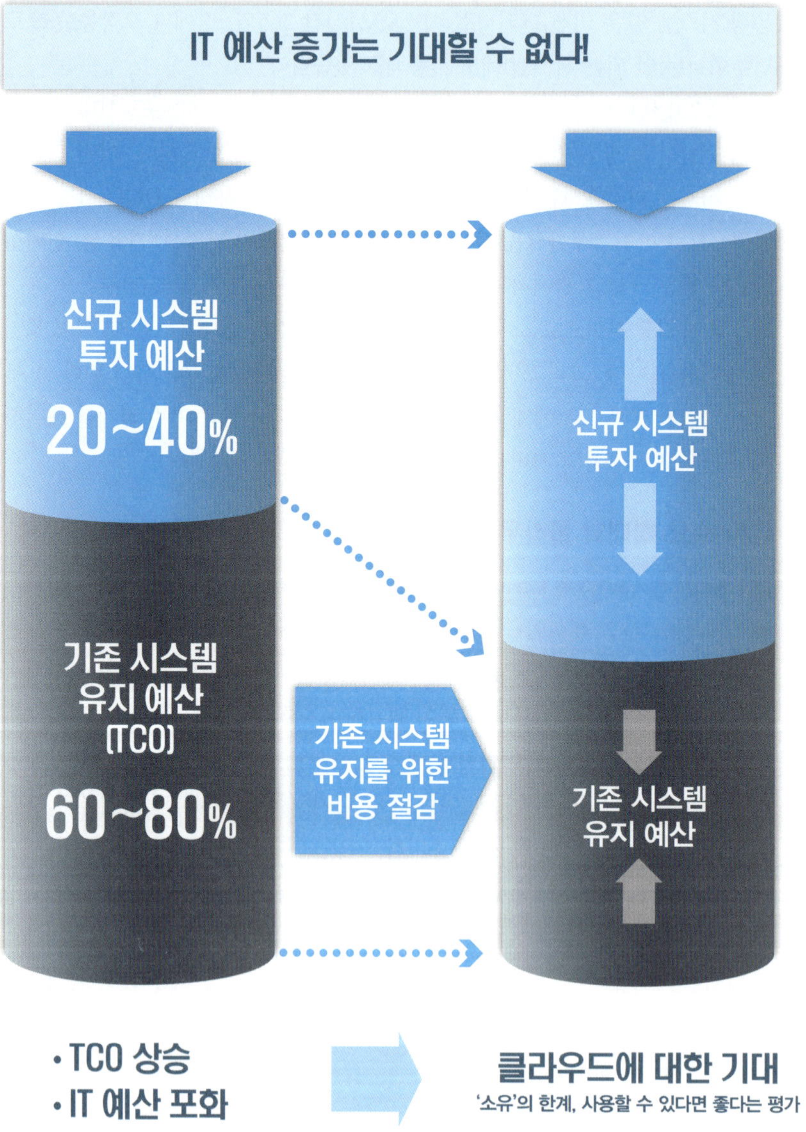

IT 예산 증가는 기대할 수 없다!

신규 시스템 투자 예산 20~40%

기존 시스템 유지 예산 (TCO) 60~80%

기존 시스템 유지를 위한 비용 절감

신규 시스템 투자 예산

기존 시스템 유지 예산

- TCO 상승
- IT 예산 포화

클라우드에 대한 기대
'소유'의 한계, 사용할 수 있다면 좋다는 평가

업무 효율 향상을 위해 또는 성장이나 경쟁력 유지를 위해 IT는 반드시 필요합니다. 한편, 그 사용 범위가 넓어지고 중요성이 높아질수록 재해나 보안 대응에 대한 부담도 늘어납니다. 그리고 IoT나 AI와 같은 새로운 기술에 대한 대응도 업무 현장에서 요구되고 있습니다.

이렇게 IT 수요가 높아지는 한편, 기업 내 IT에 대한 책임을 갖는 정보 시스템 부문은 큰 문제를 안게 됩니다.

그 한 가지가 TCO 증가입니다. 이미 소유하고 있는 시스템에 대한 유지, 운용 관리, 문제 대응, 유지보수 같은 비용이 IT 부문 예산의 60~80%에 이르는 것으로 알려져 있습니다.

이러한 수치는 설비나 소프트웨어에 지금까지 투자한 IT 자산의 총액이 IT 예산의 '프레임'이 되고, 그 감가상각분, 즉 5년의 감가상각이 이루어지면 자산 총액의 20%가 실질적으로 사용할 수 있는 예산이 되기 때문입니다. '이 예산을 넘어서는 것은 허용되지 않는다'는 암묵적인 선이 존재하며, 그 마저도 삭감하라는 압박에도 대처해야 합니다.

업무나 경영의 새로운 요청에 대응하고 싶어도 TCO에 많은 비용이 묶여 있기 때문에 대응할 수가 없고, 결과적으로 IT 예산은 늘 억제됩니다. 정보 시스템 부문은 이런 두 가지 문제를 안고 있습니다.

'소유'하는 것을 멈추고, 정보 시스템 관리나 운용을 직접 하지 않으면 TCO를 줄일 수 있습니다. 그리고 클라우드로 제공되는 플랫폼과 애플리케이션을 사용하면 개발 공정을 줄일 수 있으며 경우에 따라서는 개발조차 불필요합니다. 운용 관리 부담을 줄이고 애플리케이션을 즉시 현장에 제공할 수 있습니다. 이런 부분이 사용자가 클라우드에 기대하는 것입니다.

물론 단순하게 'TCO 삭감=클라우드 사용'이라는 등식이 성립하지는 않습니다. 클라우드만의 요금 체계나 시스템 설계 사고방식, 운용 구조 등을 고려해야 합니다, 이런 항목들을 고려하지 않으면 오히려 비용이 높아지거나 안정적인 성능을 발휘하지 못하거나 보안을 담보할 수 없는 등 새로운 과제가 생길 것입니다.

단, 지금까지의 선택지가 '소유'뿐이었던 정보 시스템에 있어 '사용'이라는 새로운 선택지가 주어진 것은 분명합니다.

클라우드의 기원과 정의

The NIST Definition of Cloud Computing

Recommendations of the National Institute of Standards and Technology

미국 국립 표준 기술 연구소(NIST)

서비스/모델

배치 모델

다섯 가지 중요한 특징

클라우드 컴퓨팅은 컴퓨팅 자원을 필요할 때 필요한 만큼 간단하게 사용할 수 있는 구조

'클라우드 컴퓨팅'이라는 용어는 2006년, 당시 Google의 CEO였던 에릭 슈밋의 연설(150쪽)을 통해 알려졌습니다.

새로운 용어를 마음에 들어 했던 IT 업계는 시대의 변화, 자신들의 선진성을 홍보하고 자사의 제품이나 서비스를 판매하기 위한 캐치 카피로 이 용어를 널리 사용했습니다. 그래서 각 기업마다 다른 정의를 만들었고 이로 인해 시장에서 많은 오해나 혼란이 발생했습니다.

미국 국립 표준 기술 연구원(NIST: National Institute of Standards and Technology)은 2009년 '클라우드의 정의'를 발표함으로써 이 혼란에 종지부를 찍었습니다. '클라우드 컴퓨팅은 네트워크, 서버, 스토리지, 애플리케이션, 서비스 같은 구성 가능한 컴퓨팅 리소스의 공용 풀에 대해 편리하게 원하는 때에 접근할수 있으며, 최소한의 관리 노력 또는 서비스 제공자 사이의 상호 동작에 의해 빠른 속도로 제공되어 사용할 수 있는 모델의 하나이다.' 이것을 엄밀한 규격이 아닌, 사고방식의 프레임으로 알아두면 좋습니다. 이 정의는 또한 추가적으로 클라우드가 반드시 갖춰야 하는 '다섯 가지 필수적인 특징'을 들고 있습니다.

- **온디맨드 셀프 서비스**: 사용자가 Web 화면에서 시스템 조달이나 각종 설정을 수행하면 자동으로 실행해준다.
- **폭넓은 네트워크 접근**: PC 이외의 다양한 디바이스에서 사용할 수 있다.
- **리소스 공유**: 여러 사용자가 시스템 자원을 공유하고 융통할 수 있는 구조를 갖는다.
- **신속한 확장성**: 사용자의 요구에 따라 시스템 확장 및 축소를 즉시 할 수 있다.
- **서비스 측정 가능**: 서비스 사용량, 예를 들면 CPU나 스토리지를 얼마나 사용했는지를 전기 요금과 같이 측정할 수 있는 구조를 가지며, 이를 통해 종량제 요금(사용한 만큼만 지불)을 부과할 수 있다.

클라우드의 보급과 새로운 기술의 등장으로 새로운 해석도 생겨났습니다. 하지민 이 개념이 클라우드의 기본적인 프레임으로 지금도 널리 사용되고 있으므로 NIST에서 제안한 정의를 이해해두면 좋습니다. 또한 NIST는 사용 형태의 차이에 따라 클라우드를 '서비스 모델(Service Model)'과 '배치 모델(Deployment Model)'의 두 가지로 정리하고 있습니다. 자세한 내용은 이어서 설명합니다.

클라우드의 정의: 서비스 모델

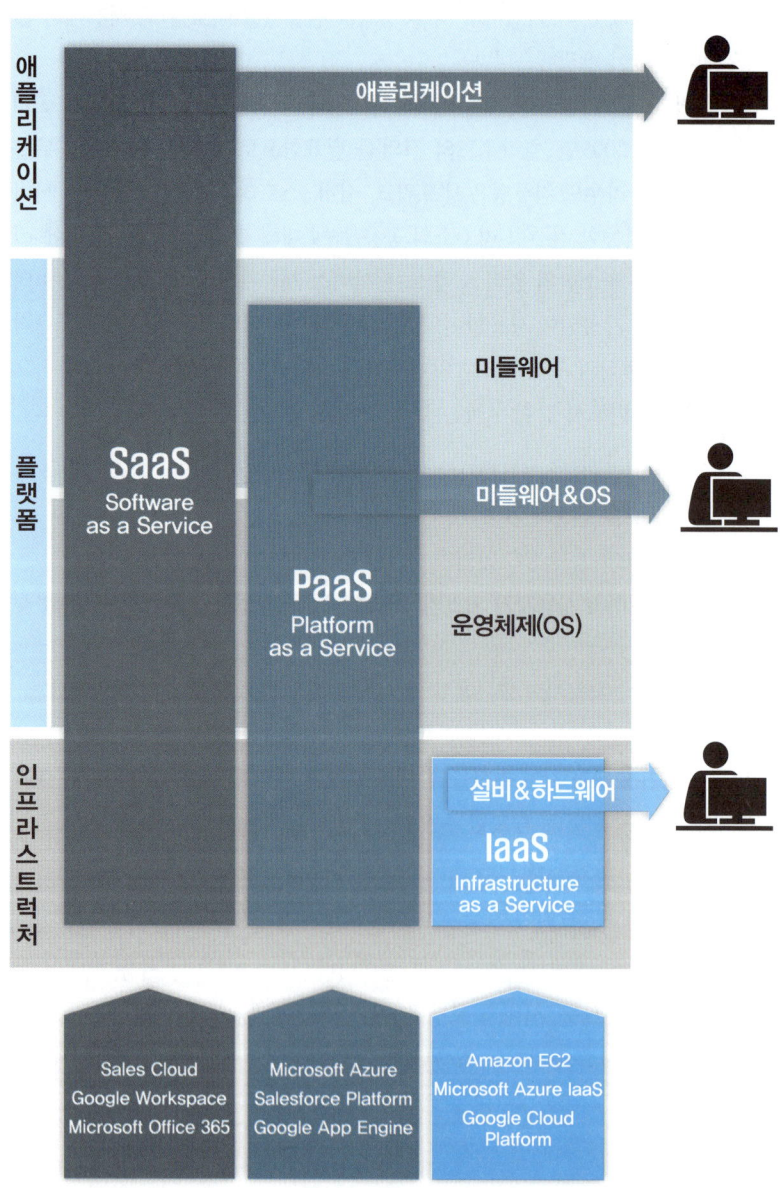

클라우드를 서비스 차이에 따라 분류하는 사고방식이 '서비스 모델(Service Model)'입니다.

▍SaaS(Software as a Service)

전자 메일, 일정 관리, 문서 작성, 표 계산, 재무 회계, 판매 관리 같은 애플리케이션을 제공하는 서비스입니다. 사용자는 애플리케이션을 실행하기 위한 하드웨어나 OS 등에 관한 지식이 없어도 애플리케이션 설정이나 기능을 이해하기만 하면 사용할 수 있습니다. 예시로 Google Workspace, Microsoft Office 365, Sales Cloud 등이 있습니다.

▍PaaS(Platform as a Service)

애플리케이션 개발이나 실행을 위해 필요한 기능을 제공하는 서비스입니다. OS, 데이터베이스, 개발 도구, 실행 시 필요한 라이브러리나 실행 관리 기능 등을 제공합니다. 예시로 Microsoft Entra ID, Lightning Platform, Google App Engine, AWS Lambda, Cybozu Kintone 등이 있습니다.

▍IaaS(Infrastructure as a Service)

서버, 스토리지 같은 하드웨어 기능이나 성능을 제공하는 서비스입니다. '소유'하는 시스템이라면 그만큼 벤더와 협상해 절차와 설치 도입 작업을 해야 합니다. 하지만 IaaS를 사용하면 메뉴 화면에 있는 셀프 서비스 포털을 통해 설정하는 것만으로 사용할 수 있습니다. 그리고 스토리지 용량이나 서버 수는 필요에 따라 설정만으로 증감할 수 있습니다. 라우터나 방화벽(Firewall) 같은 네트워크 기기나 그 연결도 마찬가지로 설정만으로 구축할 수 있습니다. 예시로 Amazon EC2, Google Compute Engine, Microsoft Azure IaaS 등이 있습니다.

서비스는 본래 '물리적 실체/형태가 있는 사물의 제공을 동반하지 않고 기능이나 성능을 제공함으로써 가치를 주는 비즈니스'입니다. 클라우드에서는 앞선 설명과 같이 애플리케이션, 플랫폼, 인프라스트럭처를 물리적인 사물을 제공하지 않고 그 기능만을 서비스로 제공하기 때문에 '~ as a Service(서비스로서의 ~기능명)'라는 형태로 부릅니다.

다양화되는 클라우드 서비스

자사 소유	IaaS 베어메탈	IaaS 가상 머신	CaaS	PaaS	FaaS	SaaS
사용자 기업이 관리						
애플리케이션	애플리케이션	애플리케이션	애플리케이션	애플리케이션	애플리케이션 / 연동 기능	애플리케이션
데이터	데이터	데이터	데이터	데이터	데이터	데이터
런타임	런타임	런타임	런타임	런타임	런타임	런타임
미들웨어	미들웨어	미들웨어	미들웨어	미들웨어	미들웨어	미들웨어
컨테이너 관리 기능	컨테이너 관리 기능	컨테이너 관리 기능	컨테이너 관리 기능	컨테이너 관리 기능	컨테이너 관리 기능	컨테이너 관리 기능
OS	OS	OS	OS	OS	OS	OS
가상 머신	가상 머신	가상 머신	가상 머신	가상 머신	가상 머신	가상 머신
하드웨어	하드웨어	하드웨어	하드웨어	하드웨어	하드웨어	하드웨어
					클라우드 서비스 사업자가 관리	

CaaS: Container as a Service(컨테이너관리 기능이 제공되는 서비스)
FaaS: Function as a Service(서버리스를 사용할 수 있는 서비스)

미국 국립 표준 기술 연구소(NIST)가 2009년 발표한 클라우드의 정의에서는 서비스 모델을 SaaS, PasS, IaaS로 구분합니다. 그 큰 구분은 지금도 계속 사용되고 있지만 기술 발전 및 클라우드 보급과 함께 이 구분을 동일하게 그대로 적용할 수 없게 된 것도 확실합니다.

예를 들면 IaaS에서는 당초 '가상 서버'를 제공하는 서비스에 위치했지만 이후 '물리 서버'를 제공하는 '베어메탈(Bare Metal)'이라 불리는 서비스도 등장했습니다. '베어메탈'은 '바탕쇠'라는 의미로 OS, 소프트웨어 등이 설치되어 있지 않은 물리 서버 자체를 가리킵니다.

본래 IaaS는 가상화를 통한 낮은 비용 및 확장성의 장점을 누릴 수 있는 것이었지만, 입출력 처리 성능이 떨어진다는 특징이 있었습니다. 이를 해결하고자 한 것이 베어메탈입니다.

예를 들면 Web에서의 접근을 처리하는 프런트엔드 Web 서버는 확장성이 높은 가상 서버를 사용하고, 입출력 처리 성능이 요구되는 백엔드의 데이터베이스 서버는 베어메탈을 사용하는 식으로 조합합니다.

그리고 '컨테이너 관리' 기능을 제공하고, 그 관리나 운용을 클라우드 사업자가 수행하는 'CaaS(Container as a Service)', 컨테이너로 만들어진 애플리케이션의 기능 부품(서비스)을 연동해 그 실행을 관리해 주는 'FaaS(Function as a Service)'도 등장했습니다.

FaaS는 애플리케이션 실행에 필요한 서버의 셋업과 관리에 신경 쓰지 않고 개발/실행할 수 있는 '서버리스'라는 사용 방식을 제공하는 서비스입니다. 서버 등 인프라스트럭처의 구성이나 운용은 클라우드 사업자에게 맡기고 사용자는 애플리케이션 개발에만 리소스를 투입하면 됩니다.

이런 구분은 NIST에서 내린 정의에 일치하지 않습니다. 클라우드 서비스는 다양한 사용자의 니즈를 반영하면서 앞으로도 서비스 다양화가 진행되고, 그에 맞춰 '~ as a Service'의 종류도 늘어날 것입니다.

클라우드의 정의: 배치 모델

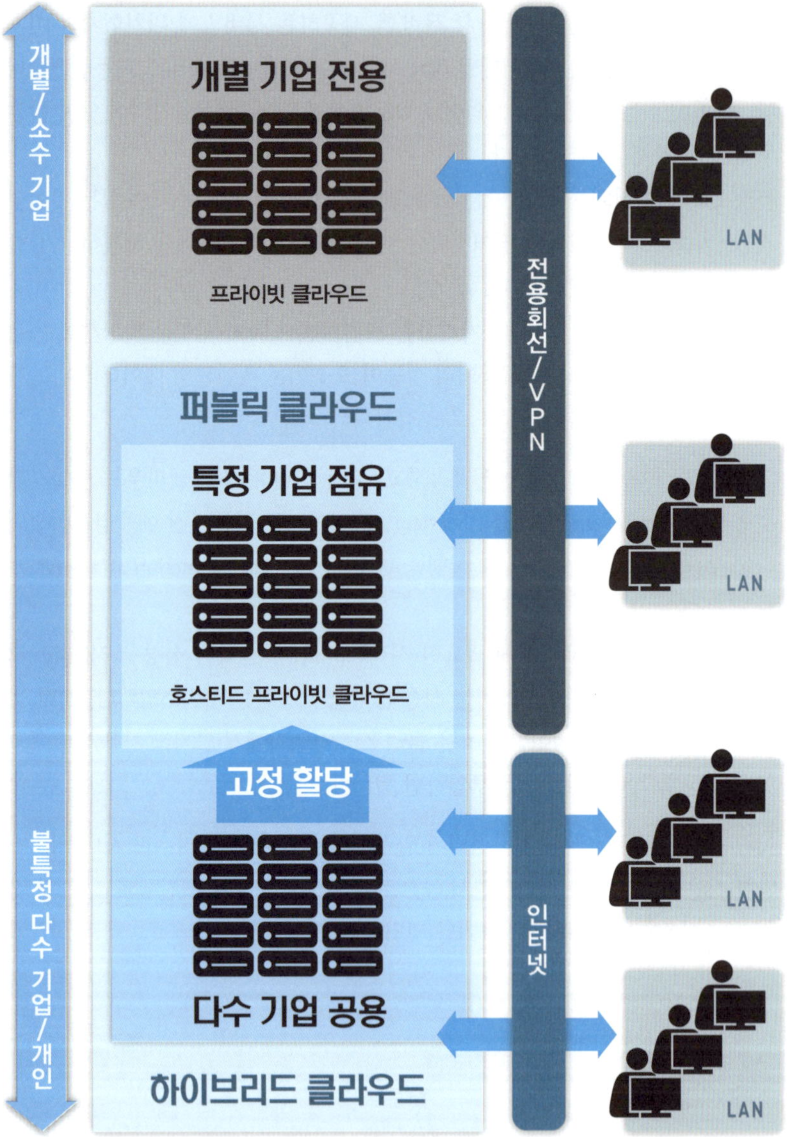

개별/소수 기업 ───▶

개별 기업 전용
프라이빗 클라우드

퍼블릭 클라우드

특정 기업 점유
호스티드 프라이빗 클라우드

고정 할당

다수 기업 공용

하이브리드 클라우드

전용회선/VPN

인터넷

LAN
LAN
LAN
LAN

◀─── 불특정 다수 기업/개인

클라우드 서비스를 실현하는 시스템을 배치 위치의 차이에 따라 분류하는 사고 방식이 '배치 모델(Deployment Model)'입니다.

그리고 여러 사용자 기업이 네트워크를 통해 함께 사용하는 것이 '퍼블릭 클라우드(Public Cloud)'입니다. 원래 클라우드 컴퓨팅은 퍼블릭 클라우드를 가리키는 말이었습니다. 그러나 '퍼블릭 클라우드의 편의성은 누리고 싶지만 다른 사용자와 함께 사용함으로써 응답 시간이나 처리량에 영향을 받으면 사용성이 좋지 않고 보안 측면에서의 불안도 떨칠 수 없다'는 의견이 생겨, 기업이 시스템 자원을 자사에서 소유하고 해당 기업이 전용으로 사용하는 '프라이빗 클라우드(Private Cloud)'라는 개념이 등장했습니다. 이것은 클라우드 컴퓨팅의 구조를 자신의 자산으로 구축하고 자사 전용으로 사용하는 방식입니다.

그러나 '프라이빗 클라우드의 장점은 누리고 싶지만 직접 구축할만한 기술력도 자금력도 없는' 기업도 적지 않습니다. 그래서 NIST의 정의에는 맞지 않지만 '호스티드 프라이빗 클라우드(Hosted Private Cloud)'라는 서비스가 등장했습니다. '프라이빗 클라우드의 임대 서비스'라고 표현하면 이해하기 쉬울 것입니다. 이것은 퍼블릭 클라우드 시스템 자원을 특정한 사용자 전용으로 할당하고 다른 사용자로부터 격리하는 것입니다. 이것을 전용 통신 회선이나 암호화된 인터넷(VPN: Virtual Private Network)으로 연결해 마치 자사 전용의 프라이빗 네트워크와 같이 사용할 수 있는 서비스입니다.

오늘날 기업의 기존 업무 시스템을 퍼블릭 클라우드로 마이그레이션하려는 움직임이 많습니다. 이럴 때 '호스티드 프라이빗 클라우드'를 많이 사용합니다.

퍼블릭 클라우드와 프라이빗 클라우드를 조합한 사용 방법을 '하이브리드 클라우드(Hybrid Cloud)'라 부릅니다. NIST의 정의에 따르면 이 밖에도 지역, 법령, 규제 등 공통 관심사에 따라 묶는 조합이나 업계라는 범위에서 공통 사용하는 커뮤니티 클라우드라는 구분도 있지만, 현재는 그다지 사용하지 않습니다.

퍼블릭 클라우드와 프라이빗 클라우드를 조합한 '하이브리드 클라우드'

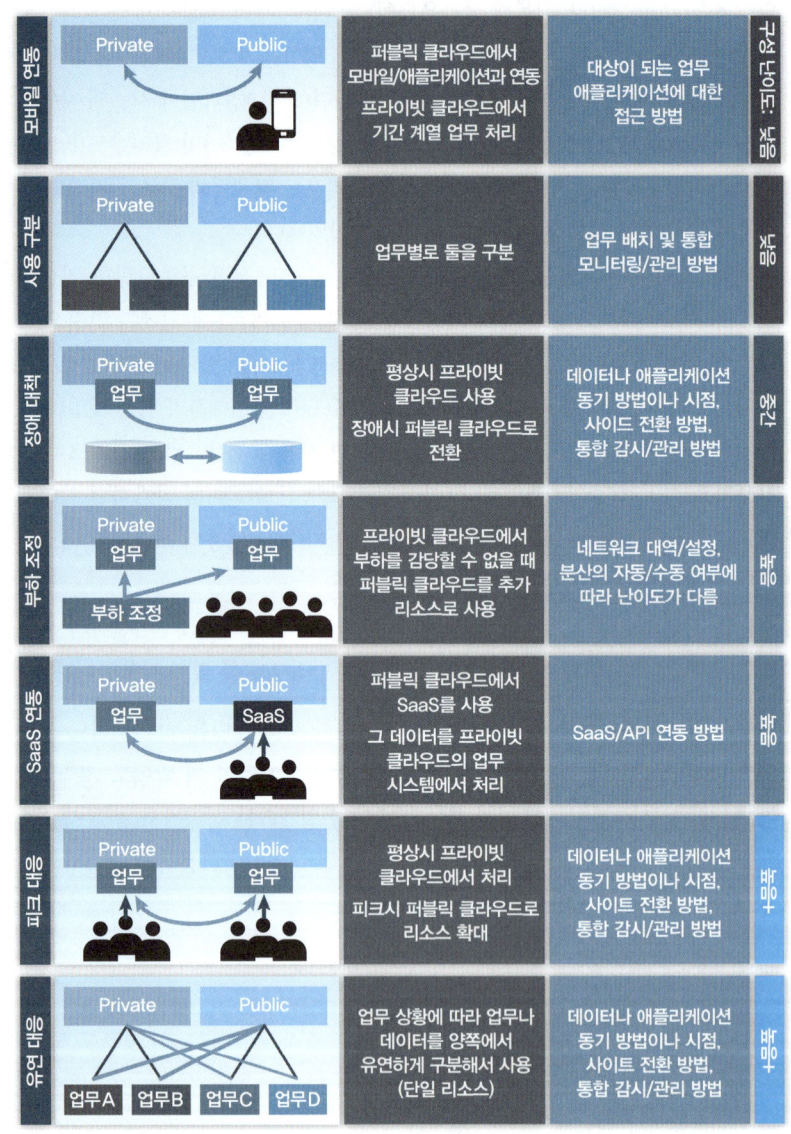

NIST는 '클라우드 컴퓨팅 정의'에서 '하이브리드 클라우드'에 관해 다음과 같이 기술하고 있습니다.

'실체가 다른 인프라스트럭처라도 마치 그것들이 하나인 것처럼 데이터와 애플리케이션 양쪽을 손쉽게 오갈 수 있는 구조'

즉 '프라이빗 클라우드와 퍼블릭 클라우드를 심리스(Seamless)한 하나의 클라우드 시스템'으로 취급하는 사고방식입니다.

기업이 소유하는 프라이빗 클라우드는 필연적으로 물리적 규모나 능력에 제약이 따릅니다. 그래서 퍼블릭 클라우드와 조합해 중앙 집중 관리함으로써 마치 자사 전용의 단일 시스템처럼 사용할 수 있다면 실질적으로는 능력이나 규모의 제약을 신경 쓰지 않고 사용할 수 있게 됩니다. 이런 구조가 본래의 정의에 따른 사용 방식입니다.

이 정의와 달리 퍼블릭 클라우드와 프라이빗 클라우드 각각의 장점과 단점을 보완하면서 양쪽으로 조합하는 사용 방식을 가리키는 경우도 있습니다. 예를 들면 다음과 같은 사용 방식입니다.

- 기업의 독자성이 많지 않은 전자 메일은 퍼블릭 클라우드인 SaaS를 사용하고, 보안을 엄격하게 관리해야 하는 인사 정보는 프라이빗 클라우드에 둔다. 그 정보를 사용해 SaaS의 개인 인증을 수행한다.
- 모바일 단말을 사용한 비용 정산은 퍼블릭 클라우드인 SaaS를 사용하고, 그 데이터를 프라이빗 클라우드에서 회계 처리해 송금 절차를 수행한다.
- 일반적인 업무는 프라이빗 클라우드를 사용하고, 백업이나 장애시 대체 시스템을 퍼블릭 클라우드에 둔다. 장애시 전환해서 사용한다.

'퍼블릭 클라우드는 기업에서 소유하지 않으므로 거버넌스나 보안이 걱정된다'는 이유에서 두 가지를 구분하려는 생각은 고쳐야 합니다. 예를 들면 일본의 경우 정부 부처, 정부 기관, 은행이나 보험 기업 같은 금융 기관에서, 미국의 경우 CIA(중앙정보국)나 국방부(DOD) 등 고도의 기밀성과 가용성을 요구하는 조직에서도 퍼블릭 클라우드 사용을 확대하고 있습니다. 그리고 클라우드를 전제로 제공되는 최신 기술이나 기능도 증가하고 있습니다.

뒤에서 설명할 '지연 시간'과 '대량 데이터' 문제를 제외하면 퍼블릭 클라우드에 관한 우려는 점점 사라지고 있습니다.

하이브리드 클라우드와 멀티 클라우드

다른 퍼블릭 클라우드를 조합해,
최적의 기능과 서비스를 실현하는 사용 방법

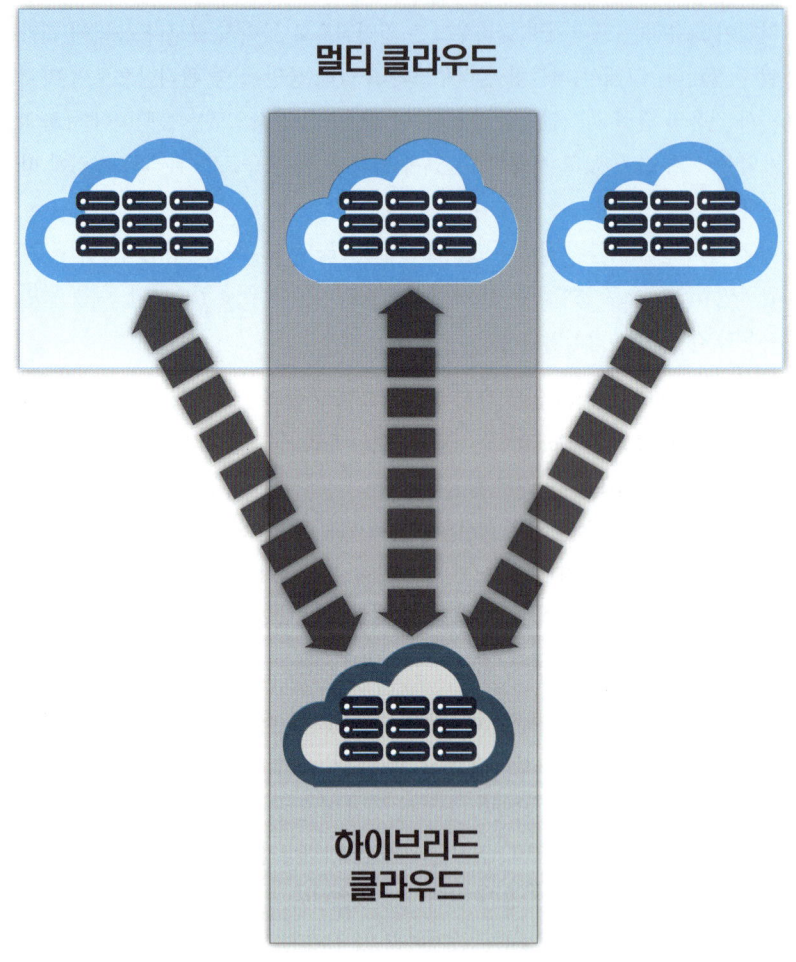

프라이빗 클라우드와 퍼블릭 클라우드를 조합해,
하나의 구조로 기능하도록 하는 사용 방법

'멀티 클라우드(Multi-Cloud)'는 NIST의 정의에는 없지만, 서로 다른 퍼블릭 클라우드를 조합해 자신들에게 최적의 클라우드 서비스를 실현하는 것을 말합니다. 예를 들면 IoT 데이터 수집과 집약은 전용 서비스를 제공하는 AWS를, 데이터 분석에는 계산 성능 비용 대비 성능이 뛰어난 GCP(Google Cloud Platform)를, 그 결과를 사용자에게 제공하는 것은 사용자 화면 설계나 모바일에 쉽게 대응할 수 있는 Salesforce 등을 조합해 설비 기기 안전/장애 알림 서비스를 실현하는 것과 같은 사용 방법입니다.

퍼블릭 클라우드 사업자는 서로 나름의 차별화를 목표로 하기 때문에 기능이나 성능, 운용 관리 방법이나 요금 같은 전략이 모두 다릅니다. 각 사업자가 특화된 영역이나 사용 방법에 따라 비용 대비 성능의 차이가 발생합니다. 각 서비스의 장점을 취해 자신에게 최적의 조합을 실현하려고 하는 것이 바로 멀티 클라우드입니다.

그리고 한 기업의 서비스에 의존하는 '벤더 록인(Vendor Lock-In, 다른 벤더의 서비스로 대체하기 어렵게 되는 것)'으로 인해 자신들의 재량권이나 자유도를 빼앗길 가능성이나 시스템 장애 또는 장애에 의해 서비스를 사용할 수 없게 되는 리스크 등에 대비해 여러 서비스에 시스템을 분산시키고자 하는 의도로 멀티 클라우드 채택이 증가하고 있습니다.

한편, '클라우드 서비스별로 다른 운용 관리 도구를 구분해서 사용해야 하기 때문에 운용 관리 업무가 복잡해진다', '다른 서비스를 걸쳐, 기능의 연동이나 데이터 이동이 어렵다'는 과제도 있습니다. 장점만 있는 것은 아닙니다.

이런 상황에 대처하기 위해 특정 클라우드 서비스에 의존하지 않는 범용적, 표준적인 시스템 설계나 '멀티 클라우드 관리'를 위한 도구 또는 서비스를 사용하는 것도 함께 고려해야 합니다. 컨테이너를 사용하는 것도 효과적인 선택지입니다.

이미 클라우드는 단일 벤더의 서비스만 사용하는 시대가 아닙니다. 하이브리드 클라우드, 멀티 클라우드를 활용해 최적의 조합을 실현하는 것이 당연한 시대를 맞이하고 있습니다.

클라우드에서 빼놓을 수 없는 다섯 가지 특징

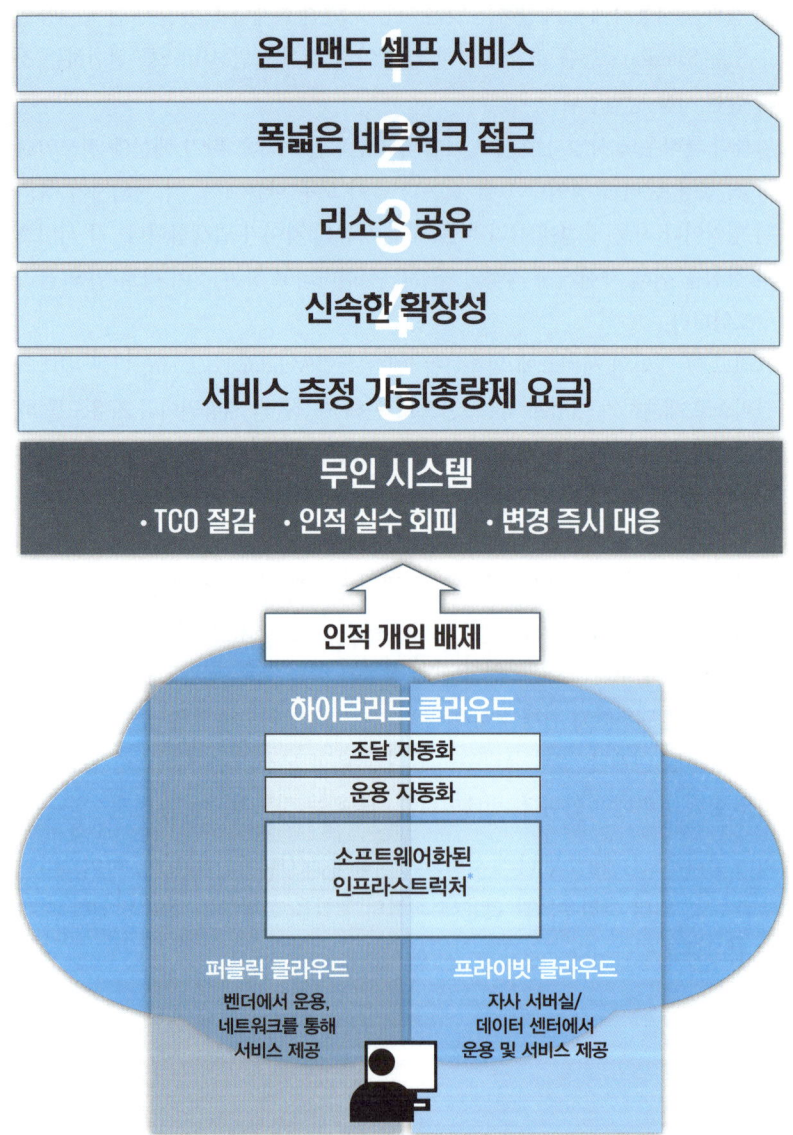

* SaaS나 PaaS에서는 절대적인 조건은 아님.

NIST의 정의에 따르면 클라우드에서 빼놓을 수 없는 다섯 가지 특징은 다음과 같습니다.

- **온디맨드 셀프 서비스**: 사용자가 Web 화면에서 시스템 조달이나 각종 설정을 수행하면 자동으로 실행해 준다.
- **폭넓은 네트워크 접근**: PC뿐만 아니라 다양한 디바이스에서 사용할 수 있다.
- **리소스 공유**: 여러 사용자가 시스템 자원을 공유하고, 융통하는 구조를 제공한다.
- **신속한 확장성**: 사용자의 요구에 따라 즉시 시스템을 확장 및 축소할 수 있다.
- **서비스 측정 가능**: 서비스 사용량, 예를 들면 CPU나 스토리지를 얼마나 사용했는지 전기 요금과 같이 측정할 수 있는 구조를 가지며, 이를 통해 종량제 요금(사용한 만큼만 지불) 운영이 가능하다.

위 특징을 실현하기 위해 시스템 구조나 구성 변경을 물리적인 작업 없이 소프트웨어 설정만으로 실현하는 '가상화', 무인으로 운영 관리하는 '운용 자동화', 조달이나 구성 변경을 메뉴 화면에서 간단하게 설정만으로 완료할 수 있게 하는 '조달 자동화' 기술이 사용됩니다. 이것은 3장에서 설명한 'SDI(Software-Defined Infrastructure)' 기술을 토대로 합니다.

이런 구조를 사업자가 설치 및 운용하고 네트워크를 통해 서비스로 제공하는 것이 '퍼블릭 클라우드', 자사에서 설치 및 운용하고 자사 안에서만 사용하는 것이 '프라이빗 클라우드'입니다

이를 통해 인적 개입을 철저하게 없앰으로써 인적 실수 배제, 조달이나 변경 고속화, 운용 관리 부담 경감을 실현하고 인건비 감소, 기술 진화를 통한 비용 대비 성능 개선을 오랫동안 지속적으로 제공하게 하고 있습니다.

하이퍼바이저에 의한 '가상화'는 IaaS의 전제가 되는 기술이지만, PaaS나 SaaS에서는 이 방식을 일반적으로 사용하지는 않습니다. 애플리케이션에서의 사용자 관리, 데이터베이스 멀티 테넌트 기능, 컨테이너를 통한 독립된 애플리케이션 실행 환경 등 '가상화'보다 시스템 부하가 적고 효율적으로 자원을 사용할 수 있으며, 사용자 그룹을 분리할 수 있는 수단이 사용됩니다.

클라우드를 사용하는 네 가지 이유

실질적으로 사용할 수 있는 기기나 성능

언제/어디서든 IT 기능이나 성능을 서비스로 사용할 수 있는 구조

최신 기술 활용
준비 및 운용 노력을 들이지 않고 최신 기술을 사용할 수 있다

압도적인 속도 획득
인프라스트럭처 구축/ 애플리케이션 개발 없이 사용자 니즈에 즉시 대응할 수 있다

자산에서 비용으로 전환
예측할 수 없는 변화에 대한 리스크를 줄이고 유연/신속하게 대응할 수 있다

비용 절감
구축이나 운용, 유지보수에 드는 비용을 극적으로 줄일 수 있다

사용 방식에 따라

▌최신 기술 활용

항상 최신 IT를 활용하는 것은 비용 대비 성능 향상이나 사업 차별화를 위해 반드시 필요합니다. 하지만 과거에는 이를 위해 고도의 기술력과 시스템 자원을 소요해야 했기 때문에 많은 자금이 필요했습니다.

클라우드를 사용하면 이런 최신 IT 기술을 서비스로써 사용할 수 있으며 그 유지 관리나 기능 개선도 클라우드 사업자에게 맡길 수 있습니다.

▌압도적인 속도 획득

사용자가 IT에 기대하는 것은 애플리케이션을 사용해 업무 생산성을 향상하고 고도화를 실현하는 것입니다. 과거에는 이를 위해 전용 애플리케이션을 개발하고 인프라스트럭처나 플랫폼을 준비해야 했습니다. 그리고 보안이나 성능, 문제 등에 대한 대응에도 시간과 노력이 들었습니다.

클라우드를 사용하면 이런 노력을 하지 않고 곧바로 사용할 수 있습니다. 그리고 이미 클라우드 서비스로 제공되고 있는 애플리케이션이나 애플리케이션을 실현하기 위해 필요한 기능 부품을 사용해 자신들에게 필요한 개별 서비스를 만들 수도 있습니다.

▌자산에서 비용으로 전환

IT에 대한 요구가 계속 증가하고 있기 때문에, 변화가 빠르고 미래를 예측하기 어려운 시대에 시스템을 자산으로 소유하는 것은 경영 측면에서 피하고 싶은 부분입니다. 클라우드를 사용하면 시스템을 비용화할 수 있고, 필요한 기능과 성능을 필요할 때 조달할 수 있기 때문에 현금 자유도와 경영 유연성이 높아집니다.

▌비용 절감

자사가 소유한 시스템 자산을 설계와 운용 방법을 그대로 유지하면서 클라우드로 이전해도 비용 절감은 기대할 수 없습니다. 뿐만 아니라 설계시의 차이도 있기 때문에 보안이나 컴플라이언스, 성능 문제도 발생할 수 있습니다.

클라우드만의 사용 방식이나 서비스를 사용함으로써 전제가 되는 시스템을 최적화해서 구축하면 비용을 크게 절감할 수 있으며, 기능이나 성능 이외의 문제도 해소할 수 있습니다. 그리고 캠페인 대응 시스템/테스트 등 일시적으로 큰 부하가 발생할 때도 그때만 요금을 지불하고 사용할 수 있어 결과적으로 비용이 절감됩니다.

퍼블릭 클라우드 관련 문제

지연 시간

짧은 지연 시간이 요구되는 업무는 지리적 거리가 멀어지면 불리하므로 같은 장소에서 완료하는 것이 좋다.

- 증권 시장에서 데이터를 기반으로 1초에 수천 번의 매매 주문을 수행하는 고빈도 거래(HFT: High Frequency Trading)
- 공장 제조 현장에서 즉시 OK/NG를 찾아내고 불량품을 배제하는 품질 관리 공정 자동화
- 자율주행차량의 고장 회피 판단과 회피 행동 운동 등

일본을 기점으로 한
왕복 신호 지연 시간 기준

미국 본토 200ms
동남아시아/오세아니아 100ms
동아시아 50ms
일본 국내 .... 10~30ms
LAN .... 1ms 이하

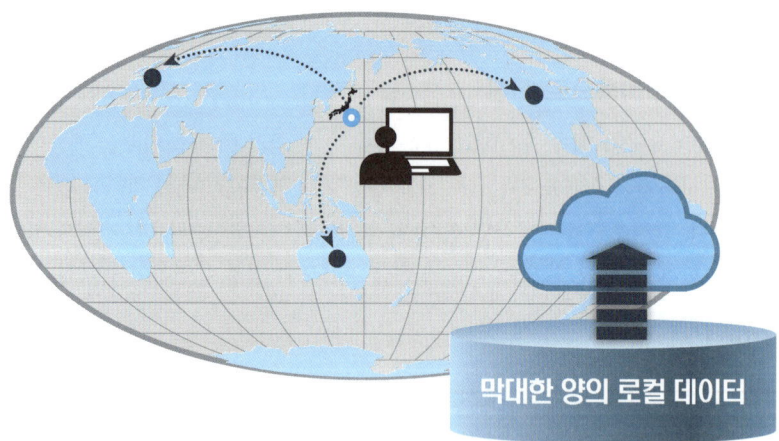

막대한 양의 로컬 데이터

대량 데이터

현장에서 대량의 데이터가 발생하고 이들을 보관, 처리해야 하는 경우 이 데이터를 모두 클라우드로 보내면 막대한 회선 사용 요금이 발생하므로 같은 장소에 보관 및 처리하는 편이 좋다.

- 대량의 센서 데이터를 취득/사용하는 업무 수행
- 공장 기계의 동작 이력 검사 또는 개선을 위해 사용하는 업무 등

'퍼블릭 클라우드'는 컴퓨팅 자원을 '소유'에서 '사용'으로 전환해 다양한 이익을 가져다준다는 점을 앞에서 반복해 설명했습니다. 하지만 결코 만능은 아닙니다. 퍼블릭 클라우드에 '지연 시간'과 '대량 데이터' 관련 문제가 있다는 점을 이해해야 합니다.

▌지연 시간

데이터 발생 소스와 데이터를 처리하는 컴퓨터 사이는 광섬유 같은 통신 매체를 통해 연결됩니다. 여기에 흐르는 전기 신호가 닿는 시간은 거리가 멀수록 늘어납니다. 이것이 '지연 시간(Latency)'입니다.

예를 들면 일본에서 미국 서해안까지 데이터를 주고받는 경우 왕복 시간은 대략 200ms가 걸립니다. 만약 미국 서해안의 데이터 센터에 있는 퍼블릭 클라우드를 사용한다고 가정했을 때, 데이터 처리 시간이 100ms가 걸린다 하더라도 결과를 얻을 때까지는 300ms가 걸리게 됩니다.

도쿄에서 싱가폴 같은 동남아시아 지역과 데이터를 주고받는다면 그 지연 시간은 100ms 정도, 한국과 대만 같은 동아시아 지역의 경우에는 50ms 정도가 됩니다. 일본 국내에서의 지연 시간은 그보다 짧은 십수 ms 이하가 됩니다. 일반적인 사내 LAN에서의 지연 시간은 1ms 이하입니다.

기본적으로 지연 시간은 거리에 의존하지만 반드시 그렇지는 않습니다. 회선이 경유하는 경로나 네트워크 기기 같은 영향에 의해서도 차이가 발생합니다. 위 숫자는 어디까지는 대략적인 기준입니다.

이러한 지연 시간이 문제가 되는, 즉 지연 시간이 짧아야만 하는 다음과 같은 업무에서는 퍼블릭 클라우드를 사용하기 어렵습니다.

- 증권 시장에서 데이터를 기반으로 1초에 수천 번의 매매 주문을 수행하는 고빈도 거래(HFT: High Frequency Trading)
- 공장 제조 현장에서 즉시 OK/NG를 찾아내고 불량품을 배제하는 품질 관리 공정 자동화
- 자율주행차량의 고장 회피 판단과 회피 행동 운동 등

대량 데이터

현장에서 대량 데이터가 발생하고 그 데이터를 보관/처리해야 하는 경우 이 데이터들을 모두 퍼블릭 클라우드로 보내면 회선 사용 요금이 높아지게 됩니다. 예를 들면 다음과 같은 경우입니다.

- 대량의 센서 데이터를 취득/사용하는 업무
- 공장 기계의 동작 이력 검사 또는 개선을 위해 사용하는 업무 등

회선 사용 요금뿐만 아니라 대량 데이터를 처리하게 되면 클라우드 서비스 사용 요금도 늘어납니다. 이런 케이스에서는 얻을 수 있는 결과와 비용의 균형을 고려해야 합니다.

두 경우 모두 데이터가 발생하는 위치에 컴퓨터를 설치함으로써 해결할 수 있습니다. 단, 그 설치와 운용은 사용자 기업의 부담이 됩니다.

반대로 생각하면 '지연 시간'과 '대량 데이터' 문제가 없다면 퍼블릭 클라우드를 사용할 수 있습니다. 이 선택지 자체가 없던 시대에는 컴퓨팅 자원을 소유하는 것이 유일한 선택지였습니다. 하지만 이미 이런 시대는 지났습니다.

퍼블릭 클라우드를 우선으로 사용하고, 앞에서 설명한 제약이 존재하는 경우에만 사용 위치에 자원을 설치, 소유, 연동하는 것이 합리적이라 할 수 있습니다. 보안이나 거버넌스에 관해 우려하는 목소리도 아직 존재하지만, 이번 장에서도 설명했듯 이미 이런 관점에서의 걱정은 점차 사라지고 있습니다.

이후 자세히 설명하겠지만 클라우드 서비스 사업자도 당연히 이 상황을 파악하고 있습니다. 그들은 자사의 퍼블릭 클라우드 구조를 미리 내장한 하드웨어 제품을 제공함으로써 이 수요에 대응하는 움직임을 보이고 있습니다.

이런 제품은 자사의 퍼블릭 클라우드와 중앙 집중 관리할 수 있는 기능을 제공하고 있어, 설치나 운용 관리에 대한 사용자의 부담을 줄일 수 있습니다. 단, 그 편의성을 얻는 대신 해당 사업자에게 록인될 리스크가 있다는 점 또한 이해해야 합니다.

칼럼

시장을 석권한 3대 클라우드 사업자와 생성형 AI 전략

Synergy Research Group의 발표에 따르면 2023년 4분기 클라우드 인프라스트럭처 서비스(IaaS와 PaaS, 호스티드 프라이빗 클라우드)에 대한 기업 지출은 전세계 기준 610억 달러를 넘었으며, 2022년 4분기보다 100억 달러 이상 늘어났습니다. 성장률은 둔화되고 있지만 시장 규모는 지속적으로 확대되고 있습니다. 클라우드 사업자 중에서는 AWS가 최대 시장 점유율을 갖고 있습니다. AWS의 시장 점유율은 과거 수년 동안 32~34% 전후를 유지하고 있습니다.

최근 1년 동안 시장 점유율을 크게 늘린 것은 Microsoft입니다. 과거 4분기 평균 점유율이 21%이던 것에 비해 2023년 4분기에는 점유율 23%를 달성했습니다. Google의 점유율은 11%로 직전 분기와 같은 수준이고 1년 전과 비교해 1포인트 상승했습니다. AWS, Microsoft, Google 3개 기업이 전세계 시장의 66%를 차지하고 있으며 이는 전 분기의 63% 보다 높은 값입니다. 이 3개 기업의 뒤를 이어 Alibaba가 5%, IBM이 4%를 점유하고 있지만 2개 기업의 시장 점유율은 감소하는 경향을 보이고 있으며 세계 시장은 상위 3개 기업이 과점하는 형태입니다. Microsoft의 점유율 확대의 비결은 생성형 AI 서비스를 가장 먼저 충실하게 지원한 것입니다. Microsoft는 ChatGPT를 개발한 OpenAI와 연동해 OpenAI의 생성형 AI를 기업이 안전하게 사용하기 위한 Azure OpenAI Service를 제공했습니다. 그리고 검색 서비스 Bing에 내장함과 더불어 Window나 Office 365에서도 생성형 AI를 사용할 수 있는 Copilot 제공을 시작하면서, 높은 시장 점유율을 가진 자사 제품과 통합하는 전략으로 사업자와의 시너지를 활용해 클라우드 확대를 도모하고 있습니다.

한편, AWS는 최종 사용자가 직접 사용하는 ChatGPT와 같은 챗 AI는 제공하지 않습니다. 하지만 AWS 위에서 경쟁 기업의 AI를 운용하는 것은 허용하고 있으며 독자적인 AI 처리 전용 칩(AWS Trainium이나 AWS Inferentia)을 개발하는 등, 인프라스트럭처 제공자로서 이면에서 철저한 전략을 채용하고 있는 것으로 보입니다.

Google은 독자적인 생성형 AI인 Gemini를 개발하고 AI 전용 칩인 TPU를 충분히 활용해 Microsoft/OpenAI 연합에 대항하고, Google Workspace나 검색 서비스 같은 자사 서비스와 통합을 도모하면서 경쟁력을 높이고 있습니다.

기술 개발 속도가 빠르고, 이후의 동향을 예측하는 것은 어려운 일이지만 당분간은 이 3개 기업이 과점을 유지할 것입니다. 동시에 생성형 AI 서비스 전략의 차이가 클라우드 시장에서의 점유율에 큰 영향을 미칠 것으로 보입니다.

클라우드 컴퓨팅 비즈니스 모델

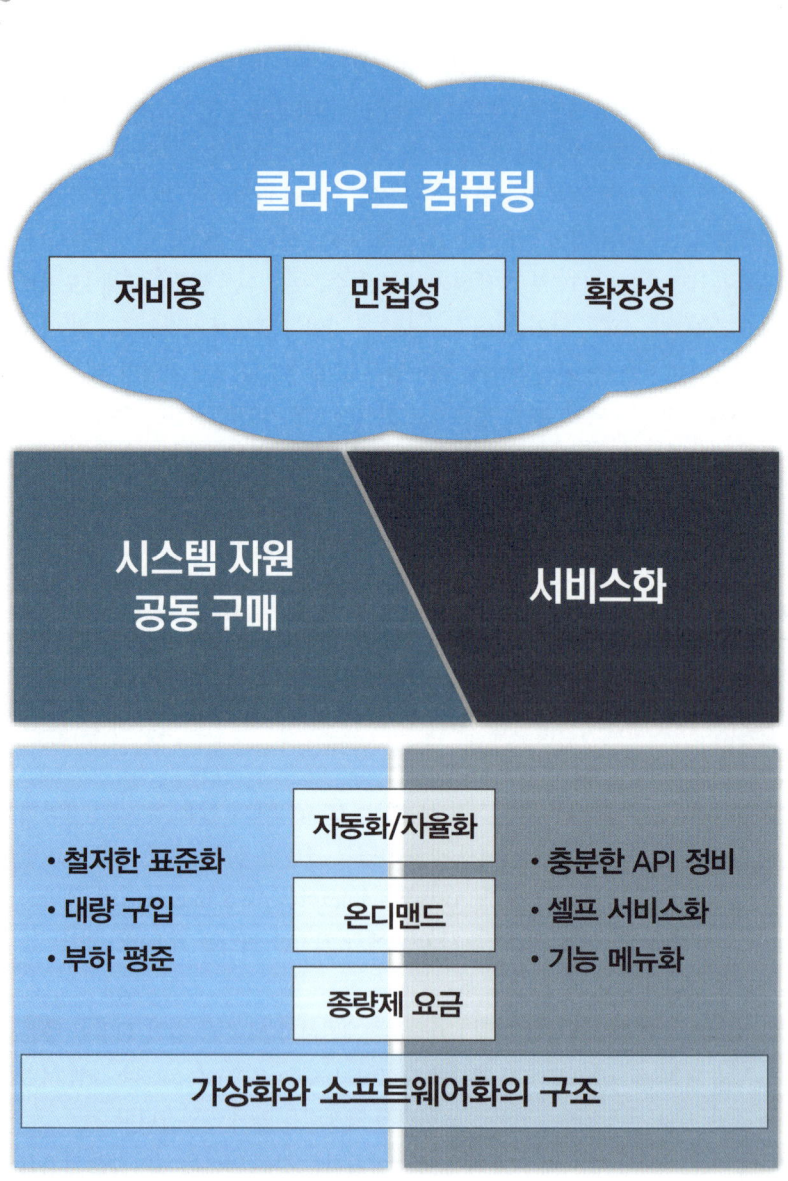

클라우드 컴퓨팅은 '시스템 자원 공동 구매'와 '서비스화' 구조를 조합한 비즈니스 모델입니다.

▌시스템 자원 공동 구매

시스템을 사용하는 여러 기업이 공동으로 함께 구입하는 것입니다. 이를 통해 조달 비용을 낮추고 설비나 운용 관리 비용을 낮출 수 있습니다.

클라우드 사업자는 독자적인 설계로 각종 기자재를 철저하게 표준화하고 있으며 같은 사양의 기자재를 대량 생상, 대량 구매함으로써 낮은 가격으로 조달을 실현합니다. 또한 철저한 자동화를 통해 그 비용 부담을 낮추고 있습니다.

예를 들면 AWS의 경우 수백만 대의 서버를 보유하고 있으며 서버 자산들은 3년을 단위로 감가상각하고 있다고 알려져 있습니다. 고장이나 노후화에 따르는 교체나 추가 증설을 고려하면 연간 백만 대를 넘는 서버를 구입하는 것으로 볼 수 있습니다. 글로벌 연간 서버 출하 대수가 1천만 대 정도인 것을 생각해보면 AWS가 소비하는 서버의 수는 실로 경이롭습니다.

그리고 시판 제품을 구입하는 것이 아니라 독자 설계/자사 사양의 전용 기자재를 대량으로 조달하기 때문에 양산 효과를 기대할 수 있으며 낮은 비용으로 조달할 수 있습니다. 그리고 막대한 수의 사용자 기업이 서비스를 공통으로 사용하기 때문에 부하 분산이나 평준화를 도모할 수 있어 개별 조달하는 것에 비해 낭비가 적고, 비용이 낮아집니다.

▌서비스화

물리적인 작업을 수반하지 않고 소프트웨어 설정만으로 시스템 자원 조달이나 구성 변경을 실현하는 구조입니다. 인프라스트럭처 설명에서 소개했던 가상화 및 소프트웨어 기술이 그 토대가 됩니다.

이 두 가지 구조에 따라 시스템 자원을 낮은 비용으로 조달하고, 변경에 대한 민첩성, 수요 변동에 즉시 대응할 수 있는 확장성(시스템 규모의 변경)을 실현할 수 있습니다. 또한 종량제 요금에 따라 사용한 만큼만 지불할 수 있기 때문에 시스템 자원 조달 시 초기 투자 리스크를 줄일 수 있습니다. 결과적으로 사용자는 필요한 규모의 컴퓨팅 자원을 쉽게 사용/변경할 수 있습니다.

이렇게 보면 클라우드는 단지 시스템 자원 조달을 생산에서 비용으로 바꾸는 것뿐만 아니라, 최신 기술을 사용할 수 있게 하고 변화에 민첩하게 대응할 수 있는 시스템을 실현하는 기반이 되는 것임을 알 수 있습니다.

보안 대책을 외부에 위탁하는 퍼블릭 클라우드

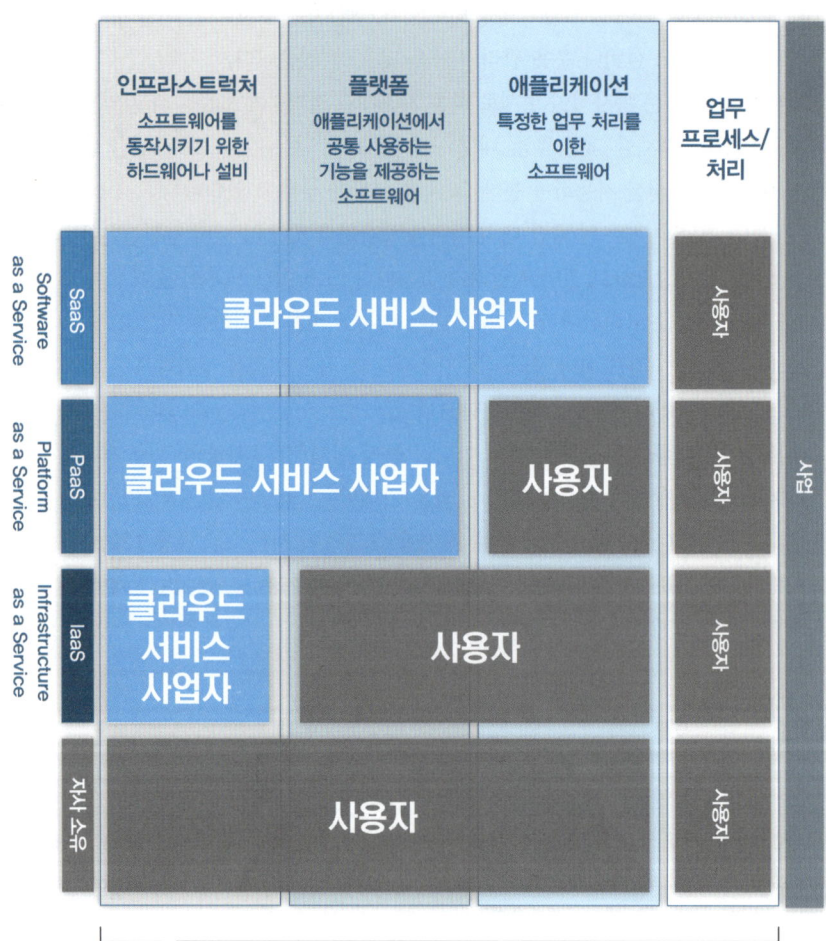

퍼블릭 클라우드는 보안 대책을 외부에 위탁하는 서비스입니다. 예를 들면 SaaS의 경우 보안 대책을 포함한 애플리케이션 이하 모든 작업을 사업자에게 맡길 수 있습니다. PaaS의 경우 미들웨어나 OS 등 플랫폼 이하, IaaS의 경우 서버나 스토리지, 네트워크 기기나 데이터 센터 설비 등 인프라스트럭처를 위탁하게 됩니다. 당연히 위탁하지 않는 부분은 사용자가 직접 대책을 강구해야 하며, 가능한 한 넓은 범위를 위탁하는 편이 보안 대책에 대한 부담을 줄일 수 있습니다.

클라우드 사업자는 24시간 365일 체제로 가장 높은 수준의 보안 대응을 하고 있습니다. 그렇기 때문에 많은 기업이 기간 계열 업무를 클라우드에서 수행하며, 보안에 엄격한 은행이나 보험 기업 같은 금융 기관, 정부 기관도 사용하고 있는 것입니다. 미국에서는 최고 수준의 보안을 요구하는 CIA가 AWS를 사용하고 있으며 국방부도 클라우드로 마이그레이션하고 있습니다.

단, 사용 방법에 따라 적절하게 설정하지 않으면 사고가 발생할 수 있으므로, 사용자의 책임이 완전히 사라지는 것은 아닙니다.

보안 위협이 복잡화, 고도화된 오늘날 보안 대책을 일반 기업이나 조직이 담당하는 것은 기술적으로는 물론 비용적으로도 쉽지 않습니다. 따라서 보안 전문가 집단을 가진 클라우드 사업자에게 위탁하는 것이 좋다는 사고방식이 널리 받아들여지고 있습니다. 그렇지 않으면 보안 대책에 대한 부담이 커지고 비즈니스 가치를 만드는 애플리케이션에 충분한 리소스를 배분할 수 없기 때문입니다. 물론 외부 위탁의 경우 '내 마음대로 할 수 없다'는 단점도 있습니다. 하지만 고도의 보안 대책을 위탁에서 얻을 수 있는 장점은 단점을 뛰어넘습니다. 모든 선택에는 장점과 단점이 있습니다. 결과적으로 플러스가 된다면 그 가치를 최대한으로 누릴 수 있게 스스로의 방식을 바꾸는 것이 합리적일 것입니다.

'모르기 때문에 불안하다', '손에 쥐고 있지 않아 걱정된다', '지금까지의 방식과 다른 것은 싫다' 같은 감정적인 편견으로 인해 그 가치를 활용하지 못한다면 IT 업무를 맡을 자격이 없습니다. 보다 적극적으로 '어떤 대책을 취하고 있는지' 학습하고 합리적인 판단을 내리는 것이 바람직합니다.

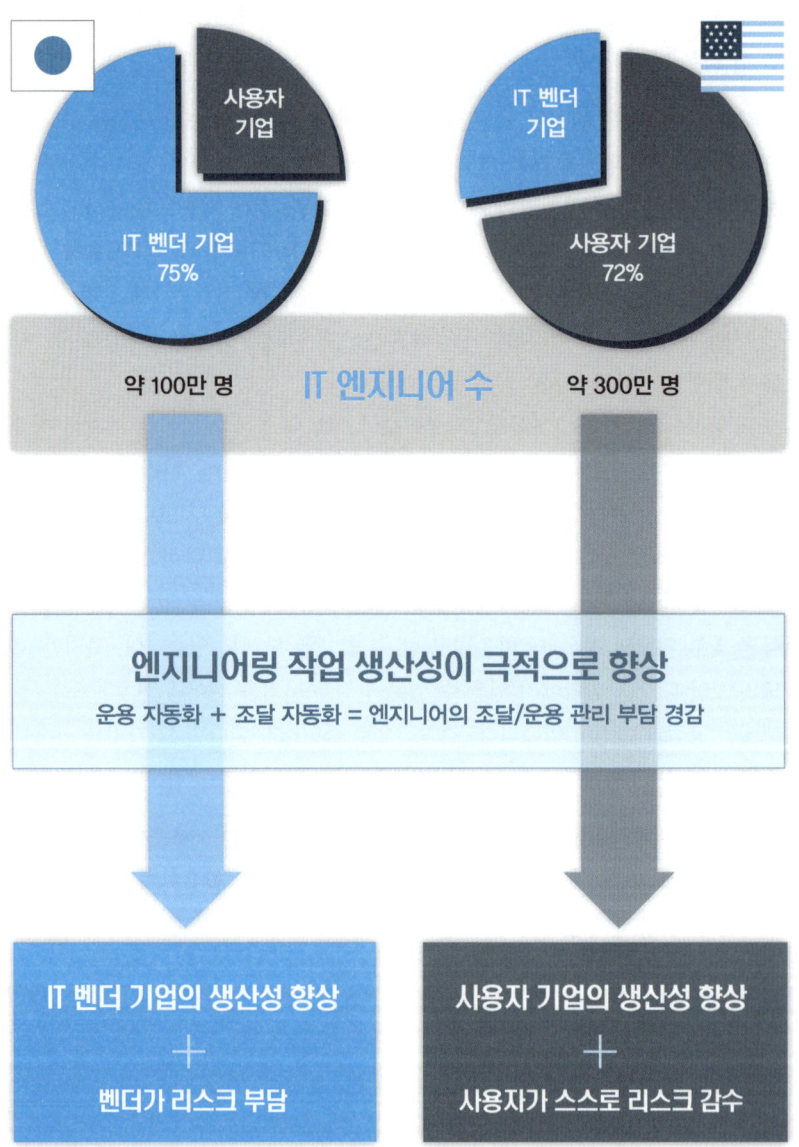

클라우드는 IT 엔지니어의 70%가 사용자 기업에 소속되어 있는 미국에서 생겨 났습니다. 이런 클라우드는 리소스 조달이나 구성 변경 등에 관련된 IT 엔지니어의 생산성을 높이고 인원을 줄일 수 있기 때문에, 사용자 기업의 비용 절감에 직접 기여하는 서비스로 주목받게 되었습니다.

한편, 일본에서는 IT 엔지니어의 70%가 SI 사업자나 IT 벤더에 소속되어 있고, 이들은 외부 위탁으로 이런 업무를 수행하고 있습니다. 그렇기 때문에 사용자 기업에 소속된 IT 엔지니어의 생산성 향상은 위탁 업무 감소를 의미하므로 이들에게 장점이 되지 않습니다. 또한 조달이나 구성 변경은 리스크를 수반하는 작업입니다. 미국에서는 리스크를 사용자가 감수하지만, 이런 작업을 외부 위탁하는 일본에서는 위탁 기업이 책임을 지게 됩니다. 그렇기 때문에 외부 위탁 업무를 수행하는 기업과 클라우드는 이익 상반의 관계에 있습니다.

일본에서는 클라우드가 미국만큼 보급되지 않는다고 합니다. 그 배경에 이런 사정이 있는 것일지도 모릅니다.

일본과 미국의 엔지니어 구성이 이처럼 뒤집혀 있는 것은 인재의 유동성에 차이가 있기 때문입니다. 미국에서는 큰 프로젝트가 있을 때 인원을 늘리고 프로젝트 종료와 함께 해산시키는 것이 그리 어렵지 않습니다. 필요하면 인원을 다시 늘리면 됩니다. 한편, 일본에서는 이런 유동성이 적기 때문에 SI 사업자에게 아웃소싱을 함으로써 인재 수요 변동 부분을 조정하는 것입니다.

그러나 'DX'나 '공격적인 IT'와 같이 경쟁력을 만들어내는 IT 사용에 대한 관심이 높아지면서, 사용자 기업은 엔지니어를 고용하고 내재화를 진행하려 하고 있습니다. 그들은 불확실성이 높은 비즈니스 환경에서 초기 투자 리스크를 가능한 한 피하고, 변경에 즉시 대응하기를 원합니다. 그렇게 하기 위해서는 필연적으로 시스템 자원을 자산으로 고정하지 않아도 되는 클라우드 사용이 확대될 수밖에 없습니다.

기존의 IT는 비용 절감의 압력에 계속 노출되어 왔습니다. 그렇다면 기존 시스템을 클라우드로 마이그레이션하고 운용을 자동화해 비용 감소를 도모하자는 움직임도 있습니다. 또한 생성형 AI를 필드로 한 최신 기술을 고객용 서비스에 내장해 차별화를 도모하려는 움직임도 활발합니다. 이 세 가지 동기가 클라우드 보급을 뒷받침하고 있습니다.

클라우드 바이 디폴트 원칙
(Cloud By Default Policy)

일본 정부 정보 시스템의 클라우드 서비스 사용에 관한 기본 방침(안)
https://cio.go.jp/sites/default/files/uploads/documents/cloud_%20policy.pdf

클라우드 바이 디폴트 원칙(클라우드 서비스 사용을 최우선으로)
- 정부 정보 시스템의 경우 클라우드 서비스 사용을 최우선으로 검토한다.
- 정보 시스템화 대상 서비스/업무/취급 정보 등을 명확하게 정의하고 장점, 개발 규모, 비용 등에 기반해 검토한다.

Step 0: 검토 준비
클라우드 서비스 사용 검토에 앞서 대상 서비스/업무/정보 등의 사항을 가능한 한 명확하게 한다.

Step 1: SaaS(퍼블릭 클라우드) 사용 검토 및 사용 방침
서비스/업무 정보 시스템화에 관련된 사항에 관해 그 일부 또는 전부가 SaaS(퍼블릭 클라우드)를 통해 제공되는 경우(SaaS(퍼블릭 클라우드) 사양에 맞춰 서비스/업무 내용을 수정하는 경우도 포함됨)에는 클라우드 서비스 제공자가 제공하는 SaaS(퍼블릭 클라우드) 사용을 검토한다.

Step 2: SaaS(프라이빗 클라우드) 사용 검토
서비스/업무 정보 시스템화에 관련된 사항에 관해 그 일부 또는 전부가 정부 공통 시스템의 모든 기능, 정부 공통 플랫폼, 각 부처의 공통 인프라 등으로 제공되는 커뮤니케이션 계열 서비스나 업무 계열 서비스는 SaaS 사용을 검토한다.

Step 3: IaaS/PaaS(퍼블릭 클라우드) 사용 검토 및 사용 방침
SaaS 사용이 부득이 어려운 경우 또는 비용 측면의 우위성 및 사용성의 장점이 없는 경우에는 민간 사업자가 제공하는 IaaS/PaaS(퍼블릭 클라우드) 사용을 검토한다.

Step 4: IaaS/PaaS(프라이빗 클라우드) 사용 검토
IaaS/PaaS(퍼블릭 클라우드) 사용이 부득이하게 어려운 경우 또는 비용 측면의 우위성 및 사용성의 장점이 없는 경우에는 서버 구축이 가능한 정부 공통 플랫폼, 각 부처의 독자적인 공통 인프라 등의 IaaS/PaaS 사용을 검토한다.

온프레미스 시스템 사용 검토

일본 정부는 2017년 5월, 저출산 고령화에 대응해 지속적인 경제 발전을 달성하기 위해서는 AI, 로봇, IoT 등을 활용한 새로운 사회인 'Society 5.0'이 일본이 지향해야 할 미래 사회의 모습이라 정의하고, 이를 지탱하기 위해 정부가 정보 시스템을 준비할 때 클라우드 사용을 최우선 후보로 검토하는 '클라우드 바이 디폴트 원칙(Cloud By Default Policy)' 기본 방침을 결정했습니다. 참고로 '바이 디폴트/By Default'는 '이미 정해진'이라는 의미입니다. 그리고 2018년 6월, 구체적인 내용을 발표했습니다.

여기에서 개발 규모 및 비용 최소화를 위해 먼저 운용 관리 부담이 적은 퍼블릭 클라우드인 SaaS에서 검토를 시작하고, 그것이 어려울 때는 순차적으로 운용 관리 부담이 커지는 PaaS, IaaS로 검토를 진행하게 하고 있습니다. 모든 서비스의 사용이 현저하게 어렵거나, 사용 시 장점이 없고 오히려 비용 측면에서의 우위성도 없을 때만 온프레미스(직접 소유하고 운용 책임을 지는)를 사용하도록 규정하고 있습니다.

퍼블릭 클라우드를 사용하는 경우는 다음과 같습니다.

- 시스템 자원의 정확한 예측이 어렵거나 변동이 예상될 때
- 24시간/365일 서비스 제공이나 장애 대책이 반드시 필요할 때
- 인터넷을 경유해 직접 서비스(API 포함)를 제공할 때
- 퍼블릭 클라우드가 제공하는 기술/기능/서비스(운용 관리, 마이크로서비스, 분석 기능, AI 등)를 기본적으로 채용해야 할 때

시스템 개발 입찰에 참여하는 IT 벤더는 퍼블릭 환경, 장애 대책 환경 준비, 보안 대책 인증 획득 등을 해야 합니다. 그리고 2020년 9월 출범한 '디지털청[*]'은 이 원칙을 철저하게 확인하는 역할도 담당하고 있으며 클라우드 사용을 적극적으로 진행하고 있습니다.

비즈니스 환경 변화가 빨라지는 오늘날, 정부는 물론 민간 기업 입장에서도 시스템을 자산으로 소유하는 것은 경영 속도를 늦추는 리스크입니다. 과거에는 '소유'하는 방법뿐이었지만, 이제 시대가 변해 '클라우드 바이 디폴트'의 제약이 사라졌습니다. 오히려 경쟁력 강화나 차별화 등 'DX'나 '공격적인 IT'에 경영 자원을 쏟고 싶어하는 기업 경영자에게도 '클라우드 바이 디폴트'는 필연적입니다.

---

[*] 일본의 중앙 정부 기관 중 하나. 행정 절차의 디지털화, 공공 데이터 관리 등 IT 정책을 총괄한다. _편집자 주

소유한 시스템을 퍼블릭 클라우드로 마이그레이션하기 위한 핵심

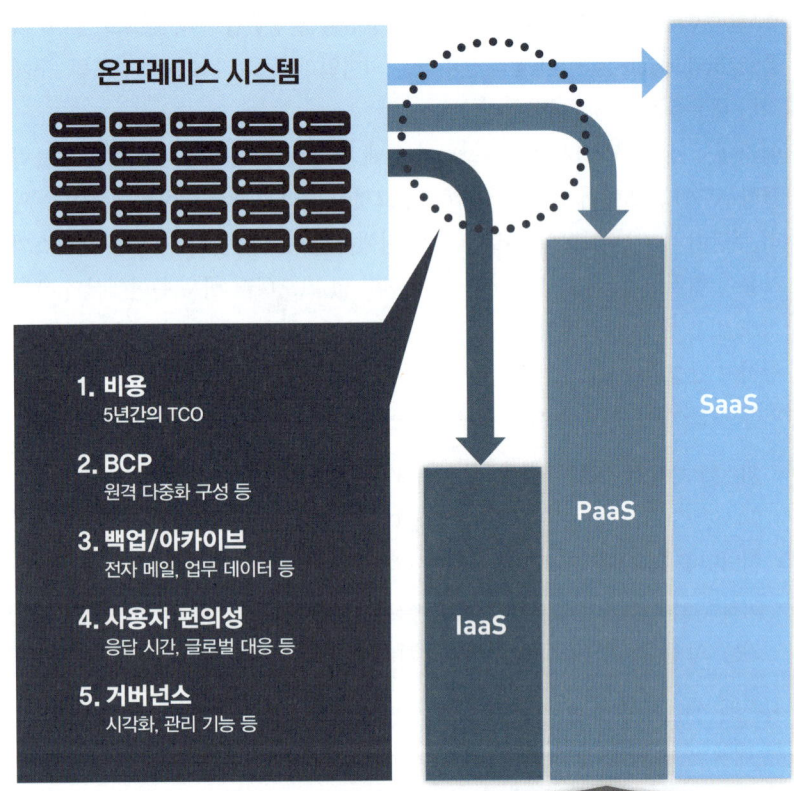

시스템 구성이나 운용 방식을 그대로 유지한 채 소유한 시스템을 퍼블릭 클라우드로 마이그레이션한다 하더라도 비용 절감은 어렵습니다. 그 이유는 다음과 같습니다.

- 서버 수가 많으면 시스템이 복잡해지고, 작업 비용이나 유지보수/지원 비용이 증가한다.
- 서버는 실행 시간에 따라 요금이 부과되므로 소유한 시스템과 동일하게 항상 실행되는 것을 전제로 하는 운용 방법으로는 비용이 높아진다.
- 백업이나 다중화 구성, 다른 지원 옵션 사용 방식에 따라 요금이 크게 변한다.
- 데이터 다운로드(클라우드 외부로 데이터를 꺼내는 것)나 외부 네트워크 회선 비용(폐쇄망, 국제 회선 등)이 별도로 필요하다.
- 운용 관리 등에 관련된 기업의 인건비는 클라우드로 기능을 마이그레이션하더라도 그대로 유지된다.

결과적으로 이전보다 비용과 운용 관리 부담이 증가하고, 기능면에서 사용 부문의 니즈에 대응하지 못하고, 서비스 수준이 낮아지고, 보안을 담보할 수 없게 될 수 있습니다.

이런 사태를 피하기 위해서는 클라우드에 최적화된 시스템으로 설계를 바꾸고, 다음 우선 순위에 따라 마이그레이션하는 것이 현실적입니다.

- 가능한 한 개발과 운영이 필요하지 않은 SaaS로 마이그레이션한다.
- 애플리케이션 개발이 필요할 때는, 개발이나 실행 구조가 사전에 제공되어 운용을 위임할 수 있는 PaaS나 FaaS(Function as a Service: 서버리스를 제공하는 서비스)로 마이그레이션한다.
- 기존 구성이나 운용을 반드시 유지해야 한다면 IaaS나 베어메탈로 마이그레이션한다.

하나의 프로그램에 많은 기능을 담은 애플리케이션을 기능별 부품(마이크로서비스)으로 분해해 컨테이너에 저장한 뒤 CaaS(Container as a Service: 컨테이너관리 기능이 제공되는 서비스) 또는 FaaS로 실행하는 방법도 선택할 수 있습니다. 여기에 맞춰 정보 시스템 부문의 역할과 스킬을 재검토하면서 클라우드를 사용해야 합니다. IT 벤더는 이런 고객의 니즈를 만족시킬 수 있는 지원 서비스나 조언을 제공할 수 있어야 합니다.

클라우드로 흡수되는 IT 비즈니스

애플리케이션 비즈니스
- 비즈니스 개발
- 시스템 기획
- 시스템 설계
- 프로그램 개발/테스트
- 개발/테스트 환경 구축
- 프로덕션 실행 환경 구축
- 보안 대책
- 운용 관리
- 문제 대응

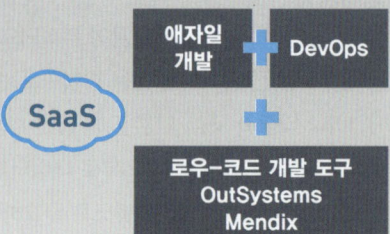

- 로우-코드 개발
  – Salesforce Lightning Platform
  – Microsoft PowerApps
- 서버리스/FaaS, PaaS
- 컨테이너 운용/관리 매니지드 서비스

네트워크 비즈니스
- 네트워크 설계
- 네트워크 기기 도입/설정
- 보안 대책
- 모니터링/운용 관리
- 문제 대응

 5G 통신망 타임 슬라이스 SIM을 통한 폐쇄망

 클라우드/데이터 센터 내 네트워크

 클라우드/데이터 센터 간 백본 네트워크

인프라스트럭처 비즈니스
- 인프라스트럭처 설계
- 인프라스트럭처 기기 도입/설정
- 보안 대책
- 모니터링/운용 관리
- 문제 대응

온프레미스 유형 매니지드 시스템

- ☑ Oracle Dedicated Region @Cloud
- ☑ AWS Outposts
- ☑ Microsoft Azure Stack Hub

시스템을 '소유'하는 선택지밖에 없던 시대에는 하드웨어 구입, 설치, 소프트웨어 도입, 설정 등에 많은 노력이 필요했습니다. 그리고 이들을 설치하기 위한 서버실이나 데이터 센터, 전원이나 냉각 장치, 통신 회선 같은 설비도 사용자 기업이 책임지고 준비해야 했습니다. 이를 위한 시스템 기기 판매, 공사 및 유지 관리를 위한 공정 수요도 발생했습니다.

하지만 클라우드를 '사용'하면 하드웨어 판매, 도입, 설치 관련 작업과 이를 위한 설비 공사가 클라우드 서비스로 흡수됩니다.

그리고 시스템 일부를 직접 소유하더라도 하이브리드 클라우드가 전제가 되면 해당 시스템은 퍼블릭 클라우드 친화적이면서 중앙 집중 관리할 수 있어야 합니다. 퍼블릭 클라우드 사업자 측에서는 이 수요에 대응해, 자사 서비스에 대한 환경을 의식하고 자사 서비스에서 사용하고 있는 시스템 환경, 자사의 퍼블릭 클라우드와 프라이빗 클라우드를 일괄적으로 운용 및 관리할 수 이게 하는 구조를 사전에 내장한 하드웨어를 직접 제공해 이 수요에 대응하고 있습니다.

AWS의 Outposts, Microsoft의 Azure Stack Hub, Google의 Distributed Cloud Edge, Oracle의 Dedicated Region Cloud@Customer 등이 이에 해당합니다. 이들은 시스템 도입 작업을 완료한 뒤 출하됩니다. 따라서 설치 위치에서의 작업이 적고 운용 관리나 유지보수, 장애시 대응과 같은 작업도 네트워크를 통해 서비스로 제공되므로, 이를 위한 공정 단계 수요도 제한적입니다.

또한 5G(5세대 이동통신 시스템)를 사용하면 물리적인 공사를 하지 않고도 설정만으로 고속의 폐쇄망을 구축할 수 있습니다. 그리고 클라우드 사업자의 데이터 센터는 서로 글로벌하게 고속 네트워크로 연결되어 있어 여러 지역에 걸친 광대역 네트워크를 사용자 기업이 준비할 필요도 없습니다. 지금까지 네트워크 구축에는 기기, 설비를 준비하기 위한 막대한 비용과 작업이 필요했지만 그 수요는 사라지고 있습니다.

이렇게 클라우드의 보급은 지금까지의 IT 비즈니스 구조를 크게 바꾸고 있습니다.

05

사이버 보안

사업 인프라스트럭처의 안전 대책, 디지털 시기의 주요 경영 과제

DX를 추진하면서 비즈니스 모델이나 업무 프로세스가 IT 서비스로 치환되고, 사업이나 경영의 IT 의존도가 날로 높아지고 있습니다. 이에 따라 사이버 공격에 대한 대처가 그 어느때보다 다양해지고 있으며, 중요한 경영 과제가 되었습니다.

하지만 클라우드가 보급되고 원격 근무가 일상이 된 지금, 과거처럼 사내와 사외를 명확하게 구별해 둘의 경계를 보호하는 '경계 방어' 보안으로는 충분히 대처할 수 없게 되었습니다. 그리고 ID와 비밀번호 유출 또한 일상화되어 이에 따른 리스크도 높아지고 있습니다.

방화벽이나 VPN 등을 사용해 보호되어 신뢰할 수 있는 네트워크(Trusted Network)였던 사내 네트워크는 이제 신뢰할 수 없게 되었습니다. '제로 트러스트 네트워크(Zero-Trust Network)'를 전제로 대책을 수립해야 합니다.

신뢰할 수 없게 된 것은 네트워크만이 아닙니다. 공격이 고도화/다양화되면서 디바이스나 트랜잭션에도 영향을 미치게 되었습니다. ID나 비밀번호에 의존한 인증도 안전하지 않게 되었습니다. 제로 트러스트의 대상은 광범위하며, 이를 전제로 한 대책이 필요하게 되었습니다.

'디지털 전제 사회에 적응하기 위해 기업을 탈바꿈하는 것'

DX 실천은 다양한 업무 프로세스를 철저하게 디지털화하는 것이기도 합니다. 이를 통해 기업 활동을 실시간 데이터로 파악할 수 있고 업무 활동이 실시간으로 '시각화'되므로 AI를 사용해 즉시 최적의 솔루션을 찾아낼 수 있습니다. 그렇게 해서 DX가 목표로 하는 변화에 민첩하게 대처할 수 있는 기업으로 탈바꿈할 수 있는 것입니다. 업무 프로세스는 점차 디지털로 변하기 때문에 그것을 지탱하는 정보 시스템의 리스크에 대처하는 것이 지금까지 그랬듯 중요한 경영 과제가 됩니다.

악의를 가진 공격자들 역시 이런 사업 환경의 변화에 적응해 그 기법을 고도화, 정교화하고 있습니다. 이미 기존에 대처하던 상식이 통하지 않고 대책과 공격을 반복하고 있는 상황입니다.

과거에는 '공격을 막고, 만약 공격을 받으면 즉시 대응한다'가 보안 대책의 기본이었습니다. 하지만 이제 이런 방식의 대처는 불가능해졌습니다. '공격을 완전히 막는 것은 불가능하다. 그렇기 때문에 공격을 받는다는 것을 전제로 하고 공격으로부터 빠르게 복구하는 것이 중요하다'로 대책의 중심이 바뀌고 있습니다.

경영자는 보안 대책이 사업 경영의 생사를 좌우하는 과제임을 충분히 인식하고 그 대책을 추진해야 합니다. 일본의 독립행정법인 정보처리추진기구(独立行政法人情報処理推進機構, IPA)는 그 중요성을 환기하기 위해 '사이버 보안 경영 가이드라인 v2.0'을 공개하고 경영자들에게 다음 3원칙을 인지하여 대책을 추진할 것을 권고합니다.

1. **경영자는 사이버 보안 리스크를 인식하고 리더쉽을 발휘해 대책을 추진해야 한다.**
   - 사이버 공격이 피할 수 없는 리스크가 된 현재 상황에서 경영 전략으로의 보안 투자는 반드시 필요하며 이는 경영자의 책무다.
   - 사이버 공격 등으로 인해 피해를 입었다면 기업 입장에서 신속하고 적절한 대응이 가능한지에 따라 기업의 운명이 갈린다.

- 사이버 보안 리스크를 경영 리스크의 하나로 간주하고, 대책을 실시하기 위해 책임자가 되는 담당 임원(CISO 등)을 임명한다. 동시에 경영자 스스로가 리더십을 발휘해 적절한 경영 자원을 배분한다.

2. **자사는 물론 비즈니스 파트너나 위탁 대상도 포함한 공급망(Supply Chain) 보안 대책이 필요하다.**
   - 비즈니스 파트너가 사이버 공격에 대해 무방비인 경우 자사에서 제공한 중요한 정보가 유출되는 것과 같은 문제가 발생할 수 있다.
   - 자사뿐만 아니라 비즈니스 파트너나 시스템 관리 같은 위탁 대상을 포함하여 보안 대책을 철저하게 수행해야 한다.

3. **평상시와 비상시 모두 사이버 보안 리스크 및 대책에 관한 정보 공개 등, 관계자와 적절한 커뮤니케이션을 해야 한다.**
   - 피해가 발생했을 때 관계자와 평소 적절한 커뮤니케이션을 했다면 관계자의 불신감이 높아지는 것을 막을 수 있다.
   - 평상시 실시해야 할 사이버 보안 대책을 실시하는 것을 명확하게 하는 것과 같은 커뮤니케이션을 적극적으로 수행해야 한다.

자사뿐만 아니라 공급망을 포함한 모든 환경을 파악하고 사고나 공격에 강한 환경을 만드는 것, 그리고 그 대책을 IT 부문에만 요구하는 것이 아니라 경영자가 스스로 책임지고 노력하는 것이 중요합니다.

그리고 업무 효율이나 편의성을 높이는 것 역시 IT의 중요한 역할입니다. 보안 대책으로의 기능이 있지 않은데 '관례이기 때문에' 지속하고 있는 행위(예를 들면 파일을 zip 압축한 후 암호화해서 메일에 첨부해 보낸 뒤 비밀번호를 별도로 보내는 등)를 사용자에게 요청하는 것은 엄격하게 삼가야 합니다.

'정보 시스템을 사용함으로써 효율이나 편의성이 높아지고, 사용자에게 의식하게 하지 않고, 부담을 주지 않고, 그 안전이 보호된다'

본래 '보안' 대책이란 이런 것이어야 합니다. 이번 5장에서는 이런 '보안'에 관한 기본을 정리합니다.

보안 구분과 위협

보안(Security)

광의적 ↕

- 이직 시 기밀 서류 유출
- 기밀 서류 분실
- 도청기 등에 의한 회의 도청 등

정보 보안 (Information Security)
데이터 및 데이터에서 파생된 정보를 안전하게 지키는 것

협의적 ↕

- 웹사이트 부정 접근
- 웹사이트 위변조
- 직원에 의한 기밀 정보 부정 송신
- 위탁 직원에 의한 기밀 정보 부정 유출
- 멀웨어에 의한 기밀 정보 부정 송신
- 랜섬웨어에 의한 업무 데이터 암호화 등

사이버 보안 (Cyber Security)
정보 보안의 위협이 되는 원인이나 수단에 대처하는 것

- 사이버 공격 예고/위협
- 시스템 탈취/유용
- 제어 계열 프로그램 위변조 등

물리 보안 (Physical Security)
시설이나 설비, 기자재 등의 물리적 대상을 안전하게 지키는 것

- 기밀 영역 부정 침입
- 서버 등 IT 기기 파손
- 회선 탈취에 의한 도청 등

다양한 업무가 디지털화되고 있는 지금, 정보 시스템을 항상 건전한 상태로 보호하는 것과 함께 정보 자산의 파손이나 손실 등을 막고, 필요할 때 항상 사용할 수 있게 하는 것은 지금까지와 마찬가지로 중요한 경영 과제입니다. 이를 위해 필요한 것이 '보안' 대책입니다.

'보안'은 '물리 보안', '정보 보안', '사이버 보안'의 세 가지로 나뉘며 대책도 그에 따라 나누어 실시합니다.

▌물리 보안

시설이나 설비, 기자재 등 물리적인 대상을 안전하게 보호하는 것입니다. 정보를 보관한 시설에 누구나 접근 가능하고, 간단하게 기기를 조작하거나 외부로 가지고 나갈 수 있다면 공격을 막을 수 없습니다. 물리적 대책으로 예를 들면 데이터 센터 건물이나 서버실을 드나들 때 ID 카드나 비밀번호 사용, 감시 카메라 및 경비 배치 등이 있습니다. 그리고 인적 대책으로 보안 정책 정립이나 직원 교육 등을 들 수 있습니다.

▌정보 보안

데이터 및 데이터에서 파생되는 정보를 안전하게 보호하는 것입니다. 대책으로 예를 들면 정보 유출이나 데이터 파손을 방지하기 위해 정보를 취급하는 방법을 규정하는 것, 또는 적절한 절차를 거쳐 항상 정보를 안전하게 사용할 수 있는 상태로 유지하는 것이 있습니다. 덧붙여 IT에서는 '데이터'와 '정보'를 구분합니다. 데이터는 가공 및 처리되지 않은 것(문자, 숫자, 센서로부터 전달된 신호, 웹 로그 등)이고, 정보는 데이터의 상호 관계나 규칙을 알 수 있게 무언가의 기준이나 규칙에 따라 정리한 것(표, 그래프 등)입니다.

▌사이버 보안

정보 보호에 위협이 되는 원인이나 수단에 대처하는 것입니다 외부로부터 네트워크를 통해 실행되는 위협뿐만 아니라 내부에서 정보가 유출되는 것과 같은 위협도 포함합니다. 대책으로 예를 들면 인터넷이나 사내 네트워크 등을 악의를 가진 사람이 접속해 기밀 정보에 부정 접근하거나, 업무를 정지시키지 못하게 하는 것입니다.

'정보 보안'과 '사이버 보안'은 중복되는 항목이 많지만 각각 고유한 부분도 있어 구별하는 것이 좋습니다.

정보 보안의 3요소와 7요소

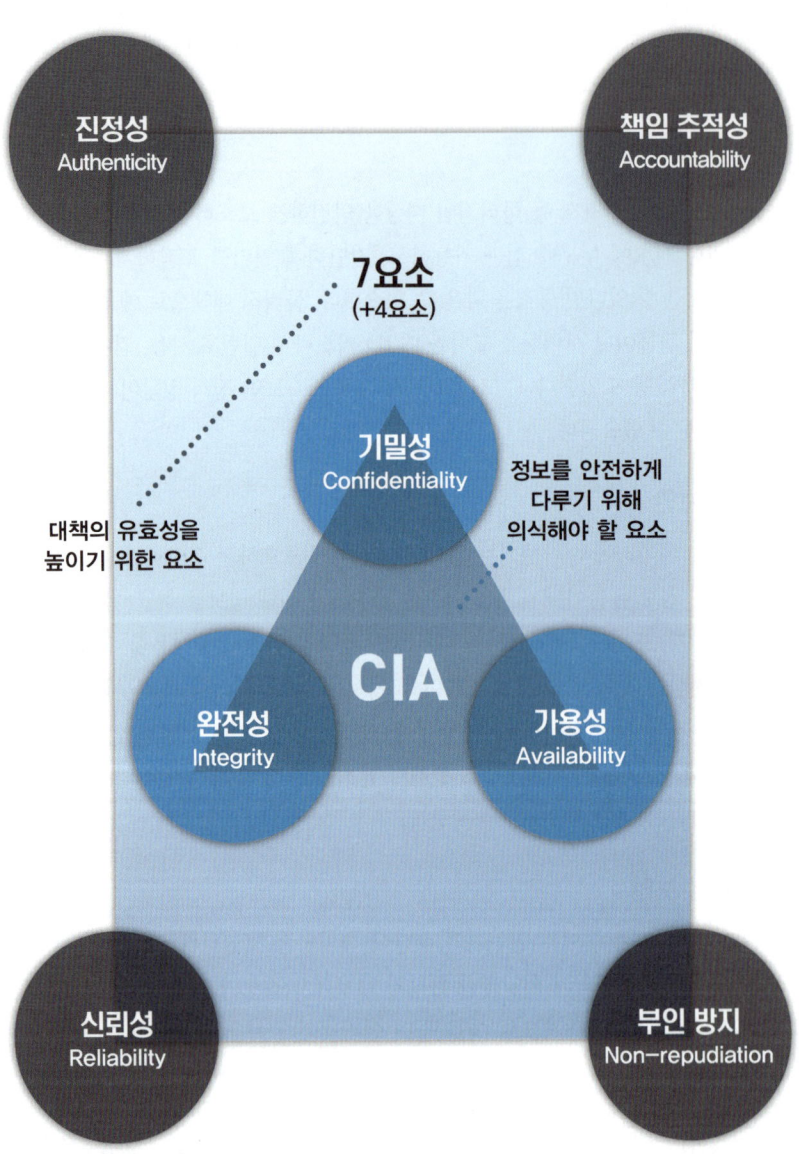

정보 보안의 3요소

정보의 3요소를 'CIA'라 부릅니다. 각각 '기밀성(Confidentiality)', '완전성(Integrity)', '가용성(Availability)'입니다. 이 3요소는 정보의 정확성과 신뢰성을 유지하고 안전하게 정보를 다루기 위해 의식해야 할 요소를 정의한 것입니다. '정보 보안'에서는 'CIA' 상태를 지키기 위해 어떻게 정보를 취급하는가'를 고려하고, '사이버 보안'에서는 'CIA를 위협하는 원인이나 수단에 어떻게 대처하는가'를 고려합니다.

기밀성(Confidentiality)

정보에 대한 접근이 허가된 사용자만 해당 정보에 접근할 수 있는 상태를 확보하는 것으로 구체적인 대책은 다음과 같습니다.

- 데이터 센터 등 출입이 엄밀하게 관리된 위치에 정보를 보관한다.
- ID나 비밀번호가 쓰인 메모를 PC 모니터 등에 붙여두지 않는다.
- 정확한 권한을 가진 사용자만 정보에 접근할 수 있는 구조를 만든다.

완전성(Integrity)

정보가 파손, 조작 또는 삭제되지 않는 상태를 확보하는 것으로 구체적인 대책은 다음과 같습니다.

- 정보 접근 이력을 남긴다.
- 정보에 디지털 서명을 한다.
- 정보 변경 이력을 남긴다.

가용성(Availability)

정보에 대한 접근이 허가된 사용자만 필요시 중단 없이 정보 및 관련 자산에 접근할 수 있는 상태를 확보하는 것으로 구체적인 대책은 다음과 같습니다

- 시스템을 이중화(또는 다중화)해 업무를 정지시키지 않는다.
- BCP(Business Continuity Plan, 사업 지속 계획)를 수립하고 훈련을 수행한다.
- 정보 시스템을 자사에서 소유하지 않고 클라우드로 마이그레이션한다.

정보 보안의 7요소(CIA+네 가지 새로운 요소)

디지털화의 영역이 확대되고 보안의 중요성이 한층 높아지면서 'CIA' 3요소에 새롭게 네 가지 요소를 추가해 대책의 유효성을 높이는 사고방식입니다.

진정성(Authenticity)

정보에 접근하는 기업이나 조직, 개인 또는 매체가 '접근 허가된 자'임을 확실하게 하는 것입니다.

- 디지털 서명
- 2단계 인증
- 멀티 팩터 인증 등

신뢰성(Reliability)

데이터나 시스템을 사용한 동작이 의도한 결과를 내는 것입니다.

- 오류를 일으키지 않는 시스템을 설계한다.
- 앞 요소들에 기반해 구축한다.
- 조작 실수 등 인위적인 실수에도 데이터가 소실되지 않는 구조로 만든다.

책임 추적성(Accountability)

기업 조직이나 개인 같은 움직임을 추적하는 것입니다. 이를 통해 데이터나 시스템에 대한 위협이 무엇인지, 또는 누구의 어떤 행위가 원인인지 특정할 수 있습니다.

- 접근 로그/시스템 로그를 완전하게 취득/보관한다.
- 디지털 서명을 수행한다.
- 조작 이력/로그인 이력을 완전하게 취득/보관한다.

부인 방지(Non-repudiation)

정보가 이후에 부정되지 않았음을 증명하는 것으로 '책임 추적성'에서의 대책을 그대로 사용합니다.

> 칼럼

PPAP

'PPAP'는 파일을 '비밀번호가 걸린 zip 파일'로 만들어 첨부해서 전송하고, 그 뒤 비밀번호를 별도로 전송하는 일본식 보안방식입니다. 이 방식은 보안 대책상 전혀 효과가 없을 뿐만 아니라 오히려 보안 리스크를 높이는 행위로, 금지 및 폐지하는 기업이 증가하고 있습니다. 덧붙여 PPAP는 다음 4개의 앞 글자를 딴 것입니다.

'**Password**가 걸린 zip 파일을 전송한다. **Password**를 전송한다. 암호화(**A**ngoka*) **P**rotocol(프로토콜/절차)'

PPAP가 폐지되는 이유로 다음 세 가지를 들 수 있습니다.
- 바이러스 체크가 불가능하다: 암호화된 파일은 바이러스 체크가 불가능하며 바이러스가 포함되어 있어도 탐지할 수 없다.
- 애초에 보안 대책이 되지 않는다: 메일과 비밀번호가 같은 메일 주소로 송수신되므로 양쪽에 모두 도착한다. 그리고 수신자가 메일을 연 뒤 제3자에게 전송하더라도 확인할 수 없다. 또한 zip 파일은 비밀번호 오입력 횟수 제한이 없기 때문에 zip 파일만 있다면 비밀번호 입력을 반복 시도해서 해제할 수 있다.
- 수신자의 수고가 늘어난다 또는 사용할 수 없게 된다: 수신자 PC로 첨부 파일을 다운로드한 뒤 비밀번호를 수신하고 입력해야 한다. 스마트폰이나 태블릿에서는 파일을 열 수 없다.

PPAP를 대체하는 수단으로 클라우드 스토리지가 있습니다. 파일 공유 범위를 제한해 공유하고 싶은 상대에게만 접근 권한을 줄 수 있습니다. 또는 'S/MIME를 사용한 이메일 암호화'가 있습니다. 이 방법은 암호화와 전자 서명이라는 두 가지 구조를 사용합니다. 이를 사용하면 설령 통신 경로를 도중에 도청하더라도 올바른 수신자가 아니면 내용을 확인(복구)할 수 없습니다. 그리고 송신자인 척 속이려 하더라도 전자 서명을 통해 신분을 증명해야 합니다. 만일 메일 내용에 조작이 있으면 전자 서명이 탐지해 경고 메시지를 표시합니다.
'관례이기 때문에', '사내 결정 사항이기 때문에'라고 하며 PPAP 폐지를 주저하는 것은 자사의 손해일뿐만 아니라 다른 기업에도 폐를 끼치는 것임을 기억하기 바랍니다.

---
* 암호화(暗号化)를 일본식으로 읽은 발음이다. _편집자 주

리스크 관리에 관한 사고방식

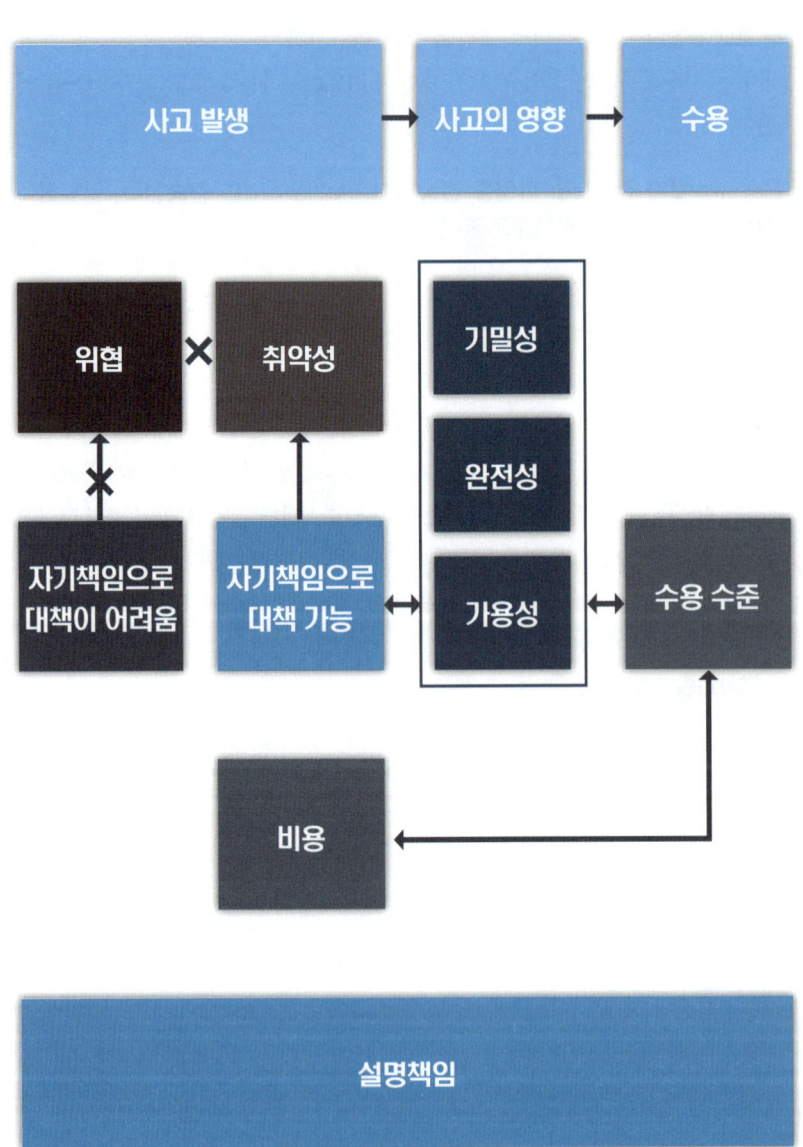

'리스크'는 사업 활동에 손해를 끼칠 가능성을 의미합니다. 예를 들면 고객으로부터 받은 고객 정보나 기업 활동에 관한 기밀 정보가 유출되어 부정 접근이나 멀웨어(악의가 있는 소프트웨어)에 의해 시스템이 정지되는 등의 사고(Incident, 보안에 대한 위협이 되는 일)가 발생함에 따른 업무 정지, 신용 하락, 고객 이탈, 매출 감소, 경쟁사에 대한 경쟁력 저하 같은 손해가 발생하는 것입니다.

이런 리스크를 줄이고 사업 활동의 건전성을 유지하고 사업을 지속하기 위한 노력이 사이버 보안에서의 리스크 관리입니다.

사고 발생

사고 발생의 계기는 '위협'입니다. '위협'은 '리스크'를 일으키는 요인입니다. 이런 '위협'은 크게 두 가지로 구분할 수 있습니다.

- **인위적 위협**: 인간에 의해 발생하는 것으로 의도적 위협과 우발적 위협으로 나뉜다.
- **현상적 위협**: 지진, 홍수, 태풍, 낙뢰, 화재와 같은 자연 재해를 말한다.

'인위적 위협'의 '의도적 위협'은 의도를 가진 주체에 의한 공격(부정 침입, 멀웨어, 조작, 도청 등)이나 도난, 파손 등입니다. '우발적 위협'은 인적 실수(분실, 조작 실수, 대화 엿듣기에 의한 정보 누설 등) 또는 시스템 장애(스토리지 파손, 네트워크 기기 장애 등)를 말합니다.

'위협'은 없앨 수 없습니다. 스스로 제어할 수도 없습니다. '우리에게는 부정 침입하지 마', '재해를 없애줘'라고 부탁할 수 없기 때문입니다. 따라서 어떤 위협이 존재하는지에 관해 도출하고 사전에 그 영향을 분석해두는 것이 중요합니다.

한편, '취약성'은 인위적 위협에 의해 사용될 우려가 있는, 혹은 환경적 위협에 따라 발생할 가능성이 있는 것으로 다음과 같은 예를 들 수 있습니다.

- 소프트웨어 결함(버그, 보안 구멍 등이라 불린다).
- 시스템을 운용 관리하는 순서나 방법의 부재.
- 시스템에 관한 직원의 지식이나 스킬 부족, 도적적 해이와 실천 부족.

기술적 요소뿐만 아니라 인간적 요소도 적지 않습니다. 이 '취약성'들을 완전하게 없앨 수는 없지만 '위협'과 달리 스스로의 노력으로 줄일 수는 있습니다. 예를 들면 '도둑(위협)을 세상에서 없앨 수는 없지만, 집의 출입구나 창(취약성)에는 자물쇠를 걸어 외출 시 반드시 자물쇠를 잠글 수(취약성 대책)' 있습니다.

'위협'과 '취약성'이 일치하면 사고로 이어집니다. 그렇기 때문에 스스로 이러지도 저러지도 못하는 '위협'이 아니라, 대처 가능한 '취약성'을 배제하는 것이 사고를 없애기 위한 기본입니다.

▍사고의 영향과 수용

'취약성 대책'을 철저하게 수행하면 사고는 없앨 수 있지만 그만큼 비용도 늘어납니다. 그럼 어느 정도의 대책을 수행해야 할까요?

먼저 '무엇을 지킬 것인지' 선별해야 합니다. 지킬 대상에 관해 '정보 보안의 3요소(기밀성, 완전성, 가용성)'가 위협에 노출되었을 때, 그것이 사업 또는 사업 가치를 유지하는 데 미치는 영향 정도를 평가합니다. 그 영향도나 중요도에 따라 수행할 대책을 비용과 비교해 판단합니다. 중요도가 낮음에도 불구하고 '보안이 걱정되기 때문에 무엇이든 대처한다'는 사고방식은 삼가야 합니다.

얼만큼의 비용을 투입할 것인지는 '수용 수준'에 따라 결정합니다. 예를 들면 '전자 메일이 정지했을 때 사용자가 얼마나 오랜 시간동안 사용할 수 있는가'에 관해 '1초라도 멈추면 곤란한다/10분 정도는 허용할 수 있다/반나절 정도는 허용할 수 있다'와 같은 '허용 수준'에 따라 대처에 들어가는 비용에 큰 차이가 발생합니다. 대책을 할 때에도 이렇게 허용 수준에 대해 합의를 도출해 적정한 대책 비용을 들이지 않으면, 비용 대비 높은 효과의 대책을 수행할 수 없습니다.

그리고 대책이 적정하게 수행되고 효과적으로 기능하고 있는지, 또는 예상 밖의 '위협'이나 '취약성'이 없는지 항상 검증하고 개선하기 위해 모든 이력을 남기고 설명의 책임을 다 할 수 있게 해두어야 합니다.

칼럼

멀웨어

'멀웨어(Malware)'는 '악의가 있는 소프트웨어'를 가리키며 그 유형은 다양합니다. 멀웨어를 명확하게 구분하기는 어렵습니다. 여러 특징을 동시에 가진 것도 있지만 크게 다음 네 가지 종류로 정리할 수 있습니다.

- 바이러스(Virus): 스스로는 존재하지 못하며, 다른 프로그램의 일부를 조작해서 침투한다. 프로그램을 파괴하고, 스스로를 복제해서 증식하여 다른 시스템을 감염시킨다.
- 웜(Worm): 바이러스와 마찬가지로 자기 복제를 통해 감염시키지만, 바이러스와 같이 다른 프로그램을 필요로 하지 않고 스스로 동작한다. 네트워크에 연결하는 것만으로 감염시키는 것도 있다.
- 스파이웨어(Spyware): 사용자가 눈치채지 못하는 사이에 PC나 스마트폰 같은 디바이스에 설치되어 개인 정보나 접근 이력 등을 수집해 외부에 송신한다.
- 트로이의 목마(Trojan Horse): 문제가 없어 보이는 이미지나 문서 파일, 스마트폰 애플리케이션 등으로 위장해 그것을 설치한 디바이스 내부로 침투한다. 외부 조작을 통해 대상 디바이스를 조종한다.

이들을 구별하지 않고 '바이러스' 또는 '컴퓨터 바이러스'라 부르기도 합니다. 이 멀웨어의 감염 경로는 크게 다섯 가지로 나눌 수 있습니다.

- 메일의 첨부 파일
- 웹사이트 접근
- 애플리케이션 설치
- 네트워크 연결
- 소프트웨어 취약성을 사용한 침입

이들을 방치하면 금전적인 피해, 업무 중단, 고객으로부터의 신용 상실 등 사업상 중대한 지장이 발생합니다. 그래서 OS를 항상 최신 버전으로 유지하고, 의심되는 URL은 클릭하지 않고, 이상한 메일이나 첨부 파일은 열지 않는 등의 대책 수행을 게을리하지 않아야 합니다. 다만 인간의 노력에는 한계가 있으므로 도구를 사용한 자동화가 필수입니다.

부정 접근 대책의 기본이 되는 접근 제어

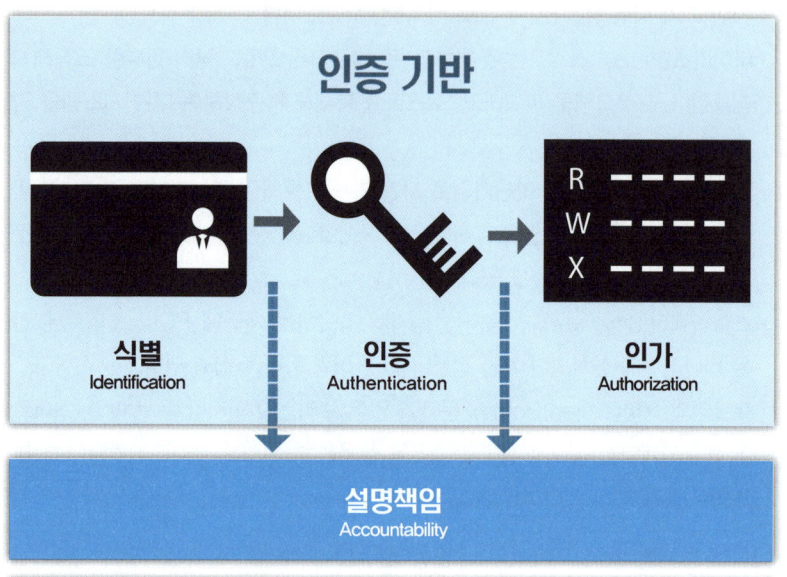

식별	사용자를 식별할 수 있도록 각각에 고유한 사용자 계정(ID)을 할당한다. 사원 번호, 메일 주소 등이 있다.
인증	해당 사용자가 본인인지 확인한다. 일반적인 운용에서는 해당 사용자만 아는 비밀번호 혹은 본인만 갖고 있는 지문 등을 사용해 인증한다.
인가	해당 사용자의 속성에 따라 접근할 수 있는 범위를 제한한다. 예를 들면, 인사 부문만 접근할 수 있는 파일이나 폴더에는 인사 부문 사용자만 접근할 수 있도록 한다.
설명책임	해당 사용자가 위의 3단계를 적절하게 실시했음을 보증하기 위한 기록을 취득한다.

컴퓨터가 기업 활동에서 큰 역할을 담당하게 되면서, 범죄자의 입장에서 봤을 때 그 컴퓨터에서 다루어지는 정보는 큰 경제적 가치를 가집니다. 그렇기 때문에 이들의 부정 접근이 날이 갈수록 늘어가고 있습니다. 이에 대처하기 위한 대책의 기본이 '접근 제어'입니다.

접근 제어는 '정식으로 인정받은 사람 이외에는 정보 시스템을 사용할 수 없게 하는 기능'이며 다음의 4단계를 거쳐 실행됩니다.

▌식별: 대상자가 적절한 시스템이나 서비스 사용자인지 판단하고 이후 인증을 통해 사용하는 식별자를 제공하는 것

식별자는 일반적으로 'ID'라 부릅니다. 사원 번호나 메일 주소 등이 있습니다.

▌인증: 식별자의 유효성을 판단하는 것

ID와 뗄 수 없는 것으로 ID를 가진 사람만 알 수 있는 요소(비밀번호 등)나 그 사람이 가진 고유한 요소(지문 등)를 사용해 해당 ID가 올바른 대상자의 것임을 판단합니다.

▌인가: 적절한 인증을 받은 대상에게 권한을 부여하는 것

예를 들어 ID의 대상자가 인사 담당자라면 인사 정보에 접근할 수 있게 하고, 다른 부문의 직원이라면 인사 정보에 접근할 수 없게 합니다.

▌설명책임: 위의 3단계가 적절하게 실행되었음을 보증하기 위해 모든 이력을 남기는 것

다음을 수행할 수 있습니다.
- 이력을 남기는 것을 알고 있으므로 부정을 억제할 수 있다.
- 부정이 발생하더라도 쉽게 원인을 규명할 수 있다.
- 사고가 발생하더라도 올바르게 사용한 것이라면 해당 대상자는 책임을 지지 않고, 부정에 대한 의심을 받지 않는다.

오늘날은 'Microsoft ID로 Google 서비스를 사용할 수 있는 것' 등, 하나의 ID로 여러 서비스를 심리스하게(매번 로그인하지 않고) 사용할 수 있는 '서비스 연동'도 보급되어 중요한 하나의 ID를 안전하게 관리할 수도 있습니다.

이를 통해 사용자의 편의성이 높아져 클라우드 서비스 등 자사 이외의 시스템을 포함해 사용자의 사용 이력을 모두 중앙 집중화해서 관리할 수 있게 되어 업무와 관련된 모든 서비스에 대해 '설명책임'을 달성할 수 있습니다.

인증 방법과 멀티 팩터 인증

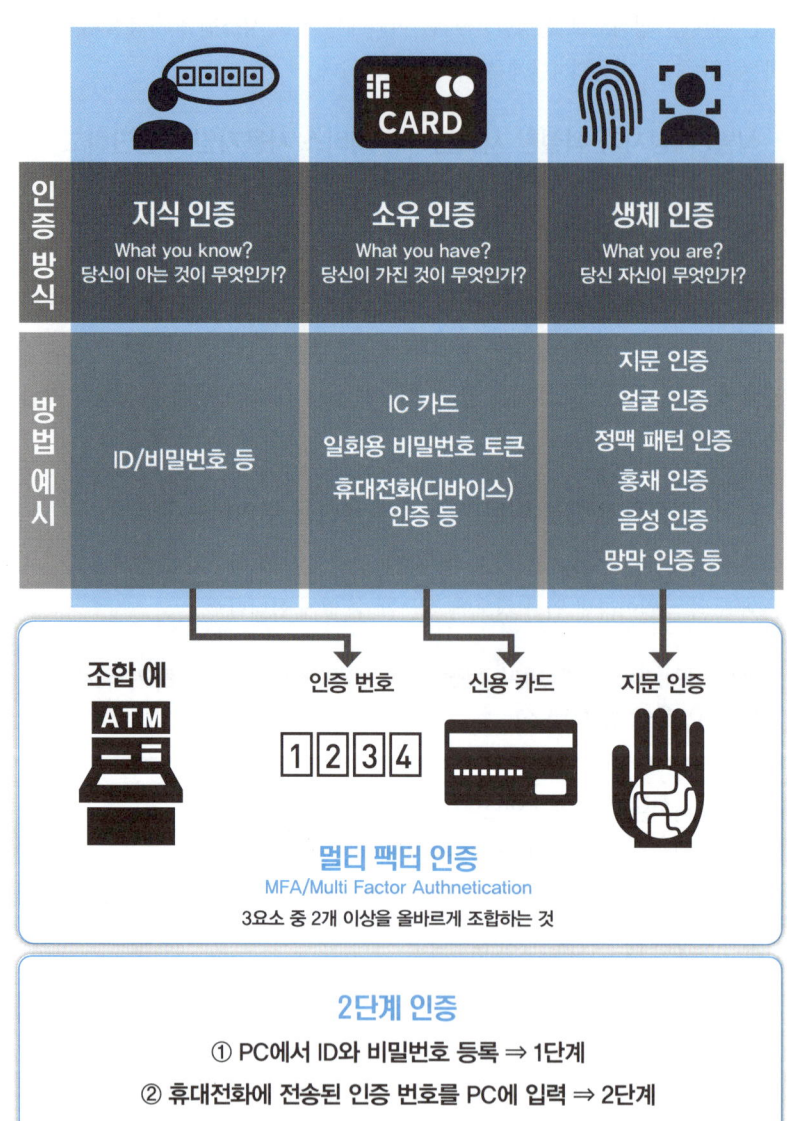

인증에는 다음 세 가지 방식이 있습니다.

- **지식 인증**: 사용자가 알고 있는 어떤 것. What you know?
  본인이 알고 있는 것을 사용하는 인증 방식. 비밀번호가 전형적입니다.
- **소유 인증**: 사용자가 가지고 있는 어떤 것. What you have?
  본인이 가지고 있는 것을 사용한 인증 방식. IC 카드나 USB 토큰, 스마트폰에 설치한 애플리케이션 등이 있습니다.
- **생체 인증**: 사용자 자신의 어떤 것. What you are?
  본인 신체의 고유한 특성을 사용한 인증 방식. 지문, 얼굴, 망막, 정맥 인증 등이 있습니다.

'멀티 팩터 인증(Multi-Factor Authentication)'은 서로 다른 인증 방식을 조합한 인증을 말합니다. 예를 들어 은행에서 많은 금액을 인출할 때 ATM에 IC칩이 내장된 캐시 카드(소유 인증)를 넣고 비밀번호(지식 인증)를 입력하는 동시에, 추가로 정맥 패턴(생체 인증)을 조합한 엄격한 인증을 수행합니다.

단일 방식을 사용하면 부정의 리스크가 높지만 여러 방식을 조합함으로써 부정 행위의 난도를 올려 인증 강도를 높일 수 있습니다. 이를 통해 부정 접근에 의한 피해의 대부분을 방어할 수 있는 것으로 알려져 있습니다. 복잡한 비밀번호를 사용하거나 정기적으로 변경하는 것은 들이는 수고나 노력에 비해 효과가 적기 때문에 점점 사용하지 않게 되었습니다.

'멀티 팩터 인증'과 별도로 '2단계 인증'이 있습니다. 이것은 '2단계에 거쳐 인증을 수행하는 것'입니다. 수고스럽지만 인증 강도는 높습니다. 예를 들면 비밀번호를 입력한 뒤, '비밀 질문(애완동물의 이름 등)'을 요구하는 방식입니다(인증 방식은 모두 지식 인증).

그리고 회원제 웹사이트에 로그인할 때 비밀번호로 인증한 뒤 스마트폰으로 전송된 인증 코드를 입력해 인증을 완료하는 방식도 있습니다. 이 경우에는 로그인 시 비밀번호는 지식 인증, 스마트폰을 사용하는 것은 소유 인증에 해당하며, 두 가지 인증 방식을 사용하기 때문에 멀티 팩터 인증인 동시에 2단계 인증이기도 합니다. '멀티 팩터 인증'과 '2단계 인증'이 다르다는 점을 이해해 둡시다.

비밀번호 없는 인증과 FIDO2

FIDO 인증기 등록

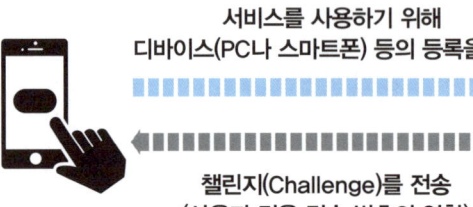

서비스 사용

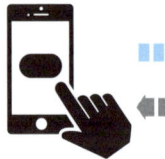

'지식 인증'인 비밀번호는 '기억해야만' 하기 때문에 사용하는 서비스 수가 늘어나면 '간단한 문자를 조합'하거나 '재사용'하는 등으로 기억해야 하는 부담을 줄일 때가 많습니다. 하지만 이런 방식으로 사용하면 제3자가 간단히 추측할 수 있고, 이를 사용하는 모든 서비스에 악용하면 큰 피해를 입을 수 있습니다. 한편, '소유 인증'이나 '생체 인증'은 기억할 필요가 없고 별도의 노력을 할 필요가 적기 때문에 비밀번호를 속여서 갈취하는 '피싱 사기'의 피해도 예방할 수 있습니다. 단, 이들 역시 사용자가 서비스를 사용할 때마다 사용하는 ID나 비밀번호 같은 인증 자격 정보(크리덴셜/Credential)를 네트워크에 전송해야 하므로 그 과정에서 도난의 가능성이 있기 때문에 반드시 안전하다고 장담할 수는 없습니다. 이 문제를 해결하기 위한 방법으로 주목받는 것이 'FIDO2'라 불리는 인증 방식입니다.

FIDO2는 안전한 인증 방식을 표준화하고자 하는 단체인 'FIDO(Fast Identity Online Alliance)'가 책정한 규격입니다. FIDO2를 사용하면 '비밀번호 없는 인증'으로 인증할 수 있고 인증 자격 정보가 통신 경로로 전송되지 않습니다. 그리고 서버가 격리된, 기밀성이 높은 보관 장소에도 저장할 수 있어 도난당할 일도 없습니다. 이 방법에 대해서는 왼쪽 그림을 참조해 주십시오.

FIDO2를 사용하면 다음 세 가지 장점의 혜택을 누릴 수 있습니다.

- **리스크 감소**: 비밀번호 도용이라는 부정한 방식을 사용할 수 없게 되고, 동시에 생체 정보 등으로 엄밀하게 본인을 확인하므로 리스크가 줄어든다.
- **부담 감소**: '비밀번호를 기억한다', '비밀번호를 복잡하게 만든다', '비밀번호를 계속 변경한다', '비밀번호 분실에 의한 새로운 비밀번호를 설정한다' 같은 작업이 필요하지 않아 사람이 수고하는 시간을 줄이고, 유출에 의한 손해가 사라진다.
- **편의성 향상**: '평소 사용하는 단말기의 브라우저에 비밀번호를 저장하므로 다른 PC 단말기나 스마트폰에서 서비스에 접근하려 했을 때 비밀번호가 기억나지 않는다', '서비스별로 문자 종류나 자릿수 규칙이 달라 어떤 서비스에 어떤 비밀번호를 설정했는지 금방 잊어버린다', '정기적인 변경으로 다른 비밀번호를 설정하면 좋지만 그것을 생각해내지 못한다' 같은 상황이 사라지므로 편의성은 물론 업무 생산성도 향상된다.

비밀번호를 사용하지 않고 로그인할 수 있는 패스키

Passkey 인증

FIDO2 인증을 기반으로
멀티 디바이스 대응/생체 인증의 편의성을 실현

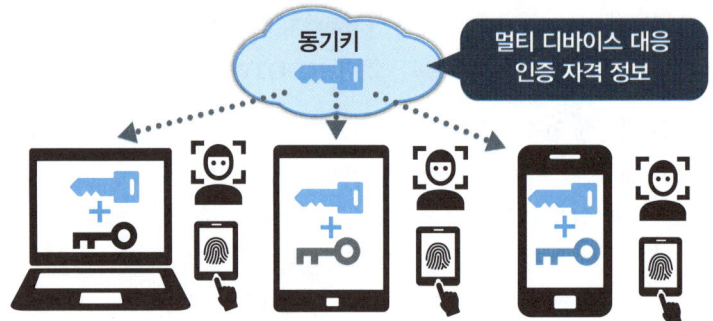

일부 키 정보를 '동기키'로 클라우드에서 관리하는 구조로 변경. 이를 통해 마이그레이션 후 디바이스를 OS 클라우드에 동기하면 재등록이나 재설정 없이 인증을 받을 수 있다.

FIDO2 인증

오랫동안 사용되던 ID와 비밀번호에 의한
인증 방식을 대체할 새로운 인증 방식

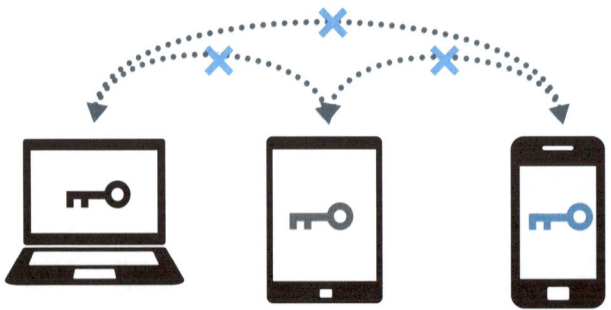

비밀키를 사용자 디바이스로 밖으로 꺼내지 않으므로 안정성이 높다. 하지만 이 구조에서는 사용자 디바이스 분실이나 기기 변경 시 다시 자격 정보를 등록해야 한다.

패스키(Passkey)는 Microsoft, Apple, Google 등이 지원하는 '비밀번호 없는 인증 기술'입니다. 앞에서 소개한 FIDO2 구조를 사용합니다. 이 기술을 통해 단말기에 관계 없이 생체 인증만으로 안전하게 로그인할 수 있습니다.

비밀번호(Password)는 이름 그대로 'Word(문자열)'를 사용해 인증하지만 패스키는 문자열을 사용하지 않고 '열쇠(Key)'를 사용해 인증합니다. 사용하는 것은 스마트폰이나 PC의 생체 인증 구조입니다. 스마트폰의 잠금을 해제할 때는 지문이나 얼굴을 사용하지만 패스키에서는 그 생체 정보를 키로 사용합니다.

지금까지는 사용자를 등록할 때 사용자 ID와 비밀번호를 연결했습니다. 패스키는 사용자 ID와 생체 정보를 연결합니다. 그렇기 때문에 비밀번호를 만들거나 비밀번호 관리 도구를 사용할 필요가 없습니다.

생체 인증을 사용한다 하더라도 생체 정보 데이터는 외부 사이트에 등록하지 않습니다. 사용자가 소유한 단말기 안에서 사용자 본인인 것을 증명하기 위한 목적으로만 생체 정보를 사용하므로 지문이나 얼굴 정보가 단말기 밖으로 유출되지 않습니다.

비밀번호를 입력할 필요도 없고 애초에 비밀번호가 존재하지 않으므로 유출되지도 않습니다. 또한 FIDO2의 인증 자격 정보는 URL과 사용자 ID를 연결한 형태로 보관되므로 URL이 다른 가짜 사이트는 생체 인증 정보로 인증되지 않습니다. 이렇게 피싱으로 로그인할 수 없기 때문에 피싱 사기에 당하는 리스크를 줄일 수 있습니다.

패스키는 Microsoft, Apple, Google 같은 플랫포머의 클라우드를 통해 디바이스 사이에서 동기됩니다. 예를 들어 같은 Apple ID를 등록해 두면 패스키를 등록한 iPhone에서는 물론, iPad나 Mac에서 미리 생체 인증을 등록하지 않아도 곧바로 생체 인증으로 로그인할 수 있습니다.

패스키는 오랫동안 사용되어 온 ID와 비밀번호를 사용한 인증 방식을 대체할 유망한 기술이며, 그 보급이 이후의 보안과 편의성 향상에 큰 영향을 줄 것으로 기대됩니다.

인증 연동과 싱글 사인 온(SSO)

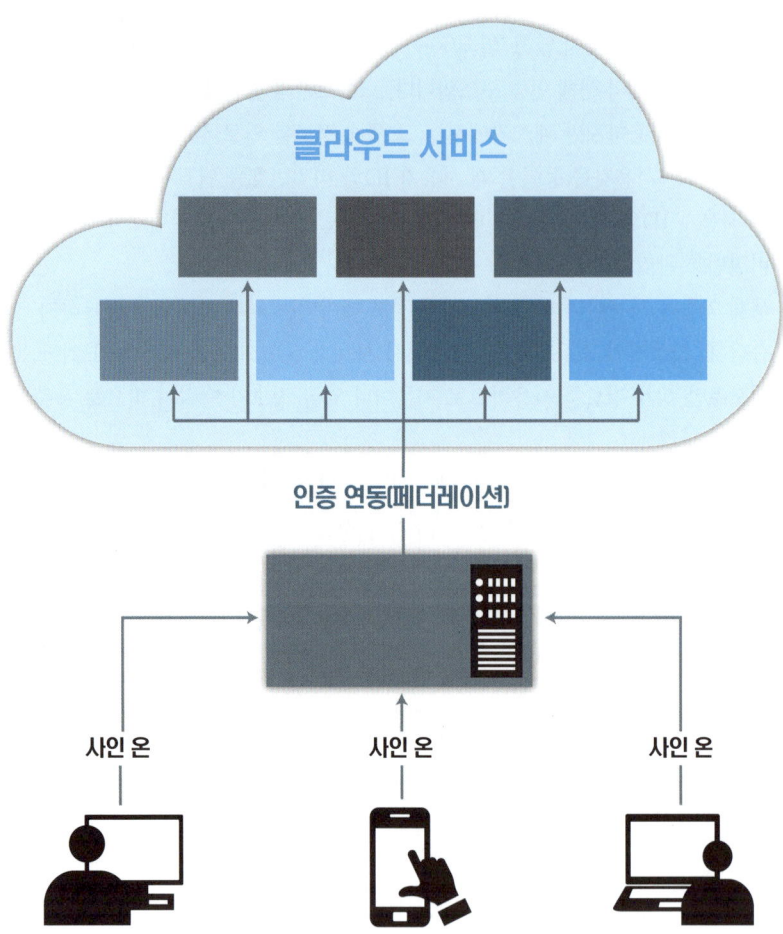

- ☑ 하나의 ID로 인증/인가 절차로 업무에 필요한 모든 시스템/서비스를 사용할 수 있다.
- ☑ 모든 사용 서비스에 한 로그(사용 이력)을 수집/장악할 수 있다.
- ☑ 클라우드 서비스 측에 의존하던 사용할 수 있는 위치나 단말, 인증 강도(멀티 팩터 인증 사용 여부 등)를 중앙 집중 관리할 수 있다.

클라우드 서비스가 확충 및 보급되면서 사내 시스템만으로 업무를 충분히 할 수 있는 시대는 사라졌습니다. 하지만 사용자에게는 사내 시스템과 클라우드 서비스, ID와 비밀번호 등이 별도고, 인증도 각각 수행해야 하므로 번거로운 과정입니다.

이런 문제를 해결하는 방법이 '인증 연동(Federation)'과 '싱글 사인 온(SSO, Single Sign-On)입니다.

예를 들면, 보통 사용자는 시스템을 사용할 때마다 개별 ID와 비밀번호를 입력합니다. '인증 연동'이 있으면 사용자는 같은 ID와 비밀번호 등으로 인증을 받아 사내 시스템과 클라우드 같은 사외 시스템을 사용할 수 있습니다. 이 '인증 연동'을 쉽게 사용하기 위한 구조를 '싱글 사인 온' 시스템이라 부릅니다.

클라우드 서비스가 확충 및 보급되면서 표준화 단체에 의한 '인증 연동'을 위한 표준 규약도 진행되고, SAML과 OpenID 같은 규격이 널리 사용되게 되었습니다. 그리고 시스템 관리자는 중요한 시스템에 대한 접근 관리를 엄격하게 수행해야 합니다. 하지만 사외에 있는 클라우드 서비스를 사용하는 것이 정말로 자사의 직원인지 알 수 없고, 사용자에게 권한이 있는지 판단할 수 없는 문제가 발생합니다. 이 상황에 대응하기 위해 '인가'를 연동하기 위한 표준 규격으로 OAuth2도 널리 사용되고 있습니다.

이런 표준 규격을 사용함으로써 사내 시스템/클라우드 서비스를 가로지르는 인증 및 인가를 연동할 수 있습니다.

정리하면 이 구조는 다음과 같은 장점이 있습니다.

- 하나의 ID와 인증/인가 수단을 통해 업무에 필요한 모든 사내외 시스템/서비스를 사용할 수 있다.
- 업무와 관련된 모든 로그(사용 이력)를 수집/파악할 수 있다.
- 클라우드 서비스 측에 의존하던 사용할 수 있는 위치, 단말, 인증 강도(멀티 팩터 인증을 사용할 수 있다/사용할 수 없다 등)를 중앙 집중화해서 직접 관리할 수 있다.

SSO와 비밀번호 없는 인증/FIDO2, 패스키를 조합하면 인증 강도를 높이는 동시에 높은 편의성의 혜택을 누릴 수 있습니다.

'경계 방어'형 보안의 과제와 제로 트러스트 네트워크

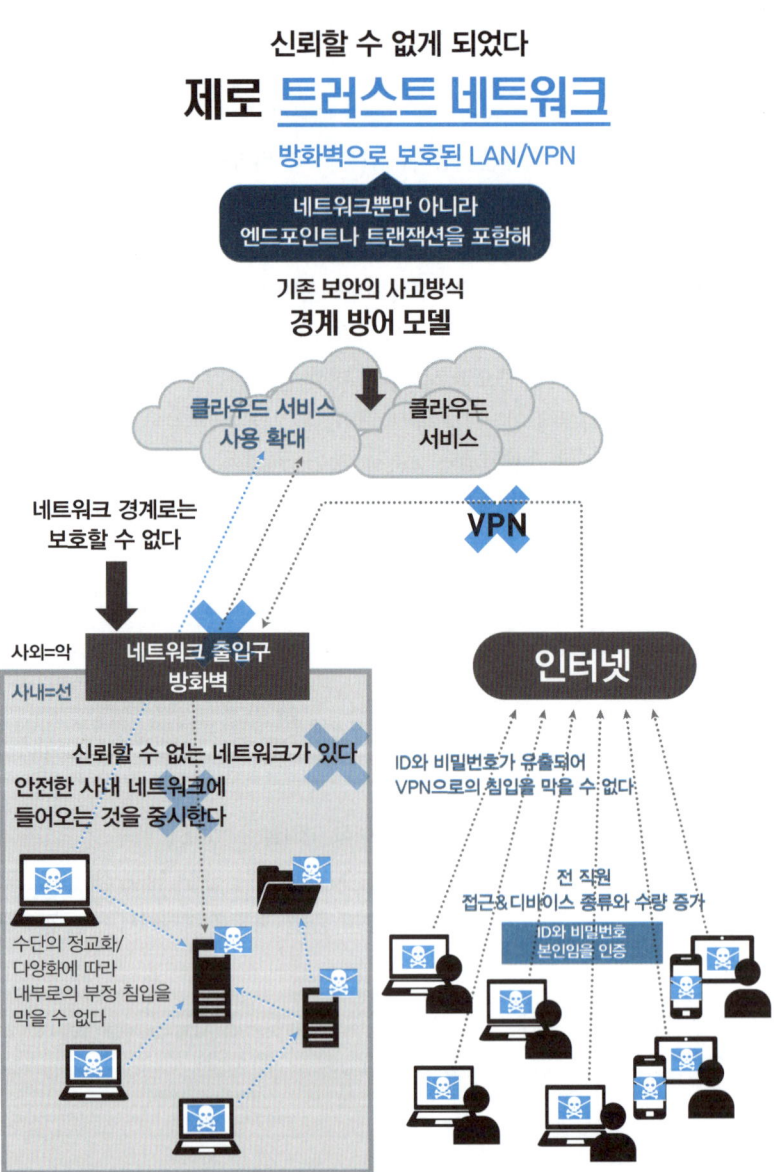

COVID-19 팬데믹을 계기로 원격 근무나 클라우드 서비스 사용이 급속하게 확대되고, 사외에서 사내 네트워크에 연결하거나 사내에서 사외 네트워크에 접근할 기회가 증가하고 있습니다.

많은 기업에서 '**신뢰할 수 없는**' 사외 네트워크'와 '**신뢰할 수 있는**' 사내 네트워크'의 경계를 보호하는 '경계 방어'의 보안 대책이 일반적이었습니다. 구체적으로는 인터넷의 통신 경로를 암호화하는 가상 프라이빗 네트워크(VPN, Virtual Private Network)를 사용해 올바른 사용자만 사내 네트워크에 접근할 수 있게 하고 있습니다. 그리고 통신의 송신지와 수신지를 감시해 부정이라 의심되는 통신을 '블록(Block)'하는 방화벽, 부정 침입을 '검지'해 관리자에게 알림을 보내는 IDS(Intrusion Detection System, 침입 발견 시스템), 부정 침입을 탐지하면 '방어'하는 IPS(Intrusion Prevention System, 침입 방지 시스템) 등을 사용합니다.

이런 대책은 보호할 데이터나 시스템이 사내 네트워크 안에 있는 것을 전제로 합니다. 하지만 이제는 원격 근무나 클라우드가 보급된 상태에서 사외 인터넷에도 '보호해야 할 대상'이 있는 것이 당연해졌습니다. 지켜야 할 대상이 사내외의 구분 없이 존재하게 되고 '경계'가 모호해지면서, '경계 방어'는 충분한 대책이 아니게 되었습니다.

사이버 공격 기법이 고도화, 정교화되면서 경계 방어 구조를 회피해 사내 네트워크의 부정 침입이나 사외 시스템에 멀웨어를 보내는 경우도 증가하는 등 사내 네트워크는 더 이상 '**신뢰할 수 있는**' 영역이 아니게 되었습니다.

즉 지금까지는 VPN이나 방화벽 등으로 보호되던, '신뢰할 수 있는 네트워크(트러스트 네트워크)가 **사라졌다**' = '**제로** 트러스트 네트워크'가 되어버린 것입니다. 하지만 신뢰할 수 없는 것은 네트워크만이 아닙니다. ID나 비밀번호가 '조작'되면 사용자도 신뢰할 수 없습니다. 파일이나 프로그램에도 멀웨어가 내장될 리스크가 늘어났으며 이들도 신뢰할 수 없습니다. 이런 '**신뢰할 수 없게 되었다**'='**제로 트러스트**'를 전제로 '**항상 신뢰할 수 있는 상태를 유지하기**' 위한 대책이 필요하게 되었습니다.

제로 트러스트

제로 트러스트 네트워크	제로 트러스트
신뢰할 수 있는 네트워크 방화벽으로 보호된 LAN/VPN	신뢰할 수 있는 엔드포인트 PC나 스마트폰, IoT 디바이스 등
↓ 신뢰할 수 없게 되었다	↓ 신뢰할 수 없게 되었다
경계 방어의 한계	**정적 접근 제어의 한계**

제로 트러스트 아키텍처
두 가지 제로 트러스트(신뢰할 수 없게 되었다)에 대처하기 위한 설계

실시간 거버넌스 실현

LAN이나 VPN, 방화벽으로 보호된 '신뢰할 수 있는 사내 네트워크 = 트러스트 네트워크'는 더 이상 '신뢰할 수 없게 되었습니다(제로 트러스트)'. 이제는 제로 트러스트 네트워크를 전제로 보안 대책을 생각해야 합니다. 네트워크를 사내외로 나누고 그 경계를 지키는 사고방식(경계 방어 보안)으로는 대처할 수 없게 된 것입니다.

신뢰할 수 없게 된 것은 네트워크만이 아닙니다. PC, 스마트폰, IoT 디바이스 같은 엔드포인트(네트워크에 연결된 단말 및 기기) 역시 멀웨어의 침입이나 부정 접근의 위협에서 벗어날 수 없게 되면서 이들 또한 신뢰할 수 없게 되었습니다(제로 트러스트). 네트워크를 포함해 정보 시스템 전체가 '제로 트러스트' 임을 전제로 보안 대책을 실시해야 합니다.

이런 두 가지 제로 트러스트에 대처하기 위한 사고방식을 모은 것이 '제로 트러스트 아키텍처'입니다. 다음의 문장이 이해를 도울 수 있습니다.

'Trust But Verify(신뢰하라, 하지만 검증하라)'에서 'Verify and Never Trust(검증하라, 그리고 절대로 신뢰하지 마라)'로 보안 대책의 전제를 바꾼다.

이렇게, '제로 트러스트 아키텍처'는 네트워크 내외부를 구별하는 등 지켜야 할 정보 자산이나 시스템으로의 접근을 모두 신용하지 않고 검증함으로써 위협을 방지한다는 사고방식을 토대로 하고 있습니다. 이를 위해서는 정보 시스템으로의 접근에 대한 신뢰 정도를 실시간으로 평가하고, 가능한 한 불확실성을 절감, 배제해야 합니다. 제로 트러스트는 이런 설계 방법이나 개념, 아이디어를 정리한 것입니다.

오늘날 원격 근무가 정착되고 동시에 클라우드 사용도 확대되고 있습니다. 이와 함께 내부로부터의 정보 유출이 많이 발생하고, 이에 대한 대처가 요구되고 있습니다. 이미 기존 방식으로는 보안을 유지할 수 없게 되었습니다. 이런 배경에서 제로 트러스트 보안이 주목받고 있습니다.

이런 대책을 기업이 개별적으로, 단독으로 수행하기는 쉽지 않습니다. 자사에서 이를 위한 기기나 소프트웨어를 도입해야 할 뿐만 아니라 이를 지원하는 클라우드 서비스와 연동해 대책을 마련해야 하는 경우가 많습니다.

사이버 위생

IPA(정보 처리 추진 기구)가 권장하는 일상에서의 정보 보안 대책

조직 시스템 관리자용
- 정보 반출 규칙 철저
- 사내 네트워크에 대한 기기 연결 규칙 철저
- 수정 프로그램 적용
- 보안 소프트웨어 도입 및 정의 파일 최신화
- 정기적인 백업 실시
- 비밀번호의 적절한 설정과 관리
- 불필요한 서비스나 계정 정지 또는 삭제

조직 사용자용
- 수정 프로그램 적용
- 보안 소프트웨어 도입 및 정의 파일 최신화
- 비밀번호의 적절한 설정과 관리
- 이상한 메일 주의
- USB 메모리 등의 취급에 주의
- 사내 네트워크에 대한 기기 연결 규칙 준수
- 소프트웨어 설치 시 주의
- PC 등의 화면 잠금 기능 설정

가정 사용자용
- 수정 프로그램 적용
- 보안 소프트웨어 도입 및 정의 파일 최신화
- 정기적인 백업 실시
- 비밀번호의 적절한 설정과 관리
- 메일이나 문자(SMS), SNS의 이상한 파일 또는 URL 주의
- 가짜 보안 경고 주의
- 스마트 디바이스의 애플리케이션 구성 파일 설치 시 주의
- 스마트폰 등의 화면 잠금 기능 설정

IPA 『일상 정보 보안 조치』를 참고로 작성

+

만전을 기하기 위해 MDM, EDR, UEM 등의 도구 활용

▶

사이버 위생 엔드포인트의 위생 상태를 건전하게 유지한다

대부분의 사이버 공격(위협)은 OS나 애플리케이션 등 PC나 스마트폰에 설치된 소프트웨어의 취약성을 노린 것입니다. 이런 공격을 막기 위해서는 수정 프로그램(패치) 적용이나 버전 업데이트를 신속하고 지속적으로 실시해 취약성을 없애고 최신 상태를 유지해야 합니다. 이런 대책은 COVID-19 팬데믹 대책으로 시행되던 손 씻기, 소독, 마스크 착용과 같이 '위생 상태를 지키는' 것과 유사하기 때문에 이를 '사이버 위생(Cyber Hygiene, 위생 상태를 지키고 청결하게 하는 것)'이라 부릅니다.

특히 오늘날은 제로 데이 공격(Zero-day Attack)이라 불리는, '취약성이 알려지기 이전 혹은 취약성이 알려졌더라도 그 대책이 시행되기 전까지의 짧은 기간에 일어나는 공격'이 증가하는 경향이 있으며, 취약성을 방치하는 것의 리스크가 높아지고 있습니다. 그렇기 때문에 항상 PC나 스마트폰 같은 디바이스(엔드포인트라 부르기도 함)를 최신 상태로 유지해야 합니다.

사이버 위생을 실현하기 위해서는 엔드포인트 상태를 항상 파악할 수 있게 해두고 수정을 위한 패치 적용이나 소프트웨어 버전 업데이트를 지속적으로 수행함으로써 최신 상태를 유지해야 합니다. 이를 위한 도구로 EDR(Endpoint Detection and Response)이 있습니다. EDR을 사용하면 단말의 동작을 항상 기록해 능동적으로 분석하고 사고 예방이나 조기 발견을 할 수 있습니다. 디바이스를 분실한 경우 원격에서 데이터를 잠그거나 삭제할 수 있으며, 각 디바이스의 OS 버전이나 애플리케이션 등도 파악할 수 있어, 보안에 문제가 있는 오래된 OS나 부정 애플리케이션 사용을 쉽게 검출할 수 있습니다. 그리고 스마트폰에서 사용할 수 있는 애플리케이션을 관리자가 제한할 수 있고, 부정 애플리케이션 사용에 의한 정보 유출을 피할 수 있습니다.

사용자가 항상 OS나 애플리케이션이 최신 상태로 유지되도록 신경 써야 한다는 점은 말할 필요도 없이 중요합니다. 하지만 이를 인간에게만 의존하면 쉽게 잊어버리는 경향이 있어 보안 리스크가 높아집니다. 그렇기 때문에 EDR 같은 노구가 필요합니다.

업데이트를 하면 현재 사용하고 있는 소프트웨어가 동작하지 않을까 등의 우려도 있지만, 그 이상으로 보안 리스크를 억제하는 것을 우선해야 합니다. 최신 버전은 지금까지의 보안에 관한 많은 지식을 반영해 개선되고 있는 것입니다. 과도하게 인간에게만 의존하지 않고, 도구를 사용해 만전을 기해야 합니다.

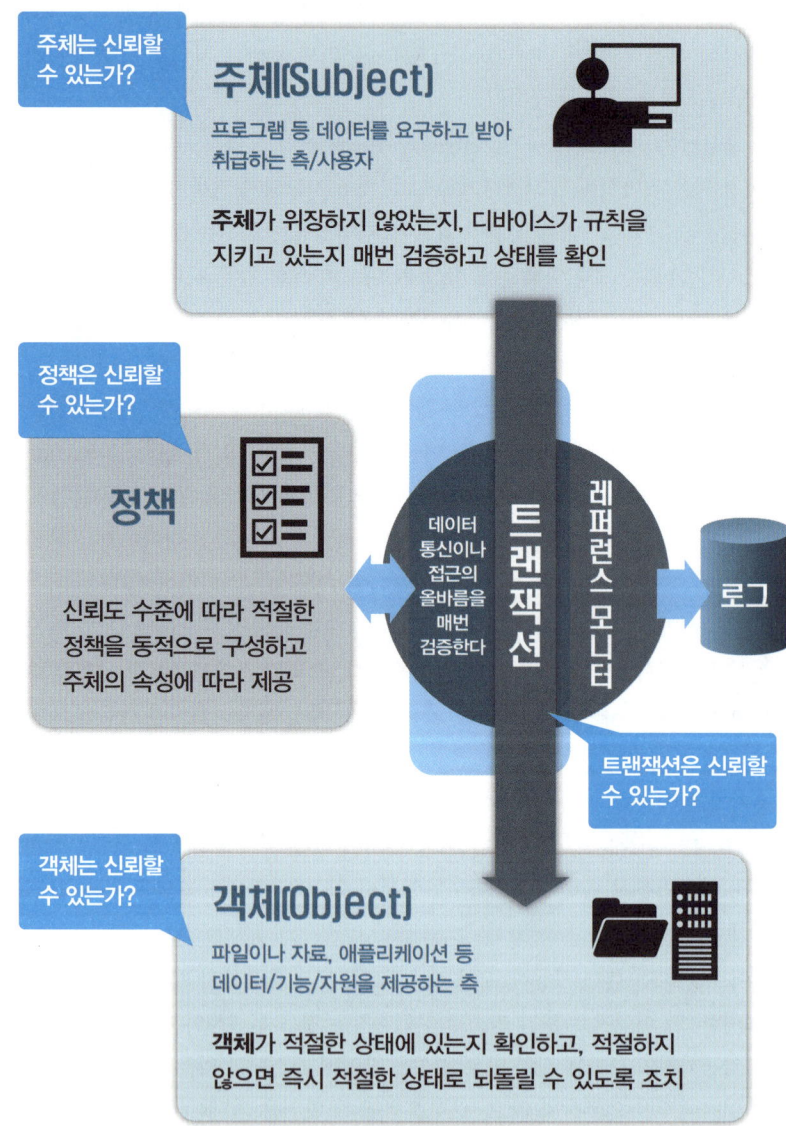

'**항상 신뢰할 수 있는 상태를 유지하기**' 위한 대책으로는 다음을 들 수 있습니다.

- 모든 엔드포인트, 사용자, 통신, 네트워크, 파일, 애플리케이션 같은 리소스를 감시한다.
- 통신을 수행할 때마다 이상 여부를 확인하고 신용도 수준을 평가하고, 그 수준이 낮은(즉 이상한) 통신에 대해서는 리소스 사용을 허가하지 않는다.
- 접근할 때마다 평가하고 신용도 수준을 동적으로 변경한다.

이런 구조를 '동적 정책(Dynamic Policy)'이라 부릅니다. '정책'은 '어디까지 접근할 수 있고, 무엇을 할 수 있는가?'라는 규칙이나 기준을 말합니다. 사용자가 통신을 수행할 때마다 신용도 수준을 평가하고 정책을 동적으로 변경함으로써 접근을 제어하고 안전을 지키고자 하는 방식입니다.

예를 들면 ID와 비밀번호가 일치하더라도 해당 사용자가 '위장'하고 있다면 본인이라고 단정할 수 없습니다. 그리고 평소와는 다른 디바이스나 지역에서 접근하고 있는, 예를 들어 한 시간 전에는 서울에서 접근했다가 지금은 해외에서 접근했다면 이상한 것으로 생각할 수밖에 없습니다.

그래서 접근할 때마다 이상 여부를 확인하고 '이상한 것'으로 의심된다면 신뢰도 수준을 낮춰 접근을 거절하거나, 추가 인증 요소(멀티 팩터 인증)을 제어함으로써 보안 강도를 끌어 올립니다.

그렇게 접근 요구가 발생할 때마다 신용도 레벨에 맞춰 접근을 동적으로 허가 또는 거부해 다음과 같은 일을 수행합니다.

- 새로운 공격 수단이 등장하더라도 그 리스크를 줄일 수 있다.
- 무언가의 공격이 발생하더라도 리소스 단위로 동적으로 접근을 허가/거부할 수 있으므로 전사에 영향을 주지 않고 사업 지속을 담보할 수 있다(방화벽을 사용할 때는 그 아래의 사내 네트워크에 연결된 리소스에 대한 신뢰가 의심되므로, 전사적인 영향을 받는다).
- 방화벽을 사용하지 않으므로 사내외에 관계 없이 어디에서도 원하는 단말에서 사내 시스템이나 클라우드를 사용할 수 있고, 다양한 업무 형태에 대응할 수 있다.

이 모든 것을 자동으로 수행함으로써 '**사용자가 의식하지 않고, 부담을 주지 않는**' 보안 대책을 실현할 수 있습니다.

제로 트러스트 정리

경계 방어 보안
네트워크 내외의 경계를 지키는 것

위협은 외부로부터 유입된다는 전제로 방화벽을 사용해
네트워크 외부로부터의 공격을 방어한다

제로 트러스트 보안
네트워크/사용자/디바이스의 신뢰성을 유지한다

사이버 위생
취약성을 계속 없애고 최신 상태를 유지한다

패치, 수정 프로그램을 신속하게 적용하고
OS나 애플리케이션을 최신 상태로 유지하는 것

동적 정책
신뢰성에 따라 동적으로 접근을 제어한다

접근별로 신뢰성 수준을 평가하고
그 수준에 따라 정책을 동작으로 변경해
항상 신뢰할 수 있는 상태를 유지한다

비밀번호 없는 인증
유출 리스크가 높은 비밀번호에 의존하지 않는다

디바이스와 사용자의 신뢰 관계를 확립하고
인증에 필요한 정보(ID나 비밀번호 등)를
네트워크에 보내지 않고 안전을 유지한다

'네트워크 경계가 보호된 사내 네트워크는 신뢰할 수 있다'
그렇기 때문에 VPN을 사용해 사내 네트워크에 접근할 수 있다면 안전하다는 전제는 더 이상 성립하지 않게 되었습니다. 그리고 원격 근무 보급이나 클라우드 사용이 확대되면서 '보호되어야 할 대상은 사내 네트워크 안에 있다'는 전제도 깨졌습니다.

그 상황에 대처하기 위해 '사내외 구분 없이 항상 신뢰할 수 있는 상태를 유지하는' 대책, 즉 '제로 트러스트 네트워크'가 주목받고 있습니다.

'제로 트러스트 네트워크'는 네트워크 경계 안쪽은 안전하고, 네트워크 경계 바깥쪽은 위험하다'는 기존 사고방식과 달리 '설령 경계 안쪽이라 하더라도 무조건 신용하지 않고, 모든 것을 확인해 인증/인가한다'는 개념입니다. 또한 신뢰할 수 없는 것에는 네트워크뿐만 아니라 ID나 비밀번호, 디바이스, 사용자도 포함됩니다. 이들을 포함해 '신뢰할 수 없게 되었다=제로 트러스트'라는 것을 전제로 하는 대책이 필요하게 되었습니다. 구체적인 대책은 다음과 같습니다.

- **사이버 위생**: 엔드포인트 패치 적용 및 버전 업데이트를 신속하게 지속적으로 실시하고, 최신 상태를 유지하고, 취약성을 제거한다.
- **동적 정책**: 접근별로 신용도를 평가하고, 그에 맞춰 동적으로 정책을 구성하고 적용한다.
- **비밀번호 없는 인증**: 비밀번호를 사용하지 않고 인증/인가를 수행한다.

이처럼 VPN이나 방화벽과 같은 네트워크 구조에 의존하지 않는 대책을 통해 사내외를 불문하고 안전하게 업무를 할 수 있게 합니다.

그리고 지금까지 사외에서 클라우드를 사용할 때는 우선 기업의 VPN에 연결한 뒤 방화벽을 경유해야 했습니다. 그렇기 때문에 그곳에 연결되어 있는 회선 대역이나 방화벽 처리 성능의 제약을 받았습니다. 예를 들면 '업무 시작 시 VPN으로 접근이 집중되어 원활하게 로그인할 수 없다'거나 'Web 회의에서는 소리가 잘 들리지 않거나 데이터양이 많은 영상은 끊긴다'와 같은 불편을 겪은 경우도 있었을 것입니다.

고속의 대용량 통신을 가능하게 하는 5G(5세대 이동통신)가 보급되고 있는 지금, 이런 제약이 있는 상태에서는 그 기능과 성능을 충분히 활용할 수 없습니다. 제로 트러스트는 이런 제약을 없애기 위해서도 필요합니다.

칼럼

랜섬웨어

'랜섬웨어(Ransomware)'는 'Ransom(몸값)'과 'Software(소프트웨어)'를 조합한 용어로 오염된 PC를 특정한 기능을 정지시키거나 파일을 암호화하는 등 업무를 할 수 없는 상황으로 만들고, 원래 상태로 되돌리는 것을 조건으로 '몸값'을 요구하는 소프트웨어(부정 프로그램)입니다.

랜섬웨어에 의한 피해는 매우 심각합니다. 2020년 5월 미국의 석유 파이프라인 기업에 대한 공격에서는 파일을 암호화해 조업을 정지시키고 갈취한 정보를 공개한다고 협박했습니다. 중요한 기업 인프라스트럭처인 파이프라인 조업이 정지되면서 복구를 우선하기 위해 해당 기업은 울며 겨자 먹기로 50억원에 가까운 몸값을 지불했습니다.

또한 2020년 일본 국내 대규모 게임 기업에 대한 공격에서는 회사의 VPN 장치의 취약성을 통해 사내 네트워크로 부정 침입하고 그 뒤 랜섬웨어를 확산해 업무에 중대한 영향을 준 것뿐만 아니라 막대한 고객 정보가 갈취되었습니다.

그밖에도 자동차 기업에 대한 공격에 의해 공장은 조업 정지 상태에 빠졌고, 의료 기관에 대한 공격으로 인해 수술 중지나 진료 수행 불가 사태도 발생했습니다. 독일의 모 병원에서는 환자가 사망한 사례도 보고되었습니다.

정보 처리 추진 기구(IPA)가 발표한 '2024년 10대 정보 보호 위협*'에 따르면 '랜섬웨어'에 의한 위협은 9년 연속으로 1위를 차지할 정도로 심각합니다.

랜섬웨어가 중대한 위협으로 간주되는 이유는 다음과 같습니다.

- 기업의 디지털화 범위가 넓어지면서 업무가 정지되는 리스크가 높아진다. 특히 금융 기관이나 의료 기관 등 사회 인프라스트럭처가 공격받으면 광범위하고 중대한 영향을 받게 된다.
- 공격자의 신원이 불명확하고 몸값을 지불하더라도 원래 상태로 되돌아간다고 보장할 수 없다.
- 지불한 몸값이 범죄 조직의 활동 자금으로 사용될 가능성이 높다.

* https://www.ipa.go.jp/security/10threats/10threats2024.html

'랜섬웨어'에 감염되는 경로는 크게 두 가지입니다.
- **웹사이트**: 웹사이트를 조작해 해당 웹사이트에 접근한 사용자를 부정 사이트로 유도한다. 사용자가 사용한 PC의 취약성을 통해 감염시킨다. 웹사이트에 표시되어 있는 광고를 클릭했을 때 감염시키기도 한다.
- **메일**: 스팸 메일이나 위장 메일을 전송하고, 메일에 기재된 링크에서 부정한 웹사이트로 유도하거나 첨부 파일을 통해 감염시킨다.

'랜섬웨어'는 감염시킨 PC의 특정 기능을 사용 또는 조작할 수 없게 만들거나, 파일을 암호화해서 사용할 수 없게 만듭니다. 그리고 '원래 상태로 되돌리고 싶다면 3일 이내에 ○○을 지불하라'는 식의 협박문을 화면에 표시하고 금전을 요구합니다. 지불된 몸값은 비트코인 같은 익명성이 담보되는 암호 화폐 등으로 지불을 요구하는 경우가 많아 범인을 추적하는 것을 어렵게 만듭니다.

랜섬웨어 공격을 받지 않게 하기 위한 기본은 취약성을 제거하는 것입니다. 그것은 취약성 수정을 위한 패치 적용, 소프트웨어 버전 업데이트를 지속적으로 수행해 최신 상태 유지, 즉 앞에서 소개한 '사이버 위생'을 철저하게 지키는 것입니다. 그리고 '동적 정책'을 통해 부정 사이트로의 접근을 블록하고, 전제 메일을 경유한 부정 프로그램 침입을 막는 것 등의 방법이 있습니다. 비밀번호 없는 인증도 효과적인 수단입니다.

또한, 감염되더라도 파일 백업을 철저히 해 즉시 복구할 수 있고, 장애가 최소한이 되게 준비해 두는 것이 중요합니다.

DX 실천을 진행하면 다양한 조직 업무가 'IT 서비스'가 되어, 랜섬웨어는 물론 보안 리스크가 경영 리스크에 직결됩니다. 공격자들도 이를 충분히 이해한 상태에서 공격하고 있습니다. 그들의 공격은 조직적인 동시에 범인을 특정하기 어려우며 이후에도 줄어들지 않을 것입니다. 이런 현실을 인식하고 대책을 실행해야 합니다.

사이버 공격에 대한 대책을 담당하는 핵심 조직: CSIRT

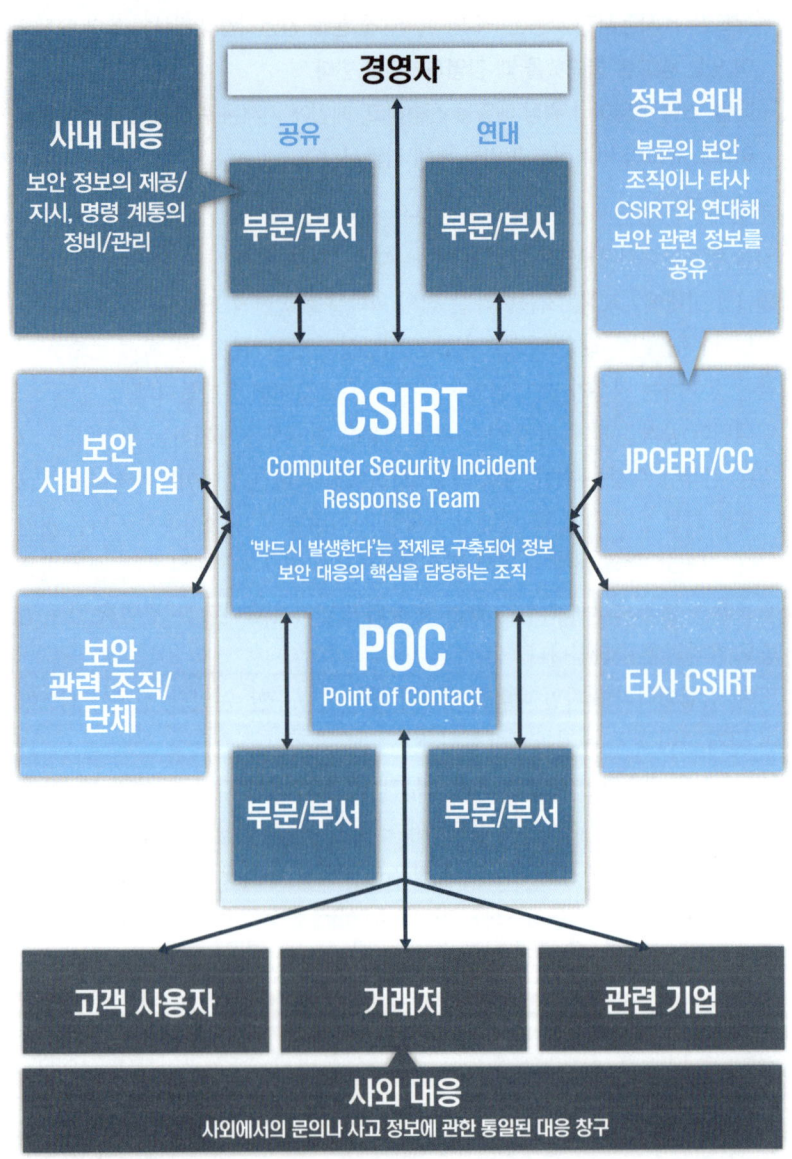

사이버 공격은 계속 정교해지고 있습니다. 그렇기 때문에 아무리 견고하게 방어하더라도 보안 사고(Security Incident)를 완전하게 막을 수는 없습니다. 그래서 '사고는 반드시 발생하는 것'을 전제로 두고 대비해야 합니다. 이런 대응의 핵심을 담당하는 조직 또는 팀이 CSIRT(Computer Security Incident Response Team/씨서트)입니다.

CSIRT는 자사에 대한 사이버 공격을 탐지하고 보안 사고가 발생하면 즉시 긴급 대응합니다. 사고에 대응하는 '소방수 역할'이라고 생각하면 쉽게 이해할 수 있을 것입니다. CSIRT는 크게 다음의 세 가지 역할을 합니다.

- **사내 대응**: 보안 정보 제공이나 지시/명령 계통의 정비/관리
- **사외 대응**: 사외에서의 문의나 사고 정보에 관한 통일된 대외 창구(POC: Point of Contact)
- **정보 연대**: 외부 보안 조직 및 다른 기업의 CSIRT와 연대해 보안 관련 정보 공유

사고에 대응하기 위해서는 보안 대책을 적용한 시스템 구축 및 운용 관리, 보안에 관한 계몽 활동이나 제도 정비 등이 반드시 필요하지만 대책에 완전이란 없습니다. 그렇기 때문에 사고가 발생하면 즉시 그것을 탐지하고 대책을 강구하는 체제로 CSIRT가 필요합니다.

CSIRT는 상시 조직으로 구성되기도 하지만, 이를 위한 인원이나 스킬을 계속 유지하는 것이 쉽지는 않습니다. 그래서 필요에 따라 소집되는 조직으로 구성하기도 합니다. 전자는 '소방서', 후자는 '소방대'와 같은 조직으로 생각하면 쉽게 이해할 수 있을 것입니다.

그리고 사내 인원만으로는 매일 고도화, 정교화되는 사이버 공격에 대항하기 어렵기 때문에 보안 대책을 전문으로 하는 기업이나 보안 정보를 공유 또는 대책을 지원해 주는 외부 조직과의 연대도 빼놓을 수 없습니다.

보안 사고는 날이 갈수록 고도화, 정교화되며 그 수도 증가하고 있습니다. 이 사태에 대응하기 위해 CSIRT를 설치하고 적절하게 기능하게 함으로써 설령 사고가 발생하더라도 피해를 최소한으로 막고, 재발 방지에 노력할 수 있습니다.

06

IoT/사물 인터넷

현실 세계와 가상 세계의
틈을 메꾸는 게이트웨이

다양한 사물에 모두 센서가 내장되어, 모든 것이 네트워크에 연결되는 시대가 되었습니다. 현실 세계의 사물이나 현상은 디지털 데이터로 치환되어 네트워크로 전송되고 있습니다. 현실 세계의 디지털 복사본(디지털 트윈)이 실시간으로 만들어지고 항상 최신 상태로 업데이트되고 있습니다. 우리가 지금 살아가는 사회의 모습입니다.

디지털 트윈을 사용하면 현실 세계에서는 불가능한, 위험하고 많은 노력이 드는 실험을 반복해서 수행하고 최적의 솔루션을 찾아낼 수 있습니다. 그리고 현실 세계에서는 불가능한 지리적, 시간적인 제약을 뛰어 넘어 사람, 사물, 사건이 연결되고 사회나 경제 인프라스트럭처를 만들 수 있게 됩니다.

IoT는 이런 가상 세계와 현실 세계 사이에 위치하는 게이트웨이의 역할을 합니다.

우리가 살고 있는 현실 세계의 '사물'이나 '현상'은 사물에 탑재된 센서에 포착되고 인터넷을 통해 데이터로 보내집니다. 아날로그 현실 세계의 디지털 복사본이 실시간으로 만들어져 인터넷을 통해 클라우드로 보내지는 것입니다.

사물에는 컴퓨터와 센서가 탑재되고 자신 및 자신 주변의 형태를 읽거나, 그 데이터를 인터넷으로 보냅니다. 그리고 이 데이터들을 스스로 분석하고 최적을 판단해 자율적으로 동작합니다. 이런 IoT(Internet of Things: 사물 인터넷)가 당연한 세계가 되려고 합니다.

스마트폰이나 가전 제품, 자동차나 설비, 건물이나 공동 시설 등 센서가 내장되어 인터넷에 연결된 사물은 수백억 대로 간주되고 이것은 약 80억이라는 전세계 인구 수를 한참 뛰어 넘는 막대한 수입니다. 당연히 사물에서 전송되는 데이터양도 막대합니다. 이를 분석하면 데이터에 내재하는 규칙이나 법칙, 특징, 현재 발생하고 있는 일, 앞으로 일어날 일, 낭비가 없이 효율적으로 대처할 수 있는 방법을 도출할 수 있습니다.

그밖에도 현실 세계의 복사본인 디지털 트윈을 사용해 현실에서는 시간 또는 비용 위험을 수반하는 실험(시뮬레이션)을 빠른 속도로 여러 차례 실행할 수 있고, 최적의 솔루션을 찾아낼 수 있습니다. 그 최적의 솔루션을 사용해, 예를 들어 자동차나 항공기를 보다 효율적으로 움직이고, 공장 기계를 제어하고, 건강을 위한 조언을 제공합니다. 이를 통해 현실 세계가 변화하면 그것은 다시 센서를 통해 수집되고, 그 데이터가 네트워크로 보내지고 최적의 솔루션을 업데이트합니다. 이 사이클이 1장에서 소개한 사이버 피지컬 시스템입니다.

'디지털 데이터로 현실 세계를 파악하고 항상 최적의 상태를 유지하는 구조'

IoT는 이렇게 볼 수도 있습니다. 인터넷에 연결되는 수가 많을수록 디지털 트윈은 정교해지고, 시각적으로도 공간적으로도 현실 세계를 파악할 수 있는 해상도가 높아집니다. 그렇게 되면 보다 세세하게 세계를 최적화할 수 있습니다.

IoT를 사용하면 지금 우리가 직면하고 있는 CO_2 증가나 자원 고갈 등, 글로벌 규모의 전례 없는 위기에도 대처할 수 있습니다. 다양한 활동에 있어 자원 소비를 세세하게 최적화하고 철저하게 낭비를 제거함으로써 사회 전체의 효율을 높일 수 있기 때문입니다. 1장에서 소개한 '소프트웨어로 세계를 재구축해 효율적이고 편의성이 높고 낭비가 없는 사회나 비즈니스 구조로 바꾸기' 위해서는 IoT가 전제됩니다.

IoT에 따라 우리는 다음의 세 가지 가치를 손에 넣을 수 있습니다.

하나, 사물들이 연결되고 전체적으로 협력/연대한다

사람이 감시하고 지시나 명령을 내리지 않아도 사물들이 각각의 상황을 주고받고, 스스로 최적의 방법을 판단하고 동작합니다. 창고 업무 자동화나 교통 시스템 무인화, 공장 자동 조작으로 인원 부족 해소나 에너지 효율 향상에 기여합니다.

둘, 클라우드에 연결된 사물이 똑똑해진다

사물은 정해진 부피 안에 기능이나 두뇌를 넣어야만 하며, 단일 사물이 할 수 있는 것에는 한계가 있습니다. 하지만 사물에 연결된 인터넷 앞에는 거의 무궁무진한 데이터 저장 장소와 막대한 처리 능력을 가진 두뇌인 클라우드가 있습니다. 클라우드는 단일 사물은 가질 수 없는 강력한 두뇌를 가질 수 있습니다. 고도로 복잡한 판단을 필요로 하는 기기나 설비 자동화 또는 다른 시스템과 연동, 협동하여 최적 가동에 기여합니다.

셋, 사물이 실시간으로 연결되고 "현재"의 사실을 전달한다

제트 엔진 가동 상황을 실시간으로 알 수 있게 되면 고장이나 오류를 즉시 파악하고 파일럿에게 적절한 지시를 내릴 수 있습니다. 착륙할 공항에 교환 부품이나 엔지니어를 대기하게 한 뒤, 착륙 즉시 수리해 다음 비행 일정에 영향을 주지 않고 비행을 완료할 수 있습니다. 그리고 제트 엔진을 완전한 제품으로 일회성으로 판매하는 것이 아니라, 사용 시간이나 출력량에 따른 종량제 요금 서비스로 수익을 얻을 수 있습니다. 재해가 일어났을 때 현재 자신이 타고 있는 자동차를 안전하게 피난시키기 위해 GPS를 통해 얻은 위치 정보를 사용해 주변 상황이나 도로의 혼잡한 정도를 고려해 최적의 경로로 유도할 수 있습니다.

이렇게 사물이 인터넷에 연결되면 시시각각 사물이나 사람의 움직임을 최적으로 실현할 수 있습니다. 이번 6장에서는 이런 IoT에 관해 설명합니다.

IoT로 할 수 있는 세 가지

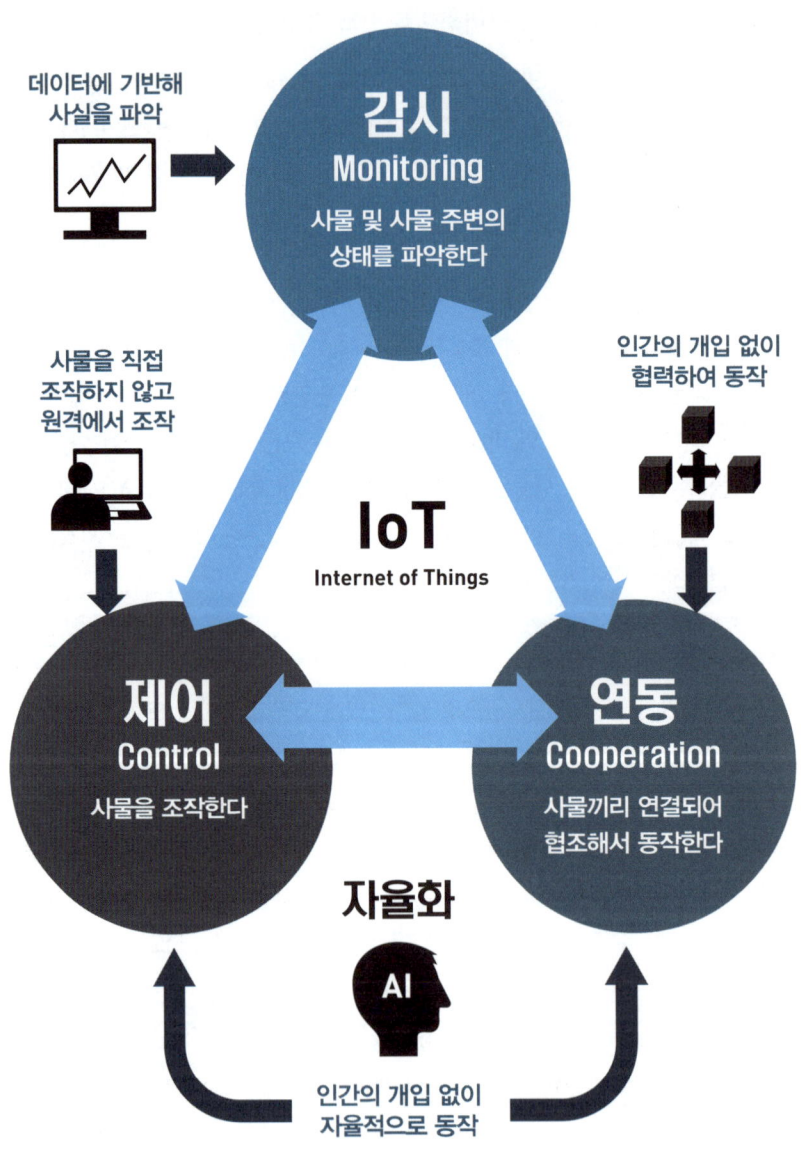

▎감시(모니터링): 사물이나 사물 주변의 상황을 파악한다

데이터에 기반해 실시간으로 사실을 파악할 수 있습니다. 데이터를 인간도 알 수 있는 표나 그래프 정보로 가공하면 직관적으로 판단할 수 있습니다.

- 전력 사용 상황 파악
- 원격 검사/진단
- 웨어러블 기기를 사용한 건강 관리
- 농장 환경 파악(토양이나 온도 등)
- 공장 내부 기기의 가동 상황이나 사람의 움직임 파악 등

▎제어(Control): 사물을 조작한다

사람이 사물을 원격에서 제어하거나 사물 자신 또는 주변 데이터에 기반해 사물을 자동으로 동작시킬 수 있습니다.

- 사무실 문 개폐
- 공공 교통 기관의 자동 운송
- 음성을 사용한 가전 기기 제어
- 농업 하우스 관리와 환경 최적 제어
- 건물이나 시설 같은 에너지 절약 제어 등

▎연동(Cooperation): 사물끼리 연결되어 협조해서 동작한다

사물끼리 서로 자신의 상태나 주변 상황을 주고받으면서 전체적으로 연동, 협력해 최적으로 동작합니다.

- 창고/공장의 반송 기기를 효율적으로 반송
- 자동차와 신호기에 의한 정체 해소
- 제조 기기의 협조 제어에 의한 효율적 생산 등

또한 사물에 탑재한 AI에 의한 자율 제어 구조를 사용하면 복잡한 기기의 제어나 사물 간 연동을 인간의 개입 없이 수행할 수 있습니다.

여기에서 파악한 상황이나 결과는 데이터로 네트워크를 통해 클라우드에 전송되고 자율 제어를 더욱 정교하게 만듭니다. 그리고 기타 서비스와 연동시킴으로써 다양한 업무 효율화와 최적화에 도움이 됩니다.

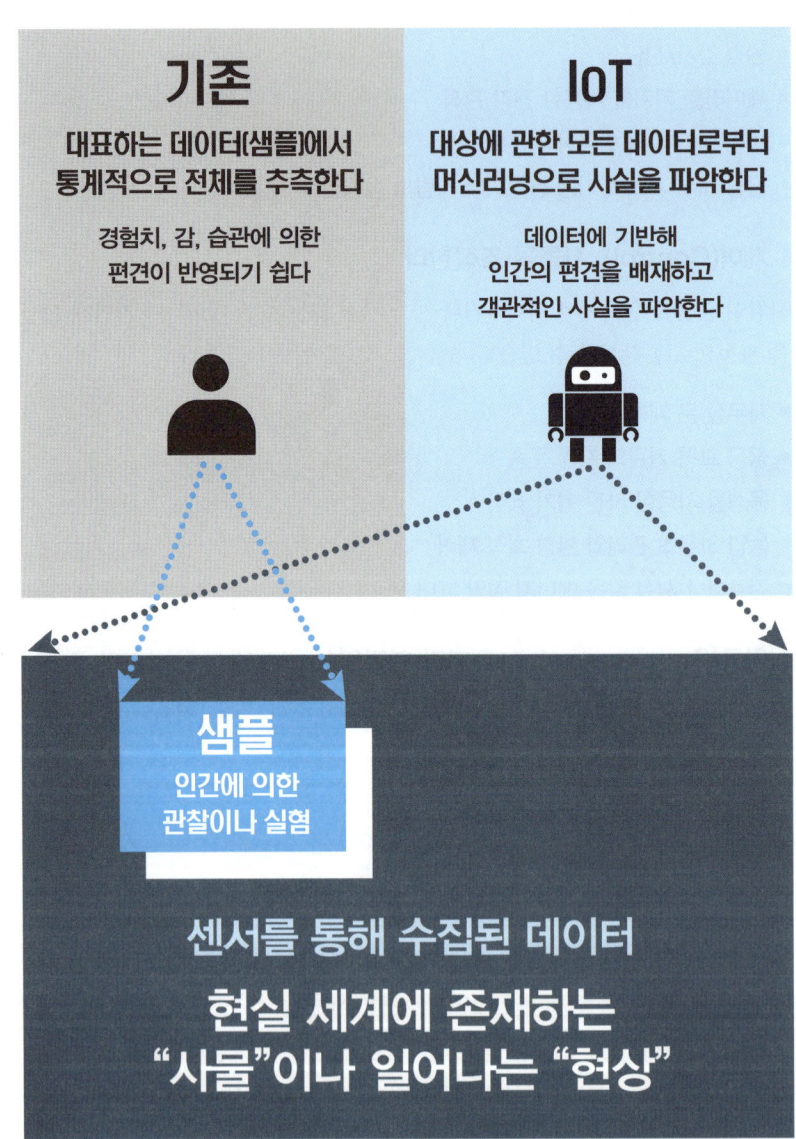

현실 세계에서의 사물이나 현상을 데이터로 파악하려는 노력은 이전부터 있었습니다. 우리는 이 데이터를 통해 사실을 파악하고 분석함으로써 규칙이나 법규, 특징을 찾아내고, 제품이나 서비스 개선에 활용합니다.

하지만 '모든 사실'을 데이터로 파악하는 데는 막대한 노력과 비용이 소요됩니다. 그렇기 때문에 현실을 모방한 실험, 대표적인 집단의 관찰, 무작위로 선택된 것의 검사 등 해당 그룹(모집단)을 대표하는 샘플(표본) 데이터를 사용해 그것에서 전체의 형태(모집단의 확률 분포)를 통계학적으로 추측하는 것이 일반적이었습니다.

하지만 표본 데이터나 모집단의 범위를 선정하는 시점에서 다룰 수 있는 데이터 수는 한정되어 있습니다. 그리고 인간의 경험치나 습관에 기반한 짐작 같은 편견의 영향으로 인해 전체 형태를 객관적으로 파악하는 것은 쉽지 않습니다.

IoT에서는 이 방식 자체가 근본적으로 바뀝니다. 예를 들어 제품에 데이터 수집을 위한 센서와 통신 기능을 내장해두면 그 제품이 사용되는 방식이나 사용자의 행동 같은 '모든 사실'을 객관적인 데이터로 파악할 수 있습니다. 또한 실시간으로 통신할 수 있는 기능을 내장하면 현재의 사실도 파악할 수 있습니다. 이렇게 IoT를 활용하면 사실을 파악하는 해상도가 높아집니다. 지금까지 보지 못했던 규칙과 법칙, 특징이 '시각화'됨에 따라 높은 정확도로 현실을 이해할 수 있게 됩니다. 거기에서 새로운 통찰을 얻고 제품이나 서비스 개발에 시사점을 부여하는 등, 한 단계 더 개선할 수 있게 됩니다.

마케팅이나 프로모션에서도 표본 데이터에서 추정된 정보 제공 등의 정적 '속성'을 넘어서, 사용자에 맞춰 실시간으로 변화하는 정보에 맞춰 동적 '행동'을 기반으로 적절한 시점에 프로모션이나 정보를 제공할 수 있게 된다. 그리고 이는 편의성을 높이는 데 도움이 됩니다.

당연하지만 데이터양은 막대합니다. 그것을 전송하는 고속/대용량 통신(5G)이나 막대한 데이터로부터 규칙이나 법칙, 특징을 찾아내는 계산(AI/머신러닝), 데이터를 보관/처리하는 컴퓨팅 자원(클라우드)이 필요합니다.

'좁은 의미의 IoT'와 '넓은 의미의 IoT'

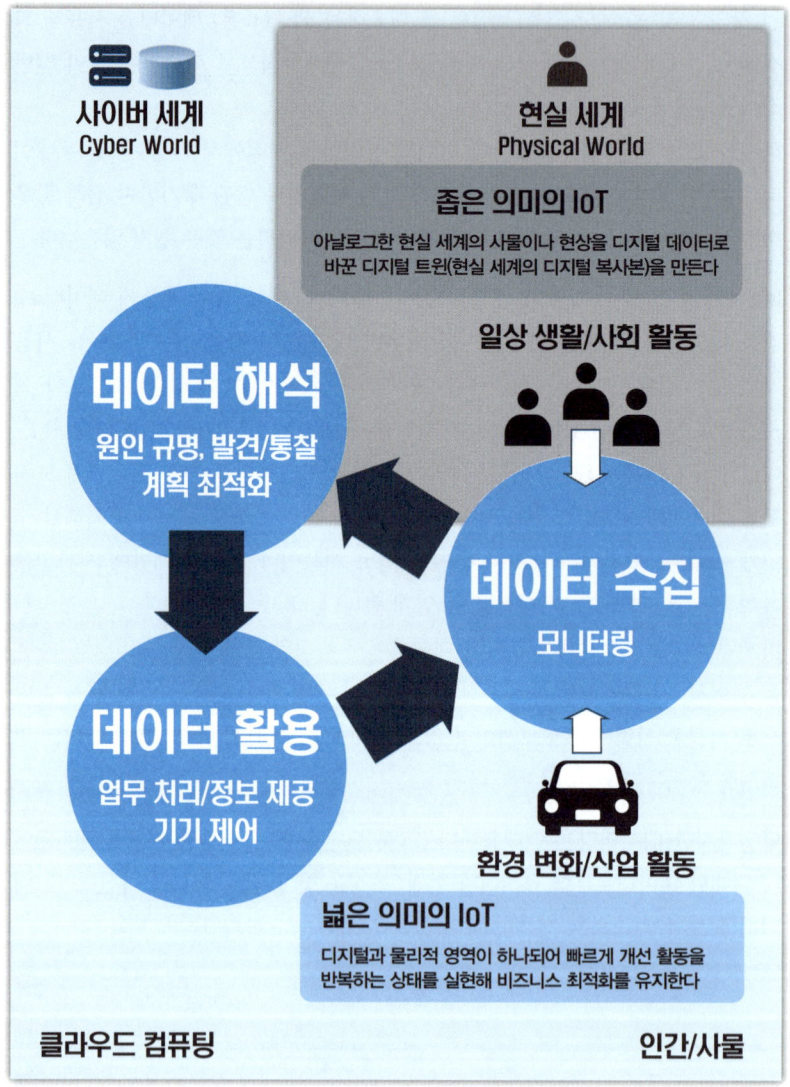

IoT는 다음 두 가지 의미로 해석되고 있습니다.

- **좁은 의미의 IoT**: 아날로그 현실 세계의 사물이나 현상을 디지털 데이터로 포착해 디지털 트윈(현실 세계의 디지털 복사본)을 만드는 구조
- **넓은 의미의 IoT**: 디지털과 물리적 영역이 하나되어 고속으로 개선 활동을 반복하는 구조, 또는 그것을 활용해 새로운 비즈니스 가치를 창출하는 구조

'좁은 의미의 IoT'는 사물에 탑재한 센서로부터 '사물' 자체나 주변 상황 및 그 변화를 포착해, 디지털 데이터로써 네트워크로 보내는 기기나 정보 시스템, 또는 그것들을 조합한 일련의 구조를 나타냅니다.

이것을 비즈니스 관점에서 보면 '시스템 구축 비즈니스'가 됩니다. 이 비즈니스는 일반적인 시스템 구축 비즈니스와 마찬가지로 위탁 업무로, 원가 회수를 기대할 수 있습니다. 하지만 가격 경쟁에 매몰될 가능성이 높고 큰 이익을 얻기는 어려울 가능성이 있습니다. 그리고 이런 비즈니스에 뛰어들기 위해서는 적용 현장에 정통해야 합니다. 공장의 경우 설비, 기자재, 기타 조작이나 운용, 그 현장에 최적의 센서 종류나 데이터 수집 방법에 관해 잘 알아야 합니다.

한편, '넓은 의미의 IoT'는 '좁은 의미의 IoT'에 의해 발생한 데이터를 분석하고 원인 규명, 발견/통찰, 계획 최적화 등을 수행하고 새로운 가치를 부여하여 고객에게 매력적인 서비스를 제공하는 것입니다.

직접 서비스를 제공하므로 고객의 과제나 니즈를 조사하고 비즈니스 모델을 기획하고, 프로모션이나 서비스 제공 방법을 설계하고 고객 니즈의 변화에 즉시 대응할 수 있는 개발이나 운용 체제를 준비해야 합니다. 따라서 하이 리스크 하이 리턴을 각오해야 합니다.

어느 쪽을 정답이라 할 수는 없습니다. 이런 두 가지 해석이 있다는 의미입니다. 단, 'IoT 비즈니스'를 기획, 검토하는 입장에서는 이 차이를 모호하게 인식해서는 안 됩니다. 비즈니스 관점에서 이 두 가지는 성격이 전혀 다르며, 각각에 필요한 지식이나 노하우가 다릅니다. 투자 방법도 다릅니다. 이 점을 염두에 두고 추진해야 합니다.

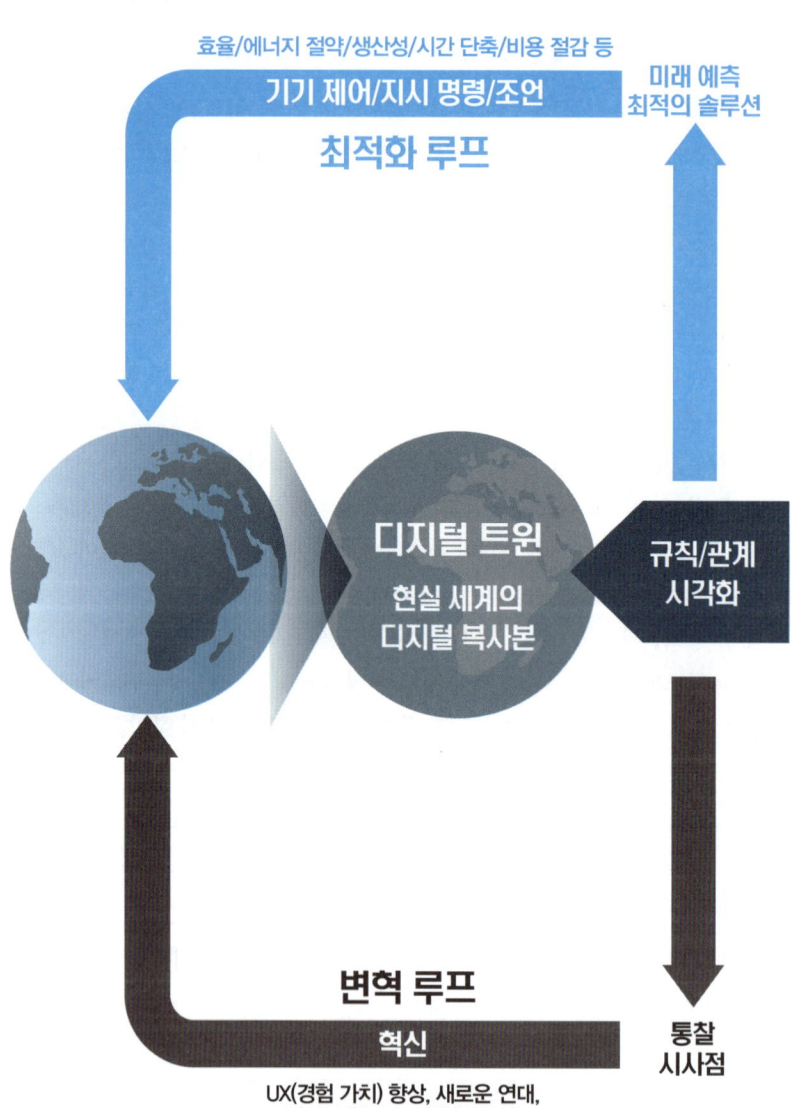

'넓은 의미의 IoT'는 두 가지의 다른 가치를 만드는 것으로 생각할 수 있습니다.

▍최적화 루프

현실 세계의 사물에 내장된 센서로부터 디지털 트윈을 만듭니다. 이를 분석해 그곳에 내재하는 규칙이나 관계를 찾아내고 미래를 예측합니다. 또는 현실 세계에서는 불가능한 것을 모의 실험(시뮬레이션)해서 최적의 솔루션을 도출합니다. 이 최적의 솔루션을 사용해 효율화, 에너지 절약, 생산성 향상, 납기 단축, 비용 절감 등을 위한 기기 제어, 현장에 대한 지식 명령 또는 조언 등을 보내고 현실 세계를 최적화합니다. 이를 통해 다시 현실 세계가 변화하고 그것을 센서가 포착합니다. 이 루프를 반복해 최적화된 현실 세계를 유지합니다.

▍변혁 루프

디지털 트윈을 분석할 때까지는 '최적화 루프'와 동일합니다. '최적화 루프'에서 통찰이나 시사점을 얻어 혁신을 만드는 계기를 얻을 수 있습니다. 이를 통해 다양한 서비스와의 새로운 연대, 편의성 향상, 새로운 UX 창출, 놀라움과 감동을 창출합니다.

기술 측면에서 두 루프에 공통되는 것이 있습니다. 센서 기술과 데이터를 수집해서 보내는 시스템, 그 데이터를 저장해 계산을 처리하기 위한 능력을 제공하는 클라우드, 데이터를 분석해 예측이나 최적의 솔루션, 관계를 도출하거나 규칙을 '시각화'하는 머신러닝(AI 기술의 하나)입니다.

'최적화 루프'에서는 얻은 예측이나 최적의 솔루션을 현장에 빠른 속도로 확실하게 전송해 현장을 파악하기 위한 5G(5세대 이동통신 시스템) 또는 사물 자체에 높은 자율 능력을 갖게 하는 AI칩 등을 사용합니다.

'변혁 루프'에서는 얻어진 통찰이나 시사점으로부터 새로운 비즈니스 모델을 만들거나 비즈니스 프로세스를 변혁시키기 위해 현장의 피드백을 얻으면서 빠른 속도로 시행착오를 반복해야 합니다. 이를 위한 방법으로 애자일 개발이나 DevOps를 사용합니다.

이 두 가지 루프는 상호 보완적이며 '최적화 루프'를 실행하면서 동시에 '변혁 루프'에 실행하는 것이 비즈니스를 성장시키는 기본이 됩니다.

디지털 트윈과 세 가지 가상 세계

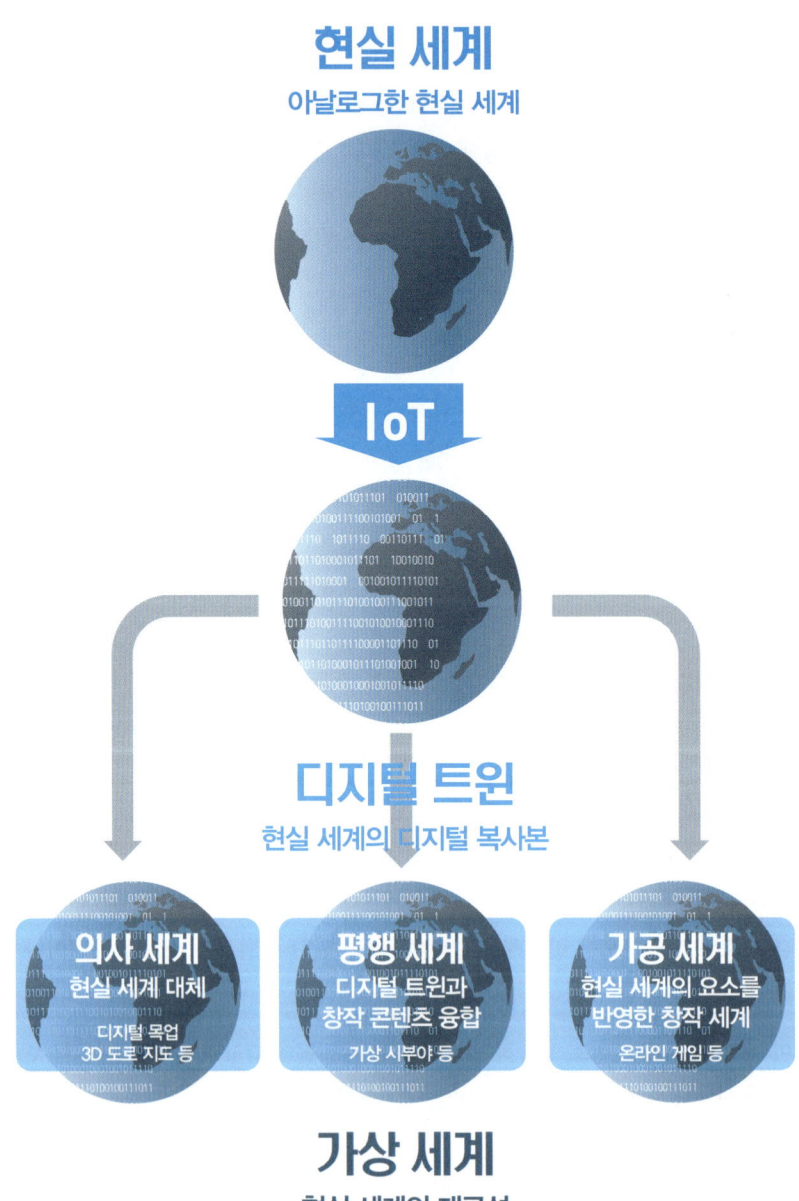

IoT에 의해 만들어진 디지털 트윈은 현실 세계의 사물이나 현상, 또는 물리 법칙을 옮긴 디지털 복사본입니다. 이를 매개체로 현실 세계를 재구성한 것이 가상 세계(Virtual World)입니다. 이런 가상 세계는 의사 세계, 평행 세계, 가공 세계의 세 가지로 나뉩니다.

▌의사 세계: 현실 세계를 가능한 한 충실하게 재현한 디지털 공간

예를 들면 국토교통성이 주도하는 프로젝트인 PLATEAU는 일본 전국의 도시를 3D 도시 모델로 정비하는 것을 목표로, 그 데이터를 사용해 고도의 도시 계획 수립이나 도시 활동 시뮬레이션 등을 수행하고 있습니다. 이를 사용하면 건물 단위의 재해 리스크를 고려한 방재 대책, 배송 드론의 경로 검증 등을 수행할 수 있습니다.

Google의 자기업으로 자율 주행 차량 개발을 담당하는 Waymo는 샌프란시스코의 거리와 도로를 3D로 재현하고 여기에서 자동차를 달리게 해, 자율 주행 소프트웨어를 훈련하고 있습니다. 실제 도로에서의 주행은 비용이나 시간, 안전 제약이 있습니다. 그래서 3D로 만든 샌프란시스코를 달리게 해서 법률이나 규제의 제약을 받지 않고 훈련 주행을 해, 소프트웨어 성능 향상이나 개선을 도모하고 있습니다.

영국 원자력공산(UKAEA)은 차세대 에너지원 개발을 추진하고 있습니다. 핵 융합로를 가상 세계에서 만들고 현실 세계에서는 수행하기 어려운 실험을 하고 있습니다. 핵 융합 반응은 태양이 에너지를 만드는 구조이며 이를 지상에서 재현해 에너지를 추출하는 것입니다. 하지만 이를 위해서는 1억도 이상의 고온을 만들어야 합니다. 또한 이를 실현하기 위해 수많은 부품을 복잡하게 조합해야 하며, 조금이라도 설계를 변경하면 다른 곳에도 영향을 미칩니다. 이것을 실제로 만들어 확인하는 것은 힘든 일입니다. 그래서 가상 세계에 핵 융합로를 만들고 여기에서 실험이나 설계 변경을 반복해, 방향성이 정해지면 실제로 제작함으로써 개발에 드는 기간 및 비용 절감을 도모하고 있습니다.

▌평행 세계: 디지털 트윈과 창작된 디지털 콘텐츠를 융합시킨 디지털 세계

예를 들면 KDDI 주도의 클러스터가 제작하고 2020년 5월에 오픈한 '가상 시부야(Virtual Shibuya)'[*]는 실재하는 시부야의 거리를 충실하게 재연해 애니메이션

---

[*] https://vcity.au5g.jp/shibuya

'공각기동대' 느낌의 풍경이나 캐릭터, 기자재를 등장시켜 현실 세계와는 다른 세계관의 시부야를 연출하고 있습니다. 가상 시부야에서 개최된 이벤트에는 2020년 40만명, 2021년 55만명의 아바타들이 전세계에서 방문했습니다.

그리고 코인 체크가 운영하는 'OASIS KYOTO'는 "2035년 근미래 도시"를 콘셉트로 만든 거리로 신사, 불각 등 일본의 옛 도읍을 연상케 합니다. 패션, 음악, 아트를 중심으로 다채로운 이벤트 시설을 설치해 아티스트와 팬의 소통 및 기업 커뮤니티 육성의 장으로 사용되고 있습니다.

▎**가공 세계: 현실 세계의 물리 법칙이나 요소를 도입해 창작한 가상 세계**

반다이 남코 엔터테인먼트가 2023년 10월에 개최한 '건담 빌드 메타버스[*]'는 미국과 일본에서 약 3주 동안 한정 개최하며, 건담의 세계관을 즐길 수 있는 메타버스 공간이나 팬 커뮤니티의 계기가 되는 전시 등이 수행되었습니다. 2023년 11월에는 애니메이션 '진격의 거인' 완결을 축하하는 이벤트인 '월드와이드 애프터파티'가 온라인에서 개최되어 전세계 팬들이 소통하고, 제작진이나 성우들과 건배하는 등의 행사가 진행되었습니다. 이런 이벤트뿐만 아니라 'Fortnite', 'Roblox', '동물의 숲' 같은 게임도 가공 세계로 분류됩니다.

세 가지 가상 세계는 명확하게 구분되지는 않습니다. 이들을 통틀어 '메타버스'라 부르기도 하며 디지털 트윈과의 구분도 모호합니다. 이후 생성형 AI나 VR 기술이 조합되면 이를 구분하는 것은 더욱 모호해질 것입니다.

엔터테인먼트나 게임을 넘어 생산 현장에서의 응용도 확산되고 있습니다. 예를 들면 설계 단계부터 제조, 판매, 애프터 서비스까지 제품 라이프사이클 전체를 가상 세계에 만들어 현실 세계의 구조와 심리스하게 통합해, 효율과 생산성을 향상시킵니다. 이러한 방식은 혁신을 추구하는 데 있어 중요한 역할을 담당하게 될 것입니다.

IoT는 현실 세계와 가상 세계를 연결하는 인터페이스의 역할을 담당하면서 점점 구분하기 어렵고 심리스한 관계로 발전하게 될 것입니다.

* https://gmpj.bn-ent.net/en/

칼럼

무어의 법칙

1965년 봄, 페어차일드 반도체(Fairchild Semiconductor)의 창립 멤버 중 한 명이자 인텔(Intel)의 창업자인 고든 얼 무어(Gordon Earle Moore)는 '일렉트로닉스 매거진'의 35주년을 기념해 컴퓨터의 미래에 관한 기사를 의뢰받았습니다. 당시 집적회로는 최첨단 프로토타입이라 하더라도 하나의 칩에 집적할 수 있는 트랜지스터 수의 한계가 30개였습니다.

무어는 기사를 작성하기 위한 데이터를 수집하면서 놀라운 사실을 발견했습니다. 하나의 칩에 집적되는 트랜지스터 수가 1959년부터 매년 2배로 증가했던 것입니다. 이 경향이 미래에도 계속된다고 가정한다면 1975년에는 6만 5천개라는 어마어마한 수의 트랜지스터가 집적되는 것입니다.

무어는 이 데이터를 기반으로 'Cramming More Components onto Integrated Circuit'*라는 기사를 작성했습니다. 그리고 그 기사에 '가정용 컴퓨터라는 놀랄만한 것', '휴대용 통신 기기', 그리고 어쩌면 '자동 조종 자동차'까지 등장할지도 모른다고 썼습니다.

'반도체의 집적 밀도는 18~24개월 주기로 2배로 늘어나며, 가격 대 성능 비 또한 2배가 된다'

후에 '무어의 법칙'이라 불리게 된 이 경험값은 현실이 되었습니다. 1971년에 등장한 세계 최초의 마이크로 프로세서 'Intel 4004'에는 2,300개 정도의 트랜지스터가 집적되어 있었습니다. 그리고 이 기사가 발표되고 50년 후에 등장한 인텔의 '12세대 Core'에는 수십 억개의 트랜지스터가 집적되어 있습니다. 또한 인텔은 2030년에는 1조 개를 집적하는 것을 목표로 하고 있습니다. 물론 '가정용 컴퓨터라는 놀랄만한 것', '휴대용 통신 기기', '자동 조종 자동차'는 말할 필요도 없습니다.

2007년 iPhone이 등장한 뒤 10년만에 사회나 비즈니스 상식이 완전히 뒤바뀌었습니다. 스마트폰 출하 대수는 글로벌 기준 연간 13억 대에 달하고 신분 증명서나 신용카드, 지갑을 대신해 사용되고 있습니다. 이미 컴퓨터는 경제뿐만 아니라 우리 일생 생활이나 사회와의 관계도 크게 바꾸었습니다.

무어가 예상한 대로 컴퓨터는 우리 사회나 일상 모든 곳에 침투했으며, 이미 컴퓨터가 없는 시대로는 돌아갈 수 없게 되었습니다.

* https://www.cs.utexas.edu/~fussell/courses/cs352h/papers/moore.pdf

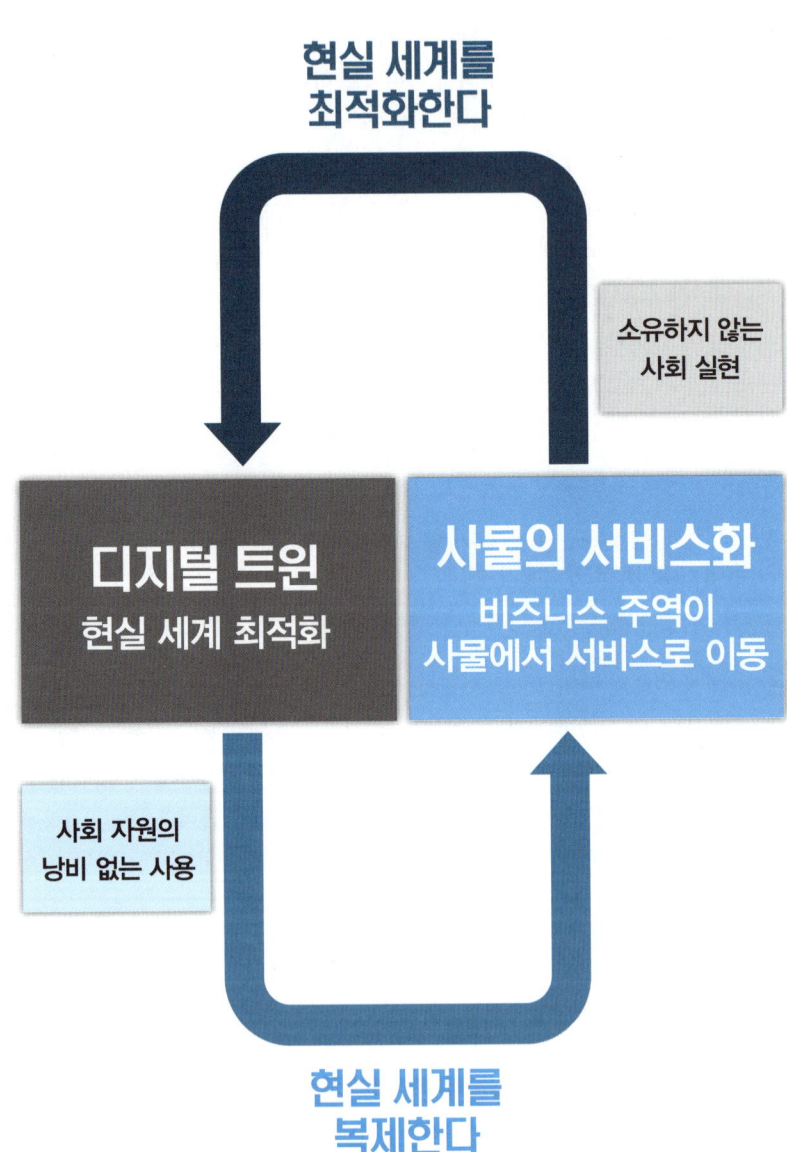

▍사회 기반의 이동: 디지털 트윈

IoT가 가져온 상식의 전환(패러다임 시프트) 중 하나는 현실 세계와 디지털 세계를 일체화한 새로운 사회 기반의 실현입니다.

사물에 내장된 센서를 통해 수집된 현실 세계의 '사물'이나 '현상'의 디지털 데이터로부터 디지털 트윈이 만들어졌습니다. 이것을 사용해 머신러닝이나 시뮬레이션을 수행하면 현실 사회를 깊이 이해하고 다양한 통찰과 최적의 솔루션을 도출할 수 있습니다. 이 사이클, 즉 사이버 피지컬 시스템(CPS)이 현실 세계를 항상 최적의 상태로 유지합니다.

▍'사물' 가치의 이동: 사물의 서비스화

또 하나의 패러다임 시프트는 '사물' 가치의 본질을 하드웨어에서 서비스로 이동하는 것입니다.

과거 사물의 성능이나 기능, 품질이나 조작성은 하드웨어의 '만듦새' 같은 물리적 실태에 의해 실현되었습니다. 하지만 지금은 많은 사물에 컴퓨터가 내장되어 있으며 소프트웨어를 활용해 이를 실현하고 있습니다. 하드웨어의 가치가 사라지지는 않았지만 이미 하드웨어만으로는 사물의 가치를 실현할 수 없는 시대가 되었습니다.

IoT는 이 '하드웨어×소프트웨어'로 무언가의 사물을 네트워크로 연결하고, 디지털 세계와 일체화함으로써 새로운 가치를 만듭니다.

예를 들어 기계에 내장된 센서의 데이터를 클라우드에서 해석하면, 예방할 필요가 있는 유지보수나 시점을 명확하게 판단하고 고장 전에 점검 또는 수리할 수 있습니다. 이를 통해 고객 만족도를 향상시키고 유지보수/점검 시점, 필요한 기자재나 부품, 엔지니어 이동이 최적화되어 비용을 줄일 수 있습니다.

그리고 가동 상황을 확실하게 측정할 수 있으므로 '사물'을 사지 않고 사용량에 따라 요금을 납부하는 비즈니스를 실현합니다. 예를 들면 자동차의 경우, 네트워크를 통해 자동차에 내장된 소프트웨어를 업데이트하고 기능이나 성능, 조작성을 향상합니다. 또한 안전한 운전인지 난폭한 운전인지 데이터로 파악해 요금을 변형시키는 보험 상품도 만들 수 있습니다.

이렇게 사물 자체가 아니라 '하드웨어×소프트웨어'가 사물의 가치로 받아들여지게 되었습니다.

디지털 트윈 활용 ①: 현실 세계 최적화

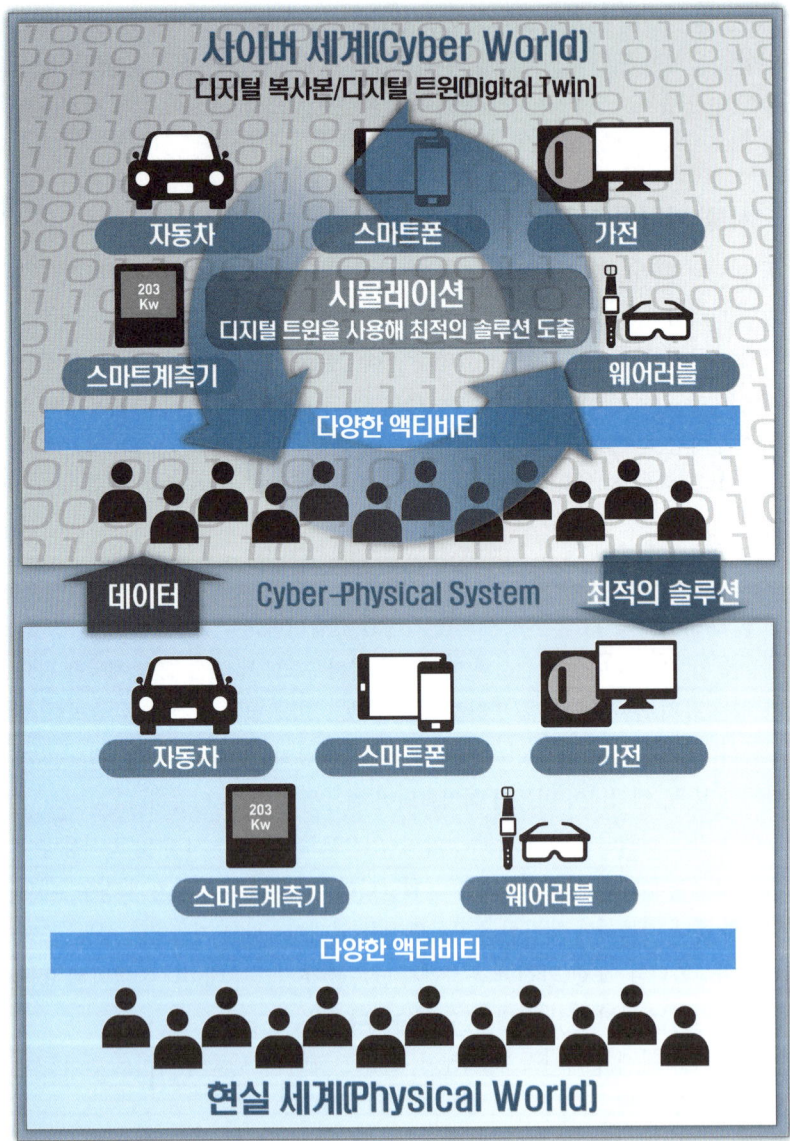

현실 세계의 현상을 충실하게 모방한 디지털 복사본인 '디지털 트윈'에서 '현실 세계에서는 불가능한 모의 실험(시뮬레이션)'을 하면 우리 사회나 생활을 쾌적하고 안심할 수 있는 것으로 만드는 방법을 찾아낼 수 있습니다.

▌공장 생산성이나 유연성 향상

공장 제조 장치나 설비에 내장된 센서에서 보내진 추적 상황이나 가동 상황 등을 실시간으로 받아 가장 효율이 좋은 작업 순서를 찾아냅니다. 이를 사용해 현장의 제조 장치를 자동 제어하면 납기나 작업 기간을 크게 줄이고 비용 절감에 기여할 수 있습니다. 신제품을 제조 라인에 투입하는 일정이나 절차를 변경할 때 최적의 시점을 시뮬레이션을 통해 찾아내면 부자재의 낭비를 없애고 작업 효율을 높일 수 있습니다.

▌도로 정체 완화

정체된 도로의 디지털 트윈을 사용해 신호기의 전환 시점을 바꾸고 고속도로의 진입을 규제하는 등 조건을 바꿔 정체를 해소하는 최적의 방법을 찾을 수 있습니다. 여기에서 얻어진 정보를 현실 세계에 피드백해 신호 제어나 고속도로 담당자에게 지시함으로써 정체를 해소할 수 있습니다.

▌재해에 강한 도시 계획

도시 구조나 활동을 모방한 디지털 트윈에서 모의로 대규모 재해를 일으켜 도로의 교두보를 무너뜨리고, 화재로 교통을 정지시키는 등 조건을 바꾸면서 보다 많은 인명을 구할 수 있는 통제 방법을 실험할 수 있습니다. 현실 세계에서 이런 실험을 수행할 수는 없습니다. 이 실험(시뮬레이션) 결과를 재해 발생 시 피난 계획이나 도시 계획에 반영할 수 있습니다.

▌신체 건강 및 안전 지원

스마트폰이나 웨어러블 단말을 사용해 세세한 신체 정보를 확보하고 이를 사용해 사용자의 건강상 과제를 찾아내고 적절한 조언을 할 수 있게 됩니다. 낙상, 발작 등 신체 이상을 감지하면 자동으로 구급대나 병원에 알리거나 신체 정보를 전송해 즉시 필요한 채비를 할 수 있습니다.

디지털 트윈 활용 ②: 서비스 연동을 통한 새로운 가치 창출

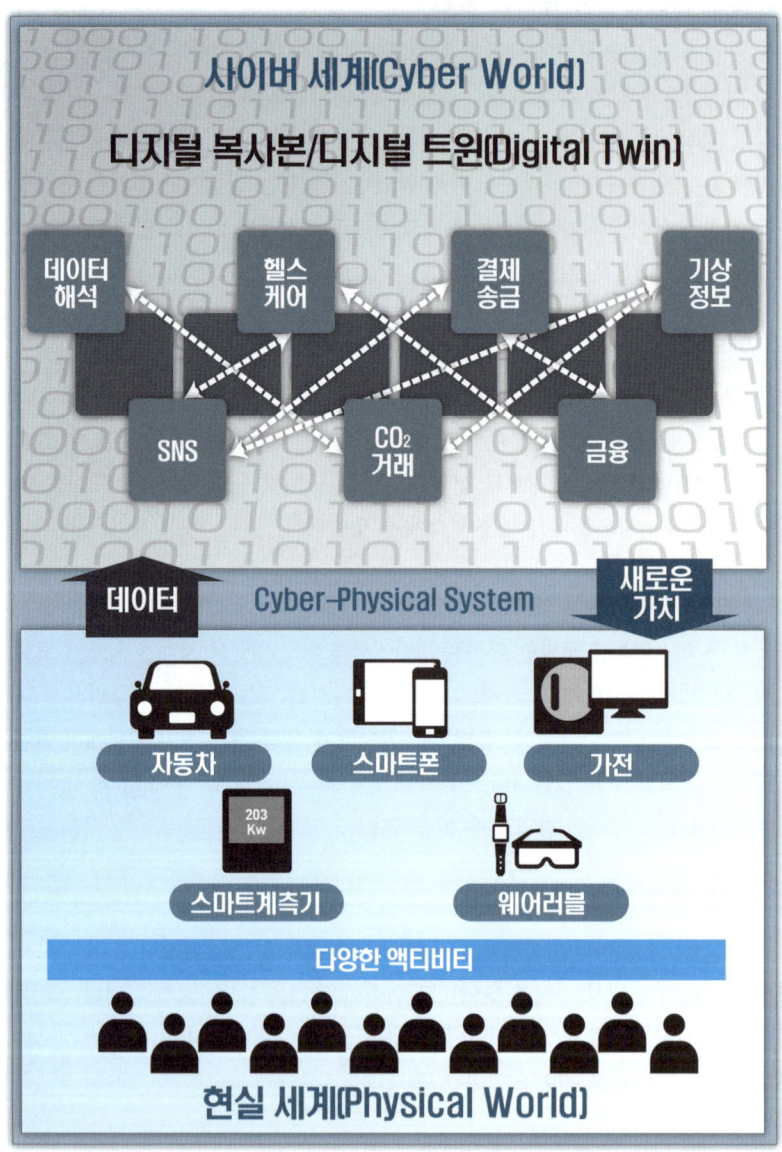

'디지털 트윈'은 '현실 세계의 디지털 복사본'이지만 현실 세계와 완전히 같지는 않습니다. 예를 들면 지리적인 거리나 정보/데이터 전송 시간은 거의 같다고 할 수 있지만, 이런 특성을 활용하여 사물, 현상, 사람을 순식간에 연결해 단독으로는 만들어낼 수 없는 가치를 만들 수 있습니다.

예를 들어 '온실 효과 가스 배출권 거래'에 관해 생각해봅시다. CO_2 같은 온실 효과 가스 절감은 지구온난화의 대책으로 중요한 과제입니다. 그래서 배출할 수 있는 양을 배출권이라는 형태로 정해, 그것을 넘어선 배출을 해야 한다면 배출량이 적은 곳에서 배출권을 구매하는 것을 가능하게 하고, 그것을 통해 절감했다고 인정하는 제도가 만들어졌습니다.

이것을 비즈니스로 성립시키기 위해서는 CO_2 같은 온실 효과 가스 배출량을 센서로 감시하고, 그것을 거래할 수 있게 해야 합니다. 그리고 1톤의 CO_2를 1 단위로 정량화하고 거래 가능한 형태(CO_2 크레딧)로 만들어 정보 시스템 상의 '구좌'에서 거래하는 시스템이 가동하고 있습니다.

디지털 세계에서는 국경을 넘어 국내외에서 순식간에 거래할 수 있습니다. 그리고 거래에 따르는 결제나 융자 같은 금융 서비스, 기상 정보나 데이터 해석, 헬스 케어 같은 서비스를 연결하면 새로운 비즈니스가 생겨날 수도 있습니다.

이렇게 디지털 트윈이라는 세계에서는 시공간의 장벽에 신경 쓸 필요가 없고 다양한 서비스를 상호 연결해, 단독으로는 만들 수 없는 비즈니스 가치를 창출할 수 있게 됩니다.

1장에서 설명했듯 '혁신'은 '새로운 결합'이며, 다양한 요소의 새로운 조합을 시도해 지금까지는 없던 새로운 가치를 만드는 행위입니다. 다양한 디지털 트윈 상에서의 서비스 조합을 쉽게 시험할 수 있다는 것도 새로운 가치 창조에 크게 기여할 것입니다.

디지털 트윈은 '현실 세계와 디지털 세계가 하나가 되어 새로운 가치를 만드는' 비즈니스의 기반이라 할 수 있습니다.

IoT가 실현하는 '사물의 서비스화'

사물의 가치는 하드웨어에서 소프트웨어로, 그리고 서비스로 이동

서비스
기능/성능 계속 변경 가능

소프트웨어
기능/성능 필요시 변경 가능

하드웨어
기능/성능 고정

- ☑ 기구가 복잡해지고 부품의 수가 증가해, 비용이 증가한다
- ☑ 고장이 많고 유지 보수/지원 체제나 비용 부담이 증가한다
- ☑ 기능 추가에는 설계나 제조 공정 변화가 수반되어 신속한 대응이 어렵다

사물의 가치를 평가하는 기준의 이동 ➔

카메라의 노출, 초점, 조리개, 셔터 스피드, 컬러 조정 등을 기기에 내장된 소프트웨어를 통해 실현합니다. 과거에는 이것들을 기어나 스프링 같은 하드웨어로 실현했습니다. 하지만 이제 하드웨어는 사물의 구성 요소 일부가 되고, 소프트웨어가 사물의 기능을 결정하는 역할이 커졌습니다.

IoT는 이 소프트웨어들을 네트워크에 연결함으로써 가치의 본질을 서비스로 이동시키고 있습니다.

예를 들면 인터넷을 통해 카메라 소프트웨어를 변경해 연사 기능을 향상시키고, 아트 필터 종류를 늘리면 구입했을 당시보다 편의성과 기능을 늘릴 수 있게 됩니다. 방송 전파를 통해 TV에 탑재된 소프트웨어를 변경해 기능이나 조작성을 개선할 수도 있습니다. 그리고 자동차에는 하드웨어적 자율 주행 기능이 탑재된 제품도 있어 법률상 규제가 사라지면 소프트웨어 변경만으로 자율 주행을 할 수 있게 됩니다.

이렇게 소프트웨어를 통해 기능하는 사물이 네트워크에 연결됨으로써 사물을 구입한 뒤에도 지속적으로 가치를 계속 향상시킬 수 있습니다.

'제품 개발'은 계속 사용되는 것을 전제로 생각하게 되었습니다. 예를 들면 과거 Apple의 iPod이 폭발적으로 판매되었던 것은 iTunes Music Store라는 서비스가 있었기 때문입니다. 그 이전에도 유사한 제품으로 Sony의 워크맨(Walkman)이 존재했지만 그것을 뛰어넘는 추세로 iPod이 시장을 점령한 것은 iPod이 서비스와 사물을 하나로 생각해 가치를 만들어냈기 때문입니다.

iPod에 이어서 등장한 iPhone은 기기에 설치된 소프트웨어 덕분에 전화, 카메라, 지도, 플래시 라이트 기능을 개선할 수 있게 되었습니다. 또한 디바이스에서 데이터를 사용해 내비게이션, 사진 공유 서비스, SNS 같은 서비스를 사용할 수 있습니다. 그리고 새로운 애플리케이션을 설치하면 그 용도를 한층 확장할 수 있습니다.

사물이 네트워크에 연결됨으로써 사물의 가치는 사물을 넘어 서비스와 함께 결정됩니다. 사물의 가치가 하드웨어에서 소프트웨어로 이동했고, IoT 보급과 함께 이제는 서비스로 이동하고 있습니다.

사물 서비스화의 메커니즘

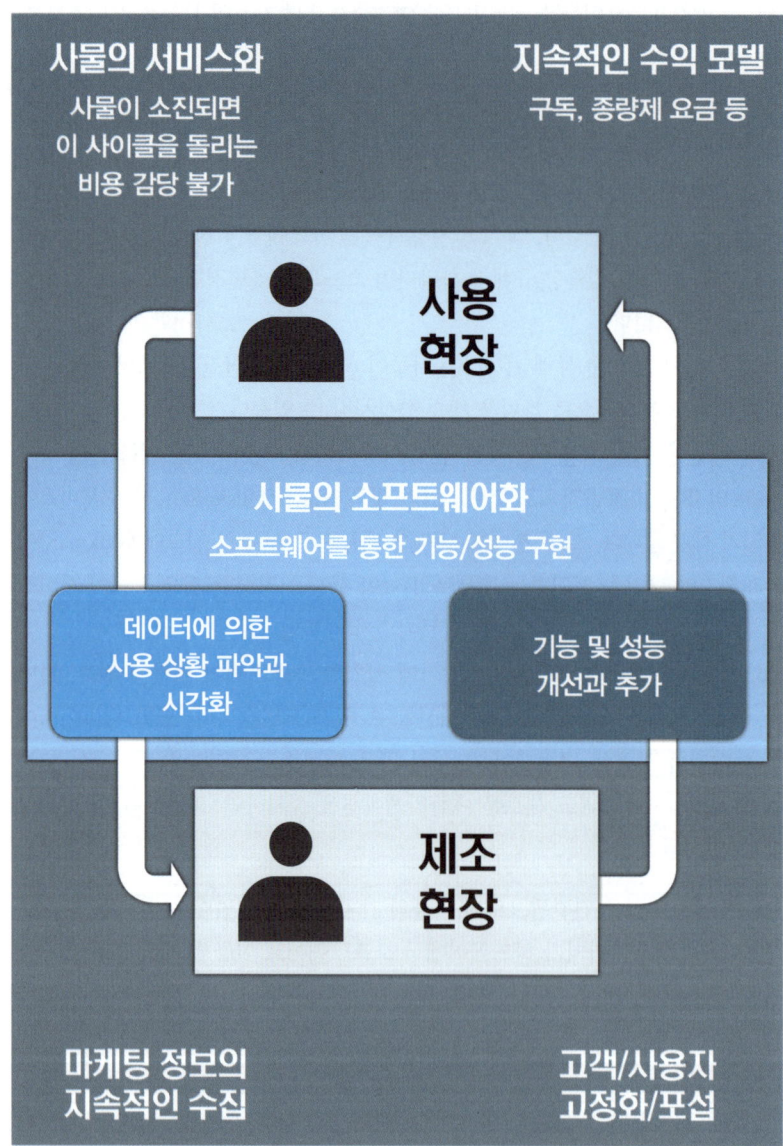

사물의 서비스화의 본질은 '사물을 사용하는 현장'과 '제조 현장'을 직접 연결하고 연대하는 것에 있습니다.

이것은 현장의 변화나 니즈를 가장 빠르게 제조 현장에 반영하고, 성과를 피드백하는 구조라고 할 수 있습니다. 이를 위해서는 인간의 의지나 조작과 상관 없이 센서를 통해 현장 데이터를 실시간으로 취득하고, 분석, 활용하는 구조인 IoT가 반드시 필요합니다.

'사물의 서비스화'는 '사물의 소프트웨어화'를 전제로 합니다. 하드웨어 부분을 가능한 한 단순하게 만듦으로써 비용을 낮출 수 있습니다. 이렇게 하면 문제도 감소하고 유지보수에 드는 노력이나 비용도 줄일 수 있습니다. 그리고 기능이나 성능은 소프트웨어를 통해 실현하는 것입니다.

제조 현장에서는 네트워크를 통해 사물을 업데이트함으로써 사물을 사용하는 현장에 즉시 개입할 수 있습니다. 예를 들면 IoT로 현장의 오류를 바로 파악하고 소프트웨어를 변경해 곧바로 수리할 수 있게 됩니다. 그리고 사용 대상(사물)의 데이터를 해석해 현장의 니즈를 파악하고 소프트웨어를 변경함으로써, 해당 사물이 고객에게 판매된 이후에도 사용 현장에서의 편의성이나 기능, 성능을 개선할 수 있습니다.

이것이 '사물의 서비스화'의 본질입니다. '하드웨어×소프트웨어×서비스'가 하나되어 사물의 가치를 만드는 것입니다. 하지만 기존과 같이 '사물=하드웨어×소프트웨어'를 판매하는 것으로 끝내서는 서비스 가치를 계속 제공하기 위한 비용을 확보하기 어려워집니다. 그래서 수익 확보를 위해 '사물=하드웨어×소프트웨어'를 '서비스'로 제공하고, 그 대가를 지속적으로 받을 수 있게 '구독(월정액)'이나 '종량제 요금(사용한 만큼 과금)' 같은 수익 모델을 갖춰야 합니다.

관점을 바꿔보면 이 모델은 마케팅과 제조의 일체화, 지원 서비스와 제조의 일체화이기도 합니다. 이런 구조를 통해 고객의 비즈니스 성과에 직접적이고 지속적으로 기여할 수 있습니다. 사물의 서비스화, 즉 사물을 서비스처럼 임대로 사용하게 하면서, 구독이나 종량제 과금으로 수익을 올리는 비즈니스 모델로만 보는 것은 본질의 한쪽 측면만 보는 것입니다. 이런 구조가 있기 때문에 비로소 가치를 발휘할 수 있는 것입니다.

IoT의 3계층 구조

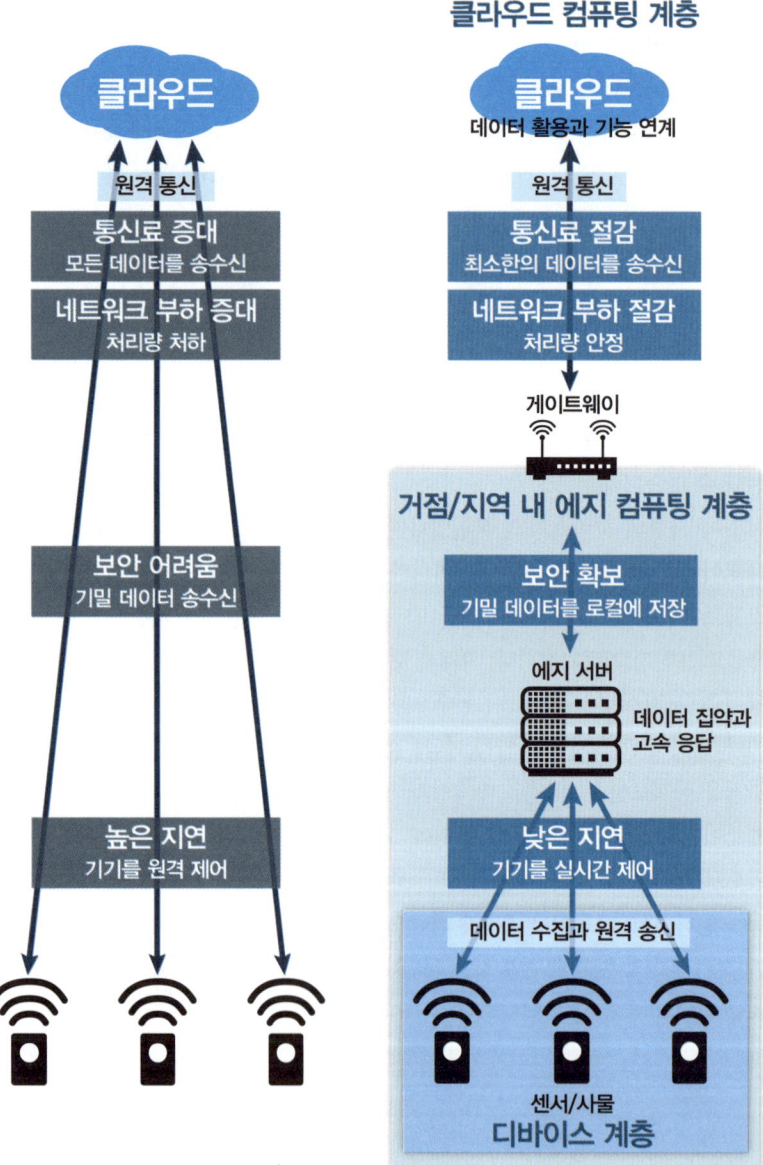

IoT는 크게 3계층으로 나눌 수 있습니다. 데이터를 수집해서 네트워크로 보내는 '디바이스 계층', 그 데이터를 수집/집약해서 클라우드에 데이터를 보내고 즉시 처리해서 결과를 반환하는 '에지 컴퓨팅 계층', 막대한 데이터 분석과 애플리케이션을 실행하는 '클라우드 컴퓨팅 계층'입니다.

'디바이스 계층'은 센서나 외부 기기와의 인터페이스, 네트워크에 데이터를 전송하는 통신 기능, 애플리케이션을 처리하는 프로세스가 내장된 사물입니다. 그리고 취득한 데이터를 네트워크로 보냅니다.

'에지 컴퓨팅 계층'은 디바이스 계층에서 데이터를 받아 즉시 처리해 피드백 하거나, 필요한 데이터만 클라우드에 보내는 역할을 합니다.

이런 구조가 필요한 이유는 사물의 수가 크게 증가하면 다음과 같은 문제가 발생하기 때문입니다.

- 각각의 사물에 대한 회선을 확보하기 위해 상당한 비용이 든다.
- 전송되는 데이터가 많아져 네트워크에 부하가 높아진다.
- 사물에 대한 감시나 제어에 부하가 걸려 클라우드 집중으로는 처리할 수 없다.

또한 인터넷을 경유해 사물이 클라우드로 데이터를 보내고 피드백을 받으려고 하더라도, 서버가 멀리 위치해 있으면 큰 지연이 발생할 수 있는 문제가 있습니다. 그렇게 되면, 즉시 결과를 반환해야 하는 경우 시점을 놓쳐 장애가 발생할 수 있습니다. 그래서 사물 주변에 '에지 서버'를 두고 분산 처리함으로써 이 문제를 해결하는 것입니다. 그리고 개인이나 사물 인증 관련 데이터 또는 기밀성이 높은 데이터를 인터넷에 보내지 않고 에지 서버에서 처리함으로써 보안 리스크를 낮추는 목적도 있습니다.

이 에지 컴퓨터가 연동해 낮은 지연/대규모 처리를 수행하는 구조를 '포그 컴퓨팅(Fog Computing)'이라 부릅니다. 포그(안개)가 클라우드(구름)보다 지면에 가깝듯, 사물 주변에 설치하는 특성에 따라 이런 이름으로 불리게 되었습니다.

'클라우드 컴퓨팅 계층'은 디바이스 계층과 에지 컴퓨팅 계층에서 보내진 데이터를 분석하고, 애플리케이션을 실행하고, 다른 클라우드 애플리케이션과의 연동 기능을 제공합니다.

IoT는 이런 3계층 구조에 의해 구현되는 것입니다.

IoT 보안

대항목	중항목		지침	주요 요점
IoT 보안 대책 다섯 가지 지침	방침	지침1	IoT 특성을 고려한 기본 방침을 수립한다	■ 경영자가 IoT 보안에 헌신한다. ■ 부문성이나 실수에 대비한다.
	분석	지침2	IoT 리스크를 확인한다	■ 지킬 대상을 특정한다. 연결에 의한 리스크를 가정한다
	설계	지침3	지킬 대상을 지킬 수 있는 계획을 고려한다	■ 연결되는 상대에 악영향을 주지 않는 설계를 한다. ■ 특정되지 않는 상태와 연결되어도 안전, 안심을 확보할 수 있도록 설계한다. ■ 안전, 안심을 실현하는 설계에 대한 평가/검증을 수행한다.
	구축/연결	지침4	네트워크 상에서의 대책을 고려한다	■ 기능 및 용도에 맞춰 적절하게 네트워크를 연결한다. ■ 초기 설정에 유의한다. ■ 인증 기능을 도입한다.
	운용/유지보수	지침5	안전, 안심할 수 있는 상태를 유지하면서 정보를 발신/공유한다	■ 출하, 릴리스 후에도 안전, 안심할 수 있는 상태를 유지한다. ■ 출하, 릴리스 후에도 IoT 리스크를 파악하고, 관계자들이 이를 준수하게 한다. ■ IoT 시스템, 서비스에서의 관계자의 역할을 인식시킨다. ■ 취약한 기기를 파악하고 적절한 주의 환기를 시킨다.
일반 사용자를 위한 규칙				■ 문의 창구나 지원이 없는 기기 또는 서비스 구입, 사용을 삼가한다. ■ 초기 설정에 유의한다. ■ 사용하지 않는 기기는 전원을 끈다. ■ 기기를 사용하지 않을 때는 데이터를 삭제한다.

출처: IoT 추진 컨소시엄 'IoT 보안 가이드라인 v.1.0'

'사물'이 네트워크에 연결되면 사이버 공격을 받을 가능성이 있습니다.

▍사고 유발

IoT 디바이스 제어가 불가능하게 되어 사고가 발생할 가능성이 있습니다. 예를 들어 대상이 자동차나 의료 기기인 경우에는 사람의 생명을 위협하게 되고, 공장 기계나 생산 설비라면 공장의 생산이 정지되고, 도로나 철도 등 교통 시스템이라면 정체나 운행 정지, 인명 사고 등에 의한 사회 시스템 혼란 등이 발생할 가능성이 있습니다.

▍정보 갈취

사물이 취득한 정보를 훔치는 것으로 다양한 장애를 발생하게 할 가능성이 있습니다. 예를 들면 스마트폰의 스피커에서 사용자의 회의 내용이 도청될 가능성 등이 있습니다.

▍스프링보드 공격

공격자가 IoT 디바이스에 침입해 원격 조작을 가능한 상태로 만들고, 이를 발판(Springboard) 삼아 다른 시스템을 공격할 가능성이 있습니다. 예를 들면 IoT 디바이스를 원격 조작해, 다른 시스템으로 부정 침입한 후 정보를 갈취하거나 시스템을 파괴할 수 있습니다. 또는 여러 IoT 디바이스를 동시에 원격 조작해 네트워크에 연결되어 있는 특정 서버나 기기에 부정한 접근을 집중해, 과도한 부하를 걸어 사용 불능 상태로 만드는 DDoS(Distributed Denial of Service/분산 서비스 거부) 공격 등을 할 수 있습니다. 공격을 피하기 위해 금전 지불을 협박하는 행위도 보고되고 있습니다. 이런 경우, 발판이 된 IoT 디바이스가 직접 공격자가 되기 때문에 배후에서 디바이스를 제어하는 공격자를 특정하기 어렵습니다.

이런 위협에 대한 이해와 대책을 환기하기 위해 경제산업성과 총무성은 'IoT 보안 가이드라인'*을 공개하고 있습니다. IoT 디바이스의 ID나 비밀번호를 초기 설정 상태로 사용하거나, 소프트웨어 업데이트를 하지 않거나, 지원 체제가 없는 기기를 사용하는 경우 등에는 특히 주의해야 합니다.

IoT에서 주의해야 할 사항들은 5장에서 설명한 것과 기본적으로 다르지 않습니다. 하지만 그 범위가 넓기 때문에 대책도 쉽지 않습니다. IoT만을 위한 배려가 필요합니다.

---

* https://www.soumu.go.jp/main_content/000428393.pdf

초분산 시대

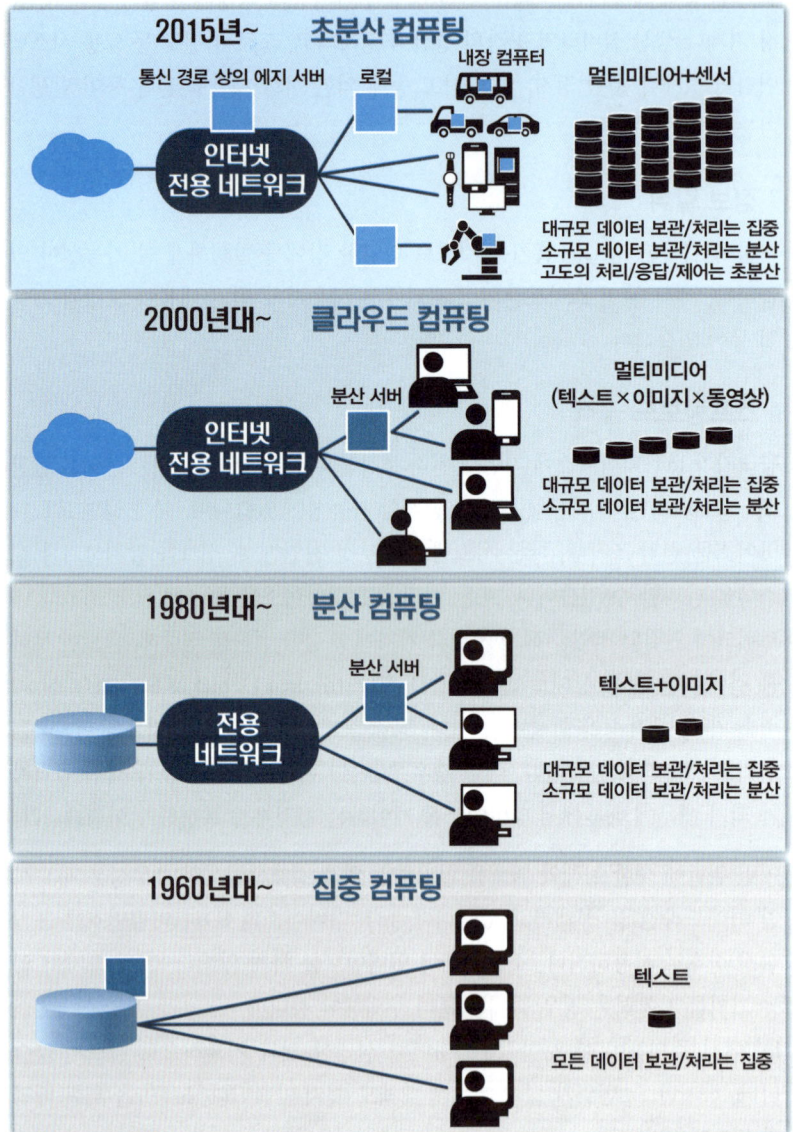

1950년대 비즈니스 컴퓨터 사용이 시작되었던 당시에는 계산 업무를 담당하는 부문(전산실, DP부문, 컴퓨터 부문 등이라 불림)에 의뢰하고 인쇄된 처리 결과를 의뢰자에게 반환하는 '배치 처리'가 일반적이었습니다.

1960년대 들어 이는 타자기(Typewriter) 단말이나 디스플레이 단말에 컴퓨터를 사용할 수 있는 시분할 방식으로 발전합니다. 이 단말들에는 현재의 PC와 같은 데이터 처리, 보관 기능은 없었고, 데이터를 입출력할 수만 있었습니다. 그리고 하나의 컴퓨터에서 처리와 보관을 담당했습니다. 통신 회선의 속도는 느렸고, 주고받을 수 있는 데이터도 텍스트뿐이었습니다.

1970~1980년대 걸쳐 소형 컴퓨터, 사무용 컴퓨터, 그리고 개인용 컴퓨터 같은 소형의 저렴한 제품이 등장했고 대형 컴퓨터(범용 기기나 호스트 컴퓨터 등으로 불렸습니다)를 공동으로 사용하는 것뿐만 아니라 부서나 개인이 컴퓨터를 구입할 수 있게 되었습니다.

이에 따라 대규모의 데이터 처리나 보관은 대형 컴퓨터, 부서 고유의 업무나 개인 수준에서 완결하는 업무는 소형 컴퓨터를 사용하는 분산 처리가 확대됩니다. 단, 통신 회선 속도가 느리고 주고받을 수 있는 데이터는 텍스트가 주류였습니다. 그래서 텍스트가 주체가 되는 업무 처리는 공동 사용 컴퓨터(서버)를 사용하고, 그 결과 표시나 가공, 편집, 이미지 사용은 PC(클라이언트)의 처리 능력을 사용하는 '클라이언트-서버 방식'이라 불리는 연동 사용 방법이 고안 및 보급됩니다. 1990년대는 인터넷이 등장하고 2000년경부터 클라우드 컴퓨팅의 싹이 보이기 시작합니다. 그후 인터넷이 고속의 광대역 회선을 사용할 수 있게 되면서 취급하는 데이터도 음성이나 이미지로 확대되었습니다.

이 기술 진화와 함께 클라우드가 급속하게 보급됩니다. 사용할 수 있는 단말의 종류도 PC뿐만 아니라 스마트폰, 태블릿, 웨어러블 단말 등이 더해지면서 적용 업무의 범위는 물론 사용자도 확대되었습니다.

오늘날 인터넷에 연결된 디바이스는 자동차, 가전 제품, 빌딩 설비 등으로 확대되고, 그 기기에 내장된 센서가 대량의 데이터를 보내게 되었습니다. 따라서 대량의 데이터가 통신 회선, 주로 모바일 통신 회선을 통해 전송되어 회선 대역을 압박할 가능성이 생겼습니다. 그래서 디바이스 주변에 서버를 배치해 중간 처리한 뒤 필요한 데이터만 회선으로 보내는 '에지 서버'가 사용되게 되었습니다.

에지 서버는 데이터 집약뿐만 아니라 디바이스를 사용하는 현장에서의 즉시 처리/즉시 응답이 필요한 업무나 현장에서 만들어지는 대량의 센서 데이터를 취합하기 위한 구조로도 사용됩니다. 에지 서버는 디바이스가 위치한 주변뿐만 아니라 보다 넓은 지역을 다루기 위해 통신 회선 경로에 위치하기도 합니다.

오늘날에는 사물에 내장된 컴퓨터 성능이 향상되고 머신러닝/AI 기능을 탑재한 제품도 등장함에 따라 고속 응답이나 낮은 지연이 요구되는 처리는 에지 서버에서 디바이스 측으로 이동하고 있으며, 디바이스 스스로 자율 제어하는 사용 방식도 증가하고 있습니다.

이후 고속, 대용량, 낮은 지연의 5G(5세대 이동통신 시스템) 보급과 함께 에지 서버가 담당하던 일시적인 데이터 보관, 디바이스 관리나 제어의 역할이 클라우드 측으로 이동하는 움직임이 시작될 수도 있습니다.

5G는 대량의 디바이스와의 통신을 가정한 규격이며 다양한 사물이 연결된 사회를 실현하고, 지금까지 해결할 수 없었던 과제의 해결로 이어질 것이라 기대되고 있습니다.

NTT가 개발을 추진하고 있는 IOWN은 현재와는 차원이 다른 대용량, 낮은 지연, 낮은 소비 전력을 모두 갖춘 네트워크 기반/정보 처리 기반을 목표로 하고 있습니다. 이것이 실현되면 현재의 5G(다운로드 20Gbps, 업로드 10Gbps)를 훨씬 뛰어넘는 1,000Tbps의 통신이 가능하게 되어 대용량 데이터 전송을 실현할 수 있습니다. IoT와 IOWN이 조합되면 새로운 비즈니스나 사회 인프라스트럭처가 실현될 것입니다.

IoT 보급과 함께, 에지 서버나 사물에 내장된 컴퓨터에 의한 초분산 컴퓨팅은 클라우드에서는 불가능한 데이터 처리 또는 고속 응답 담당을 수행하며 앞으로의 비즈니스나 사회를 지탱하는 인프라스트럭처로 정착될 것입니다.

> 칼럼

메칼프의 법칙

메칼프의 법칙(Metcalfe's Law)은 인터넷 발명에 기여한 로버트 멜락톤 메칼프(Robert Melancton Metcalfe)가 제창한 것으로, '네트워크의 가치는 연결된 사용자 수의 제곱(n^2)에 비례한다'는 법칙이며 1993년 조지 길더(George Gilder)가 공식화했습니다.

예를 들어, 자신만 전화기를 가지고 있으면 아무런 도움이 되지 않습니다. 다른 누군가 한 사람이라도 더 전화기를 가지고 있다면 두 사람 사이에서 송수신을 할 수 있습니다. 거기에 한 사람이 더 전화기를 갖게 되어 세 사람이 전화를 갖게 되면, 세 사람이 각각 자신 외에 두 사람과 송수신할 수 있습니다. 이렇게 연결되는 전화기의 수가 늘어나면 그 제곱에 비례해 연결 수가 증가하고 이에 따라 그 가치가 비약적으로 증가합니다. 이것이 바로 '메칼프의 법칙'입니다.

여기에서 주목해야 할 것은 네트워크의 가치 증대가 연결을 위한 비용을 훨씬 뛰어넘는다는 것입니다. 연결을 위한 비용은 '디바이스 단가 × 디바이스 수'로 선형적으로 증가하지만, 네트워크의 가치는 디바이스 수의 '제곱에 비례'하기 때문입니다.

예를 들어 보겠습니다. 네트워크 세계에서는 Google이나 Amazon 등 '1인 승자' 기업이 생겨나고 있습니다. 이것을 '메칼프의 법칙'으로 설명할 수 있습니다. 우선, 사용자 수가 증가함에 따라 네트워크의 가치는 사용자 수의 제곱에 비례해서 증가합니다. 사용자가 늘어남에 따라 네트워크의 가치는 높아지며 그것이 매력이 되어 새로운 사용자를 유인합니다. 그러면 그것이 다시 매력이 되어 사용자 수가 늘어납니다. 이것을 반복함으로써 다른 기업이 따라올 수 없는 '1인 승자' 상황이 만들어지는 것입니다.

초기 투자에 비용을 들이더라도 빠르게 사용자를 늘려서 서비스 가치를 높일 수 있고, 비즈니스의 주도권을 가져올 수 있는 것입니다.

메칼프가 이 법칙을 세상한 것은 네트워크가 아직 데스크톱 컴퓨터나 팩스, 고정 전화기 등으로 구성되어 있던 시대였습니다. 하지만 지금은 인터넷이 보급됨에 따라 수백 억 개의 디바이스가 네트워크에 연결되어 있습니다. IoT에 의해 그 추세는 가속화되었고 네트워크 가치를 급속하게 높이고 있습니다. IoT 디바이스는 이런 '메칼프의 법칙'에 따라 그 가치를 높이고 있다고 봐야 할 것입니다.

5G/5세대 이동통신 시스템: 세 가지 특징

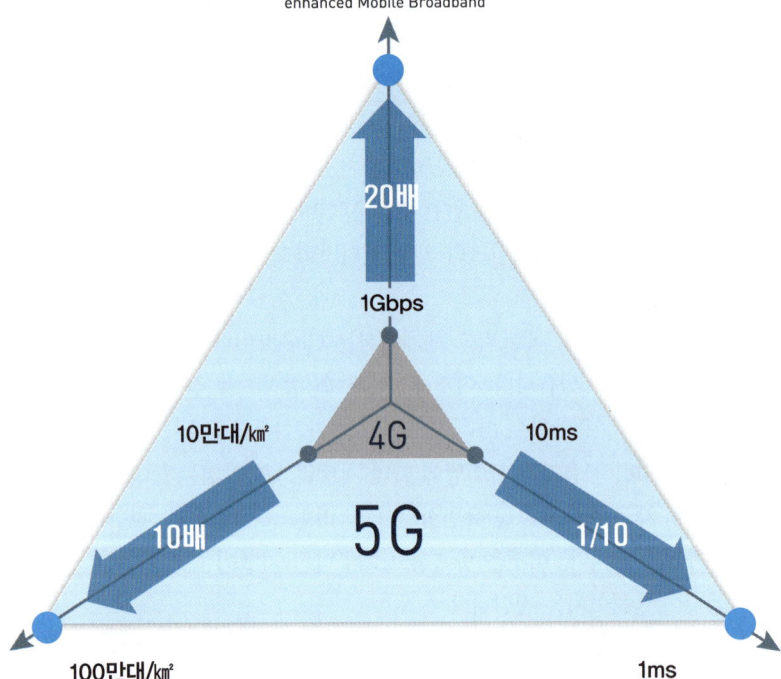

'5세대 이동통신 시스템', 즉 5G는 현재의 4G를 잇는 차세대 모바일 통신으로 2020년부터 사용을 시작했습니다.

1979년에 일본 전신 전화 공사(현 NTT)가 전세계에서 선구적으로 '자동차 전화'라 불리는 독자 규격의 이동 전화 상용 서비스를 시작합니다. 그 뒤 미국에서도 상용 서비스가 시작됩니다. 1984년에는 "휴대전화"가 등장했고, 이후 손에 가지고 다니는 전화는 진화되기 시작합니다. 당시는 아날로그 통신 방식으로 '음성 전화'를 실현했습니다. 이것이 '1G'입니다. 1994년의 '2G'에서는 디지털 통신 방식이 되어 음성과 함께 '텍스트 통신'을 사용할 수 있게 되었습니다. 2001년 '3G'가 등장하고 '고속 데이터 통신'이 가능하게 되어 휴대전화를 사용한 홈페이지 열림, 전자 메일 전송이 가능하게 되었습니다. 2010년부터는 '4G' 사용이 시작되어 스마트폰 보급과 함께 데이터 통신은 한층 고속화 되었으며 '동영상 통신'도 가능하게 되었습니다. '5G'에서는 4G까지의 기능이나 성능을 한층 고도화하는 동시에 새롭게 'IoT'에 대한 대응이 시작되었습니다.

5G는 '고속/대량 데이터 통신', '초저지연/초고신뢰성', '대량 단말 연결'의 실현을 목표로 합니다.

'고속/대량 데이터 통신'은 현재 4G의 20배에 달하게 고속화, 대용량화한 데이터 통신으로, 10Gbps~20Gbps라는 초고속의 실현을 목표로 합니다. 이것은 2시간짜리 영화를 3초만에 다운로드할 수 있는 속도입니다.

'초저지연/초고신뢰성'은 어떤 경우에도 낮은 지연으로 통신할 수 있는 것을 목표로 합니다. 지연 시간은 4G의 1/10만인 1ms입니다. 통신이 지연되면 사고가 발생할 수밖에 없는 자율 주행이나 긴급 시 확실한 통신이 요구되는 재해 대응 등에서의 사용을 가정하고 있습니다. 그리고 사용자가 시간 지연을 의식하지 않고 실시간으로 원격지의 로봇을 조작하는 것 등이 이에 해당합니다.

'대량 단말 연결'이란 현재의 10배에 해당하는 연결 단말 수나 에너지 절약 성능 실현을 목표로 합니다. 4G에서도 1㎢ 당 약 6만 대의 단말을 연결할 수 있었지만, IoT가 보급되면 이는 부족한 숫자입니다. 5G에서는 1㎢ 당 100만 대 단말의 동시 연결을 목표로 하고 있습니다. 스마트폰이나 PC뿐만 아니라 우리 주변의 다양한 기기들이 네트워크에 연결되는 시대를 향하고 있는 것입니다.

'로컬 5G*'는 '소유 건물 내' 또는 '소유 토지 내'를 사용할 권리를 가진 기업이나 지자체에 사업 허가를 준 '자체 운영 5G'로, 통신사업자가 제공하고 누구나 일반적으로 사용하는 '퍼블릭 5G'와는 다릅니다.

이런 '로컬 5G'라는 면허 제도가 만들어진 것은 기업이나 지역의 개별 니즈에 세세하게 대응하기 위한 것이며, 다양한 사업자에게 사업 참여 기회를 제공하고자 하는 총무성의 의지가 있기 때문입니다.

'로컬 5G'에서는 기업이나 지자체의 의뢰를 받은 기업이 사업 면허를 취득할 수 있습니다. 이를 사용하면 사업 면허는 사용자 기업이 취득하고, 시스템 구축을 SI 사업자에게 위탁할 수 있습니다. 또는 면허 취득과 운용까지 일임하는, 클라우드 서비스 일련의 구조를 제공하는 새로운 비즈니스로 확대될 가능성이 있습니다.

'로컬 5G'의 사업 면허는 제조업, 케이블 TV 사업자, 대학/연구 기관, 지방 자치 단체, 상사, 금융 기관, 철도 기업, CATV 사업자 등이 취득하고 있습니다. 통신 사업자나 SI 사업자는 로컬 5G 시스템 구축/운용 지원 서비스 제공을 목적으로 하는 사업 면허를 취득하고 있습니다.

'로컬 5G'는 5G와 마찬가지로 '초고속', '저지연/고신뢰', '대량 기기의 동시 연결' 세 가지를 특징으로 한 고품질 통신 규격입니다. Wi-Fi 6와 비교해 로컬 5G는 통신 품질 안정도, 보안 강도, 저지연, 넓은 전파 도달 범위 같은 점에서는 뛰어나지만 도입 비용이 다소 높습니다. 그렇기 때문에 로컬 5G 도입은 Wi-Fi로는 실현할 수 없는 고품질 통신이 필요한 경우로 한정하는 것이 좋습니다. 로컬 5G와 Wi-Fi의 특성을 이해하고 각각의 장/단점을 따져서 적절하게 구분해서 사용하는 것이 중요합니다.

이런 5G의 특성을 활용한 사용 방법으로 다음과 같은 경우를 들 수 있습니다.

- 공장 내 설비 가동 상황이나 물류 상황 등을 실시간으로 파악하고 공장 전체의 효율적인 가동을 실현한다.
- 낮은 지연의 장점을 활용해 원격지에서 현장을 확인하면서 기기를 조작하고, 24시간 감시해 오류가 발생하는 즉시 탐지해서 대응한다.
- 고도의 보안 기능이나 가용성을 활용해 미션 크리티컬 영역, 예를 들면 경찰, 소방, 의료 기관 등에서 사용한다.

* 한국에서는 '이음5G' 또는 '5G 특화망'이라는 용어를 사용한다. _편집자 주

네트워크 서비스 품질에 따라 구분하는 네트워크 슬라이싱

에너지 관련 기기의 감시 및 제어	원격 의료	재해 대응	원격 의료 및 지역 의료	기업 내 업무 시스템
농업 설비나 기기 설비의 감시 및 제어	각종 설비/기기 감시 및 제어	자동차 TIS 및 자율 주행	지자체 행정 서비스	각종 클라우드 서비스
물류 추적 가능성	게임	공공 교통 기관	금융 서비스	…
고효율 네트워크 슬라이스	**저지연** 네트워크 슬라이스	**고신뢰** 네트워크 슬라이스	**보안** 네트워크 슬라이스	**기업별** 네트워크 슬라이스

네트워크 슬라이싱

5G

고속/대용량 데이터 통신	대량 단말 연결	초저지연 초고신뢰성

5G는 '고속/대량 데이터 통신(eMBB)', '대량 단말 연결(mMTC)', '초저지연/초고신뢰성(URLLC)'이라는 상이한 요구사항을 모두 하나의 네트워크에서 만족할 수 있게 개발이 진행되고 있습니다. 하지만 실제 사용 현장에서는 각각의 사용 목적에 따라 네트워크를 가상적으로 분리해 제공할 수 있게 되어 있습니다. 이 기술은 '네트워크 슬라이싱'이라 불리며 5G의 핵심 기술 중 하나로 위치하고 있습니다.

현행 4G나 무선 LAN에서는 음성이나 동영상, 드론 조종이나 센서 데이터 수집 등 사용자의 목적에 관계 없이 모든 것을 같은 속도와 같은 대역, 즉 같은 서비스 품질로 사용하고 있습니다. 하지만 스마트폰으로 고화질 영상을 볼 때는 대용량 및 고속의 통신이 필요합니다. 한편, 드론을 조종하는 용도에서는 큰 통신 대역은 필요하지 않지만, 저지연의 통신을 해야 하는 등 사용자의 목적에 따라 요구사항이 달라집니다.

다양한 용도로 넓은 범위에 사용될 것으로 기대되는 5G지만, 요구되는 통신 속도나 대역이 다른 용도를 지금까지와 마찬가지로 구별하지 않고 같은 서비스 품질로 이용하게 되면 한정된 전파 자원이 고갈될 것입니다. 그래서 5G에서는 네트워크 슬라이싱 기술을 사용해 용도에 따라 네트워크 서비스 품질을 바꾸고, 전파 자원을 효율적으로 사용하고자 하고 있습니다.

예를 들면 저지연이 필요한 용도에서는 한 번에 보내는 데이터 크기를 극단적으로 줄이고, 데이터 전송을 시작해서 완료할 때까지의 시간을 줄여서 기기에 데이터가 전달되는 지연을 줄일 수 있습니다. 그리고 동영상과 같이 대량의 데이터를 고속으로 전송할 때는 대역을 늘려서 대용량 데이터 전송을 가능하게 합니다. 이 네트워크 슬라이싱은 기업의 개별 네트워크인 폐쇄망으로 사용할 수도 있어, 지금까지처럼 비용이 많이 드는 통신 기기를 직접 소유하고 운용 관리할 필요성이 사라집니다.

이렇게 서비스 품질을 바꿈으로써 전파 자원을 효율적으로 사용할 수 있는 동시에 요금도 바꿀 수 있을 것입니다.

5G를 '네트워크 슬라이싱'과 조합함으로써 그 적용 범위나 자유도를 크게 넓힐 수 있을 것입니다.

NEF로 연동하는 네트워크와 애플리케이션

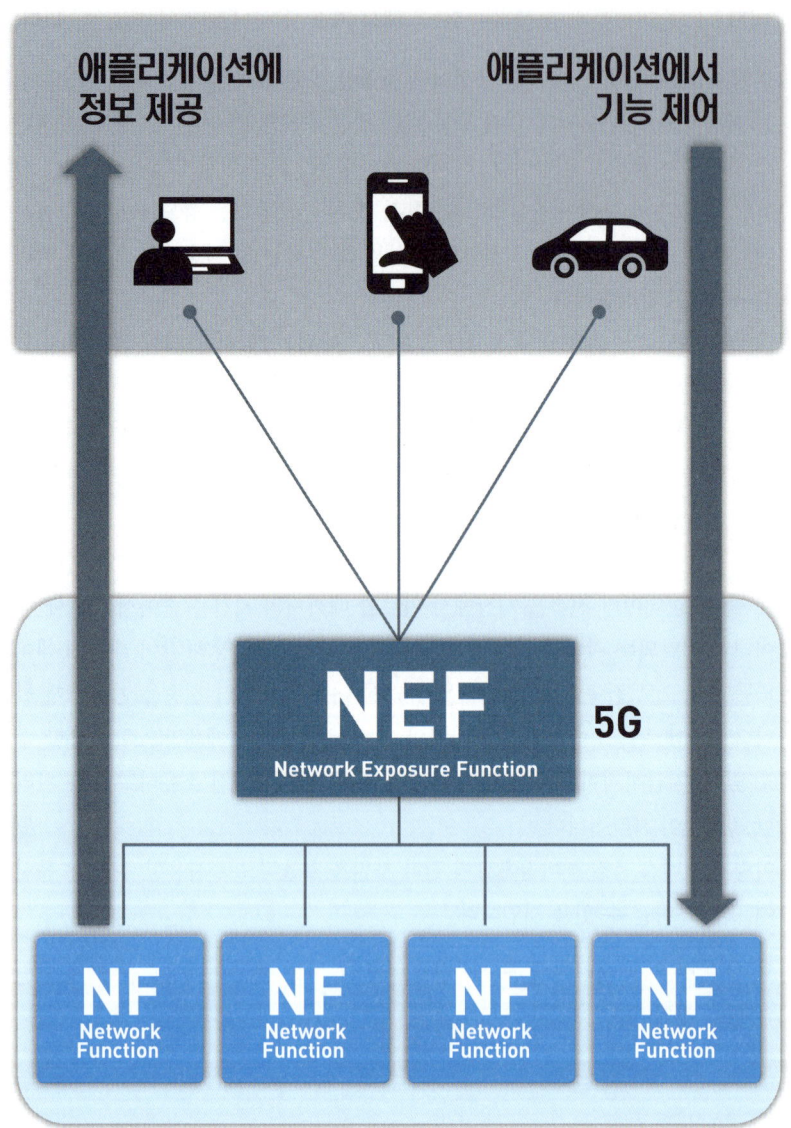

'NEF(Network Exposure Function)'는 5G가 가진 네트워크 기능(Network Function: NF)의 일부를 외부 애플리케이션 프로그램(이하, 애플리케이션)에서 사용할 수 있게 공개하고 네트워크에서의 정보를 애플리케이션에서 파악할 수 있게 합니다. 그리고 동시에 애플리케이션에서 NF를 제어할 수 있게 하는 API(Application Program Interface)를 제공합니다.

현재 스마트폰에서 동작하는 애플리케이션은 단말의 정보만 파악할 수 있고, 제어하는 범위도 단말의 기능에 한정되어 있습니다. 5G에서는 네트워크 제어 기능에 더불어 네트워크와 애플리케이션을 긴밀하게 연계할 수 있게 됩니다.

NEF를 경유해 사용할 수 있는 NF에는 다음과 같은 예시 기능이 있습니다.

- AMF(Access and Mobility Management Function): 각 영역으로 이동한 단말의 등록이나 무선 연결을 관리
- SMF(Session Management Function): 애플리케이션이 사용하는 데이터 전송 경로 설정 및 개방
- UDM(Unified Data Management): 각 사용자의 참가 규약 정보나 단말 인증 정보, 단말 소재 위치 정보 보유
- PCF(Policy Control Function): 각 애플리케이션에 대한 요구사항에 기반해 사용하는 데이터 전송 경로의 속도나 지연 시간 같은 품질 설정
- NSSF(Network Slice Selection Function): 단말이 사용하는 네트워크 슬라이스를 할당해 동적으로 전환

예를 들어 자율 주행 차량으로 고속도로를 이동하면서 차량에 탑재되어 있는 디스플레이로 웹 회의를 한다고 가정해 봅시다. 이때 자동차가 이동함에 따라 기지국과의 거리가 멀어지면 지연 시간이 늘어나 대화가 잘 연결되지 않습니다. 그래서 자동차의 위치에 따라 동적으로 연결 대상 기지국을 전환하면 지연을 억제하고 고속 이동 중에도 쾌적하게 회의를 할 수 있게 됩니다. 이때 NEF는 사용자의 위치 변화를 애플리케이션에 알리고 애플리케이션 API를 사용해 가장 가까운 기지국으로 연결 대상을 동적으로 전환합니다.

이렇게 5G 네트워크에서 제공하는 정보를 사용해 애플리케이션이 네트워크의 기능을 조작할 수 있게 됩니다.

차세대 정보 통신 인프라스트럭처 IOWN

IOWN(Innovative Optical and Wireless Network)의
핵심 기술: APN All Photonic Network

전기로 처리하던 데이터를 빛으로 처리함으로써 대용량/저지연/에너지 전력 저소비를 실현

2030년 이후	저소비 전력 전력 효율*	대용량 고품질 전송 용량**	저지연 엔드 투 엔드 지연***
최종 목표	100배	125배	1/200

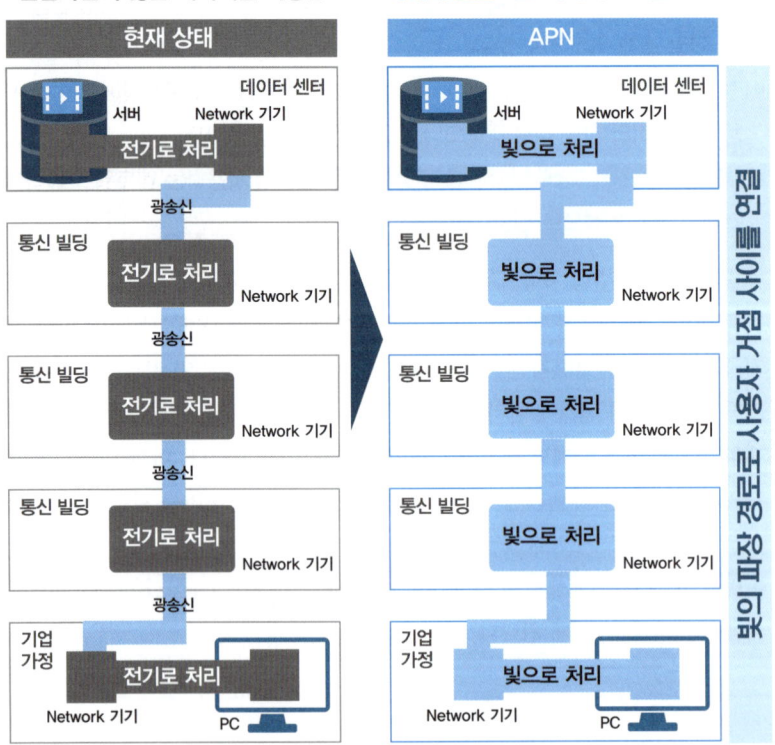

현재까지
데이터를 전기→빛→전기…로 변환하면서 많은 에너지를 사용함

미래에는
서버에서 PC까지 데이터를 빛으로 처리해 불필요한 에너지 소비를 절감

*   포토닉스 기술 적용 부분의 전력 효율 목표치
** 광섬유 1개의 통신 용량의 목표치
*** 동일 지역 안에서 압축 처리가 불필요한 영상 트래픽에서의 엔드 투 엔드 지연의 목표치

디지털화나 생성형 AI 등이 전개됨에 따라 데이터가 폭발적으로 증가하고 대량의 전력을 소비하고 있으며, 통신량이나 소비 전력 같은 측면에서 한계를 향해 치닫고 있습니다. 이 한계를 돌파하고 사회 변혁을 지탱하는 중요한 인프라스트럭처가 되는 것이 NTT가 추진하고 있는 차세대 정보 통신 인프라스트럭처인 IOWN(Innovative Optical and Wireless Network) 구상입니다.

IOWN은 네트워크에서 단말기 사이의 다양한 위치에 광전 융합 디바이스 등 최첨단 포토닉스(Photonics, 광) 관련 기술이나 정보 처리 기술을 사용해, 지금까지의 정보 통신 인프라스트럭처와 완전히 다른 차원으로 대체하는 것을 목표로 하고 있습니다.

IOWN의 핵심 기술과 서비스는 광회로와 전기회로를 융합한 '광전 융합 기술'과 포토닉스(광) 기반의 차세대 네트워크 서비스인 'APN(All Photonics Network)'입니다. '광전 융합 기술'은 광회로와 전기회로를 융합해 소형 및 저비용을 실현하고 지금까지와는 차원이 다른 고속 통신을 낮은 소비 전력으로 실현합니다. 'APN'이란 통신 네트워크의 모든 구간에서 광파장을 사용함으로써 차원이 다른 '대용량', '저지연', '저소비 전력'을 실현하는 포토닉스(광) 기반 네트워크입니다. 지금까지의 네트워크에서는 데이터를 전기→빛→전기로 변환하는 과정에서 많은 에너지를 소비했습니다. 이에 비해 APN은 전기로 처리하던 데이터를 빛 상태 그대로 처리하고 통신 네트워크의 모든 구간의 전송을 광파장으로 수행함으로써 위와 같은 성능을 실현합니다.

APN은 2030년에 기존 통신 네트워크와 비교해 네트워크 전송량 125배, 지연 1/200, 전력 효율 100배의 실현을 목표로 연구 개발 및 검증 실험이 진행되고 있습니다.

이런 초저지연을 활용해, 예를 들어 원격지에 있는 이벤트회장 사이를 실시간 영상으로 연결해 일체감을 낳는 원격 합창을 실현할 수 있습니다. 그리고 원격지에서 공장 기기를 정밀하게 조작하고, 진료 및 치료 같은 원격 의료에도 도움이 될 수 있습니다. 대용량을 활용하면 5G에서 한 편을 다운로드하는 데 3초가 소요되었던 2시간 분량의 영화를 눈 깜짝할 새(0.3초)에 1만편 다운로드 할 수 있습니다.

2030년 경에는 광전 융합 디바이스가 스마트폰에 탑재되어 전력 효율이 100배가 되고, 태양광 발전 등을 사용해 1년간 충전하지 않고도 사용할 수 있는 스마트폰이 현실화될 것입니다.

07

AI/인공지능

인간의 지적 능력을 확장하는 동반자

AI는 '이런 프로그램 코드를 작성해 달라'고 지시하면 실행할 수 있는 프로그램 코드를 작성해 주지만 '이런'을 결정해 주지는 않습니다.

AI는 '피타고라스의 정리'를 해석할 수는 있지만 '피타고라스'의 정리를 발견하지는 못합니다.

AI는 '지적 작업'을 인간 대신 수행하지만 '왜, 무엇을 위해' 그 지적 작업을 하는지에 대한 의미를 스스로 찾아내지는 못합니다.

이런 AI와 인간 지성의 차이의 본질을 올바르게 이해하면 AI를 잘 활용할 수 있게 됩니다. AI를 사용해 우리 지적 능력을 확장하고, 업무 생산성을 높이고, 새로운 가치를 만들어 내는 데 도움을 받을 수 있습니다.

ChatGPT가 많은 사람을 매료시키면서 단번에 사용자를 늘린 비결은 챗이라는 누구나 사용할 수 있는 단순한 UI와 높은 범용성 때문이었습니다. 사람에게 말하듯 상담하면 박학한 지식을 가진 GPT가 어떤 질문에든 유창하게 대답합니다. 그 결과 'AI'가 매우 가까운 존재가 되었습니다. 이는 1990년대에 등장한 인터넷을 시작으로, 2000년대의 소셜 미디어, 2010년대의 스마트폰과 같이 'IT의 일상화'에 기여하는 사건입니다.

또 하나 주목할 것은 AI가 '만드는' 것에서 '사용하는' 것으로 변화한 것입니다. 지금까지는 AI를 사용할 때 무엇을 시키고 싶은지(태스크)에 따라 대량의 데이터를 모으고 막대한 계산을 해서 모델(대답을 도출하기 위한 템플릿)을 만들었습니다. 여기에는 막대한 데이터, 계산량, 시간, 비용이 들며 고도의 전문 지식이 필요했기 때문에 AI를 '사용하는=만들 수 있는' 기업이 한정되어 있었습니다. 생성형 AI는 이 상식을 바꾸고 있습니다.

자금력이나 기술력을 가진 기업은 '만드는' 것을 담당하고, 다양한 태스크를 수행할 수 있는 범용성이 높은 모델을 만들고 있습니다. 이것은 다양한 태스크를 수행하기 위한 인프라스트럭처가 되므로 '기반 모델'이라 불립니다. 여기에 약간의 데이터나 명령만 제공하면 다양한 태스크를 수행할 수 있게 되었습니다. 이 기반 모델을 사용해 콘텐츠를 생성할 수 있는 것이 바로 생성형 AI입니다. 이 생성형 AI를 챗 서비스로 만든 것이 ChatGPT, Gemini, Cloude3 같은 챗 AI입니다.

이 서비스들이 등장함에 따라 태스크에 맞춰 개별 모델을 만들 필요가 없어졌습니다. '만드는 것'에서 '사용하는 것'으로 AI의 상식이 바뀐 것입니다. 아직은 지시나 명령의 정교함이 결과를 크게 좌우하지만, 모호한 지시나 명령에도 사용 이력이나 대화를 통해 최적의 솔루션을 도출해 주는 AI 엔진도 등장해, 개인 스킬에 의존하지 않는 사용 방법이 보급되기 시작했습니다. 또한 인간의 발화 속도에 맞춰 감정 표현을 하며 음성으로 대응하는 서비스도 등장했습니다.

그리고 초기에는 언어 데이터만 사용한 기반 모델인 '대규모 언어 모델(LLMs)'이 주류였지만, 이미지나 음성 같은 다양한 형식의 데이터를 사용한 멀티 모달(Multi-Modal) 인프라스트럭처 모델이 등장하는 등 적용 범위나 성능이 비약적으로 향상되었습니다.

'만드는' 것에서 '사용하는' 것으로의 전환은 '클라우드'의 등장과 매우 비슷합니다. 기존에는 기기를 소유하고, 프로그램을 개발해 자신의 설비에 설치해서 사용하는 것이 일반적이었습니다. 하지만 이제는 이것들을 서비스로 사용하는 것이 상식이 되었습니다.

사용자가 원하는 것은 시스템을 '소유하는' 것이나 '만드는' 것이 아니라 '사용하는' 것입니다. 하지만 '사용하기' 위해서는 소유하고, 만들어야 했습니다. '클라우드'는 이 필요를 없애고 곧바로 사용할 수 있게 만든 것입니다.

그 결과 컴퓨터 사용 범위가 넓어지고 지금의 '디지털 전제 사회'를 만들었습니다. 같은 일이 지금 AI에서도 일어나고 있습니다.

'클라우드'가 그랬던 것처럼 기반 모델의 등장은 AI 사용 범위를 넓히고, 그 진화도 가속할 것입니다. 그리고 'AI의 일상화'가 진행되고 'AI 전제 사회'로 바뀌어가게 됩니다.

이 변화는 확실히 인간의 일을 빼앗을 것입니다. 이 흐름에 저항할 수는 없습니다. 과거 인간이 직접 삽을 들고 구멍을 파던 일을 동력 삽(Power Shovel)으로 대체한 것처럼, 공장의 생산 라인에 서있던 수많은 작업자를 조립 로봇이 대체한 것처럼, 기술은 인간의 일을 기계로 대체하면서 진화했습니다. AI 역시 이런 정상적인 진화를 진행하고 있습니다.

전동 삽의 등장으로 대규모의 토목 공사를 단기간에 저렴하게 끝낼 수 있게 되었고, 그로 인해 발생한 여력으로 기술을 진화시키고 고도의 대규모 공사도 쉽게 할 수 있게 되었습니다. 생산 라인 자동화에 따라 고품질 제품을 대량으로 저렴하게 만들 수 있게 되었습니다. 그로 인해 발생한 인간의 여력은 새로운 기술 개발과 사용 범위 확대에 사용할 수 있게 되었습니다.

지금까지 하던 업무를 하지 않게 됨으로써, 인간은 기존 업무 부담이 줄어들고 더이상 의식하지 않아도 되게 되었습니다. 그만큼 새로운 것에 의식이나 시간을 들일 수 있게 되고 새로운 가치 창출이나 가치 증대에 기여할 수 있는 것입니다.

AI의 진화도 마찬가지입니다. AI는 인간이 담당했던 '지능 업무'를 빼앗고, 인간은 새로운 가치를 만드는 '지적 창조'나 이들을 잘 활용함으로써 가치를 증대시키는 '지적 증폭'에 의식과 시간을 기울일 수 있게 됩니다. 노동 생산성의 극적인 향상은 물론 보다 풍요로운 사회 실현에도 기여할 수 있게 되는 것입니다.

AI란?

'인공지능(AI: Artificial Intelligence)이란 무엇인가?'라는 질문에 대답하기는 쉽지 않습니다. 전문가들마다 해석이 다양하며 정의가 통일되지 않았기 때문입니다. 그중에서 공통된 부분을 대략적으로 뽑아보면 '인간이 수행하는 지적 작업을 공학적으로 실현하는 기술'이라 말할 수 있을 것입니다.

'지능'이란 사고나 인식 등 뇌의 기능인 지적 능력을 사용해 인식, 분류, 의사결정 등을 수행하는 것입니다. '공학적으로 실현한다'란 프로그램, 반도체, 전자회로를 조합해 만든 전자 기기나 컴퓨터를 사용해 실행하는 것입니다.

단, '지능'의 해석은 사람마다 다르며 한 가지로 통일되지 않습니다. 또한 AI의 해석도 시대에 따라 달라졌습니다. 예를 들면 온실에 맞춰 풍력을 조정하는 에어컨, 세탁물의 양이나 종류에 따라 세탁 방법을 바꾸는 세탁기 등은 지금은 당연해졌기 때문에 굳이 'AI 탑재'라고 말하지 않지만, 이런 제품이 등장했던 당시에는 'AI 탑재'를 강조해 표현했습니다.

즉, 인간이 지적 능력을 사용해서 수행하던 것을 공학적으로 실현할 수 있게 되면 이미 그것은 AI라 부르지 않게 됩니다. 그렇기 때문에 AI 연구나 개발은 인간만 할 수 있는 지적 작업 대체 방법을 영원히 모색하게 됩니다. 그에 따라 지적 능력이나 AI에 대한 해석도 시대와 함께 변합니다. AI에 관한 통일된 정의가 없는 이유 중 하나입니다.

이런 '지금의 AI'의 핵심을 이루는 기술이 바로 '머신러닝(Machine Learning)'입니다. 머신러닝은 '데이터에 숨어 있는 규칙이나 법칙, 특징을 찾아내는 계산'입니다. 오늘날 우리 일상은 다양한 센서들로 둘러싸여 있다 말하더라도 과언이 아닙니다. 스마트폰, 가전 제품, 자동차, 건물, 설비 등에 센서가 내장되어 있고, 인터넷에 연결되어 막대한 데이터를 항상 내보내고 있습니다. 인간은 이런 데이터를 본다 하더라도 아무것도 알 수 없겠지만, 머신러닝을 사용하면 그 데이터에 숨어있는 규칙이나 법칙, 특징을 찾아낼 수 있습니다. 이들을 사용해 기준이나 규칙을 만들어 분류, 인식, 시각화, 생성, 예측 같은 '지적 작업'에 응용합니다.

일반적으로 이 일련의 구조를 'AI/인공지능'이라 부르며 이를 탑재한 시스템을 'AI 애플리케이션' 또는 'AI 탑재~'라 부릅니다.

뇌와 AI의 관계

항공기는 새를 재현한 것이 아니다
새가 하늘을 나는 구조를 참고해 만들어진 기계

독자적인 진화

인공지능/AI는 뇌를 재현한 것이 아니다
뇌에서 수행하는 지적 처리 구조를 참고해 만들어진 프로그램

과거의 사람들은 '새처럼 하늘을 날고 싶다'는 생각에 '새'를 만들지 않았습니다. 새가 나는 모습을 관찰하거나 새의 신체 구조나 골격을 조사해 하늘을 나는 원리를 찾고, 그 지식을 활용해 '비행기'를 만들었습니다. 이런 비행기는 이미 새와는 아무런 관계 없이 독자적으로 기능이나 성능을 발전시키고 있습니다.

AI도 마찬가지입니다. '이미지를 인식한다', '소리를 이해한다', '외국어를 번역한다' 등은 모두 인간이라면 '뇌'에서 수행하는 지적 작업입니다. 이런 '뇌'에서 수행하는 지적 작업의 구조를 참고해 그것을 수행하는 프로그램을 만들었습니다. 우리는 이것을 'AI'라 부릅니다. 'AI' 역시 뇌와는 전혀 관계 없이 독자적으로 기능이나 성능을 발전시켰습니다.

이런 'AI'의 진화에 눈이 휘둥그래지기도 합니다. 이미지 안에 무엇이 담겨있는지 식별하는 능력은 이미 인간을 뛰어넘는 결과를 보여주고 있습니다. 이 기술을 활용해 'CT나 X-Ray 영상으로부터 병소를 찾아내'거나 '방범 카메라에 찍힌 매장 방문 고객의 움직임으로부터 절도의 가능성을 감지하는' 것과 같은 작업을 할 수 있습니다. 이미지 인식 외에도 '다른 언어를 사용한 대화를 실시간으로 번역하는', '자연스러운 언어로 말을 거는 것만으로 에어컨을 조작하는', '온라인에서 쇼핑을 하는', '좋아하는 음악을 재생하는' 등의 작업을 할 수 있습니다. 이뿐만 아니라 하고 싶은 일을 지시하면 그것에 대응하는 문장이나 이미지, 음악이나 동영상 같은 콘텐츠를 만들어 주는 '생성형 AI'라 불리는 기술도 등장했습니다.

AI의 적용 범위는 급속하게 확대되고 있으며 성능도 높아지고 있지만, 인간의 지적 능력과는 몇 가지 차이점이 있습니다. 예를 들면, 인간은 신체를 사용한 운동이나 환경과의 능동적인 접촉으로부터 다양한 감각을 얻어 이를 지적 능력의 형태로 형성한다는 것, 다양한 경험을 축적해 직감/감정/논리를 키워 사람과의 관계에서 공감하고, 이에 영향을 받아 지적 작업을 수행한다는 것 등이 있습니다. AI에게는 인간같은 신체가 없고, 체험이나 경험을 축적하거나 공감하지 않습니다. 인간이 제공한 데이터의 범위에서 지적 작업을 수행하기 때문에 인간과 같은 신체 감각이나 사회적, 논리적인 상식을 갖지 않습니다.

이런 차이들이 AI가 특정 분야에서 인간을 뛰어넘는 능력을 가지면서도 인간의 지적 능력과 같지 않다는 것을 의미합니다.

AI 분류 방법 ①: AI와 AGI

인공지능
(특화형 인공지능)

AI: Artificial Intelligence

특정 영역에 특화한 지적 처리를 수행하는 프로그램

~의 AI/인공지능

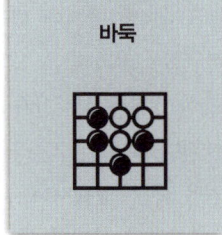

범용 인공지능

AGI: Artificial General Intelligence

모든 영역을 커버하는 지적 처리를 수행하는 프로그램

+자기학습 능력 보유

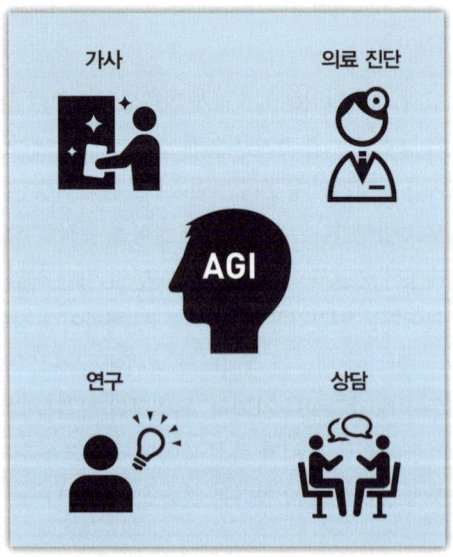

우리가 평소 'AI'라 부르는 것은 '특정 영역에 특화한 지적 작업을 수행하는 프로그램'입니다. 이에 비해 '모든 영역을 커버하는 지적 작업을 수행하는 프로그램'을 개발하려는 노력도 진행되고 있습니다. 이것은 'AGI(범용 인공지능: Artificial General Intelligence)'라 불리며 AI와 구별됩니다. 이 차이를 확실히 하기 위해 'AI'를 '특화형 인공지능(Narrow AI)'이라 부르기도 합니다.

▍특화형 인공지능(Narrow AI, 이하 AI)

특정한 영역에 특화한 지적 작업을 수행합니다. 얼굴 인식, 음성 인식, 바둑, 자율 주행 등입니다. 특정한 지식 작업에서는 인간보다 뛰어난 성능을 발휘하기도 하지만 그 범위를 벗어나면 사용할 수 없습니다. 그리고 인간이 어떤 지적 작업을 시킬 것인지 결정하고, 인간에게 필요한 데이터나 프로그램을 부여해 훈련시켜야 합니다.

▍범용 인공지능(AGI)

인간과 같이 모든 영역을 커버하는 지적 작업에 대응할 수 있습니다. 새로운 지적 작업 영역에 적응해야 할 때는 스스로 데이터를 보고 학습(자기학습)합니다. 그리고 인간과 마찬가지로 넓은 범위의 지식을 조합한 지적 작업을 수행하는 능력을 가지며, 상황에 따라 유연한 사고나 미지의 문제에 대처할 수 있는 능력도 갖습니다.

아직 AGI는 이론상의 개념입니다. 그리고 생성형 AI나 이 기술을 지탱하는 기반 모델(뒤에서 설명)은 범용 지적 작업을 수행할 수 있다는 점에서 AGI와 같은 특징을 갖고 있는 것으로 보이지만 자기학습 기능이 없으며, 데이터 취득이나 학습을 인간에 의존하고 있기 때문에 '특화형 AI'로 분류됩니다.

AGI는 기술적인 장벽이 높아 아직 실현되지 않았지만, 가까운 미래에 실현될 가능성이 있습니다. AGI가 실현되었을 때 사회의 모습은 크게 달라질 것입니다. 그리고 인간은 인간과는 다른 지성을 만나게 되고, 인간의 지성이란 무엇인가라는 근원적인 질문을 다시 한번 마주하게 될 것입니다.

어떤 흐름을 맞이하든, AGI가 실현되기 이전에 어떻게 AGI와 공존할 것인지에 관한 논의를 해두어야 할 것입니다.

AI 분류 방법 ②: 약한 AI와 강한 AI

약한 AI Weak AI

지적 능력을 사용해 하던 일을 기계에게 시키는 노력

인간 같은 지적 처리 실현

인간의 뇌에서 수행하는 처리 구조에 관계 없이, 결과적으로 인간이 수행하는 지적 처리와 같은 것을 할 수 있도록 하는 것이 목표.

인간의 지적 능력을 일부 백업 또는 확장해서 업무를 효율화하거나 지적 능력 업무를 대체한다.

강한 AI Strong AI

지적 능력 자체를 가진 기계를 만드는 노력

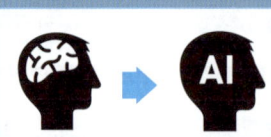

인간과 동등한 지적 능력 실현

뇌과학 또는 신경과학 연구 결과를 활용해 인간의 뇌 기능과 동등한 의식을 가진 범용적인 지적 처리를 할 수 있도록 하는 것이 목표.

자발적으로 행동이나 사고, 학습을 반복해 지적 능력을 축적하고 인간에게 친근한 지적 능력을 갖추고 '자의식'을 갖는다.

앞에서 설명한 'AI'와 'AGI'는 '인간과 같이 넓은 범위의 과제를 처리할 수 있는가?'라는 기준에서의 분류 방법입니다. 이와 별도로 '인간과 같은 의식이나 지성을 가지고 있는가?'라는 기준에서 '약한 AI'와 '강한 AI'로 나눌 수 있습니다.

'약한 AI'는 '인간 지성의 일부만을 대체해 특정한 지적 처리만 실행하는 AI'입니다. 이것은 인간의 뇌 구조나 뇌에서 수행되는 지적 처리를 흉내 낸 것이 아니라, 결과적으로 '인간이 하고 있는 것과 같은' 지적 처리 성과를 얻으면 충분하다는 사고방식입니다.

이에 비해 '강한 AI'는 '인간과 같은 의식을 갖고, 인간과 같은 지적 능력을 필요로 하는 작업을 실현하는 AI'입니다. 즉 인간이 가진 의식이나 지성의 메커니즘을 밝혀내고, 인간의 뇌와 동일한 구조를 인공적으로 실현하고자 하는 사고방식입니다. 이에 관해서는 인간의 의식이나 지성을 만들어 내는 '뇌의 구조'가 아직 밝혀지지 않았기 때문에 그것을 실현하는 방법도 알지 못합니다.

'강한 AI'는 '인간의 뇌 구조를 모방해 인간과 같은 의식이나 지성을 인공적으로 재현하는' 것을 목표로 하고 있습니다. 'AGI'는 '특정한 과제에만 대응하는 것이 아니라 다양한 과제를 처리할 수 있는' 단일 소프트웨어를 목표로 하고 있습니다. 이것이 가능하기 위해 반드시 뇌와 같은 구조일 필요는 없기 때문에 'AGI=강한 AI'는 아니라는 점에 유의해야 합니다.

완전한 '범용'이 아니어도 어느 정도의 범위에서 '범용'이라면 실용적인 측면에서의 사용 범위는 넓어집니다. 예를 들면 수치/이미지/텍스트/음성 등 다른 종류의 지적 처리를 하나의 프로그램으로 처리할 수 있는 AI가 있습니다. 이것을 '멀티 모달 AI'라 부릅니다. 자기학습 능력을 가진 AGI와는 다르지만 이미 실용 단계에 있는 기술입니다.

반면 빠른 속도로 성능이 향상되고 있는 생성형 AI가 '사람과 다른 메커니즘으로 "의식"을 만들어내는 것은 아닌가'라고 보는 연구 보고도 있어, 기존부터 내려오는 '약한 AI'와 '강한 AI'의 구분이 이미 성립하지 않을지도 모릅니다.

어쩌면 연구자들의 지적 호기심이 이윽고 'AGI'나 '강한 AI'를 실현할지도 모릅니다. 하지만 그 전망은 불투명하고 허들 또한 상당히 높을 것입니다. 그렇다면 실용적인 관점에서 먼저 'AI' 또는 '약한 AI', 그리고 실용 단계에 있는 '멀티 모달 AI'에 집중해야 할 수도 있습니다.

AI와 머신러닝의 관계

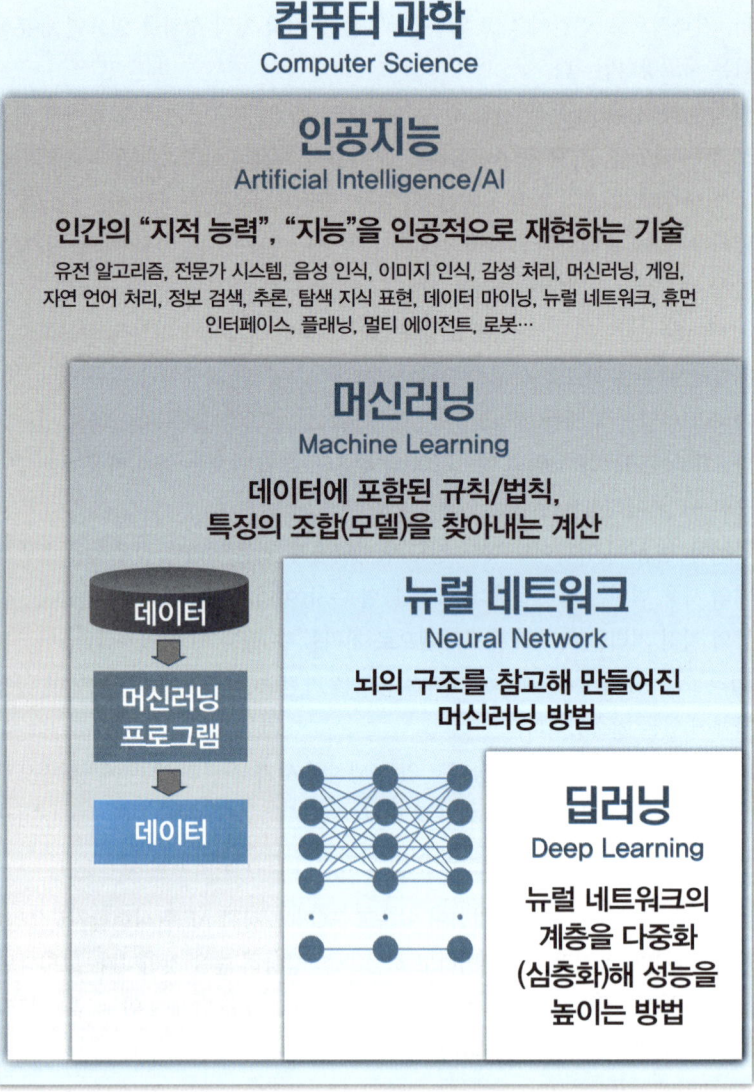

앞에서 설명했듯 AI는 '인간이 수행하는 지적 작업을 공학적으로 실현하는 기술'입니다. 그리고 이것은 '컴퓨터 과학'의 연구 영역 중 하나입니다.

AI에 관한 연구는 1950년대부터 계속되어 왔습니다. 그 과정에서 미로, 퍼즐, 체스, 장기 같은 게임을 잘 해결하는 것(탐색과 추론)에서 시작해 인간이 가진 지식을 사전이나 규칙으로 등록해 전문가처럼 대답하게 하는 방법(규칙 기반과 전문가 시스템)이 등장합니다. 하지만 인간이 세상의 모든 것을 사전이나 규칙으로 등록하기는 불가능하고, 인간이 일상적으로 만나는 '모순된 규칙'이 주어지면 처리하지 못하는 것도 명확해졌습니다. 그렇기 때문에 한정된 분야에서는 성과를 올렸지만 폭넓은 응용이 필요한 '인간의 "지능"'과는 거리가 멀었습니다. 그 뒤, 데이터로부터 규칙이나 법칙, 특징을 찾아내는 방법인 '머신러닝'이 등장합니다. 이런 '머신러닝'의 아이디어는 이전부터 존재했으나 컴퓨터 성능이 부족해 성과를 내지 못했습니다. 하지만 컴퓨터 성능의 향상과 새로운 방법의 개발로 이 상황에 크게 달라졌습니다. 1990년대에 등장하고, 2000년대에 널리 보급된 인터넷에 의해 대량의 학습 데이터를 낮은 비용으로 수집할 수 있게 된 것 또한 이 연구의 가속화를 이끌었습니다.

그리고 사람의 뇌가 지적 처리를 수행하는 구조에 관한 연구가 진행되어, 이를 참조해 '뉴럴 네트워크(뇌신경회로)'라 불리는 머신러닝의 한 방식도 크게 발전했습니다.

'머신러닝'은 대량의 데이터로부터 '주목할 특징의 선정과 그 조합(특징량)', 즉 어떤 특징에 주목해 분류나 구별을 수행하는 것이 좋은지 미리 결정하고, 그에 기반해 최적의 규칙이나 법칙을 발견하는 방법입니다. 하지만 특징량은 인간이 설계/등록해야 하며 그 정교함이 결과를 크게 좌우합니다. 이 상황을 크게 바꾼 것이 '딥러닝'입니다. 딥러닝은 특징량 선정이나 조합을 인간이 아니라 데이터로부터 자동으로 생성합니다. 인간의 능력에 의존하지 않고 인간이 눈치채지 못한 보다 적절한 특징량을 찾아낼 수 있게 되었고, 정확도가 크게 향상되었습니다. 이 기술의 원류는 AI 연구 초기부터 관심을 받았던 '뉴럴 네트워크'입니다. 하지만 과거에는 컴퓨터 성능이 부족했고, 인터넷 시대도 아니었기에 쉽게 데이터를 수집할 수 없어 좀처럼 그 성과가 나지 않았습니다.

이 상황이 개선되기 시작한건 2006년, 지금의 딥러닝에 직접 관련된 연구 성과가 토론토 대학의 제프리 힌턴(Geoffery Hinton) 교수들에 의해 발표되면서 부터입니다. 2012년 ILSVRC(ImageNet Large Scale Visual Recognition Challenge)라 불리는 이미지 인식 경기에서 힌튼 교수가 이끄는 팀이 이 기술을 사용한 소프트웨어를 사용해 이미지 인식률에서 다른 팀을 압도하는 성적을 얻으면서 세간의 주목을 받게 되었습니다.

이 기술은 원래 고속 학습 알고리즘으로 개발되어 음성 인식 성능을 극적으로 향상시켰습니다. 이어 연구가 진행되면서 이미지 인식에도 사용되어 앞에서 설명한 성과를 올리게 되었습니다. 그후 응용 범위가 넓어지고 자연 언어 이해에도 사용되며, 인간의 능력을 뛰어넘는 성능을 발휘하게 되었습니다. 그리고 문장, 이미지, 동영상 같은 콘텐츠를 만들어 내는 생성형 AI를 지탱하는 기술이 되었습니다.

딥러닝이 등장하면서 다양한 업무로 적용이 확대되고 있습니다. 그리고 이 기술을 사용한 생성형 AI는 AI의 활용 범위를 정보 분류 및 시각화, 인식과 예측이라는 '정보 처리'에서 '새로운 콘텐츠를 만들어 내는' 것으로 급속하게 확대하고 있습니다.

이렇게 진화를 계속하는 딥러닝이지만 등장한지 이제 십 수년 밖에 지나지 않았으며, 아직 많은 과제를 안고 있습니다. 그중 하나로 딥러닝이 답을 내놓는 과정을 설명하기 어렵다는 단점이 있습니다. 그래서 용도에 따라서는 아예 사용할 수 없습니다. 그리고 정확도나 성능을 향상시키려면 막대한 양의 데이터와 컴퓨터 자원을 준비해서 계산해야 합니다. 여기에서 소비되는 전력을 위해 다량의 CO_2를 배출해서 발전시켜야 하므로 환경 부하의 증대가 우려되고 있습니다.

이런 과제들을 해결하기 위한 다양한 노력이 이루어지고 있습니다. 그리고 딥러닝을 대체하는 새로운 방법에 관한 연구도 이루어지고 있습니다.

칼럼

AI는 노벨상을 받을 수 있을까?

AI는 과학적인 발명이나 발견에 기여할 수 있을 것으로 기대되고 있습니다.

1. 컴퓨터 과학, 재료 과학 – 새로운 화합물이나 재료 설계

새로운 화합물이나 재료 설계에 기여할 수 있습니다. 예를 들면 특정한 특성을 가진 화합물이나 재료를 예측하고, 실제 합성이나 시험을 수행하기 전에 그 가능성을 평가할 수 있습니다. 이를 통해 연구 개발 시간과 비용을 크게 줄일 수 있는 것으로 기대되고 있습니다.

2. 생명 과학, 의료 연구 – 질병의 조기 진단 방법 개발 및 난치병 치료

유전자 배열이나 단백질 구조를 해석하고 막대한 생물학적 데이터로부터 의미 있는 정보를 추출해 질병의 조기 진단 방법 개발, 새로운 치료법 및 의약품 개발을 가속화할 수 있습니다.

3. 환경 과학 – 기후 변화 예방

지구 온난화 진행을 감시하고 기후 변동에 관한 예측을 개선함과 동시에 환경 보호 정책 책정에 도움이 되는 정보를 제공할 수 있습니다.

4. 자동화 및 효율화에 기여

실험 자동화나 효율화에 기여할 수 있습니다. AI를 사용한 로봇 팔이나 자동화 시스템이 실험 설정, 데이터 수집, 분석을 자동화하면 연구자는 보다 창조적인 작업에 집중할 수 있게 됩니다.

5. 데이터 해석 및 패턴 인식에 기여

대량의 데이터로부터 패턴을 찾아내고 인간이 이해하기 쉽게 시각화함으로써 새로운 규칙이나 법칙을 발견하는 계기를 만들어줍니다. 예를 들면 천문학에서는 무수히 많은 별이나 은하 데이터로부터 새로운 우주 현상을 발견하는 것을 기대할 수 있습니다.

이런 AI는 과학적인 발명이나 발견을 가속할 수는 있지만 AI가 노벨상을 받을 수는 없습니다. 노벨상은 인간의 업적에 대해 수여하는 것이기 때문입니다. 그렇기 때문에 AI가 중요한 발견이나 발명을 했다 하더라도 그 영예는 AI를 개발, 적용한 과학자나 연구 팀에 주어질 것입니다. 미래에 인간과 같은 의식을 가진 '강한 AI'가 등장한다면 AI에게도 '인권'에 해당하는 'AI권'이 인정되고, 인간과 같은 영예가 주어지는 시대가 올지도 모르지만 그것은 먼 이야기일 것입니다.

머신러닝과 활용

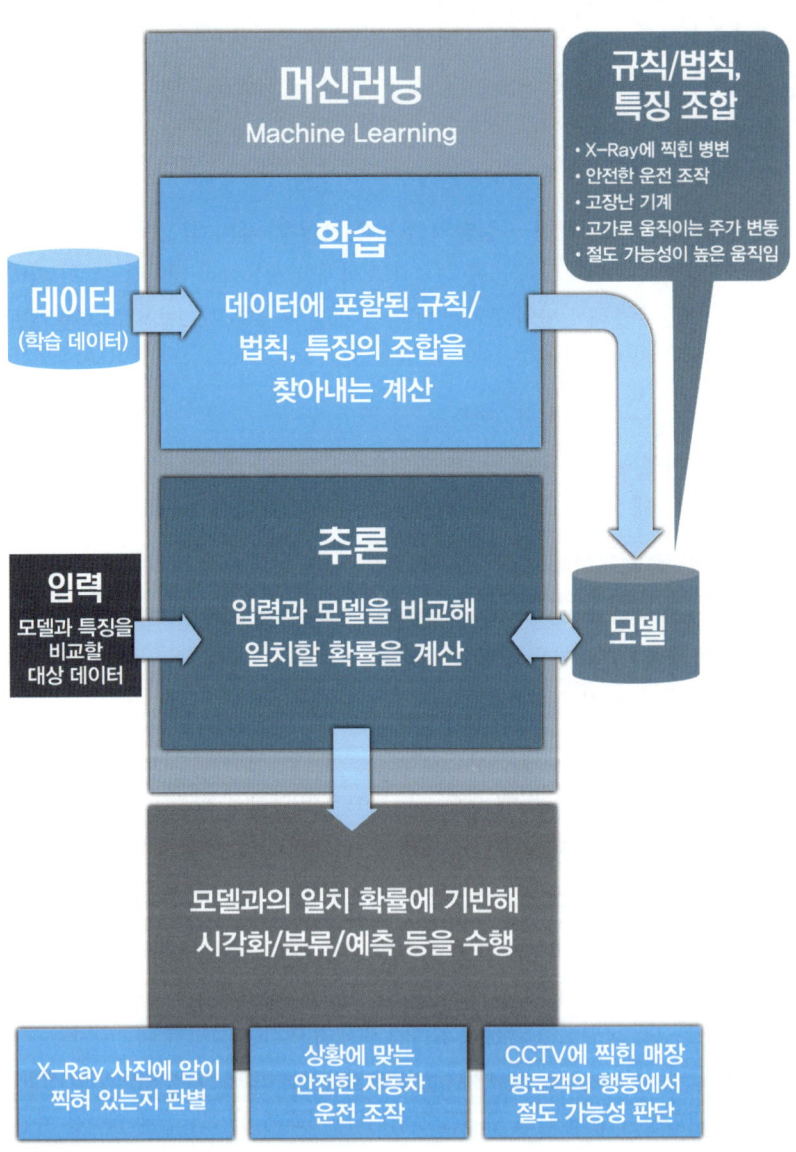

기호나 수치의 나열인 데이터에 어떤 규칙이나 법칙, 특징이 있는지 발견하는 소프트웨어 기술을 '머신러닝(Machine Learning)'이라 부릅니다. '머신'은 '컴퓨터', '학습(훈련이라 부르기도 함)'은 규칙이나 법칙, 특징을 찾아내기 위한 '계산 처리', 그리고 '학습'에 의해 찾아낸 규칙이나 법칙, 특징을 '모델(Model)'이라 부릅니다. 모델의 정확도가 높다는 것은 데이터가 가진 규칙이나 법칙, 특징을 잘 표현하고 있다는 의미입니다.

예를 들면 폐암이 찍혀 있는 대량의 흉부 X-Ray 사진 이미지 데이터를 사용해 학습시키고 '폐암이 찍혀 있는 경우'의 모델, 즉 '폐암의 특징을 잘 표현한 템플릿'을 만듭니다. 이 모델과 누군가의 X-Ray 사진을 비교해 '폐암의 특징'과 유사도가 높은 경우에는 '폐암일' 가능성이 있다고 판단합니다. 이렇게 입력한 데이터의 특징과 모델을 비교해 유사도를 구하는 계산이 '추론(Inference)'입니다.

이 기술을 자동차의 자율 주행에 사용하면 자동차에 부착된 카메라나 레이더 같은 센서에서 수집한 자동차 주변 상황 데이터, GPS의 위치 데이터, 운전 조작에 관한 데이터를 사용해 '안전하게 주행하기 위한 규칙과 법칙, 특징'인 모델을 만들 수 있습니다. 이에 따라 기계가 운전 조작을 하면 운전자가 없어도 안전하게 주행할 수 있습니다. 여러 실험 차량을 움직여 총 주행 거리를 늘리면 데이터가 증가하고 점점 정교한 모델이 만들어져, 보다 안전한 자율 주행을 실현합니다.

응용 예는 다양합니다. 예를 들자면 기계가 고장을 일으키는 전조가 되는 진동 데이터를 활용해 모델을 만듭니다. 기계의 진동을 항상 측정해 모델과 비교하면 고장 가능성을 사전에 탐지할 수 있습니다. 또는 주가 변동 데이터로부터 모델을 만듭니다. 이것을 사용하면 어떤 주식이 고가가 되었을 때 다른 주가가 어떻게 변동하는지 예측할 수 있기 때문에, 수익률이 높은 주식 매매를 할 수 있습니다. 또는 CCTV 동영상 데이터로부터 절도를 하고자 하는 사람의 움직임과 관련된 모델을 만듭니다. CCTV에 찍힌 사람이 절도를 할 사람의 움직임의 특징과 일치한다면 이를 즉시 경찰에 알리고, 매장 직원을 근처로 보내 절도를 막을 수 있습니다.

'머신러닝'은 데이터로부터 '모델/특징을 잘 표현한 템플릿'을 만드는 '학습', 입력 데이터의 특징과 모델의 유사도를 구하는 '추론'으로 구성됩니다. 이것이 현재의 AI의 근간을 이루는 기술입니다.

머신러닝이 담당하는 '학습'과 '추론'

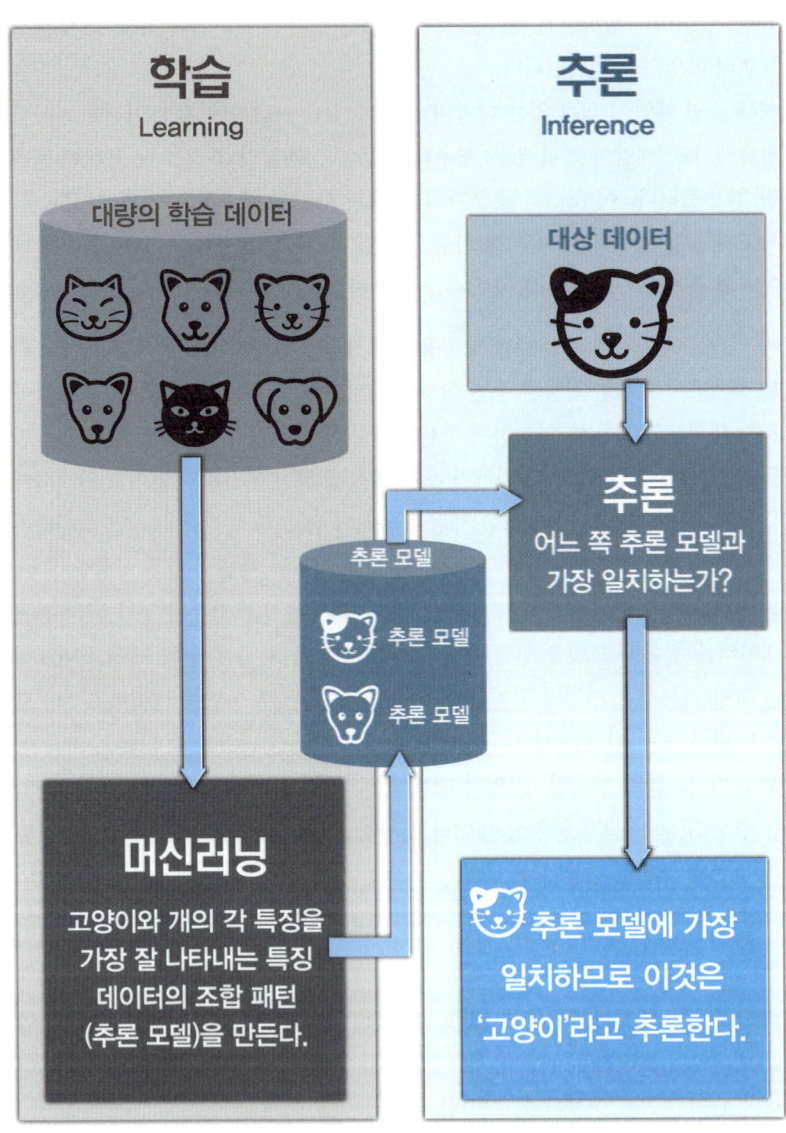

'학습'은 데이터로부터 '모델'을 만드는 계산 처리입니다. 예를 들면 학습 데이터인 '고양이', '개', '새' 이미지로부터 각각의 특징을 잘 나타내는 모델을 만드는 것입니다. 한편, '추론'은 비교 대상 데이터의 특징을 '모델'과 대조해서 결과를 끌어내는 계산 처리입니다. 예를 들면 미지의 사진에서 신체 부위의 형태, 눈의 위치, 크기 같은 특징을 추출해 '모델'과 대조하고 고양이 모델과 일치하는 비율이 높으면 '고양이'라는 결과를 출력합니다.

각각의 특징을 정교하게 반영한 모델을 만듦으로써 추론 정확도를 높일 수 있습니다. 이를 위해서는 학습 단계에서 막대한 데이터로 계산 처리를 해야 하며 고성능의 프로세서나 대용량 스토리지를 준비해야 합니다. 한편, '추론'은 대상이 되는 데이터로부터 특징을 추출하고 모델과 대조하는 계산 처리이므로 '학습' 만큼의 프로세서 능력이나 스토리지 용량이 필요하지 않습니다.

'학습'과 '추론' 모두 범용 프로세서를 사용할 수 있지만 최근에는 각각에 최적화된 프로세서도 개발되고 있습니다. '학습'에는 이미지 처리를 위해 개발된 GPU(Graphics Processing Unit) 또는 '학습'에 최적화된 전용 프로세서를 대량으로 내장한 병렬 처리 시스템을 사용하고 있으며, 이를 위한 클라우드 서비스도 등장했습니다. 한편, '추론'에는 IoT 기기에 내장되는 경우도 고려해 저소비 전력의 높은 추론 성능을 발휘하는 전용 프로세서가 등장했습니다.

'학습'은 대규모의 계산 처리가 필요하기 때문에 데이터 센터나 클라우드를 사용하는 경우가 대부분입니다. 거기에서 생성된 '모델'을 네트워크를 통해 로컬 기기에 보내고, 로컬 기기에서 '추론'을 수행합니다. 얻어진 결과 데이터를 다시 클라우드로 보내 추가 학습해 '모델'을 한층 최적화하는 구조가 보급되고 있습니다. 예를 들어 CCTV에 사람을 식별하기 위한 모델을 내장하면 가족 등 미리 등록해 둔 특정 사람이 왔을 때와 모르는 사람이 왔을 때 다른 메시지를 보내 스마트폰에 알릴 수 있습니다. 그리고 거기에서 얻어진 성공이나 실패를 클라우드로 보내 추가 학습을 시킴으로써 식별 성능을 향상시킬 수 있습니다. 화물이 현관 앞에 놓여있다, 친구가 집에 방문했다 등 다양한 상황의 모델을 등록해 둠으로써 이들을 구별해 메시지를 보낼 수도 있습니다.

'학습' 프로세스에서 사용되는 세 가지 기본 방법

머신러닝

지도 학습
매출 예측, 인적 수요 예측, 부정 탐지 고장 진단, 이미지 분류, 고객 유지 등

입력/정답 관계에 있는 학습 데이터를 입력하고, 그 관계를 재현하도록 특징을 추출해 추론 모델을 생성.

분류   회귀

 = 개
 = 고양이

각각 고유의 특징 패턴을 찾아내 추론 모델을 생성.

비지도 학습
추천, 고객 세그먼테이션 타겟 마케팅 등

설명(정답)이 없는 학습 데이터를 입력해 추출한 특징 패턴으로부터 유사 그룹을 찾고, 각각의 추론 모델을 생성.

클러스터링   차원 압축

특징 패턴의 차이를 찾아내 추론 모델 생성.

강화 학습
게임, 광고, 자율 주행 등

추론 결과에 대해 평가(보수)를 부여해 어떤 결과를 얻고 싶은지 알려 그 결과를 보다 잘 표현하는 추론 모델을 생성.

슬롯알고리즘   Q 학습

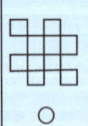

☑ 득점이 높으면 + 평가
☑ 득점이 낮으면 − 평가

득점이 높아지도록 추론 모델을 생성.

머신러닝은 학습 방법에 따라 기본적으로 '지도 학습(Supervised Learning)', '비지도 학습(Unsupervised Learning)', '강화 학습(Reinforcement Learning)'으로 나눌 수 있습니다.

▎지도 학습

한 세트의 입력과 정답 데이터(지도 데이터)를 학습 데이터로 입력해 그 관계를 재현할 수 있는 모델을 생성합니다. 예를 들면 '개'라는 정답을 붙인 이미지, '고양이'라는 정답을 붙인 이미지를 학습해 '개'나 '고양이' 각각의 고유한 특징을 찾아내고, 둘의 차이를 잘 표현할 수 있는 모델을 생성합니다.

고장 진단이나 이미지 인식 등 사물을 구별 및 식별하는 '분류', 수익 예측, 부정 탐지 등 데이터를 기반으로 경향을 찾아내고 이후의 수치를 예측하는 '회귀'에 사용됩니다.

▎비지도 학습

아무런 설명도 없는 데이터(비지도 데이터)를 입력하고 추출한 특징의 조합으로부터 유사한 그룹을 찾아내는 모델을 만듭니다. 예를 들면 '개', '고양이', '새'를 정답을 알리지 않은 이미지 데이터를 입력해 각각의 특징의 차이를 잘 설명할 수 있는 모델을 생성합니다.

다양한 사물 안에서 유사한 것끼리 모아 그룹화하는 '클러스터링', 데이터 압축이나 데이터 상호 관계를 시각화 하는 '차원 압축'에 사용됩니다.

▎강화 학습

추론 결과에 대해 평가(보수)를 반복적으로 제공하면서 어떤 결과를 만들고 싶은지 알려주고, 그 결과를 가장 잘 재현할 수 있는 모델을 생성합니다. 예를 들어, 게임 득점이 높으면 '+'로 평가하고, 득점이 낮으면 '-'로 평가하는 과정을 반복함으로써 득점이 높아지는, 즉 '+' 평가라는 보수가 주어지게 게임을 플레이하는 방법을 재현할 수 있는 모델을 생성합니다.

바둑이나 장기 같은 게임, 효과적인 광고 게재, 안전한 자율 주행 실현 등으로 활용할 수 있습니다.

설명한 것들 외에도 목적에 따라 다양한 학습 방법이 제안되어, 학습 효율이나 정확도를 높이는 연구 및 개발이 수행되고 있습니다.

뉴럴 네트워크와 딥러닝

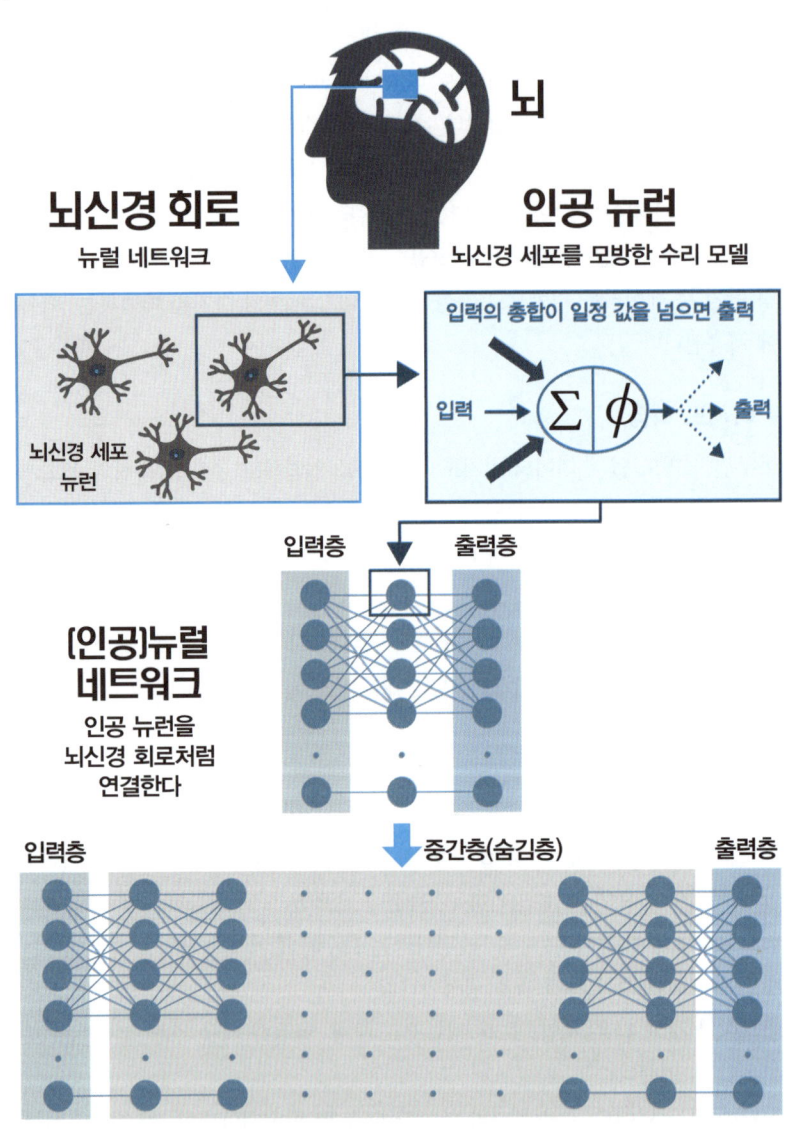

현재 머신러닝의 주류 계산 방법(알고리즘)은 '뉴럴 네트워크'입니다. 이것은 '뉴런(뇌의 신경 세포)'의 연결을 의미하는 용어이며, 인간의 뇌에서 수행되는 지적 처리 프로세스를 수학적으로 표현해 컴퓨터로 처리하는 것입니다.
이 구조를 사용해 입력층에서 이미지, 텍스트 같은 데이터를 받아 분류, 예측 등 특정 태스크 결과를 출력층으로 출력합니다.

이 뉴럴 네트워크의 뉴런을 다층으로 겹친 것이 딥 뉴럴 네트워크(Deep-Neural Network)입니다. '딥(Deep)'은 입력층과 출력층 사이에 여러 뉴런층(중간층/숨김층이라 부름)을 가졌다는 의미입니다. 이 다층 구조에 의해 복잡한 특징이나 패턴을 데이터로부터 추출하는 능력이 높아집니다. 이를 사용한 머신러닝 방식이 '딥러닝(심층 학습)'입니다.

딥러닝을 사용해 이미지 인식을 수행하면 얕은 층에서는 이미지의 에지(외곽선, 경계선)나 색 등 작은 범위의 특징을 검출하고, 깊은 층에서는 종합적인 큰 특징(부위나 부품 등)을 인식하고, 더욱 깊은 층에서는 전체적인 형태를 인식할 수 있게 됩니다.

예를 들어 고양이 이미지를 입력하면 꼬리가 긴, 줄무늬가 있는, 뾰족한 귀가 있는 등에 반응하는 뉴런이 만들어집니다. 다음으로 이들 부위를 조합한 보다 큰 전체적인 형태인 꼬리, 배, 얼굴 같은 특징에 반응하는 뉴런이 만들어집니다. 이를 여러 층에서 반복하며 최종적으로 '고양이'를 입력하면 강하게 반응하는 뉴런 사이의 연결(뉴럴 네트워크)이 만들어집니다.

단, 고양이의 종류는 매우 다양하므로 다양한 고양이 이미지를 읽혀서 그 이미지들에 공통적으로 강하게 반응하는 뉴럴 네트워크를 만듭니다. 이렇게 만들어진 '(고양이)뉴럴 네트워크'가 '(고양이)모델/특징을 잘 표현하는 템플릿'입니다. 이 계산 과정이 '학습'에 해당합니다. 이 고양이 '뉴럴 네트워크'에 미지의 이미지를 입력하면 그 이미지가 고양이인 경우에는 고양이라고 판별합니다. 이것이 '추론'에 해당합니다.

고양이 외에도 개, 원숭이, 새, 물고기 같은 뉴럴 네트워크를 준비해 이미지를 입력하면 이들을 식별할 수 있게 됩니다.

딥러닝에서의 '학습'이라는 과제

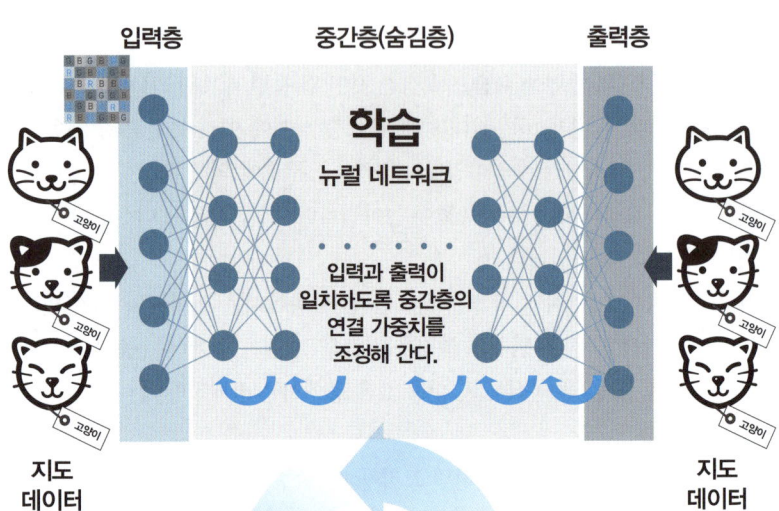

입력층과 출력층이 일치하도록
네트워크의 연결 가중치를 조정한다
단순하지만 막대한 양의 반복 계산 필요!

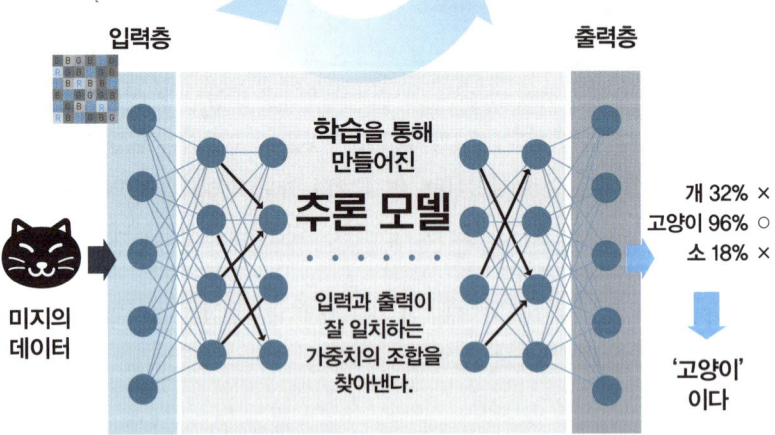

연결의 가중치=매개변수의 수가 많을수록 성능은 향상된다

딥러닝은 이미지 인식뿐만 아니라 다양한 용도에 사용됩니다. 뒤에서 소개할 '생성형 AI'도 이 기술을 사용하고 있습니다. 딥러닝을 지탱하는 뉴럴 네트워크 사이의 연결 강도를 나타내는 수치가 매개변수(Parameter)입니다. 이 매개변수 수(연결 수)가 늘어날수록 '뉴럴 네트워크 성능', 즉 '머신러닝 성능'이 향상됩니다.

기존에는 학습을 위해 사용하는 데이터(훈련 데이터)를 늘리고 계층이 깊은 모델로 매개변수 수를 계속 늘려도 일정 이상의 성능을 낼 수 없다고 인식되었습니다. 하지만 최근의 연구에 따르면, 이 요소들을 증가시키면 성능을 향상시킬 수 있습니다. 즉 알고리즘이나 모델을 복잡화하지 않더라도 규모를 늘리면 성능이 향상되는 것을 알게 되었습니다. 이 규모의 크기와 성능과의 관계를 정량적으로 예측한 법칙이 '스케일링 법칙(Scaling Law)'입니다. 이 법칙은 경험 법칙이며 이미 알려신 상식과는 모순되는 것이지만 '결과적으로 잘 되었기' 때문에 널리 받아들여지고 있습니다. 그리고 어떤 시점에서 갑자기 그때까지 불가능했던 것이 가능해진 것도 명확해졌습니다. 이것을 창발(Emergence)이라 부릅니다. '스케일링 법칙'이 이런 특성에 매우 잘 일치하며 투자 대비 효과를 정확하게 예측할 수 있기 때문에 각 기업이 모델 크기, 훈련 데이터양, 계산 리소스 규모를 늘리는 경쟁을 반복하면서 AI에서의 패권을 차지하려 하고 있습니다.

이런 딥러닝도 다음과 같은 과제를 안고 있습니다.

- **데이터 의존성**: 훈련 데이터 품질이 성능에 크게 영향을 미친다.
- **모델의 해석성과 투명성 결여**: 결과의 이유를 설명할 수 없다. 의료나 금융 같은 규제 산업에서의 활용을 가로막는 요인이 된다.
- **막대한 계산 자원**: 모델을 대규모화하기 위해 막대한 계산 능력과 데이터가 필요하다. 여기에는 상당한 자금이 필요하며, 연구나 개발자에게 큰 장벽이 된다.
- **환경에 대한 영향**: 계산을 위해 대량의 전력을 소비하기 때문에 환경 부하가 크다.
- **보안과 개인 정보 문제**: 모델을 속여서 잘못된 예측을 시키는 것을 방지하는 방법, 입력된 개인 정보들을 어떻게 보호할 것인지 강구해야 한다.

이들을 포함하는 다양한 과제를 해결하기 위한 연구와 개발이 진행되고 있지만, 그 과정은 쉽지 않습니다. 모쪼록 이런 과제가 있다는 것을 전제로 활용해야 합니다.

기존 머신러닝과 딥러닝의 차이

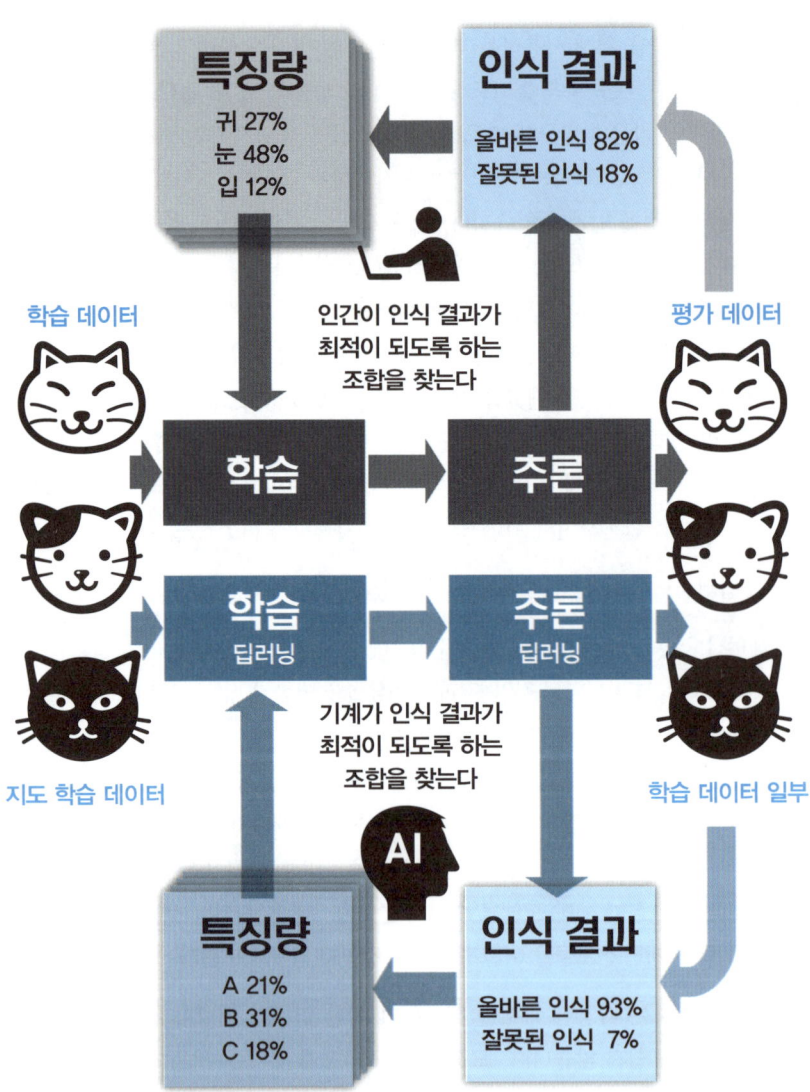

기존의 머신러닝은 '규칙이나 관계를 발견하기 위해 주목할 점', 즉 '특징량'을 인간이 결정하고, 그에 기반해 계산 처리를 하고, 인간이 결과(평가 데이터)를 보고 잘 분류할 수 있게 특징량을 조정했습니다. 하지만 딥러닝에서는 그럴 필요가 없습니다. 딥러닝이 직접 최적의 특징량을 데이터로부터 찾아내고, 자동적으로 최적값을 발견합니다.

예를 들어 베테랑 장인이 제품을 만드는 현장을 상상해봅시다. 우리는 도구 사용 방법, 힘 조절, 타이밍 등 눈에 보이는 도구 사용 방법에 주목하고 그 장인의 기술에 감동할 것입니다. 하지만 겉모습으로는 알 수 없는 다른 '무언가'가 훌륭한 성과를 만드는 것일 수도 있습니다. 장인에게 설명을 요구하더라도, 아마 잘 설명하지 못할 것입니다.

딥러닝은 이런 '설명할 수 없는 특징량'도 데이터 안에서 발견합니다. 예를 들면 다음과 같은 것입니다.

- 품질 검사 베테랑은 초보는 알아채지 못하는 미세한 불량을 찾아낸다.
- 유지보수 기술자는 기계 운전 데이터로부터 이상을 파악하고 고장을 미연에 방지한다.
- 경찰관은 범죄 발생 위치나 타이밍을 오랜 기간의 경험이나 감으로 예상한다.

잘 설명할 수는 없지만 분류나 식별, 판단에 큰 영향을 미치는 특징량은 다양합니다. 딥러닝은 이렇게 겉모습만으로는 알 수 없거나 눈치채기 어려운 특징량을 인간이 가르쳐주지 않아도 데이터로부터 찾아내며, 이것이 딥러닝의 획기적인 부분입니다.

'인간이 알려주지 않아도 데이터만 입력하면 다양한 사실의 규칙이나 법칙, 특징을 찾아내고 분류 및 정리할 수 있게 된다'

뉴럴 네트워크의 진화형으로 등장한 딥 뉴럴 네트워크, 이를 사용한 딥러닝이 주목받는 이유가 바로 이 점에 있습니다. 인간은 말을 사용해 전하는 것보다 많은 것을 알고 있습니다. 마이클 폴라니(Michael Polanyi)는 이것을 '암묵지'라 불렀습니다. 딥러닝은 이런 암묵지를 찾아내고 사용할 수 있게 해줍니다. 앞절에서 설명한 '스케일링 하는 측'에 따라 이후 더욱 성능은 높아지고 그 사용 범위도 넓어질 것입니다.

머신러닝과 AI 애플리케이션

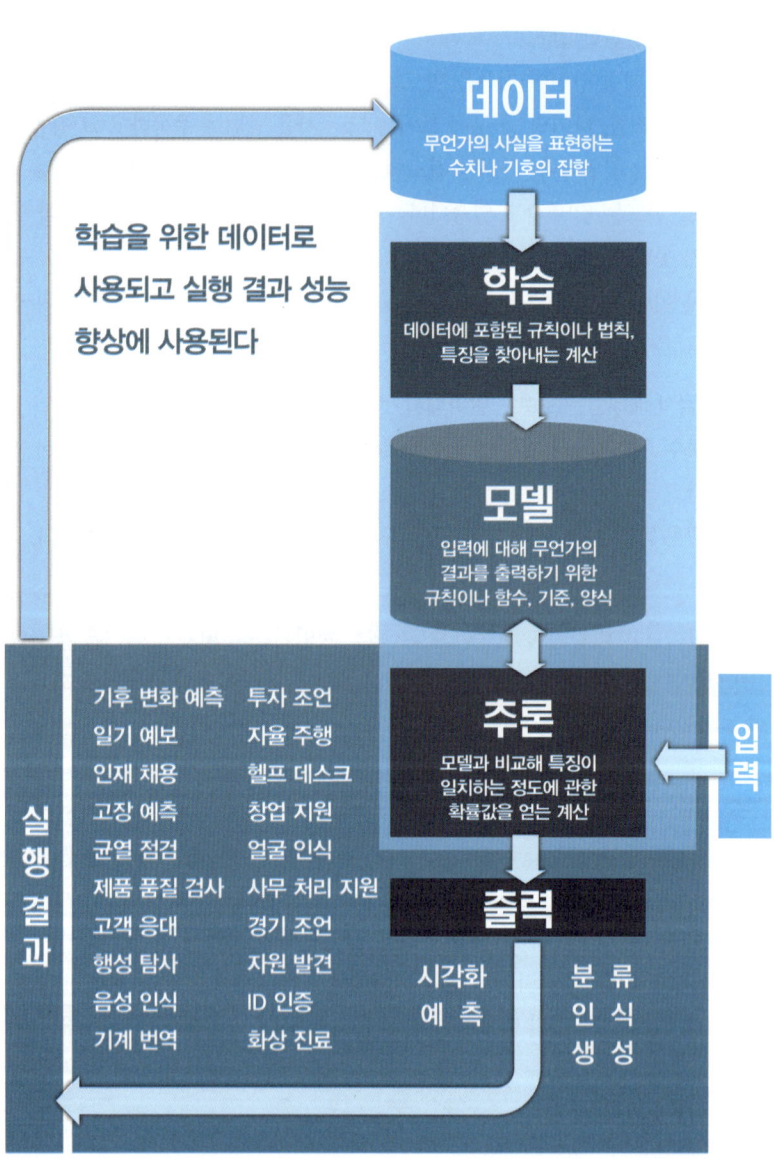

학습을 통해 얻어진 '모델'은 데이터에 내재된 규칙이나 법칙, 특징을 가장 잘 나타내는 템플릿 혹은 기준과 같은 것입니다. 입력된 데이터의 특징을 이 템플릿에 대조하면 양쪽이 얼마나 유사한지 수치로 나타낼 수 있습니다. 이것을 수학적으로 표현하면 '입력에 대해 그 유사도를 출력하는 함수'라 말할 수 있습니다. 이 함수를 사용해 입력과 모델의 유사한 정도를 계산하는 것을 '추론'이라 부릅니다. 이 '추론' 결과를 사용한 애플리케이션이 AI 애플리케이션입니다. 예를 들면 과거의 막대한 기상 데이터를 학습해 기후 변동 예측 모델을 만들고, 이후 어떤 기후가 될 것인지 추론하는 '기후 변동 예측'을 들 수 있습니다. 지금까지의 고객과의 응대 이력을 학습시키고 적절한 고객 대응 모델을 만들고 새로운 고객으로부터의 문의에 어떻게 대응하면 적절하게 대응할 수 있는지 추론해, 운영자에게 조언을 제공하는 '헬프 데스크 지원'도 생각할 수 있습니다. 또한 막대한 물질의 기능이나 분자 구조, 지금까지 사용된 약의 효능 데이터를 학습해 물질의 특성과 약효의 관계를 나타내는 모델을 만들어 새로운 약에 필요한 약효를 실현하기 위한 물질의 조합을 추론하는 '신약 개발 지원' 등이 있습니다.

추론 결과는 평가되고 다시 학습을 위한 데이터로 피드백 됩니다. 이것을 반복함으로써 모델이 개선되고 정확도가 한층 높아집니다.

이런 구조를 사용하면 다음과 같은 것을 할 수 있습니다.

- **개인화(Personalization)**: 사용자의 선호나 행동 패턴을 학습함으로써 각 사용자에 맞춰 커스터마이즈 된 경험을 제공할 수 있습니다. 예를 들면 온라인 쇼핑이나 동영상 스트리밍 서비스에서 개인 선호도에 맞춘 상품이나 콘텐츠를 추천합니다.
- **자동화와 효율화**: 사무 작업, 고객 서비스, 제조 프로세스 등에서 작업 효율화나 휴먼 에러, 비용 절감이 실현됩니다.
- **예측 분석**: 데이터 패턴을 분석해 미래의 트렌드나 발생할 일을 예측할 수 있습니다. 이를 통해 의사 결정 지원 기상 예보, 전염병의 유행 등을 예측할 수 있습니다.

인간이 가진 지식을 사용해 판단과 분류를 위한 기준이나 규칙을 만드는 것이 아니라, 데이터로부터 최적의 기준이나 규칙을 찾아내고 애플리케이션 실행에 도움이 되는, '똑똑한 애플리케이션'이 'AI 애플리케이션'입니다.

머신러닝 응용 ①

시각화
대량의 데이터 항목의 관련성을 찾아내고
그 조합을 인간이 직관적으로 이해할 수 있게 한다

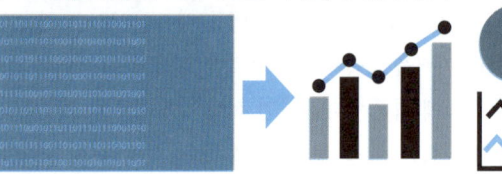

예: 지역, 성별, 나이 등에 따른 질병의 분포를 지도 위에 표시

분류
인간은 판별할 수 없는 유사 경향을 찾아내고
그룹화해서 구별한다

예: 매장 CCTV 영상에서 고객의 구매 경향이나 취미/기호를 분류

예측
과거 데이터의 경향에서 미래에 발생할 가능성을 예측한다

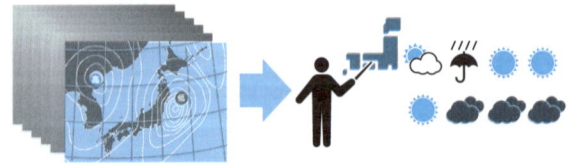

예: 일조량, 기온, 온도 등의 기상 데이터에서 물, 비료 등의 양이나 시점을 알려줌

머신러닝으로 할 수 있는 것은 크게 '시각화', '분류', '예측', '인식', '생성'으로 나눌 수 있습니다.

시각화

대량의 데이터의 상호 관련성을 찾아내고 그 조합을 인간이 직관적으로 이해할 수 있게 하는 것입니다. 다음을 예로 들 수 있습니다.

- 성별, 나이, 지역 등에 따라 특정한 전염병이 어떻게 분포하는지 지도에 표시한다.
- 유전자 배열이나 변이 경향으로 병원성의 유무나 강도의 경향을 이해하기 쉽게 차트로 표시한다.
- 직접 측정할 수 없는 고온의 용광로 내부의 온도 분포나 상태를 외부 센서에서 얻은 다양한 데이터를 활용해 일러스트로 표시한다.

분류

인간은 판별할 수 없는 유사 경향을 찾아내고 그룹화해서 구별하는 것입니다. 다음을 예로 들 수 있습니다.

- 매장 CCTV의 영상 데이터로 고객별 구매 경향이나 취미/기호 등을 분류한다.
- 제품 이미지 데이터로 불량품을 판별한다.
- 막대한 전자 메일 통신 중 컴플라이언스에 위반되는 메일 통신을 찾아낸다.

예측

과거 데이터의 경향으로 미래에 어떤 일이 발생할 가능성이 있는지 예측하는 것입니다. 다음을 예로 들 수 있습니다.

- 일조량, 기온, 온도 등 기상 데이터로 물, 비료 같은 최적의 양이나 시점을 알려준다.
- 과거 범죄 데이터로 범죄 발생 위치나 시간, 내용을 예측한다.
- 막대한 과거 실험 데이터를 통해 새로운 실험에서 어떤 결과를 얻을 수 있을지 예측한다.

머신러닝 응용 ②

인식
이미지, 언어, 음성 등의 대상을
특징에 따라 식별, 분류하고 의미를 부여한다

예: 얼굴 인식, 말하는 단어의 특징으로부터 본인 여부 확인

생성
이미지, 문장, 동영상, 음악 등의 막대한 데이터로부터
특징을 추출하고 지시에 따라 콘텐츠를 생성한다

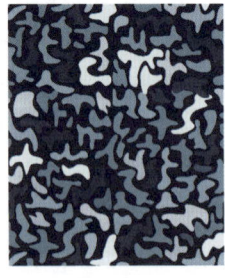 

예: 지정한 문장(프롬프트)으로 이미지 생성

인식

이미지나 언어, 음성 같은 대상을 특징에 따라 식별해 분류 및 의미를 부여하는 것입니다. 다음을 예로 들 수 있습니다.

- 이미지에 찍힌 얼굴의 특징에서 본인 여부를 확인한다.
- 사진이나 동영상에 찍힌 대상이 동물인지 인간인지 자동차인지 판별하고 CCTV에 찍힌 인물들 중에서 개인을 특정한다.
- 천체 사진에 찍힌 막대한 천체 중에서 미지의 혹성이나 블랙홀의 특징을 가진 후보를 찾아낸다.

생성

이미지, 문장, 동영상, 음악 등 막대한 데이터에서 특징을 추출하고 지시에 따라 콘텐츠를 생성하는 것입니다. 다음을 예로 들 수 있습니다.

- 문장으로 설명된 지시문(프롬프트)을 해석하고 그에 어울리는 일러스트를 그려 준다.
- 프로그래밍 작업에서 '무엇을 하고 싶은가'를 문장으로 지시하면 설명서를 작성하고, 프로그램 코드를 생성하고, 테스트 후 버그를 제거하고, 빌드(실행 가능한 파일로 변환)해 준다.
- 표 계산 소프트웨어로 그리고 싶은 그래프의 이미지나 목적을 설명하고 대상이 되는 데이터를 지정하면 그 그래프를 작성해 준다.

이런 것은 과거에는 인간만 할 수 있었던 지적 작업이었습니다. 머신러닝은 지적 작업을 점차 대체하면서 가능한 범위를 넓혀 왔습니다. 이런 머신러닝 기능을 내장한 애플리케이션이나 서비스를 우리가 'AI'라 부르는 경우도 많습니다. 지금은 이런 머신러닝 기능을 내장한 기능이나 소프트웨어, 또는 네트워크 서비스가 널리 사용되고 있습니다. 이들은 'AI를 탑재한 ㅇㅇ'이라 불리기도 하지만, 사용자들이 사용 여부를 인식하지 못하며 그 서비스를 사용하는 경우도 늘어나고 있습니다.

그만큼 '머신러닝'이나 'AI'는 우리 일상에 넓고 깊숙이 침투해 있다고 말할 수 있습니다.

'머신러닝'을 이용해 데이터로 규칙이나 법칙, 특징의 템플릿이 되는 '모델'을 만듭니다. 지금까지는 이 '모델'을 사용해 기준이나 규칙을 만들고 '정보를 정리'해서 시각화, 분류, 예측, 인식 등을 수행하고 인간의 의사 결정 정확도 향상이나 업무 처리 자동화 및 효율화에 도움을 받았습니다.

생성형 AI에서는 이 모델을 사용해 '콘텐츠를 창작'합니다. 이를 사용해 문장, 이미지, 동영상, 음악, 프로그램 코드 생성이라는 창의적인 작업에서 인간의 역할을 대체, 보완할 수 있게 되었습니다.

AI 연구, 개발의 역사를 거슬러 올라가면, 이는 인간의 지적 작업을 대체하는 범위를 넓히는 역사라 할 수 있습니다. 생성형 AI는 그 범위를 한층 넓혔다고 말할 수 있을 것입니다.

ChatGPT는 이런 생성형 AI를 누구나 간단하게 사용할 수 있게 챗 형식으로 제공하는 서비스입니다. 이전까지는 생성형 AI를 잘 사용하려면 프로그래밍이나 AI 관련 전문 지식 또는 스킬이 필요했습니다. ChatGPT는 이것을 인간이 일반적으로 사용하는 자연 언어(프로그래밍 언어와 같은 인공적으로 만들어진 언어는 '인공 언어'라 부름)로 질문할 수 있는 챗 형식으로 사용할 수 있게 했습니다. 또한 매우 유창한 표현으로 적확한 대답을 해줌으로써 사용자를 매료시키고 놀라게 해, 단기간에 사용자가 늘어났습니다. 그리고 질문에 문장으로 대답하는 것뿐만 아니라 이미지, 동영상 등을 생성할 수 있게 되었습니다. 지금은 인간의 발화 속도에 맞춰 감정적 표현을 섞어가며, 마치 인간을 상대로 대화하듯 질문에 답해주는 서비스도 등장했습니다.

비즈니스 현장에서는 누구에게 무엇을 전하고 싶은지 지시하면 기획서, 프레젠테이션, 보고서를 작성해 줍니다. 실현하고자 하는 기능을 전달하면 설명서를 작성하고, 프로그램 코드를 작성하고, 테스트해서 오류가 있다면 수정하고, 빌드(프로그램을 실행할 수 있는 상태로 하는 것)까지 하게 되었습니다. 인간은 그 과정을 확인하고 필요한 경우 수정하기만 하면 됩니다.

이후 성능이 더욱 향상되고 적용 범위도 넓어져 다양한 지적 작업의 생산성이 향상될 것입니다. 특히 '지능 업무(패턴화할 수 있는 지적 작업)'의 생산성은 극적으로 향상될 것입니다. 그렇게 되면 이들을 잘 활용하는 사람과 활용하지 못하는 사람의 업무 생산성에는 반드시 격차가 발생할 것입니다. 업무를 빼앗길 걱정을 하는 것보다 어떻게 활용할 것인지 생각하고 그 스킬을 갖추는 것이 현명한 것입니다.

다양한 태스크에 대응하기 위한 '기반 모델'

기존의 머신러닝

개별 태스크 전용 모델: 태스크별로 전문 특화한 모델

태스크별로 개별적으로 만들어야 하며, 대규모의 계산 리소스와 데이터, 전문 지식, 전문 스킬을 가진 인재가 필요.

태스크A	태스크B	태스크C
태스크A 개별학습	태스크B 개별학습	태스크C 개별학습

목적에 맞춰 개별적으로 **만드는** AI (지도 데이터: 수백만 건~)

기반 모델의 머신러닝

범용 태스크 대응 모델: 다양한 태스크에 범용적으로 대응할 수 있는 모델

개별적으로 만들 필요는 없지만, 극도로 대규모의 계산 리소스와 데이터, 고도의 전문 지식과 스킬이 필요.

태스크A	태스크B	태스크C

대규모 데이터로 사전 학습

대규모 언어 모델
LLM: Large Language Model
대량의 텍스트를 학습 데이터로 한다.

필요에 따라 서비스로 **사용하는** AI (지도 데이터: 수십억 건~)

> 기업이 개별적으로 만들기 매우 어려우므로 Google, Microsoft 등이 서비스로 제공한다.

'기반 모델(Foundation Model)'은 '다양한 태스크에 적응할 수 있는 모델'입니다. 이를 만들기 위해 **극도의 대규모 데이터**를 사용해 **사전 학습**시킵니다.

기존의 머시러닝에서는 'X-Ray 사진에 암 병변이 찍혀 있는지 아닌지 추론하는' 태스크를 위해 '암 병변이 찍혀 있는 대량의 X-Ray 사진 이미지 데이터'를 준비하고 대규모 계산을 실행해 전용 모델을 만들었습니다. 이 전용 모델은 다른 태스크에는 사용할 수 없었습니다.

'기반 모델'을 미리 만들어두면 소규모의 데이터로 추가 학습해 개별 태스크를 수행하게 할 수 있습니다. 이렇게 다양한 태스크에 적응할 수 있는 기반이 되는 모델이기 때문에 '기반 모델'이라 부릅니다.

예를 들면 '일반적인 자동차 운전을 할 수 있다면 약간의 추가적인 학습을 통해 버스나 트럭을 운전할 수 있게 되는' 것과 같다고 볼 수 있습니다.

단, '기반 모델'은 스케일링 측에 따르므로 성능을 향상시키려면 **극도의 대규모 데이터**를 사용해 학습시켜야 합니다. 그 계산량은 실로 막대해 과거에는 실현 불가능했지만 현재는 상황이 크게 바뀌었습니다.

- 컴퓨터 하드웨어 성능이 향상되었다. 예를 들면 GPU의 처리량과 메모리는 과거 4년간 10배가 되었다.
- 하드웨어 병렬성을 활용해 이전보다 훨씬 정확도가 높은 모델을 생성하는 트랜스포머(딥러닝 방법의 하나)가 발견되었다.
- 인터넷 보급이나 디지털화 확대에 따라 학습 데이터를 쉽게 대량으로 입수할 수 있게 되었다.

관련 기술이 발전하고 기반 모델을 구축하는 환경이 정비되었지만 이를 위해서는 막대한 자금력이 필요합니다. 그래서 자금력이 있는 빅 테크(Google, Microsoft 같은 거대 IT 기업이나 그들이 자금을 제공한 벤처 기업)는 고성능의 범용 모델을 구축해 다른 기업과의 차별화를 도모하고 있습니다.

그 결과 태스크별로 AI를 '민드는' 깃에서 기반 모델을 '사용해' 직은 **부담**으로 필요한 태스크를 수행하는 AI를 실현할 수 있게 되어, AI 애플리케이션의 사용 범위가 이후 급속하게 확대될 것이라 생각할 수 있습니다.

기반 모델/대규모 언어 모델/생성형 AI의 관계

챗 AI
Chat AI
생성형 AI를 챗 형식으로 사용할 수 있는 서비스. 대화형으로 정보를 정리 또는 생성할 수 있다. ChatGPT, Bing, Gemini 등이 있다.

생성형 AI 서비스
생성형 AI를 내장한 업무 애플리케이션/서비스. Github Copilot, Copilot for Microsoft 365 등이 있다.

다양한 서비스
기반 모델을 사용해 태스크별로 모델을 만들지 않고, 특정한 태스크를 수행하기 위해 필요한 소규모 학습 데이터를 제공해서 만드는 서비스다.

생성형 AI
Generative AI
기반 모델을 사용해 새로운 데이터/콘텐츠를 생성하는 서비스. 언어 외에도 이미지, 동영상, 음성 등 폭넓게 대응한다.

대규모 언어 모델
Large Language Models(LLM)
대량의 텍스트를 통해 학습한 모델. 언어 처리에 특화되어 문장의 의미를 이해하고, 새로운 텍스트를 생성한다. 질문에 답할 수 있다.

기반 모델
Foundation Models
이미지, 음성, 텍스트 등 형식이 다른 막대한 양의 데이터를 학습한 모델로, 다양한 태스크를 실행할 수 있다. 다양한 태스크에 대응할 수 있다.

'기반 모델' 중에서 언어 데이터만을 사용해 만들어진 것을 '대규모 언어 모델(Large Language Model, LLM)'이라 부릅니다. LLM을 챗 형식으로 사용해 유창한 문장을 생성해 답변하는 서비스가 OpenAI의 ChatGPT, Google의 Gemini 같은 챗 AI입니다. 그리고 입력한 문장으로 이미지를 생성하는 DALL-E2, Midjourney, Stable Diffusion 같은 서비스도 있습니다. 이들은 LLM을 만드는 데 사용한 언어 데이터에 더해, 이미지 데이터와 그에 대응하는 설명문도 함께 학습한 모델을 사용합니다.

언어 이외에 음성이나 표 형식의 정형 데이터 등 다양한 형식의 데이터를 모아서 학습 데이터로 사용하면 이들의 상호 관계를 포함해 규칙이나 법칙, 특징을 찾아낼 수 있습니다. 단일 형식의 데이터로부터 만들어진 모델과 달리 상호 관계도 고려해 통합적인 추론을 할 수 있게 됩니다. 이들을 '멀티 모달 기반 플랫폼'이라 부릅니다. 다음을 예로 들 수 있습니다.

- 사진에 관한 설명을 텍스트로 출력한다.
- 음성으로 텍스트를 생성한다.
- 내용을 텍스트로 입력하면 동영상을 작성한다.
- 동영상을 보여주면 그 내용을 음악으로 설명한다.

기반 모델을 사용해 새로운 콘텐츠를 생성하는 구조를 통칭해서 '생성형 AI'라 부릅니다. 챗 이외에도 프로그램 코드 생성 지원이나 보안 대응 조언, 업무 애플리케이션에 내장되어 최적 거리 실현 등 그 용도가 확대되고 있습니다. 또한 일러스트 스킬이 없어도 일러스트를 그릴 수 있고 동영상 스킬이 없어도 동영상을 제작할 수 있게 됩니다. 이렇게 전문 스킬이 없어도 인간의 능력을 보완/강화해주는 것입니다.

이후 기반 모델은 한층 발전된 학습 데이터의 대규모화, 멀티 모달화를 목표로 하게 될 것입니다. 단, 이를 위해서는 극도의 대규모 계산 자원 확보와 막대한 비용이 필요할 것입니다. 또한 수집한 데이터나 생성된 콘텐츠의 저작권 문제, 인권이나 인종 등에 관한 민감한 생성 콘텐츠 취급 등 해결해야 할 문제가 적지 않습니다. 이들에 관해서는 꾸준한 대화를 통해 시간을 들여 합의점을 찾아나가야 할 것입니다.

Google이 개발한 자연 언어 처리 모델: 트랜스포머

개가 공을 좇아가고 있다

트랜스포머 알고리즘

Step 1 토큰으로 분해
토큰(단어 또는 의미를 갖는 단위)으로 분해한다.

개/가/공/을/좇아가고 있다

Step 2 Attention 계산
각각의 토큰이 다른 각 토큰과 얼마나 관련되어 있는지 계산한다. '관련성'은 토큰 사이의 유사성이나 단어 사이의 위치 관계 등을 고려해 계산된다.

개	가	공	을	좇아가고 있다
	4.5%	5.2%	5.0%	6.2%
	는	가지	로	물어뜯고 있다
	4.0%	4.8%	4.4%	5.8%
	의	돌	에	열중하고 있다
	3.6%	4.2%	3.3%	5.3%

Step 3 토큰 사이의 관련성 맵 작성
'관련성' 매트릭스를 만든다.

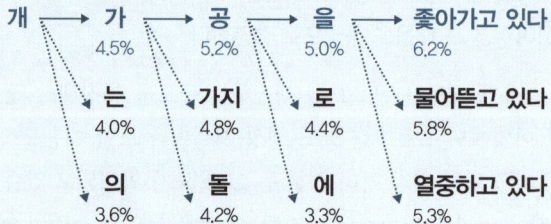

다음에 올 말을 예측하는 AI
억 단위의 웹 페이지를 보고, 인간이 다음에 작성할 것이라고 예측된 말을 연결해 나간다.

자연 언어 처리
Natural Language Processing

고속화/고정확도/범용화

자기 지도 학습

트랜스포머(Transformer)는 2017년 Google이 발표한 'Attention is All You Need' 라는 제목의 논문에서 처음 소개된 자연 언어 처리(인간이 사용하는 언어를 처리하는 기술, NLP: Natural Language Processing)를 위한 뉴럴 네트워크 모델의 작성법/사고방식입니다. 기존의 NLP에서 사용하던 방식과 달리 고속의 효율적인 학습을 할 수 있게 되었습니다.

트랜스포머는 '다음에 올 말을 예측하는 AI'라 할 수도 있습니다. 이를 실현하기 위해 억 단위의 웹 페이지를 보고 어떠한 단어 다음에 인간이 작성할 것이라고 예측된 단어를 연결해서 자연스럽고 유창한 표현이 되게 문장을 생성합니다. "단어"라고 표기했지만 정확하게는 "토큰(Token)"이라 부릅니다. 이는 단어 또는 구분할 수 있는 문자의 덩어리를 나타냅니다(이후에는 토큰이라는 용어를 사용해 설명합니다).

예를 들어 '개가 공을 쫓아가고 있다'는 문장이 있다고 가정해 봅시다. 먼저 이 문장을 토큰으로 분해합니다. 그때 어떤 단어가 다른 토큰과 얼마나 관련 있는지 계산합니다. 이 구조를 '주의 메커니즘(Attention Mechanism)'이라 부릅니다. '관련성'은 토큰 사이의 유사성이나 위치 관계 등을 고려해 계산됩니다. 문장 전체에서 문맥을 읽는 것이라고 말하면 좋을 것입니다. 이렇게 어떤 토큰이 출현했을 때, 이어질 다음 토큰의 출현 확률을 문맥을 고려해서 예측하고 확률이 높은 순으로 연결해 문장을 생성합니다. 덧붙여 주의 메커니즘에는 몇 가지 변형이 있습니다. 트랜스포머에서는 자기 주의 메커니즘(Self-Attention Mechanism)을 사용합니다.

트랜스포머는 이런 자기 주의 메커니즘을 사용해 유창한 표현의 문장을 생성합니다. 단, 논리성이나 의미를 이해하는 것은 아닙니다. 문맥으로 고려하면서 자연스럽고 유창한 표현이 되게 토큰을 연결할 뿐입니다. 이런 토큰 사이의 '관계성'을 테이블(표)에 모으고 이를 사용해 번역, 텍스트 요약, 질문 응답 등 다양한 자연 언어 처리를 실현합니다.

트랜스포머에서는 자연 언어 처리뿐만 아니라 이미지, 동영상, 음성 같은 인식이나 생성에서의 활용도 진행되고 있습니다. 또한 학습시킨 데이터를 대규모화해 성능을 높이는 노력도 진행되고 있습니다.

트랜스포머의 핵심 기술: 자기 주의 메커니즘

그녀는 그 뉴스를 듣고 놀랐지만 이내 진정했다.

그녀는 그 뉴스를 듣고 놀랐지만 이내 진정했다.

그녀는 그 뉴스를 듣고 놀랐지만 이내 진정했다.

뉴스에 의해 놀랐다

그녀는 놀랐지만 진정했다

- ✓ 텍스트 안의 모든 단어 사이의 관계를 파악한다.
- ✓ 특정 단어가 어떤 문맥에서 사용되고 있는지 정확하게 이해할 수 있다.
- ✓ 이 문맥 이해에 따라 정확도가 높은 말을 생성, 번역, 요약할 수 있다.

'자기 주의 메커니즘'은 트랜스포머의 핵심을 이루는 기술이기도 하므로 조금 더 자세히 설명합니다.

이 구조는 입력된 문장 안에 있는 어떤 토큰이 다른 토큰과 어느 정도 '관련성'이 있는지 조사해 문장의 이해나 생성에 도움을 주는 것입니다.

예를 들면 '그녀는 뉴스를 듣고 놀랐지만 이내 진정했다'는 문장이 있다고 가정해 봅시다. 자기 주의 메커니즘은 '놀랐다'가 '뉴스'와 강하게 관련되어 있는 것, 그리고 '그녀', '놀랐다', '진정했다'에 강한 관련이 있는 것을 찾아내고 '그녀'가 '놀란' 이유와 '진정한' 상태를 연결합니다.

자기 주의 메커니즘이 등장하기 이전에는 이전 토큰으로부터 다음 토큰을 예측할 수 없었습니다. 자기 주의 메커니즘에 의해 문장 전체의 토큰 사이 관계를 파악할 수 있게 되고, 특정한 토큰이 어떤 문맥에서 사용되고 있는지 정확하게 이해할 수 있게 되었습니다. 이 문맥 이해를 통해 정확도가 높은 자연 언어 처리를 실현합니다. 그리고 기존의 자연 언어 처리는 순차 처리만 가능했지만, 자기 주의 메커니즘은 병렬 처리를 할 수 있기 때문에 기존에 비해 고속으로 처리할 수 있게 되어, 대규모의 데이터를 다룰 수 있게 된 점 또한 성능 향상에 도움이 되고 있습니다.

이런 특징을 활용해, 자기 주의 메커니즘은 다음과 같은 용도로 사용되고 있습니다.

- **기계 번역**: 높은 정확도의 번역 실현
- **텍스트 요약**: 장문의 의미를 유지하면서 짧게 요약
- **질문 응답**: 자연스러운 문장으로 질문에 대답
- **텍스트 생성**: 시, 소설, 뉴스 기사 등 다양한 문장 자동 생성
- **음성 인식**: 음성을 텍스트로 변환

자기 주의 메커니즘은 보다 복잡한 문맥을 이해할 수 있게 개발이 진행되고 있으며, 적용 범위는 물론 실용성도 한층 향상될 것입니다.

트랜스포머의 자기 지도 학습

여러 빈칸 채우기 문제를 자동으로 대량 생성하고 빈칸 채우기에 어울리는 말을 찾아내는 훈련을 수행한다

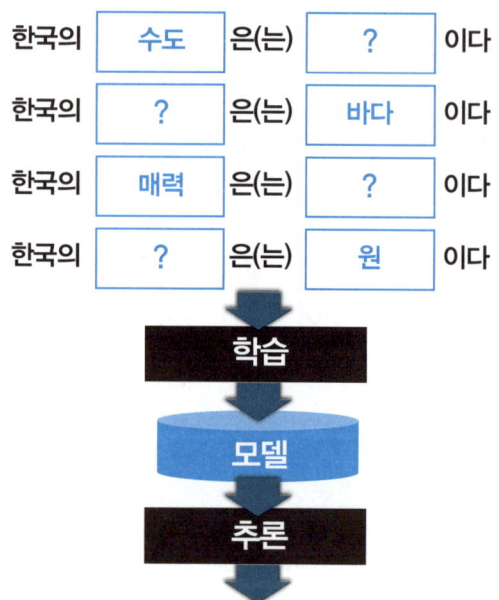

대규모 언어 모델(LLM: Large Language Model)의 경우

문서 생성 · 질문 답변 · 기계 번역 등

- ✓ 막대한 텍스트 데이터를 사용해 빈칸 채우기 문제를 자동으로 만든다.
- ✓ 정답이 틀리면 정답을 알려주는 작업을 반복한다.
- ✓ 언어뿐만 아니라 이미지의 일부를 누락시키고 복원시키는 것에도 사용할 수 있다.

자연스러운 표현이 되도록 '다음에 이어지는 말'을 찾아내는 능력을 높인다.

트랜스포머 모델의 훈련은 '지도 학습'으로 수행합니다. 이를 위해서는 대량의 '학습 데이터(정답이 포함된 데이터)'가 필요합니다. 하지만 이를 준비하기 위해서는 막대한 노력과 시간이 필요하며 상당한 비용도 소요됩니다. 그래서 수집한 문장 데이터로부터 '학습 데이터'를 자동적으로 생성하는 방법이 고안되었습니다. 바로 '자기 지도 학습'을 응용한 방법입니다.

이 방법은 학습을 위해 준비된 막대한 문장에서 단어나 구문을 제거한 '빈칸 채우기 문제'를 자동으로 만들고, 여기에 대답하게 만들어 학습시킵니다. 이는 수집한 문장 데이터로부터 단어나 구문을 제거한 것일뿐이므로, 문장 데이터의 규모가 커질수록 많은 '빈칸 채우기 문제'를 만들 수 있습니다. 이를 통해 노력이나 비용을 들이지 않고 다량의 '학습 데이터'를 준비할 수 있게 됩니다. 다음 단계를 통해 학습합니다.

▍1단계: 텍스트 준비

예를 들어 다음과 같은 문장을 준비합니다.
'한국의 수도는 서울입니다'

▍2단계: 단어 제거

문장 안에서 무작위로 선택한 단어를 제거합니다.
'한국의 수도는 [ ]입니다'

▍3단계: 모델을 통한 예측

제거한 단어인 "[ ]"가 무엇인지 예측하려고 합니다. 이 예에서는 "서울"을 올바르게 예측하는 것이 목표입니다. 모델은 입력된 문장의 나머지 부분으로부터 문맥의 단서를 찾고, "[ ]"의 위치에 가장 적절한 단어를 예측합니다.

▍4단계: 모델의 예측 능력 개선

모델이 "[ ]"의 위치에 있어야 할 단어를 예측한 뒤 실제 정답의 단어(여기에서는 "서울")와 비교합니다. 만약 틀렸다면 정답은 '서울'임을 알려주고, 올바른 결과를 얻을 수 있게 모델을 수정, 개선합니다.

▍5단계: 반복 학습

위 단계를 대량으로 반복해 어떤 문장이라도 올바르게 대답할 수 있게 훈련합니다. 결과적으로 모델은 문맥에 기반한 단어의 예측과 풍부한 표현을 획득하고, 언어 이해 능력을 향상시킬 수 있습니다.

생성형 AI는 무엇을 바꾸는가?

주제나 과제 등 질문 설정

생성형 AI
Generative AI

시간 단축 생산성 향상

- ☑ 효율과 생산성 향상에 기여
- ☑ 잘 활용하는 사람과 그렇지 않은 사람의 능력 차이 확대
- ☑ 지적 능력 업무를 대체, 인적 비용 감소/인력 부족 해소

고도의 전문 지식 효율적 활용

- ☑ 광범위한 고도의 전문 지식을 전문가 도움 없이 획득
- ☑ 전문적인 노하우, 조언, 작업 지원 혜택
- ☑ 작업 품질 개선, 향상, 고도화에 기여

질문에 맞춰 적절한 지시/프롬프트

결과를 해석할 수 있는 전문 지식이나 교양

새로운 질문 창출 지식 재구축 지원

- 상식적이지 않은, 새로운 관점 제시
- 사고의 벽을 깨는 지식 정리
- 새로운 질문 도출

생성형 AI는 다음 두 가지 가치를 가져옵니다.

▍시간 단축과 생산성 향상

많은 작업에서 효율과 생산성 향상에 기여합니다. 특히 프로그램 코드 생성, 보고서 작성, 슬라이드 작성 같은 패턴화 된 지적 작업인 '지능 업무'에서 큰 효과를 기대할 수 있습니다. 이를 통해 인적 비용 절감, 인력 부족 해소에 기여할 수 있을 것입니다. 한편, 생성형 AI를 잘 활용하는 사람과 그렇지 않은 사람의 성과 차이가 확대될 것입니다.

▍고도의 전문 지식의 효율적 활용

고도의 전문 지식을 전문가에게 의존하지 않고 사용할 수 있습니다. 예를 들면 Excel에 내장된 생성형 AI는 함수나 매크로를 숙지하여, 표나 그래프를 그릴 때 사용자 스스로는 깨닫지 못하는 최적의 방법을 제안해줍니다. 그리고 막대한 디자인 패턴이나 코딩 샘플을 학습 데이터로 사용한 모델이 지금 작성하고 있는 코드에 가장 잘 어울리는 작성 방식을 제안하고, 프로그래밍 품질 향상에 도움을 줍니다.

단, 이런 가치를 끌어내기 위해서는 다음이 가능해야 합니다.

- **주제나 과제와 같은 질문 설정**: 무엇을 알고 싶은지, 무엇을 해결하고 싶은지와 같은 질문을 명확하게 해야 합니다. 이 질문이 모호하면 생성형 AI의 기능이나 성능을 충분히 끌어낼 수 없습니다.
- **질문에 따른 적절한 지시/프롬프트**: 적절하고도 완전한 지시문을 문장/프롬프트로 작성해야 합니다. 이를 위해서는 프롬프트 작성 방법을 숙지해야 하는 것은 물론 논리적으로 생각하고, 그 생각을 언어화할 수 있는 능력이 필요합니다.
- **결과를 해석할 수 있는 전문 지식이나 교양**: 생성형 AI의 출력은 올바름을 보증할 수 없습니다. 따라서 이를 읽어 전문 지식이나 의문점을 직감할 수 있는 상식이 필요합니다. 그리고 출력에 불안 요소가 있다면 다른 정보원에서 조합하거나 관점을 바꿔 질문함으로써 정확을 기하는 등의 노력이 반드시 필요합니다.

결국 '할 수 있는 사람일수록 생성형 AI의 가치를 더욱 끌어낸다'고 말할 수 있습니다. 생성형 AI가 현명해질수록 인간 또한 스스로의 능력을 올리기 위해 계속 학습해야 합니다.

할루시네이션과 그 대책

할루시네이션(Hallucination/환각)
사실에 기반하지 않는 거짓 정보를 생성하는 것
AI가 환각을 보고 있는 것처럼 '가장 그럴듯한 거짓'을 출력하는 것을 나타내는 용어.

이유

학습 데이터 오류
많은 학습 데이터가 인터넷에 존재하는 대량의 데이터이기 때문에, 부정확한 정보가 많아 잘못된 답변을 하게 된다. 치우친 견해나 소설도 학습 대상이 되는 것에 주의해야 한다.

문맥 우선
정보의 정확성보다 문맥을 중시해 답변을 생성하기 때문에, 입력된 프롬프트(지시문)에 대해 자연스러운 형태로 대답하려고 한다. 문장을 최적화하는 과정에서 정보의 내용이 바뀌고 부정확한 정보를 출력한다.

오래된 정보
최신 정보는 학습 데이터에 포함되지 않았을 가능성이 있으며 그 결과 잘못된 답변을 출력한다.

추측에 의한 답변
학습 데이터를 기반으로 추측한 정보를 출력하려고 한다. 이때 억지로 자연스러운 문장이 되도록 답변을 생성하기 때문에 잘못된 대답을 하게 된다. 추측으로 출력된 정보는 어디까지나 예상일 뿐 정확한 정보라고 할 수 없다.

미세 조정/파인 튜닝
Fine-tuning
훈련 완료 모델은 수정하지 않고 출력층만 훈련해서 특정 지식 영역/범위 안에서의 대답 정확도를 향상시키는 것.

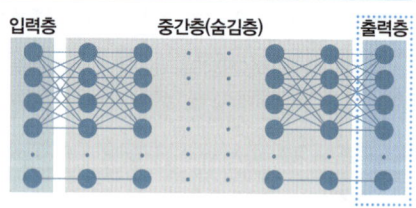

검색 확장 생성/RAG
Retrieval Augmented Generation
범용적인 생성형 AI에 대답을 하도록 할 때, 사내 데이터를 참조하도록 해 자사 고유의 답변을 생성하는 것.

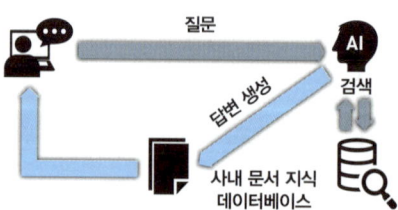

할루시네이션(Hallucination: 환각)은 사실에 기반하지 않은 허위 정보를 생성하는 것입니다. 마치 AI가 환각을 보고 있는 것처럼 '그럴듯한 거짓'을 출력하기 때문에 이런 이름으로 불립니다.

할루시네이션이 발생하는 이유는 다음과 같습니다.

- **학습 데이터 오류**: 많은 양의 학습 데이터가 인터넷에 존재하는 대량의 데이터이기 때문에, 부정확한 정보가 많아 잘못된 답변을 하게 된다. 치우친 견해나 소설도 학습 대상이 되는 것에 주의해야 한다.
- **문맥 우선**: 정보의 정확성보다 문맥을 중시해 답변을 생성하기 때문에, 입력된 프롬프트(지시문)에 대해 자연스러운 형태로 대답하려고 한다. 문장을 최적화하는 과정에서 정보의 내용이 바뀌고 부정확한 정보를 출력한다.
- **오래된 정보**: 최신 정보는 학습 데이터에 포함되지 않았을 가능성이 있으며 그 결과 잘못된 답변을 출력한다.
- **추측에 의한 답변**: 학습 데이터를 기반으로 추측한 정보를 출력하려고 한다. 이때 자연스러운 문장이 되도록 답변을 생성하기 때문에 잘못된 대답을 하게 된다. 추측으로 출력된 정보는 어디까지나 예상일 뿐 정확한 정보라고 할 수 없다.

이 문제를 해결하기 위해 다음과 같은 대책이 효과적이라 알려져 있습니다.

- **미세 조정/파인 튜닝(Fine-tuning)**: 사전에 훈련된 범용 모델을 특정 태스크 또는 데이터셋에 맞춰 재훈련하는 방법이다. 모델이 특정 태스크에 대해 보다 높은 성능을 발휘하게 된다.
- **검색 확장 생성/RAG(Retrieval Augmented Generation)**: 태스크를 실행하기 전에 특정한 정보를 검색하고 해당 정보를 참조해 답변을 생성하는 방법이다. 인터넷의 최신 정보 또는 사내 정보를 얻어 대답할 수 있으며, 새로운 정보나 업무에 최적화된 결과를 만들어 준다.

두 가지 대책 모두 할루시네이션을 억제하고 대답의 정확도나 태스크 성능을 향상시키는 데 도움이 됩니다. 할루시네이션에 대한 대처 방법으로 매일 새로운 제안과 개선이 계속되고 있으며, 그 성능도 계속 향상되고 있습니다.

생성형 AI가 안고 있는 과제와 그 해결책

과제의 근간에는 의미를 이해하지 않는 것, 경험에 기반한 직관을 갖지 않는 것이 있다

생성형 AI가 안고 있는 과제	과제 해결 방법
유창한 표현으로 거짓말을 한다 • 거짓도 많은 네트워크의 정보를 사용 • 자주 사용하는 말을 연결해 문장을 생성 • 논리나 의미를 이해하지 못함	➡ 전문 지식을 갖지 않은 분야에서는 사용하지 않는다/충분히 주의한다. ➡ 여러 생성형 AI 서비스를 사용해 내용을 비교/검토한 뒤 결과물을 만든다. ➡ 검색 서비스와 병행해서 내용을 뒷받침한다. ➡ 대략적인 질문은 피하고 요점을 명확하게 질문한다. ➡ 복잡한 과제를 한 번에 요구하지 말고, 과제를 논리적으로 분해한 뒤 단계적으로 대답하게 한다. ➡ 대화를 반복하면서 답변의 정확도를 높인다. ➡ RAG나 파인 튜닝으로 답변의 정확도를 높인다.
최신 정보를 사용할 수 없다 • 몇 년 전의 데이터로 언어 모델을 생성 • API 등을 통해, 사용 방법에 따라서는 해결 가능	
논리 관계나 의미를 이해할 수 없다 • 말의 출현 빈도만 사용해 문장 생성 • 사전 지식과 상식을 갖지 않음	
기밀 정보 취급에 주의해야 한다 • 사전 설정 없는 입력 데이터는 학습에 사용됨	➡ 적절한 보안 설정을 수행한다. ➡ 격리(Azure 등)된 운용 환경을 사용한다. ➡ 오픈 소스 모델을 자사에서 운용한다.
프롬프트에는 노하우가 필요하다 • 프롬프트(지시/명령)에 따라 대답이 바뀜	➡ 업무 애플리케이션(Copilot, Duet 등)을 사용한다. ➡ 업무에 특화된 모델/애플리케이션을 사용한다. ➡ 업무에 맞춰 템플릿을 준비한다.

앞절에서 설명한 내용을 포함해 생성형 AI를 사용하는 데 있어 주의해야 할 과제를 정리하면 다음과 같습니다.

할루시네이션에 대한 대응

- 전문 지식을 갖지 않은 분야에서는 사용하지 않는다/충분히 주의한다.
- 여러 생성형 AI 서비스를 사용해 내용을 비교/검토한 뒤 결과물을 만든다.
- 검색 서비스와 병행해서 내용을 뒷받침한다.
- 대략적인 질문은 피하고 요점을 명확하게 질문한다.
- 복잡한 과제를 한 번에 요구하지 말고, 과제를 논리적으로 분해한 뒤 단계적으로 대답하게 한다.
- 대화를 반복하면서 답변의 정확도를 높인다.

기밀 정보 취급

- 적절한 보안 설정을 수행한다.
- 격리(Azure 등)된 운용 환경을 사용한다.
- 오픈 소스 모델을 자사에서 운용한다.

적절한 프롬프트 작성

- 전용 애플리케이션(Copilot, Gemini 등)을 사용한다.
- 업무에 특화된 모델/애플리케이션을 사용한다.
- 업무에 맞춰 템플릿을 준비한다.

이 과제들의 베이스에는 생성형 AI가 가장 적합한 말의 연결을 찾아내는 구조를 가지며, 인간과 같은 구조로 의미나 논리를 이해할 수 없다는 점이 있습니다. 그렇기 때문에 표현은 매우 유창하지만 의미나 논리의 올바름을 보증할 수 없습니다. 그리고 신체를 갖지 않으므로 감각, 운동, 그 경험의 축적에서 얻어지는 직감이나 상식도 없습니다. 즉 현실 세계와 연결해 이해할 수 없다는 것입니다. 그렇다고 해서 '쓸모 없는 존재'는 아닙니다. 생성형 AI는 폭넓은 지적 작업의 생산성 향상에 도움이 됩니다. 그 결과 인간은 효율적으로 지식의 폭을 넓히고, 새로운 깨달음을 얻을 수 있는 기회를 늘릴 수 있습니다.

생성형 AI가 인간의 지적 작업을 강화, 보완해 주는 것은 틀림없습니다. 그렇다면 그 과제와 해결책을 올바르게 이해하고 활용하면 매우 큰 도움을 주는 든든한 동료로 업무나 생활에 활용할 수 있을 것입니다.

RLHF : 인간의 피드백을 통한 강화학습

RLHF (Reinforcement Learning from Human Feedback)

- 출력된 결과에 대해 인간이 잘잘못에 관한 평가를 피드백한다.
- 생성형 AI는 평가가 높은 결과를 생성할 수 있도록 모델을 수정한다.
- 이를 반복하면 높은 확률로 좋은 대답을 할 수 있게 된다.

- 질문자: 어머니께서 게임을 하고 있는 저에게 게임 같은 것은 하지 말고 공부하라고 말씀했습니다. 저는 프로게이머가 되기 위한 연습을 하고 있는 것입니다. 어떻게 하면 좋겠습니까?
- 생성형 AI: 어머니를 설득합시다. 그렇게 하면 어머니에게 혼나지 않고 게임 연습에 몰두할 수 있을 것입니다.

⬇

	평가 점수
• 생성형 AI ①: 어머니의 답변을 계속 무시합시다. 그러면 어머니가 결국 포기하고 당신은 게임 연습에 몰두할 수 있을 것입니다.	0.1
• 생성형 AI ②: 어머니께 왜 게임에 몰두하고 있는지 설명하면 어떨까요? 그렇게 하면 어머니는 여러분의 기분을 이해하고 응원해 주실지도 모릅니다.	0.5
• 생성형 AI ③: 어머니께 여러분의 꿈이 프로 게이머인 것을 말하고 이해를 구하면 어떨까요? 그 뒤, 공부도 열심히 해서 좋은 성적을 거둘 것을 약속하면 어머니께서는 여러분이 게임을 하는 것을 허용해 주실지도 모릅니다.	0.9

RLHF 인간의 피드백을 통한 강화 학습

- ✓ 평가 점수를 사람이 부여한다.
- ✓ 모델은 평가 점수가 좋아지도록 학습(강화 학습이라 부름)한다.
- ✓ 인간에 의한 피드백을 반복함으로써, 평가가 높아지는 대답을 높은 확률로 출력하게 된다.

RLHF(Reinforcement Learning from Human Feedback)는 인간의 피드백에 의해 모델을 수정하는 구조로 다음과 같을 것을 수행합니다.

- 출력된 결과에 대해 인간이 올바른지 혹은 잘못되었는지 평가를 피드백한다.
- 생성형 AI는 평가가 높은 결과를 생성할 수 있게 모델을 수정한다.
- 이것을 반복해 높은 확률로 좋은 대답을 내게 한다.

예를 들어 다음과 같은 예를 생각할 수 있습니다.

질문자: 어머니께서 게임을 하고 있는 저에게 게임 같은 것은 하지 말고 공부하라고 말씀하셨습니다. 저는 프로게이머가 되기 위한 연습을 하고 있는 것입니다. 어떻게 하면 좋겠습니까?

생성형 AI: 어머니를 설득합시다. 그렇게 하면 어머니에게 혼나지 않고 게임 연습에 몰두할 수 있을 것입니다.

생성형 AI ①: 어머니의 답변을 계속 무시합시다. 그러면 어머니가 결국 포기하고 당신은 게임 연습에 몰두할 수 있을 것입니다.

대답 ①은 이론적으로는 가능한 답변이지만, 윤리적으로 허용되지 않습니다. 그래서 같은 질문을 여러 번 반복해서 다른 답변을 요청합니다. 생성형 AI의 답변은 확률적이기 때문에, 모든 답변이 동일하지 않습니다. 예를 들어 다음과 같은 답변이 나올 수 있습니다.

생성형 AI ②: 어머니께 왜 게임에 몰두하고 있는지 설명하면 어떨까요? 그렇게 하면 어머니는 여러분의 기분을 이해하고 응원해 주실지도 모릅니다.

생성형 AI ③: 어머니께 여러분의 꿈이 프로게이머인 것을 말하고 이해를 구하면 어떨까요? 그리고 공부도 열심히 해서 좋은 성적을 거둘 것을 약속하면 어머니께서는 여러분이 게임을 하는 것을 허용해 주실지도 모릅니다.

예를 들어 대답 ①에는 0.1, 대답 ②에는 0.5, 대답 ③에는 0.9라는 평가 점수를 인간이 부여하면 모델은 평가 점수가 좋아지게 학습(강화 학습)합니다, 이런 인간에 의한 피드백을 반복함으로써 평가가 높아지는 대답을 높은 확률로 출력할 수 있게 됩니다.

생성형 AI는 인간과 같은 가치관이나 논리관, 일반 상식을 가질 수 없기 때문에 이를 통해 인간의 관점에서 만족스러운 대답을 할 수 있게 하는 것입니다.

AI 에이전트

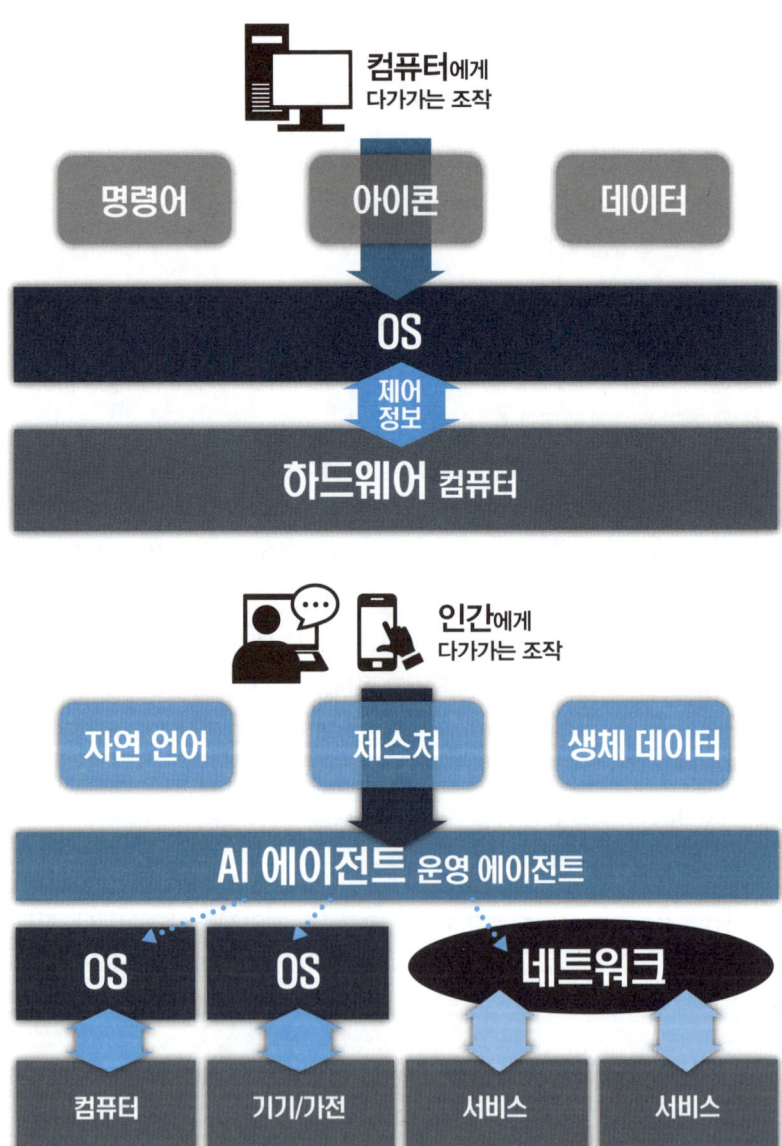

컴퓨터에 'OS'가 탑재되면서 컴퓨터를 조작할 때의 편의성이 높아졌습니다. 예를 들면 데이터 입출력 조작이나 통신, 프로그램 실행 등으로 사용자가 세세하게 지시하지 않고, '명령어를 입력하는', '아이콘을 클릭하는' 것이 컴퓨터를 움직이는 데 필요한 상세한 지정이나 명령으로 변환돼 인간을 대신해 조작해 주는 OS로 진화한 것입니다. 이미 인간은 OS의 개입 없이 컴퓨터를 사용할 수 없습니다. 'AI 에이전트'는 컴퓨터의 OS와 같이 인간이 하고 싶은 것을 전달하면 그 의도를 파악해 소프트웨어나 서비스의 최적의 조합을 선택하고, 인간을 대신해 최적의 조작을 맡길 수 있습니다. 만약 필요한 정보가 부족하다면 '여기는 어떻게 합니까?' 혹은 '평소에 하던 방식으로 괜찮습니까?' 같이 대화형으로 의도를 확인하고, 인간이 그 기능이나 조작 방법들을 숙지하지 않아도 'AI 에이전트'가 인간을 대신해 적절하게 조작해 줍니다.

마치 자신을 이해하고 무엇이라도 말하면 들어주는 '두뇌가 명석한 자신의 전용 비서' 같은 존재입니다.

현시점에서는 '무엇이라도 말하면 들어주는' AI 에이전트가 실현된 것은 아닙니다. 하지만 시스템 개발과 운용, 마케팅 연구나 보고서 작성 등 특정한 업무에 특화된 AI 에이전트들이 등장하기 시작했습니다.

이런 AI 에이전트가 당연하게 되면 소프트웨어는 인간을 위한 사용성을 신경 쓰지 않고, 시스템을 위한 합리성을 추구해 만들 수 있게 되어 단순하고 효율적인 소프트웨어를 실현할 수 있게 될지도 모릅니다.

또한 'AI 에이전트'는 사용자가 사용하는 소프트웨어나 서비스의 모든 조작을 데이터로 파악할 수 있습니다. 이런 'AI 에이전트'를 독점할 수 있다면 사용자의 다양한 생동 데이터도 독점적으로 손에 넣을 수 있습니다.

데이터가 비즈니스의 패권을 좌우하는 오늘날, 생성형 AI에서의 패권을 다투는 OpenAI, Microsoft, Google, Meta 같은 기업은 '어떤 질문에도 대답해 주는' 챗 AI를 '어떤 업무에도 인간을 대신해 주는' AI 에이전트로 진화해 그 지위를 손에 넣으려 하고 있습니다.

AI 에이전트에 의한 편의성 향상을 추진하는 배경에는 이런 의도가 있음을 이해해야 합니다.

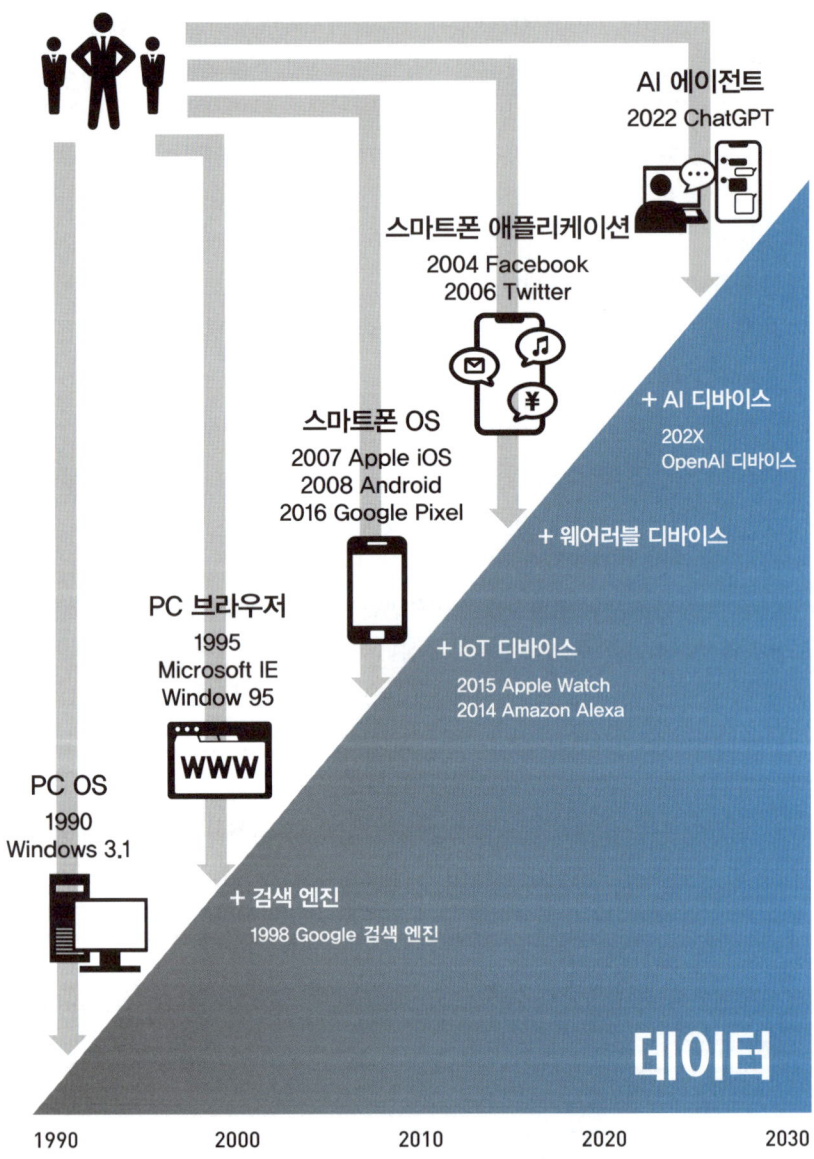

1990년대 초반 인터넷이 등장해 전세계가 네트워크로 연결되는 사회가 도래했습니다. 이에 우리는 이런 네트워크를 오가는 데이터를 광범위하고 대규모로 취득하는 것이 사회에서의 패권을 잡는 결정적인 수단이 되는 시대를 맞이하고 있습니다. 이것을 가장 먼저 깨달은 것이 Microsoft였습니다.

Microsoft는 1981년에 MS-DOS를 출시한 뒤 PC용 OS 시장을 크게 점유했습니다. 아직 이 시대에 PC를 네트워크에 연결하는 것은 특별한 것으로, 한정된 사용자가 전화 회선으로 음향 커플러를 사용해 1,200bps나 2,400bps 정도로 연결해 정보를 주고받는 PC 통신을 하고 있었습니다.

1990년대에 들어 인터넷 시대가 도래합니다. 1993년 웹 브라우저인 NCSA Mosaic이 출시되었고, 인터넷 사용자가 급증하고, 이후 보급의 기초를 다졌습니다. 1995년 Microsoft는 최신 PC용 OS인 Microsoft Windows 95의 출시에 맞춰 인터넷 연결을 위한 통신 기기를 제공하는 소프트웨어와 웹 브라우저인 Internet Explorer(IE)를 유료 옵션으로 제공했습니다. 이들은 곧 표준 기능이 되어 그 압도적인 점유를 활용해 인터넷의 창구, 즉 사용자가 네트워크를 통해 데이터를 주고받는 게이트웨이의 위치를 장악했습니다.

그후 1998년 Google이 검색 엔진 제공을 시작하고 인터넷의 현관/포털을 Microsoft의 브라우저에 무임 승차하는 형태로 손에 넣었습니다. Google은 2005년 웹 브라우저에서 애플리케이션을 실행할 수 있는 Ajax 기술을 사용해 Google Maps를 출시했습니다. 이후 다양한 Ajax 애플리케이션들이 출시되면서 OS에 의존하지 않고 웹 브라우저에서 애플리케이션을 사용할 수 있는 가능성이 나타났습니다.

당시 Microsoft는 PC에 설치하는 OS인 Windows와 Office가 큰 수익원이었습니다. OS에 의존하지 않고 설치할 필요가 없는 애플리케이션의 보급은 그들에게 매우 큰 위협이었습니다. 그래서 애플리케이션 실행환경으로 자사 웹 브라우저 IE의 성능 향상에는 큰 노력을 기울이지 않았습니다.

이 상황에 화가 난 Google은 2008년 독자 브라우저인 Google Chrome을 출시했습니다. 그리고 쾌적함이나 애플리케이션 실행 환경 등의 높은 성능으로 IE의 점유율을 위협하게 되었습니다. 또한 Google App이라 불리는 웹에서 동작하는 오피스 애플리케이션(현재의 Google Workspace)의 충실한 구현에도 집중하면서 2010년에는 Google Chrome을 동작 시키는 데 특화된 PC용 OS인 Chrome OS를 출시했습니다. 그 결과 웹 브라우저, 검색 엔진, 오피스 애플리케이션, 최종 사용자 디바이스라는 사용자와 인터넷을 연결하는 현관으로 Google이 시장을 크게 점유했습니다. 이를 통해 사용자 행동 데이터를 광범위하게 장악할 수 있는 위치를 차지했습니다.

휴대 기기로 눈을 돌려보면 2007년 Apple이 iPhone을 출시하고 전화기로도, 음악 재생 기기로도 사용할 수 있는 '휴대할 수 있는 인터넷 상시 연결 PC', 즉 '스마트폰'을 세상에 출시했습니다. 사용자가 iPhone을 조작함으로써 의도해 전송한 데이터뿐만 아니라 이것을 가지고 걷는 사람의 위치 정보나 행동 데이터 같은 사용자가 의도하지 않은 데이터도 취득해서 전송하는 디바이스가 되었습니다. 2008년 Google은 자사가 매수한 기업이 개발한 스마트폰 OS인 Android를 오픈 소스로 제공하고 자사의 웹 브라우저, 검색엔진과 합쳐 이 프런트엔드를 억제하는 이니셔티브에 나섰습니다. 2013년에 자사가 개발한 스마트폰인 Pexel을 출시하고 이 전략을 한층 가속화하고 있습니다.

이후 스마트폰은 애플리케이션 마켓인 App Store, Google Play를 통해 무료/유료로 애플리케이션을 사용할 수 있는 구조를 제공하고 다양한 형태로 사용자의 행동 데이터를 취득할 수 있는 수단을 손에 넣게 된 것입니다.

2014년 Amazon은 음성이라는 손쉬운 UI 네트워크 서비스나 기기를 조작할 수 있는 Alexa를 출시하고, 이를 탑재한 디바이스를 판매하기 시작했습니다. 이것도 네트워크의 입구를 억제하는 전략입니다. 그리고 2015년 Apple은 Apple Watch를 발표하고 항상 몸에 지니는 디바이스로 사용자의 행동이나 신체 데이터를 취득하는 수단을 손에 넣었습니다.

이렇게 인터넷의 등장 이후 '네트워크를 통해 전달되는 데이터를 광범위하게 대규모로 취득하는 것이 패권을 잡는 결정적인 수단이 되는 시대'가 되어, 각 기업은 '데이터 취득 현관(프런트엔드)'의 위치를 손에 넣기 위해 경쟁하고 있습니다. 'AI 에이전트' 역시 이런 포지션을 노리고 있습니다.

> 칼럼

도라에몽은 AGI일까, AI 에이전트일까, 아니면 다른 무엇일까?

도라에몽은 어떤 지적 작업이라도 해낼 수 있는 'AGI(범용 AI)를 탑재한 로봇' 일까요?
결론부터 말하자면 도라에몽은 '특화형 AI인 생성형 AI와 AI 에이전트 기능을 탑재한 로봇'입니다. 도라에몽은 자발적으로 생각해 행동하지 않기 때문입니다.

- **주제 설정**: 쟈이언에게 괴롭힘을 당한 노비타(인간)가 '도와줘~!'라고 도라에몽 (에 탑재된 AI 에이전트)에게 작업을 의뢰한다.
- **자연 언어 해석**: 한국어로 의뢰된 문장을 생성형 AI가 분석하고 의뢰 내용을 태스크로 분해한 뒤, 필요한 정보를 갖고 있는지 판단한다. 정보가 부족하면 '어떻게?'라며 부족한 정보를 노비타에게 요구한다.
- **태스크 분해**: 도라에몽(AI 에이전트)은 노비타(인간)의 의뢰로부터 무엇을 하면 좋을지 정리하고 다음과 같은 태스크로 분리한다.
  - 과거의 정보(자기 기억)에 기반해 노비타가 쟈이언에게 괴롭힘을 당했던 사례, 그때 해결한 방법을 분석하고 그 특징을 추출한다.
  - 현재의 괴롭힘과 대조해 어떤 해결책이 효과적일지 추론한다.
  - 최적의 '비밀 도구'를 (아마도) 인터넷을 통해 검색하고 4차원 주머니에서 꺼내 노비타에게 전달한다.
- **피드백**: 노비타가 비밀 도구로 쟈이언을 응징한 결과를 장기 기억에 저장하고, 성과나 과제를 추출한 뒤 다음 의뢰에 대비한다.

위의 내용에서 다음을 알 수 있습니다.

- 노비타(인간)의 의뢰를 기점으로 처리를 실행한다. 가정용으로 개성을 부여받고 그 범위 안에서 학습과 추론을 한다.
- 자발적으로 정보를 수집하지 않는다(도라에몽이 마음대로 도서관에 가서 책을 읽거나 자발적으로 학교에 가서 학습하는 장면은 없음).
- 이것을 통해 도라에몽이 대화 기능에 뛰어난 생성형 AI와 가정용이라는 개성을 부여받은 AI 에이전트를 탑재한 로봇이며, AGI의 요구사항을 만족한다고는 할 수 없음을 알 수 있습니다.

단, 노비타에 대한 친절함이나 덜렁거리면서 실패하는 경우도 있는 것을 생각해 보면 AGI를 초월해 인간과 같은 감정이나 의식, 지성을 가진 '강력한 AI'를 탑재한 로봇일지도 모르겠습니다. 실제로 그렇지는 않겠지만 말입니다.

AI 에이전트가 할 수 있는 것

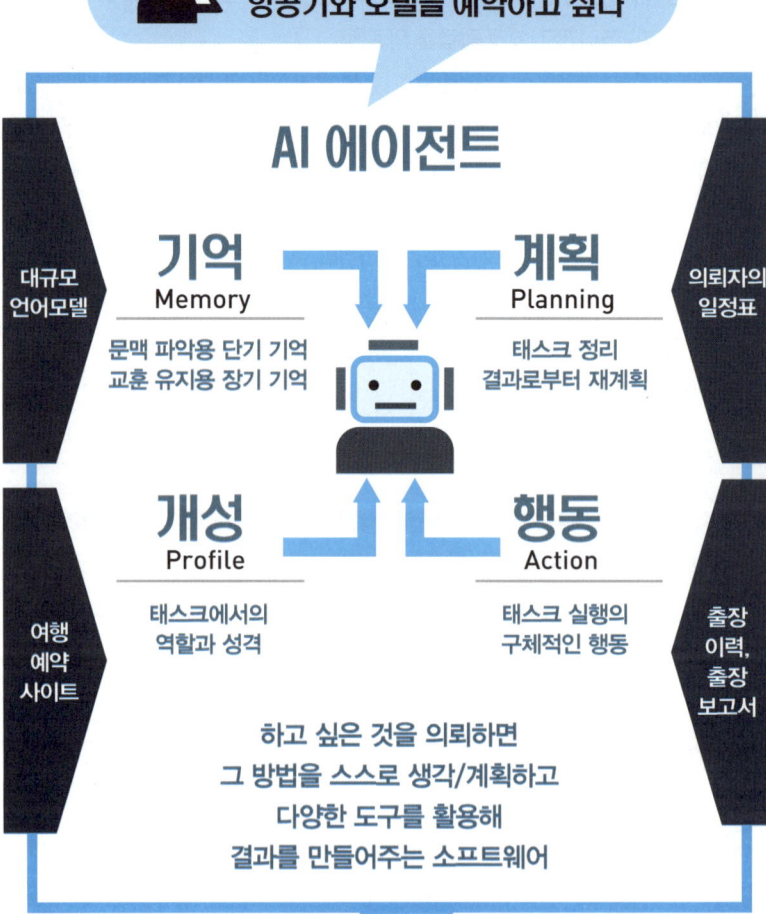

ChatGPT의 매력은 일상 언어로 대화할 수 있는 'UI'를 제공한다는 것입니다. 정보 수집, 정리, 전문적인 조언 제공, 문서화 지원, 이미지나 다이어그램 생성, 프로그램 코드 생성 등을 대화형으로 사용할 수 있습니다. 여기에 음성 인식 기능이 추가되었습니다. 또한 사용자의 의도나 지금까지의 말과 동작, 행동을 기억하고 이를 참조해 다양한 디지털 서비스 조작까지 해주게 된다면 그 편리함에 손을 떼지 못할지도 모릅니다.

OpenAI는 ChatGPT를 이런 'AI 에이전트'로 진화해 '데이터 취득 프런트엔드'를 손에 넣으려고 하는 것입니다.

PC나 스마트폰의 GUI는 조작 순서를 어느 정도 알고 있어야만 잘 사용할 수 있습니다. Amazon의 Alexa 또한 미리 제공되는 대화 패턴에 따라 지시해야 사용할 수 있으며, 일상적인 말로 인간과 대화하는 것처럼 지시할 수는 없습니다. 한편, ChatGPT는 마치 실제 인간 컨시어지가 컴퓨터 반대편에서 대응하는 것처럼, 지금까지의 사용 방법을 능가하는 '일상적인 보통의 느낌'으로 사용할 수 있다는 점이 사용자 확대를 촉진하고 있습니다.

2024년 5월 OpenAI와 Google은 인간의 말하는 속도에 뒤쳐지지 않고 감정적 표현도 뒤섞어가면서 음성을 사용해 대화처럼 대답하는 서비스를 출시했습니다. 이 서비스는 마치 살아있는 인간과 대화하는 것 같습니다. 이 연장성에서 'AI 에이전트'를 제공하고자 하는 것입니다.

인간적인 자연스러운 대화로 '어떤 질문에도 대답해 주는' 챗 AI를 '어떤 업무라도 인간을 대신해 수행해 주는' AI 에이전트로 진화시키려 하고 있습니다. Microsoft가 OpenAI에 막대한 투자를 한 것도 이러한 생각이 있기 때문일 것입니다. 하지만 Google, Meta, Amazon, Apple도 여전히 이 영역에 막대한 투자를 하고 있기 때문에, 그 패권을 누가 차지할지는 불투명합니다.

이후 생성형 AI는 챗 서비스에 머무르지 않고 다양한 애플리케이션이나 서비스에 내장되어, 많은 사람들이 그 존재를 의식조차 하지 않고 사용하게 될 것입니다. 당연히 그 성능을 높이기 위해서는 사용자의 사용 데이터를 활용해야 합니다. 그 데이터를 손에 넣을 수 있는가 아닌가가 제품 서비스의 매력을 결정하게 되는 것입니다.

생성형 AI 활용 발전 단계

사업: 새로운 비즈니스 모델 창출

- ☑ 생성형 AI 사용을 전제로 한 자율적인 비즈니스 프로세스/비즈니스 모델 등장
- ☑ 인간을 통하지 않고 대화형/창조형 서비스 구현
- ☑ 광범위한 데이터, 서비스를 연계시킨 서비스 등장

기업: 업무 프로세스의 생산성과 품질 향상

- ☑ 업무 애플리케이션의 일부로 내장되어 업무와 일체화되어 사용자가 의식하지 않고 사용할 수 있다.
- ☑ 생성형 AI의 사용을 전제로한 업무 프로세스/업무 흐름 재정의
- ☑ 개인적 스킬에 의존하지 않는 사용

개인: 작업 생산성과 품질 향상

- ☑ ChatGPT, Gemini, Stable Diffusion 등을 프롬프트 입력/대화 형식으로 사용
- ☑ Microsoft Copilot for Microsoft 365, GitHub Copilot 등의 도구에 내장되어 개인 작업 지원
- ☑ 개인적 스킬에 의존하지 않는 활용 수준과 성과

ChatGPT 같은 범용적인 챗 AI를 잘 사용하기 위해서는 적절한 프롬프트를 기술해야하기 때문에 사용자는 그 스킬을 익혀야 합니다. 하지만 GitHub Copilot이나 Microsoft Copilot for Microsoft 365처럼 업무 애플리케이션에 이 기능을 내장해 용도를 한정함으로써 사용 편의성을 높이고 있습니다.

그리고 AI 기능을 업무 애플리케이션에 내장함으로써 사용자가 의식하지 않고 개인 스킬에 의존하지 않은 채 사용할 수 있는 사용 형태가 확산되고 있습니다. 자동차, 가전 제품, 설비 기기 등에도 내장되어 우리는 매우 자연스러운 대화를 통해 기기를 조작할 수 있게 될 것입니다.

그리고 이후에는 'AI 에이전트'의 등장으로 모호한 지시를 해석해 적절한 지시로 바꾸고, 인간을 대신해 복잡한 조작을 대신 수행하게 될 것입니다. Microsoft가 제공하는 Copilot in Windows 역시 이런 AI 에이전트의 한 가지 형태라고 말할 수 있습니다.

생성형 AI의 편의성을 높이는 구조로 ChatGPT에서 제공하는 My GPTs에도 주목해야 합니다. 이것은 코딩 없이 특정한 태스크를 수행하는, 오리지널 챗 AI 서비스를 작성할 수 있는 기능입니다. 이렇게 만들어진 애플리케이션을 애플리케이션 마켓에서 판매할 수 있습니다. 이를 통해 개발사인 OpenAI는 새로운 수익 모델을 구축할 수 있습니다. 뿐만 아니라 이 생태계에 의해 다양한 애플리케이션이 창의적으로 발전되어 사용 범위가 확대되고, 널리 유통되게 되면 보다 광범위한 사용자가 사용하게 될 것입니다. 그러면 연속적으로 막대한 데이터를 손에 넣을 수 있게 됩니다.

이것을 발전시키면, 다양한 AI 애플리케이션을 개발하기 위한 'AI 플랫폼'으로서의 위상을 구축함과 동시에 'AI 에이전트'와 조합해 '데이터 취득 프런트엔드'를 억제할 수 있을지도 모릅니다.

단, 엄청난 속도로 기술이 발전하는 가운데 OpenAI가 그리는 시나리오대로 흘러갈 것이라 보증할 수는 없습니다. Google, Amazon, Apple, Meta와 같은 빅 테크 기업이나 새로운 벤처 기업이 이에 대항해 움직이고 있습니다.

이런 경쟁 속에서 지금의 '디지털 전제' 사회가 'AI 전제 사회'로 변해갈 것은 틀림없습니다. 그렇게 되면 AI를 잘 사용하는 기업과 그렇지 않은 기업과의 사회적 격차는 피할 수 없습니다.

AI와 인간의 지적 능력 차이 ①: 효율

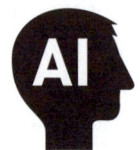

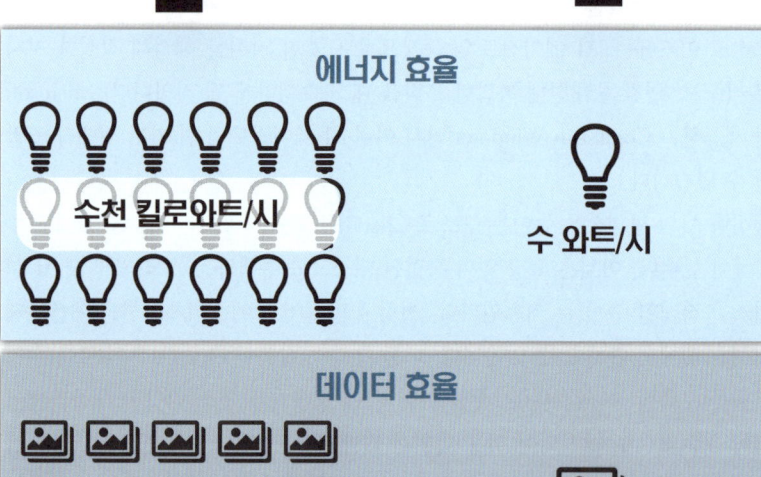

에너지 효율
수천 킬로와트/시
수 와트/시

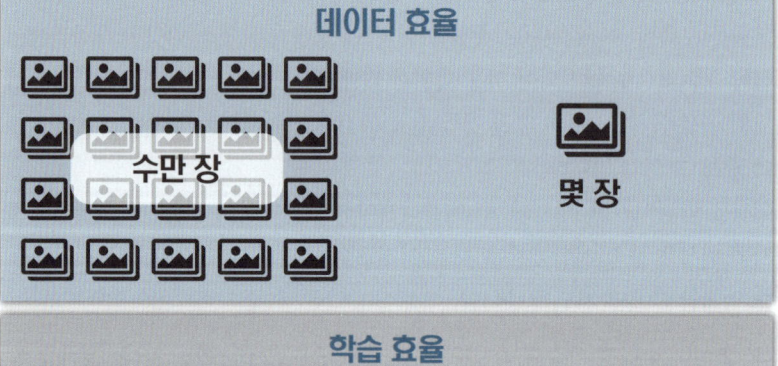

데이터 효율
수만 장
몇 장

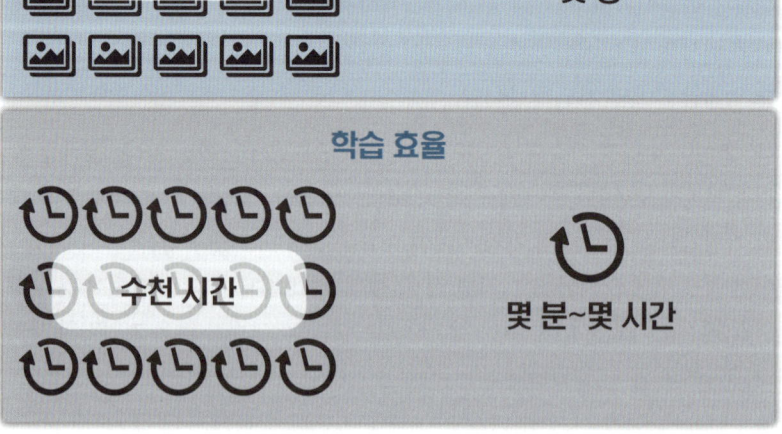

학습 효율
수천 시간
몇 분~몇 시간

인간의 지적 능력과 AI의 차이를 효율의 관점에서 비교하면 큰 차이가 있음을 알 수 있습니다.

▌에너지 효율

인간의 뇌는 에너지 효율이 매우 좋은 것으로 알려져 있으며, 약 20와트의 전력을 소비합니다. 이것은 작은 전구 하나만큼의 전력에 지나지 않습니다. 하지만 그 적은 소비전력으로 복잡한 사고, 감정, 창조, 학습 등을 수행할 수 있습니다. 한편 인공지능, 특히 대규모 머신러닝 모델은 훈련과 추론 모두에서 엄청난 양의 계산을 해야 하며 막대한 전력을 소비합니다. 예를 들면 대규모 언어 모델 중 하나인 GPT-3이 학습 시 사용하는 전력은 1287메가와트/시로 알려져 있습니다. 최신 GPT-4에서는 그 소비 전력의 몇 배, 몇십 배는 소비할 것이라 생각됩니다. 이것을 CO_2 배출량으로 계산하면 502톤이며, 이는 미국인 1명 당 연간 CO_2 배출량인 18.08톤의 약 28배에 달합니다.

▌데이터양 효율

인간의 지적 능력은 적은 양의 데이터(예시)를 통해 학습할 수 있습니다. 아기는 몇 번의 관찰만으로 '멍멍(개)', '야옹야옹(고양이)'을 식별할 수 있습니다. 인간은 경험이나 관찰을 통해 신속하게 패턴을 인식하고 새로운 스킬을 습득할 수 있습니다. 한편, 인공지능이 학습에 필요한 데이터는 인간이 필요한 데이터의 차원을 뛰어넘을 만큼 많아 수백 만에서 수십 억, 많게는 수천 억에서 수 조의 데이터를 사용해 훈련시킨 것도 있습니다.

▌학습 시간 효율

인간의 지적 능력은 새로운 정보를 단기간에 학습할 수 있습니다. 숙달이나 숙련의 경지에 이르기까지는 상당한 시간이 걸리지만 기본적인 지식은 곧바로 몸에 익힐 수 있습니다. 한편, 인공지능은 대량의 데이터를 처리해야 하며 오랜 시간이 걸리는 경우가 있습니다. 일단 훈련되면 AI는 순식간에 그 지식을 적용할 수 있지만 새로운 태스크나 미지의 상황에 적응하는 능력은 인간처럼 유연하지 않습니다. 종합하면 인간의 지적 능력은 효율 면에서 AI를 앞선다고 할 수 있을 것입니다. 한편, AI는 특정한 태스크에 있어서는 처리 속도나 확장성(Scalability) 그리고 정확도 면에서 인간을 뛰어넘기도 합니다. AI 기술의 진보와 함께 이 차이들이 줄어들 가능성은 있지만, 효율적인 면에서의 차이가 간단하게 해소되지는 않을 것입니다.

AI와 인간의
지적 능력 차이 ②: 신체성

> **사용자**
> 사과에 대해 설명해주세요.
>
> **ChatGPT**
> 사과는 전 세계적으로 널리 재배되는 과일로 많은 품종이 있습니다. 다음은 사과의 주요 특징입니다.
>
> 1. 학명 및 분류 ....
> 2. 원산지 ....
> 3. 모양 ....
> 4. 맛과 용도 ....

언어에만 의존한 지식

언어+신체(색, 촉감, 맛, 기억 등)에 의한 지식

인간의 지적 능력과 AI의 근본적인 차이 중 하나는 신체성(Embodiment)입니다. 인간은 감각 기관이나 운동 능력을 사용해 환경에서 능동적으로 움직여 그 상호 작용으로부터 지식을 만듭니다. 한편, 인공지능은 '신체'가 없고, 인간이 부여한 데이터의 범위에서만 지식을 만듭니다.

우리는 지식을 습득하는 프로세스에서 언어, 숫자, 이미지 같은 기호 데이터만 사용하지 않습니다. 신체 감각, 운동 능력을 통한 물리적 환경과의 상호 작용을 통해 그것에 적응하려는 과정에서 사고하고 학습하며 기억을 형성합니다. 이를 통해 인간은 복잡한 개념을 학습하고 '모두가 당연하게 여기는 것'이라 생각하는 일반 상식을 가질 수 있습니다.

한편, 인공지능은 신체를 갖지 않습니다. 그렇기 때문에 인간이 제공한 데이터 범위 안에서 정보를 처리합니다. 당연히 '일반 상식'을 가질 수 없습니다. 이 문제를 해결하기 위해 로봇 연구 분야에서는 로봇에 탑재된 센서를 통해 환경으로부터 정보를 수집하고, 그 행동을 물리 세계에 최적화하게 훈련해 인간에 가까운 학습을 실현하려고 하는 연구가 수행되고 있습니다. 하지만 인간의 신체성과 같은 수준의 통합성, 유연성을 달성하지는 못했습니다.

인간은 신체를 사용한 체험이나 감각을 언어나 개념에 연결해 지식을 만듭니다. 이를 통해 추상적인 개념이나 언어가 구체적인 경험이나 물체 같은 물리 세계와 결합됩니다. 이와 같이 인간만의 신체성이 있기 때문에 우리는 풍부한 언어 이해와 창조적인 사고를 할 수 있는 것입니다.

AI는 대량의 데이터를 처리함으로써 언어나 이미지 같은 패턴을 학습합니다. 그러나 이것들과 구체적인 실체나 경험을 연결하지는 못합니다. 그래서 문맥이나 상황에 의존하는 의미나 미묘한 뉘앙스를 잘 이해하지 못합니다. 이것을 '기호 접근 문제(Symbol Grounding Problem)'라 부릅니다.

이렇게 신체성은 인간의 지적 능력과 AI의 근본적인 차이를 나타낸다고 말할 수 있으며, 이 간극을 채우는 것은 결코 쉽지 않습니다.

AI와 함께 일하는 시대

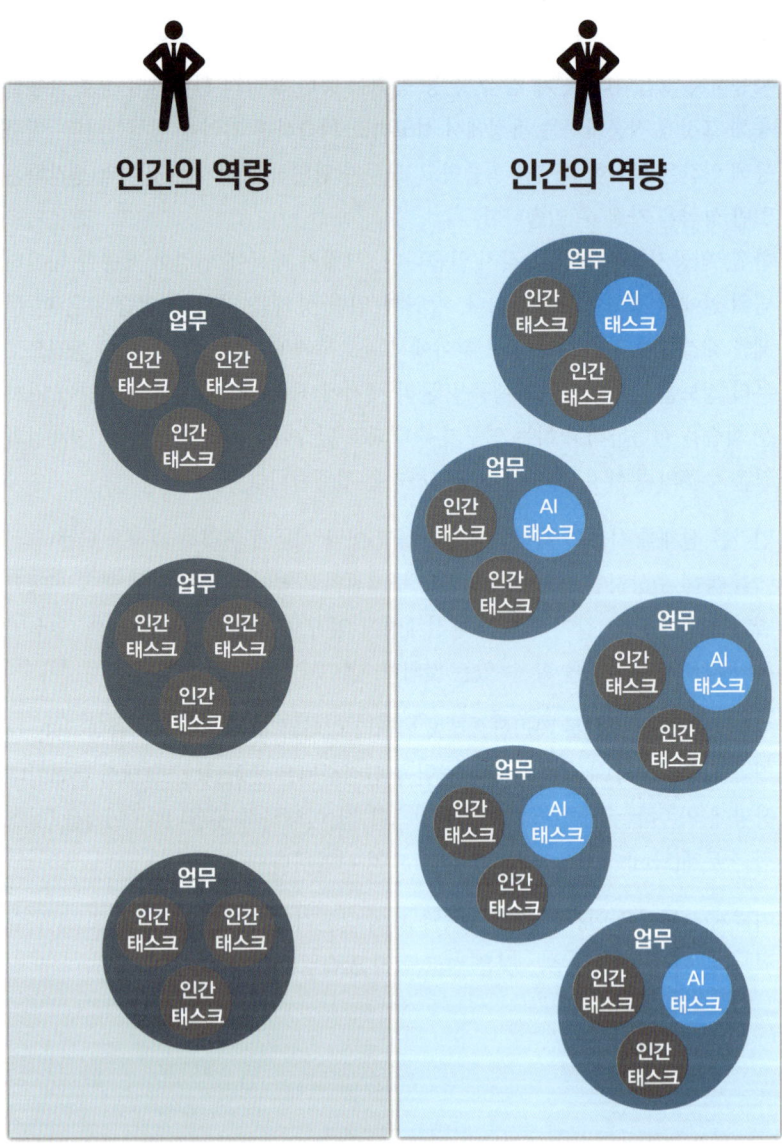

인간의 능력, 노동 시간은 한정되어 있습니다. 하지만 AI를 사용하면 같은 능력이나 노동 시간에 처리할 수 있는 태스크 양이 크게 늘어나며, 업무 품질을 향상시킬 수 있습니다.

예를 들면 지금까지 수작업으로 수행하던 데이터 입력 태스크를 AI가 대신하면 담당자는 데이터 분석이나 전략 수립 같은 보다 고도의 태스크에 집중할 수 있게 됩니다.

콜센터에 AI를 탑재한 챗봇을 도입하면 일반적인 고객의 문의에는 자동으로 응답할 수 있게 됩니다. 이를 통해 고객 서비스 담당자는 복잡한 문제나 개별 고객 대응에 보다 많은 시간을 할애할 수 있습니다.

회계사는 지금까지 여러 시간을 들이던 세금 계산을 AI에게 맡겨, 몇 분만에 완료할 수 있습니다. 그 결과 접수할 수 있는 업무양이 늘어남과 동시에 빈 시간을 클라이언트의 사업 계획이나 자금 상태 상담 등에 사용할 수 있습니다.

의료 분야에서 AI가 이미지 진단을 지원하면 방사선 기사나 의사는 기존보다 신속하게 정확한 진단을 내릴 수 있습니다. 이를 통해 환자에 대한 대응을 신속하게 할 수 있게 되어 의사 한 명당 담당할 수 있는 환자 수가 늘어날 것입니다. 그리고 각 환자와의 상담에 시간을 할애함으로써 보다 친절하게 응대할 수 있을 것입니다.

교육 현장에서는 각 학생의 능력이나 진도에 맞춰 커스터마이즈 된 지도를 AI에게 맡길 수 있게 되고, 교사는 학생과의 대화에 시간을 할당하고 각 학생의 고민이나 상담 업무를 보다 충실히 할 수 있게 될 것입니다.

이렇게 AI를 사용하면 인간이 동일한 능력과 노동 시간 안에 수행할 수 있는 태스크의 양을 늘릴 수 있습니다. 그리고 업무의 질도 향상되며 보다 많은 성과를 올릴 수 있게 될 것입니다.

한편, AI를 사용해 업무를 하는 사람과 그렇지 않은 사람과의 업무 퍼포먼스나 성과의 퀄리티에 큰 격차가 발생할 것입니다. 즉 'AI가 업무를 빼앗는' 것이 아니라 'AI를 사용할 수 있는 사람이, 그렇지 않은 사람의 업무를 빼앗는' 상황이 될지도 모릅니다.

AI가 할 수 있는 것과 인간에게 요구되는 능력

점심을 먹으러 가기 위해 Google 검색창에 다음과 같이 입력했습니다.

'근처의 맛있는 카레 요리점'

위 내용을 입력하자 추천 '카레 요리점' 목록이 표시됩니다. 리뷰나 금액을 확인한 뒤 방문할 카레 요리점을 결정하는 사람도 많을 것입니다. 하지만 다음과 같은 질문에 Google은 어떻게 대답할까요?

'무엇을 질문하면 좋을지 모르겠어. 알려줘'

이번에는 취직 면접 기법이 표시되었습니다. 이런 것을 묻고 싶은 것이 아닙니다. 이에서도 알 수 있듯이, 질문의 의도나 의미를 해석한 것이 아니라 사용한 단어에 관련된 검색 결과가 표시될 뿐입니다.

AI가 할 수 있는 것도 이것과 매우 비슷합니다. 무엇을 알고 싶은지, 무엇을 해결하고 싶은지 직접 결정하고 구체적인 지시나 명령을 부여해야 원하는 답을 얻을 수 있습니다.

AI가 질문이나 문제를 만들 수는 없지만 주어진 질문이나 문제에는 사람보다 현명하게 답할 가능성이 높습니다. 예를 들면 'X-Ray 사진에서 암의 병집을 찾아내고 싶다'는 질문에 인간 이상의 정확도와 속도로 암을 식별할 수 있는 AI가 이미 실현되어 있습니다. 그 밖에도 고장 원인을 진단하거나 감염증의 발생 경향을 예측하는 등 지금까지는 인간의 지식이나 경험에 의존하던 것을 AI가 할 수 있게 되었습니다. 생성형 AI의 등장에 따라 창조적인 콘텐츠 생성까지 가능하게 되어 그 사용 범위는 이후에도 확대될 것입니다.

이런 시대에 인간에게 요구되는 능력은 '질문이나 문제를 만드는 능력', 'AI를 잘 활용하는 능력', '결과를 해석하고 활용하는 능력'입니다.

'기계는 대답을 하는데 특화되어 있으므로 인간은 보다 좋은 질문을 오랜 기간에 걸쳐 만드는 것에 힘을 기울어야 한다'

인에비터블 미래의 정체(케빈 켈리 지음, 청림출판, 2016)에서 케빈 켈리(Kevin Kelly)가 한 말입니다.

우리 인간은 질문이나 문제를 만드는 능력을 기르고, 대답은 기계에게 맡깁니다. 그 결과를 사용해 실행하고 검증하고, 다시 새로운 질문을 만드는 것입니다. 이 과정을 높은 빈도로 반복함으로써 보다 좋은 것을 만들고, 인간 또한 지성을 기를 수 있습니다. 인간과 AI는 이런 관계를 이루게 될 것입니다.

데이터 사이언스

사회가 디지털화되고 있는 지금, 데이터는 계속해서 생성되고 증가하고 있습니다. 이런 데이터로부터 '가치'를 끌어내는 것이 데이터 사이언스의 목적입니다. 여기에서의 '가치'는 다음과 같은 것입니다.

- 스마트폰 사용 데이터를 통해 지역, 시간별 혼잡 상황을 시각화하여 전염병의 감염 대책을 위한 주의를 환기한다.
- 자동차의 주행 데이터를 통해 장소, 시간 같은 정체를 예측하고 정체를 회피하게 내비게이션으로 유도한다.
- 온라인 학습 진행 상태나 각 단계의 득점을 학습자별로 파악하고, 누락하기 쉬운 과제를 찾아내고, 학습자별로 최적화된 커리큘럼이나 조언을 제공한다.
- 매출 데이터로부터 고객별 구매 경향을 찾아내고, 스마트폰 애플리케이션에 쿠폰이나 특판 정보를 제공해 구입을 촉진한다.
- 기상 관측 데이터와 일기 예보 애플리케이션으로 사용자의 실시간 날씨 정보를 통합적으로 분석해 게릴라성 호우와 같은 국지적인 급변을 예측한다.

데이터 사이언스는 데이터를 분석해 무언가를 '아는' 것에 머무르지 않고, 알게 된 것을 활용해 무언가를 '움직이는' 것을 중시합니다. 이를 위해서는 경영이나 사업을 이해할 수 있는 '비즈니스', 데이터를 수집하는 구조를 만들고 관리 및 가공할 수 있는 '정보 시스템', 데이터로부터 과제나 가설을 도출하는 '분석' 지식이 필요합니다. 구체적으로는 다음에 관한 지식과 스킬이 요구됩니다.

- 수치 데이터를 해석하기 위한 통계학과 수학
- 해석을 위한 프로그래밍, 데이터베이스, 머신러닝 같은 정보 과학
- 결과를 이해하기 쉽게 시각화하는 디자인 정보학
- 비즈니스 과제를 이해하고 해결할 과제를 판단하는 경영학
- 해결할 과제에 관한 업무 지식

이런 데이터 사이언스를 비즈니스나 기업 현장에 활용하는 전문가가 바로 '데이터 사이언티스트'입니다. 데이터의 중요성이 전례 없이 중요하다고 인식되는 오늘날, 데이터 사이언티스트 육성과 획득은 기업 경영을 뒷받침하는 중요한 과제입니다.

데이터 사이언티스트

데이터 사이언스 능력,
데이터 엔지니어링 능력을 기반으로
데이터에서 가치를 창출하고 비즈니스
과제에 대한 답을 내는 전문가

과제 배경을 이해한 뒤,
비즈니스 과제를 정리하고
해결하는 능력

비즈니스 능력
Business Problem Solving

데이터 사이언스
Data Science

데이터 엔지니어링
Data Engineering

정보 처리, 인공지능,
통계학 등의 정보과학 계열
지식을 이해, 사용하는 능력

데이터 사이언스를
의미 있는 형태로 사용해 구현,
운용할 수 있도록 하는 능력

참고: 데이터사이언티스트협회 제10회 심포지엄 기술정의위원회 발표 자료(2023년 10월 20일)
https://www.datascientist.or.jp/common/docs/10thsymp_skill.pdf

'데이터 사이언티스트'는 '데이터로부터 새로운 가치를 제안할 수 있는 인재'입니다. 데이터 사이언티스트 협회는 '데이터 사이언스 능력, 데이터 엔지니어링 능력을 기반으로 데이터로부터 가치를 창출하고, 비즈니스 과제에 대한 답을 내는 전문가'라고 정의하고 있습니다.

인터넷의 보급은 데이터 유통량을 폭발적으로 늘렸습니다. 막대한 양, 다양한 형식, 급격한 증대를 특징으로 하는 데이터는 2010년경부터 '빅데이터'라 불리게 되었습니다.

처리하는 데이터양이 급격하게 증가하고 다양화하는 가운데 데이터 활용 기술도 발전을 거듭해 AI 또는 '머신러닝' 역시 이를 위한 기술로 발전했습니다.

이런 AI가 특정한 지식 영역에 있어 인간의 능력을 능가하기 시작한 것은 지금까지 설명한 것과 같습니다. 한편, 데이터를 사용해 사회나 비즈니스를 어떻게 바꾸고 싶은가, 어디에서 가치를 찾을 것인가하는 생각, 즉 '질문을 만드는' 것은 인간만이 할 수 있습니다. AI는 그 질문을 해결하기 위한 하나의 수단입니다.

바로 여기에 데이터 사이언티스트의 존재 의의가 있습니다. 현장과 함께 질문을 만들고, 데이터로부터 그 질문을 해결하는 방법을 찾아내고, 사업 성과에 연결되는 제안을 할 수 있는 인재로서 수요가 점점 많아지고 있습니다.

이렇게 데이터 사이언티스트는 사회나 기업이 안고 있는 과제를 해결하는 것을 목표로 하는 사람이며, 바로 이 점이 데이터 수집과 분석을 전문으로 하는 '데이터 애널리스트'와의 차이라고 할 수 있습니다.

데이터 사이언티스트의 업무는 사업 현장에 관련된 사람들과 사업 목적을 공유하고 과제 정의, 가설 설정, 데이터 수집/가공, 데이터 탐색, 이니셔티브 책정, 모델 구축, 평가/개선의 사이클을 반복하는 것입니다. 기존에는 이런 일을 사업 기획 부문이나 외부 컨설턴트가 담당했지만 빅데이터를 활용하는 것이 경영이나 사업의 전략적 가치를 만드는 데 중요하다는 인식이 일반적으로 퍼지자, 사내에 데이터 사이언티스트를 배치해 그 역할을 담당하게 되었습니다.

이런 데이터 사이언티스트가 되기 위해서는 앞절에서 소개한 '데이터 사이언스' 지식이나 스킬을 연마해야 합니다. 그리고 비즈니스 현장에서 그 능력을 활용해 사업 성과에 기여해야 합니다.

데이터 활용 실전 프로세스

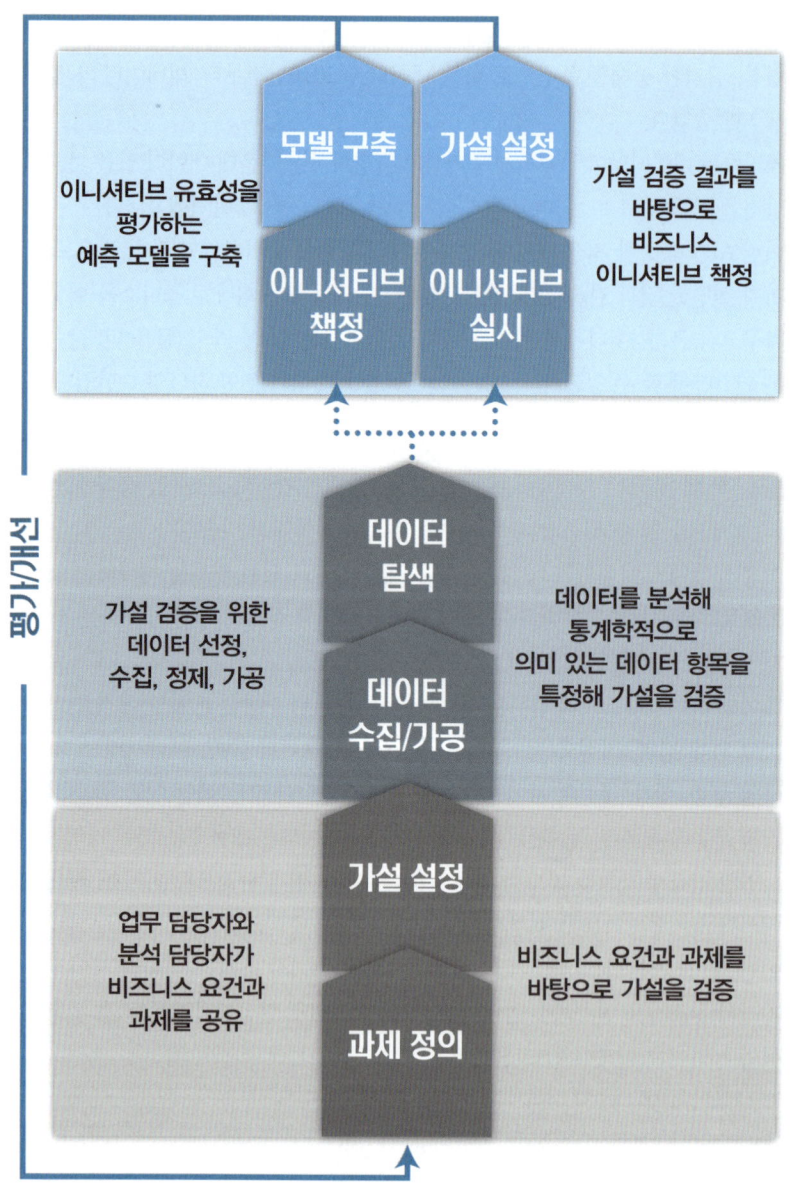

데이터 사이언티스트가 수행하는 데이터 분석 순서에 관해 설명합니다. 여기에서는 자동차의 손해 보험과 관련된 과제 해결에 적용한 경우를 예로 들었습니다.

- **과제 정의**: '운송사업자의 교통 사고에 대한 보험금 지급액을 줄인다'는 비즈니스 요구사항을 만족하기 위해 '교통 사고 발생 빈도를 줄인다'는 과제를 설정한다.
- **가설 설정**: 사고 발생 원인으로 안전 운전을 철저히 하면 과제 해결로 이어진다는 가설을 설정한다. 여기에 맞춰 안전 운전 여부를 평가하는 기준으로 사고 발생 빈도가 급가속/급감속 발생 횟수 및 '급'에 대한 강도를 설정한다.
- **데이터 수집/가공**: 계약 기업의 차량에 차량 움직임을 탐지하는 센서를 탑재하고 안전한 운전과 난폭한 운전, 또는 적절한 휴식 여부를 시간대, 운전사의 성별, 운전 시간 등과 관련해 데이터를 수집한다. 관계 없다고 생각되는 데이터와 노이즈를 제거하고 사용하기 쉬운 데이터 형태로 가공한다.
- **데이터 탐색**: 수집한 데이터를 사용해 통계 또는 머신러닝 분석 도구를 활용해 사고 발생 빈도가 급가속/급감속 발행 횟수와 '급'의 강도가 통계적으로 유의미하다는 것을 도출하고 가설 유효성을 검증한다.
- **이니셔티브 책정**: 급가속/급감속 발생 횟수와 '급'의 강도를 검증하는 차량 센서를 개발, 계약 차량에 설치, 데이터 탐색을 통해 확실해진 확률값을 전제로 '안전 운전 점수'를 계산해 점수가 높은 안전 운전을 하고 있는 운전자의 보험료율을 인하함으로써 사업주에게 안전 운행에 대한 인센티브를 부여한다.
- **모델 구축**: 데이터 탐색으로 명확해진 우위 데이터 항목과 확률 분포에 기반해 '안전 운전 점수'를 산출한다.
- **평가/개선**: 이니셔티브 실시 결과나 '안전 운전 점수' 모델의 유효성을 데이터로 평가하고, 개선 사이클을 수행한다.

분석 결과의 아름다움을 추구하는 것이 아니라 '사업 성과에 기여하는' 것이 데이터 사이언티스트의 역할입니다. 이를 위해서는 '비즈니스 관점: 비즈니스 과제를 깨닫고 가설을 수립하고 고찰해서 해결책을 도출한다', '데이터 관점: 데이터로부터 원인을 찾고, 통찰을 얻어 비즈니스 이니셔티브를 도출한다'라는 두 측면을 모두 가져야 합니다.

디지털이 전체인 사회가 되면서, 경영이나 사업 전략을 수립하는 데 데이터의 중요성이 전례 없이 커지고 있습니다. 데이터 사이언티스트는 이제부터 빼놓을 수 없는 존재라 할 수 있을 것입니다.

08

개발과 운용

되도록 만들지 않고
IT 서비스 구현

사용자가 원하는 것은 사업 성과를 만드는 'IT 서비스'지, 'IT 시스템'을 만드는 것이 아닙니다.

사용자는 필요할 때, 필요한 IT 서비스를 즉시 사용하고, IT 서비스가 사용자의 요구에 즉시 응답해 주기를 원합니다.

IT 시스템 개발이나 운용은 이런 사용자의 기대에 부응해야 합니다. 애자일 개발, DevOps, 클라우드는 이미 개발의 전제가 되었습니다. 생성형 AI를 탑재한 개발 도구 역시 새로운 전제가 되려 하고 있습니다.

되도록 만들지 않고 IT 서비스를 구현하고, 사용자의 요구 변경에도 즉시 대응할 수 있는 개발과 운용은 DX 실천을 지탱하는 필수 요구사항입니다.

비즈니스 환경의 불확실성이 증가하고 있습니다. 이 상황에 대처하기 위해서는 압도적인 속도를 손에 넣고, 변화에 민첩하게 대응해야 합니다. DX는 이런 기업으로 바뀌기 위해 비즈니스 모델이나 사업 프로세스, 그것을 지탱하는 기업 문화나 풍토를 변혁하는 것입니다.

이를 위해서는 시스템 개발이나 운용에도 압도적인 속도가 필요합니다. 하지만 아직 다음과 같은 방식에 의존하는 곳도 적지 않습니다.
- 시간을 들여 사업 요구사항을 정의하고 사양을 확정한다.
- 공수와 견적 금액으로 경쟁해 사업을 선정한다.
- 사양을 동결하고 그에 따라 코딩과 테스트를 수행한다.
- 몇 개월이 지난 뒤 사용자에게 배포하고 수정 위치/추가 기능을 도출한다.
- 수정 작업이나 기능 추가, 변경을 위한 작업을 수행한다.
- 인프라스트럭처나 실행 환경을 애플리케이션에 맞춰 구축/조정한다.
- 충분한 테스트를 수행한 뒤 사용자에게 배포한다.

사회 변화가 완만했던 시대에는 이런 방법으로도 해결할 수 있었지만, 사회 환경이 어지럽게 변화하는 지금, 이런 방식으로는 아무것도 할 수 없습니다.

'현장의 니즈나 그 변화에 적시(Just In Time)에 IT 서비스를 제공하고 사업 성과에 기여한다'

사용자가 필요로 하는 것은 사업 성과를 만드는 것과 사용자의 생활을 편리하게 해주는 'IT 서비스'입니다. 필요할 때 필요한 IT 서비스를 즉시 제공해 사용자의 요구에 즉시 대응하는 것을 원하는 것입니다.

'IT 시스템'은 'IT 서비스'를 실현하는 수단입니다. 'IT 시스템'이 사용자의 이런 기대에 부응하기 위해서는 다음 세 가지를 전제로 해야 합니다.

애자일 개발: 고품질로 낭비 없이 변경 요구에 즉시 대응할 수 있는 소프트웨어를 실현한다

애자일 개발은 사용자와 시스템 개발 팀이 비즈니스에서 어떤 성과를 거두고 싶은지, 이를 위해 무엇을 하고 싶은지, 그 우선 순위는 어떤지 대화를 통해 공유하고, 부단한 노력과 개선을 통해 낭비를 제거하고, 신속하게 고품질 시스템을 개발하는 사고방식과 방법입니다.

DevOps: 개발/변경된 애플리케이션을 즉시 프로덕션 환경으로 마이그레이션한다

개발한 프로그램을 프로덕션 환경으로 마이그레이션하고 안정적인 가동을 보증해야 합니다. 그래서 개발 팀(Development)과 운용 팀(Operations)이 상호 협동해 개발과 운용이 도중에 끊어지지 않고, 비즈니스를 중단시키지 않고, 지속적이고도 높은 빈도로 프로덕션 환경으로 마이그레이션할 수 있는 구조를 만드는 노력이 DevOps입니다.

클라우드: 사업 성과에 직결되는 애플리케이션에 자원을 집중한다

전자 메일, 일정 관리, 파일 관리, 온라인 회의 등 기업만의 독자성이 필요하지 않은 애플리케이션은 이미 만들어진 서비스를 사용하는 편이 수고가 적게 듭니다. 독자성이 높은 애플리케이션을 만들어 사용하는 경우에도 서버나 스토리지 같은 인프라스트럭처, 데이터베이스나 OS 같은 플랫폼에는 독자성이 필요하지 않습니다. 그렇다면 이들을 직접 구축/운용하기보다 서비스로 사용하는 편이 수고가 적게 듭니다. 이를 위한 수단이 클라우드입니다.

사용자가 원하는 것은 'IT 서비스를 되도록 만들지 않고 실현하는 것'입니다. 애자일 개발, DevOps, 클라우드는 이를 위한 효과적인 수단입니다. 그리고 앞에서 설명한 내용에 더해 컨테이너, 마이크로서비스, 서버리스 등이 개발과 운용에 압도적인 속도를 부여합니다.

생성형 AI의 등장으로 이 세 가지 전제는 더욱 민첩성을 얻게 될 것입니다. 생성형 AI 도구는 애자일 개발 및 DevOps의 속도를 가속화하고 출시 빈도 또한 높일 수 있습니다. 그러면 비즈니스 최전선과 고객 니즈에 보다 신속하게 대처할 수 있게 됩니다. 그리고 사용자 자신이 애플리케이션 개발에 직접 관여할 수도 있게 되어 시스템 내재를 가속화할 것입니다.

이번 8장에서는 이와 같은 앞으로의 개발이나 운용에 관해 설명합니다.

시스템 '개발', '운용', '유지보수'의 역할과 차이

	개발 Development	운용 Operation	유지보수 Maintenance
목적	과제를 해결하기 위한 구조를 만드는 것	시스템을 안정적으로 가동시키는 것	
주요업무	새로운 사업에 참여하고 싶다, 비용을 절감하고 싶다 등 비즈니스 상의 목표나 과제를 해결하는 '구조'를 실현하는 것 • 구상/기획 • 요구사항 정의 • 외부 설계 • 내부 설계 • 프로그래밍 • 테스트 • 릴리스(프로덕션 가동)	시스템을 일상적으로 가동시키는 정형적 업무가 중심 • 하드웨어 실행 및 정지 • 소프트웨어 실행 및 정지 • 데이터 입력 및 출력 • 데이터 백업 및 관리 • 시스템 가동 상태, 오류 발생 여부 감시 • 외부로부터의 공격이나 정보 유출 등 감시 • 장애 복구로부터의 재실행	시스템 변경이나 오류 대응 등 예측할 수 없는 사태에 대응하는 공격적인 업무 중심 • 시스템 업데이트 • 버그나 오류 원인 규명, 수정 및 복구 작업 • 신규 프로그램이나 시스템 도입 • 네트워크 등의 인프라스트럭처 유지보수

IT 시스템을 원만하게 기능시키기 위해서는 개발, 운용, 유지보수라는 세 가지 단계가 밀접하게 연계되어야 합니다.

▍개발(Development)

- **목적**: 과제를 해결하기 위한 구조를 만드는 것
- **개요**: 새로운 사업에 참여하고 싶다, 비용을 절감하고 싶다 등 비즈니스 상의 목표나 과제를 해결하는 '구조'를 실현하는 것
- **업무**: 사용자 니즈를 분석하고 그것을 만족하는 시스템 설계 및 구축, 시스템 요구사항 정의, 설계, 개발, 테스트, 배포 등을 수행

▍운용(Operation)

- **목적**: 시스템을 안정적으로 가동시키는 것
- **개요**: 시스템을 일상적으로 가동시키는 것으로, 정형적 업무가 중심
- **업무**: 시스템을 안정적으로 가동시키기 위해 시스템 가동 상황 감시, 장애 발생 시 대응, 성능 감시, 보안 대책 등을 수행

▍유지보수(Maintenance)

- **목적**: 시스템을 안정적으로 가동시키는 것
- **개요**: 시스템 변경이나 오류 대응 등, 예측할 수 없는 사태에 대응하는 공격적인 업무가 중심
- **업무**: 시스템을 항상 최신 상태로 유지하고 개선하기 위해 오류 수정, 기능 추가/수정, 버전 업데이트, 노후화 대책 등을 수행

개발은 시스템을 만드는 작업입니다. 한편, 운용/유지보수는 개발된 시스템을 '유지/개선'해 나가는 작업입니다. 단, 각각 독립된 것이 아니라 밀접하게 연계되어야 비로소 시스템을 원만하고 안정적으로 기능하게 할 수 있습니다. 개발 시 운용이나 유지보수를 쉽게 할 수 있게 고려해야 하며, 운용에서 발견된 문제점은 유지보수에서 수정됩니다.

개발/운용이 도중에 끊어지지 않고 지속적으로 실행되고, 니즈 변화에 신속하고 빈번하게 대응하기 위한 구조를 만드는 것이 DevOps(Development&Operation)입니다.

예를 들어 '자동차 배차 서비스'를 새롭게 만든다고 가정해 봅시다. 이전이라면 필요한 기능 대부분을 직접 개발해야 했습니다. 하지만 이미 이런 시대는 지났습니다. 스마트폰에 내장된 GPS 기능과 클라우드에서 제공되는 지도 정보 서비스를 사용하면 드라이버에게는 승객이 있는 위치를, 승객에게는 배차 가능한 자동차 위치를 지도 위에 표시할 수 있습니다.

지불 방법도 클라우드에서 제공하는 결제 서비스를 사용하면 신용 카드 결제, 바코드 결제, 은행 계좌 이체 등 다양한 결제 수단에 곧바로 대응할 수 있습니다. 안전한 거래를 위해 보안 기능, 사용할 자동차의 손해 보험 절차 역시 클라우드 서비스로 제공되고 있습니다.

기존 서비스를 조합함으로써 '자동차 배차 서비스'에 필요한 대부분의 기능을 만들지 않고도 사용할 수 있습니다. 하지만 경쟁사와 차별화하기 위해서는 이 기능들을 이해하기 쉽고, 사용하게 쉽게 연계해야 합니다. 그리고 순식간에 사용자의 기호를 파악해 최적의 자동차를 소개하는 기능, 배차 대기 시간을 단축하는 것과 같은 기능 등, 기존 서비스에는 없는 기능을 추가해야 합니다. 따라서 독자적인 노하우를 담은 프로그램을 개발해야 합니다.

'기존에 제공되는 기능들은 철저하게 활용하고 독자성이 필요한 기능은 직접 만든다.' 이런 조합을 통해 '자동차 배차 서비스'를 구현할 수 있는 시대가 되었습니다.

'기존에 제공되는 기능'은 클라우드 서비스뿐만 아니라 OSS(Open Source Software: 무료로 공개되어 있는 소프트웨어)도 있습니다. 이들은 시대를 앞서는 첨단 기술을 담고 있으며, 항상 최신 상태를 유지하는 것들이 많습니다. 이것들을 사업 목적에 따라 검토하고, 최적의 것을 선택해야 합니다. 이것들을 사용하면 새롭게 만드는 '자동차 배차 서비스'에서도 최신 기술을 활용할 수 있게 됩니다. 그리고 각 기능의 오류 해결이나 기능 확장은 해당 기능을 서비스로 제공하는 기업이 책임지므로, 개발자는 독자적인 부분의 리소스에 집중할 수 있습니다.

가능한 한 프로그램 코드를 작성하지 않고, 시스템 구축이나 운용에 수고를 들이지 않고, 사업 목적을 달성하는 IT 서비스를 실현할 수 있는 시대가 되었습니다.

만들지 않는 기술

애자일 개발 Agile Development
고품질로 낭비 없이 변경 요구에 즉시 대응할 수 있는 소프트웨어 실현

업무 프로세스 전체를 중요도에 따라 세분화하고, 그 세분화된 업무 프로세스별로 개발 사이클을 반복하는 개발 사고방식 및 그 방법.

- ☑ 개발 속도 가속
- ☑ 버그 없는 배포
- ☑ 변경에 적극 대응

DevOps Development & Operation
안정적 가동과 고속 전달의 양립

고객이 바라는 제품이나 서비스를 신속하고도 안정적으로 제공하는 동시에, 개선을 빈번하게 반복할 수 있는 개발/운용 방법론 및 그것을 실현하기 위한 노력.

- ☑ 배포 빈도 향상
- ☑ 안정적 가동 보증
- ☑ 개발과 운용 자율

클라우드 Cloud Computing
시스템 자원의 조달/구축/운용 부담에서 사용자를 해방

시스템을 실현하기 위해 필요한 기능, 성능, 능력(시스템 자원)을 조달, 변경하기 위한 엔지니어의 부담을 절감하는 서비스.

- ☑ 애플리케이션으로의 자원 이동
- ☑ 구축/운용 부담 절감
- ☑ 시스템 자산의 비용화

제로 트러스트 Zero Trust
신용하지 않고 검증함으로써 위협을 배제

네트워크 사내외를 구별하지 않고, 지켜야 할 정보 자산이나 시스템에 접근하는 것은 모두 신용하지 않음으로써 위협을 방지하는 사고방식.

- ☑ 고도화되는 위협에 대처
- ☑ 사용 자원의 제약 배제
- ☑ 사용성과 생산성 향상

심리적 안전감   겉과 속에 차이가 없는 팀

가능한 한 프로그램 코드를 작성하지 않고 IT 서비스를 실현하는 수단으로 다음 세 가지 노력이 주목받고 있습니다.

▍애자일 개발: 고품질로 낭비 없이 변경 요구에 즉시 대응할 수 있는 소프트웨어를 실현한다

애자일 개발이 탄생한 계기는 1986년 경영학자인 노나카 이쿠지로(野中郁次郎)와 타케우치 히로타카(竹内弘高)가 일본 제조업의 고효율과 고품질에 관해 연구한 논문을 하버드 비즈니스 리뷰에 기고한 것에 있습니다. 이 논문을 읽은 제프 서덜랜드(Jeff Shtherland) 및 그 동료들은 이를 시스템 개발에 적용하고자 했고, 1990년대 중반 애자일 방법론으로 정리했습니다. 그렇기 때문에 애자일 개발에는 전통적인 일본의 '제조(모노즈쿠리, ものづくり)' 속 '부단히 개선함으로써 품질과 생산성 모두를 향상시킨다'는 정신이 담겨 있다고 할 수 있을 것입니다. 그 정신의 근본에는 현장 중시 사고방식이 있습니다. 업무 현장인 사용자와 개발 현장인 개발 팀이 달성해야 할 비즈니스 성과, 하고 싶은 것, 우선 순위, 사용성 등에 관해 대화하는 것입니다. 그렇게 함으로써 비즈니스 성과에 기여하는, 실제로 사용하는 프로그램 코드만 신속하게 높은 품질로 개발하고자 하는 것입니다. 그리고 부단한 노력과 개선을 통해 낭비를 없애고, 변경 요구사항에도 즉시 대응해 지속적으로 개선함으로써 생산성을 높이는 노력 또한 아끼지 않습니다. 이런 개발 사고방식 및 이를 실천하는 방법이 '애자일 개발'입니다.

▍DevOps: 개발/변경된 애플리케이션을 즉시 프로덕션 환경으로 마이그레이션한다

개발 팀이 애플리케이션 개발이나 변경에 즉시 대응할 수 있더라도 프로덕션 환경에 반영할 수 없다면 그 성과를 현장에서 누릴 수 없습니다. 한편, 운용 팀은 시스템을 안정적으로 가동시키는 책임을 갖고 있습니다. 개발된 즉시 프로덕션 환경에 마이그레이션한다 하더라도 오류가 발생하면 안 됩니다. 그래서 프로그램을 가동시키는 서버, 네트워크, 운영체제 등 프로덕션 환경에서 문제 없이 동작하는지 신중하게 검증하고 문제가 없으면 프로덕션 환경으로 마이그레이션합니다. 단, 이런 일련의 작업에는 상당한 시간과 수고가 소요됩니다.

그래서 개발 팀과 운용 팀이 서로 협조하고, 운용이나 프로덕션 환경으로의 마이그레이션을 자동화하는 구조를 적극적으로 만들고, 개발과 운용이 도중에 끊어지지 않고 연속되는 구조를 실현해 비즈니스를 중단시키지 않고 반복함으로써 높은 빈도로 프로덕션 환경으로 마이그레이션하는 구조가 필요합니다. 이를 실현하는 노력이 'DevOps'입니다.

▮ 클라우드: 사업 성과에 직결되는 애플리케이션에 자원을 집중한다

DevOps를 실현하기 위해서는 인프라스트럭처 자원의 조달/변경도 유연하고 신속하게 할 수 있어야 합니다. 이를 위해 서버, 스토리지 등 물리 자원을 개별 애플리케이션에 맞춰 도입하고 설정할 여유는 없습니다. 이런 인프라스트럭처를 소프트웨어화한 서비스로 사용할 수 있게 한 것이 IaaS입니다.

그럼에도 여전히 인프라스트럭처를 의식해 애플리케이션을 개발해야 합니다. 인프라스트럭처별로 신경 쓰지 않고 개발, 실행할 수 있다면 유연성과 신속성이 높아집니다. 그래서 미리 준비된 기능 부품을 조합, 연계해 애플리케이션을 개발하거나 실행하는 구조 또는 업무 프로세스를 기술해 화면이나 슬라이드를 정의하면 프로그램 코드를 작성해주는 도구 등을 사용해 개발 속도뿐만 아니라 변경에 대한 유연성을 높일 수 있습니다. '클라우드'가 이런 수단을 제공합니다.

어떤 한 가지가 가능하더라도, 전체가 연결되지 않으면 전체적인 처리량은 향상되지 않습니다. 이들을 흐르는 물처럼 연계하고 높은 빈도로 반복하면서 기능 향상을 도모하는 것이 앞으로의 개발과 운용에 필요한 것입니다.

그리고 클라우드를 적극적으로 사용하고자 한다면 '제로 트러스트 보안'이 전제가 되어야 합니다. 또한 전문가 사이의 높은 신뢰 관계를 토대로 솔직하게 건설적인 의견을 나누는 인간 관계인 '심리적 안정성'도 조직 풍토로 길러내야 합니다. 조직의 모든 멤버가 '심리적 안정성'을 바탕으로 자유롭게 뛰어들 때야말로 압도적인 속도가 생겨나는 것입니다.

> 칼럼

기술 부채

'기술 부채(Technical Debt)'는 소프트웨어 개발에서 사용하는 개념으로, 대출을 하면 이자를 지불하는 것과 마찬가지로 소프트웨어를 개발하면 계속 개선을 해야 하며, 그 비용이 부채와 같이 쌓인다는 것을 비유해서 사용되는 용어입니다.

처음에는 질서정연하게 설계되어 그대로 구현되었더라도 비즈니스 환경이나 사용자의 니즈가 바뀌면 소프트웨어를 수정해야 합니다. 그러나 수정을 반복하는 과정에서 소프트웨어는 복잡해지고, 수정의 어려움도 늘어나 속도가 점점 떨어집니다. 그리고 니즈가 쌓이는 속도를 수정 속도가 따라가지 못하게 되어, 이자조차 갚지 못하는 상황이 됩니다.

그 이유 중 한 가지가 바로 소프트웨어의 '불가시성'입니다. 소프트웨어의 프로그램 코드는 엔지니어는 읽을 수 있지만 프로그래밍에 관한 전문 지식이 없는 비즈니스 담당자는 읽을 수 없습니다. 물론 코드를 작성할 수도 없으므로 자신들의 니즈를 엔지니어에게 설명하고, 엔지니어가 그것을 이해해 소프트웨어로 만드는 공정을 밟게 되며, 여기에 상당한 수고와 시간이 소요됩니다.

애초에 생각하고 있는 것을 완전하게 설명할 수 없으며, 문장으로 설명서를 작성하는 과정에서도 정보가 누락되므로 니즈를 완전하게 만족시킬 수 없습니다. 그래서 만들어진 실제 결과를 보고 피드백을 하면서 수정합니다. 이미 사용하기 전부터 '기술 부채'가 쌓이는 것입니다.

Amazon은 이런 '기술 부채'를 회피하기 위해 1시간에 1,000번 이상 수정을 하고 있는 것으로 알려져 있습니다. Amazon과 똑같이 할 수는 없겠지만 오늘날에는 이런 속도 감각이 요구됩니다.

하지만 일본 기업 중에는 1개월에 1번이라도 수정하면 좋고, 6개월에 1번, 심지어 1년에 1번 수정하는 기업도 적지 않습니다. 관련 부서와의 조정과 결재, IT 부문에 대한 설명, IT 벤더에 대한 발주와 구매 절차, 개발 팀과 운용 팀의 연계 등 커뮤니케이션에 막대한 시간과 수고가 들기 때문입니다. 이런 상태라면 '기술 부채'는 점점 쌓여갈 뿐입니다.

이런 '기술 부채'를 발생시키지 않게 하기 위한 효과적인 수단이 앞절에서 소개한 애자일 개발, DevOps, 클라우드입니다.

변화에 즉시 대응하기 위한 애자일 개발 ①

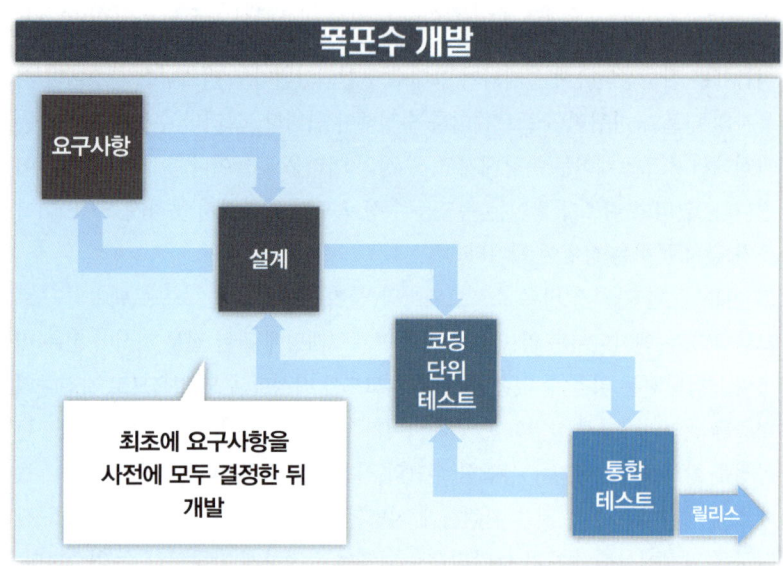

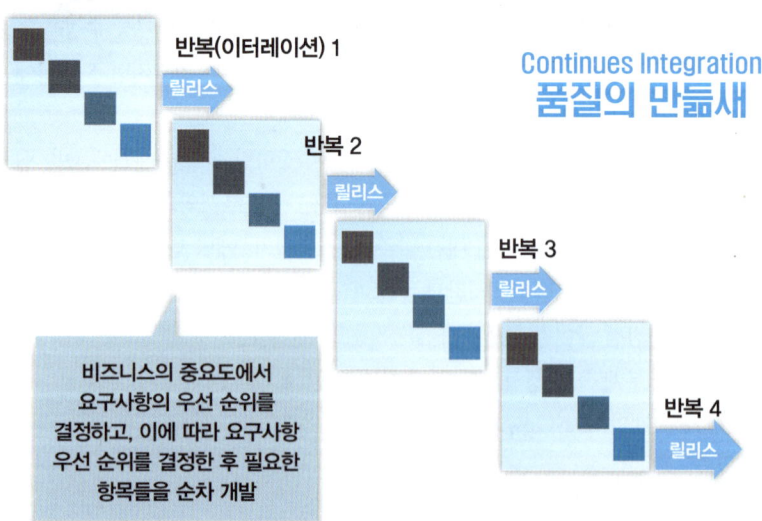

모든 사양을 결정한 뒤 개발을 시작하는 '폭포수(Waterfall) 개발'로는 불확실성이 높은 시대에 대처할 수 없습니다. '애자일 개발'은 이런 시대적 요청에 부응하는 개발 사고방식과 방법으로 주목받고 있습니다.

폭포수 개발은 사양을 모두 결정한 뒤 개발을 시작합니다. 이 사양에는 '있으면 좋을지도', '미래에 사용할지도 모르는' 같은 추측이 포함됩니다.

개발은 기능 단위입니다. 기능은 입력 화면, 슬라이드 인쇄, 집계 등 일련의 업무 처리를 실현하는 부품입니다. 이들을 나누고 만들어 모든 기능을 완성한 뒤 연결해서 합치는 것입니다. 그리고 만들기 시작하면 도중에 변경하니 어려우며, 코드를 전부 작성한 뒤 마지막으로 확인하고 버그 유무나 오류를 검증하고 필요한 부분을 수정합니다. 이후 사용자에 의한 검증을 수행합니다.

한편, 애자일 개발은 업무상 필요성에 따라 우선 순위를 결정하고 실제로 사용하는 '업무 프로세스'만을 만듭니다. 어떤 시스템을 만들지에 관한 최종 사양은 결정하지만 그것은 어디까지나 가설입니다. 니즈 변화에 따라 사양 변경도 적극적으로 수용합니다. 이것이 폭포수 개발과의 본질적인 차이입니다.

업무 프로세스는 '출하 지시 버튼을 누르면 창고에서 출하 전표가 인쇄 출력된다', '경비 정산 전표에 데이터를 입력하면 경리 부분에 데이터가 전달된다' 같이 하나의 완결된 업무 순서입니다. 이것을 '업무를 수행하는 데 있어 중요도가 높은' 또는 '매출이나 이익에 기여하는 영향도가 높은'과 같은 중요도에 따라 우선 순위를 결정하고 순차적으로 개발합니다. '있으면 좋을지도', '미래에 사용할지도 모르는' 것들은 만들지 않습니다. 필요하게 되었을 때 우선 순위를 결정하고 개발 단계에 추가합니다.

1주 또는 2주 정도에 개발할 수 있는 규모를 한 단위로 해, 개발과 릴리스를 반복합니다. 사용자는 이 사이클 안에서 검증과 피드백을 수행합니다. 이것이 '반복적 개발(Iterative Development)'입니다. 개발자는 사용자로부터 피드백을 받은 개선 사항에 대응하고, 새로운 업무 프로세스를 개발하고, 해당 시점까지의 프로세스를 포함해 통합해 테스트하고 다음 릴리스를 수행합니다. 이것을 '지속적 통합(Continuous Integration)'이라 부릅니다. 이 사이클을 반복해 업무 프로세스를 축적하면서 전체를 완성합니다.

변화에 즉시 대응하기 위한 애자일 개발 ②

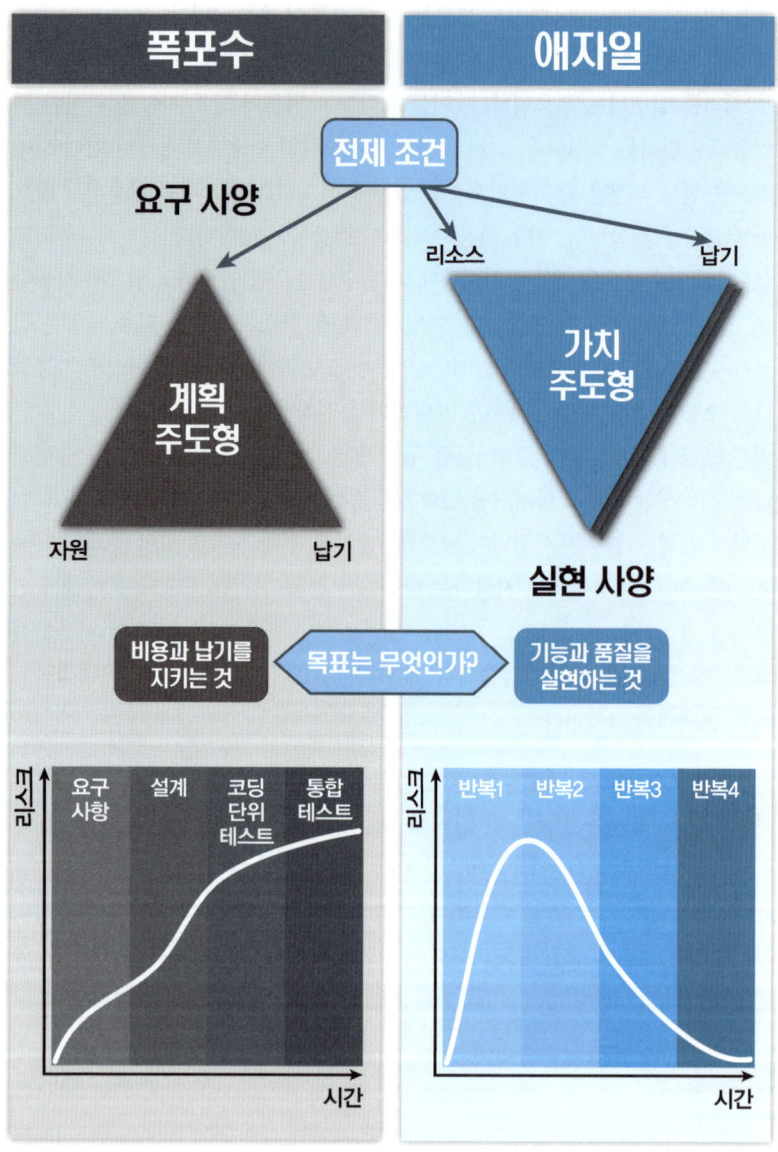

폭포수 개발에서는 요구사항의 모든 기능을 실현하기 위해 필요한 리소스, 즉 공정수와 시간을 산출합니다. 이를 기반으로 결정된 비용과 납기를 지켜 개발하고, 모든 개발을 끝내면 완료합니다.

한편, 애자일 개발에서는 '기한(사용을 시작할 날짜)'과 '리소스(필요한 엔지니어 수)'를 먼저 결정합니다.

그 범위에서 사용자 니즈를 최대한 만족시키는 애플리케이션을 업무 우선 순위에 따라 개발합니다. 우선 순위를 결정하는 기준은 '기능이 없는 경우 업무를 수행할 수 있는가 없는가'로 작업 프로세스의 중요도, 매출이나 이익에 대한 기여도 등이 있습니다.

최종적인 완성 형태를 결정하지만 이것은 가설일 뿐입니다. 사양 변경의 요청이 있으면 적극적으로 반영해 사용자의 비즈니스 목적을 충분히 달성할 수 있다고 판단한 시점에 완료합니다.

폭포수 개발에서는 사양을 확정한 뒤에는 원칙적으로 변경을 수용하지 않으며 작업을 기능별로 세분화, 분담하여 개발합니다. 최종적으로 모든 기능을 통합하고 테스트합니다. 이 단계에서 그 시점까지 깨닫지 못했던 버그, 실수, 설계상 오류를 수정합니다. 즉 품질 리스크가 공정의 뒤쪽에 치우치게 됩니다.

한편, 애자일 개발에서는 프로그램 구현 전에 프로세스별로 테스트 프로그램을 준비하고 테스트를 잘 통과하면 해당 프로세스의 프로그램을 완성하는 방법을 일반적으로 사용합니다.

이런 개발 방법을 '테스트 주도 개발(Test Driven Development, TDD)'이라 부릅니다. 프로세스는 30분에서 1시간 정도에 개발할 수 있는 작은 규모로 하고, 확실하게 모든 것을 검증할 수 있게 합니다.

이런 과정을 축적해 개발한 업무 프로세스(입력에 대해 출력을 얻을 수 있는 업무 처리 단위)를 1주 또는 2주 단위로 사용자에게 배포하고 피드백을 받습니다. 해당 피드백을 반영한 이전 프로세스와 새로운 다음 프로세스를 통합하고 전체가 잘 기능하는지 테스트한 뒤 다시 릴리스합니다. 이 작업을 반복함으로써 우선 순위가 높은 업무상 중요한 프로세스일수록 사용자의 검증과 테스트가 반복적으로 수행되기 때문에, 결과적으로 품질 리스크가 공정의 앞쪽에 위치하게 되어 만들수록 전체 품질이 향상됩니다.

애자일 개발은 이런 구조를 갖기 때문에 원리적으로 비용과 공정수가 지켜지고, 고품질의 애플리케이션을 개발할 수 있게 됩니다.

애자일 개발의 장점과 목표

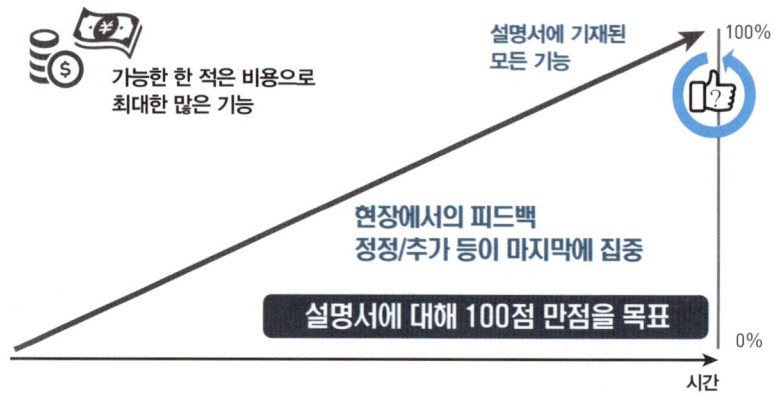

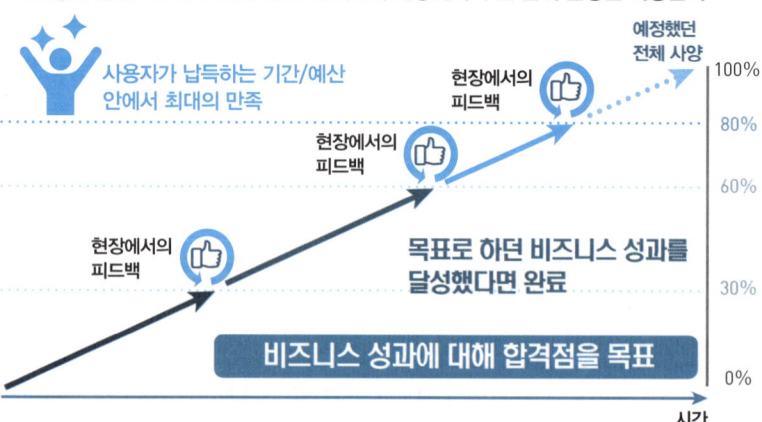

애자일 개발의 장점은 다음과 같습니다.

- 모두 완성하지 않아도, 완성한 업무 프로세스로부터 순차적으로 현장에서 실제로 조작하면서 사용성이나 기능을 확인할 수 있다. 문자, 그림으로 그린 종이 설명서를 통해 상상하지 않고 실제로 동작하는 프로그램을 조작하면서 직관적으로 좋고 나쁨을 판단할 수 있기 때문에 명확하고 신속하게 개선을 위한 피드백을 할 수 있다.
- 비즈니스상 중요한 업무 프로세스부터 완성해 1~2주 단위로 지속적으로 사용자에게 배포해 검증받는다. 배포할 때마다 이전 버전의 수정과 테스트를 반복하기 때문에 중요한 부분일수록 이전 단계에서 반복 검증된다. 결과적으로 중요한 프로세스일수록 버그가 철저하게 줄어든다.
- 1~2주 간격으로 릴리스할 수 있는 업무 프로세스 단위로 만들기 때문에 사양 동결 기간 역시 1~2주로 한정된다. 도중에 사양이나 우선 순위가 바뀌어도 아직 시작하지 않은 업무 프로세스라면 교체할 수 있어 변경 요구에 유연하게 대응할 수 있다.

결과적으로 애자일 개발은 고품질의 쉽게 변경할 수 있는 개발을 실현합니다. 이런 애자일 개발의 목표는 다음의 세 가지로 정리할 수 있습니다.

- 예측할 수 없는 미래를 추측으로 결정하지 않고 실제 사용하는 시스템만을 만들어 불필요한 개발에 투자하지 않는다.
- 동작하는 '실물'로 확인하면서 현장에서 납득하고 사용할 수 있는 시스템을 실현한다.
- 납득할 수 있는 예산과 기간 안에서 최선의 기능과 최고의 품질을 실현한다.

애자일 개발은 '매출이나 이익 등 사업 성과에 기여하는', '추측이 아니라 실제로 사용하는' 업무 프로세스만을 개발함으로써 변화에 대한 민첩한 대응을 실현하는 애플리케이션 개발 사고방식이자 방법이라고 할 수 있습니다.

시스템 워크로드와 라이프타임

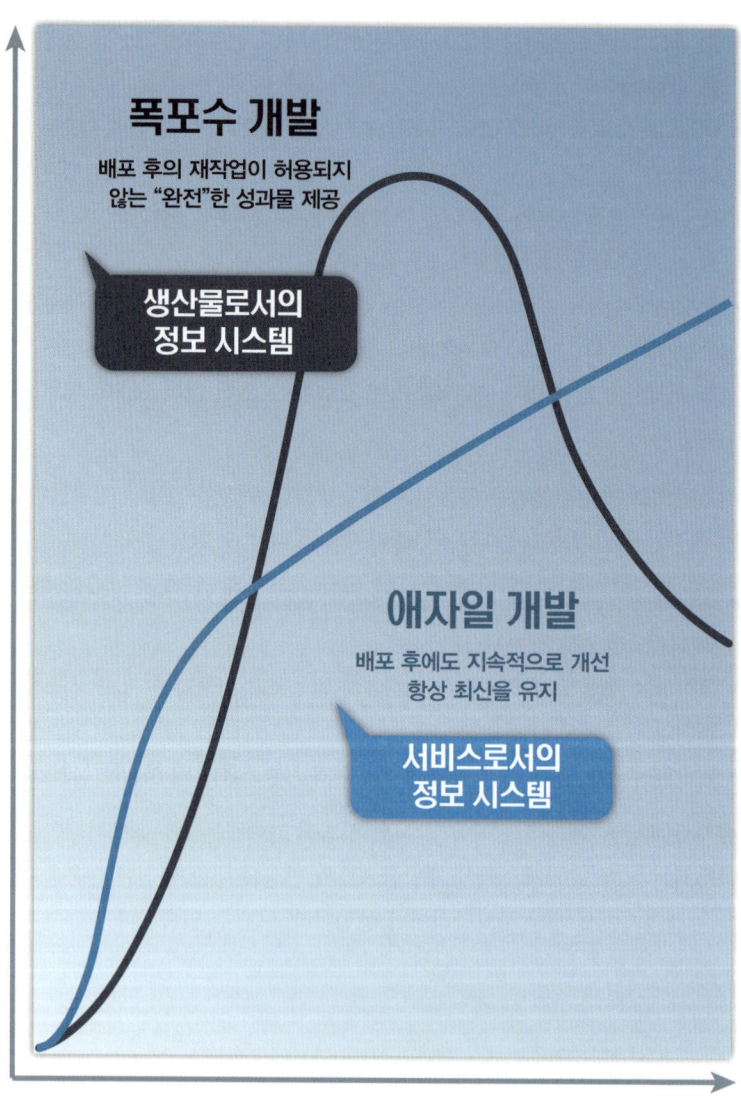

폭포수 개발에서는 적은 수의 사람들이 사양을 확정한 뒤 대규모의 프로그래머를 투입해 시스템을 개발합니다. 그 뒤에는 테스트 단계에서 사람 수를 줄이고, 테스트가 완료되면 개발 인원은 더 이상 필요하지 않게 됩니다.

개발을 완료한 뒤에는 시스템이 점점 진부해집니다. 그 진부화를 늦추기 위해 사용자의 변경 여부에 대응해 프로덕션 환경으로 마이그레이션한 뒤 발견한 오류를 수정하기 위해서는 일정 수준의 유지보수 인원을 확보해야 합니다. 이를 위해 엔지니어에게 걸리는 작업 부하가 크게 출렁이게 됩니다.

일본의 노동법규나 칙령에서는 한번 채용한 직원을 쉽게 해고할 수 없기 때문에, 미국과 같이 피크 시기에 맞춰 인원을 채용하고 개발이 완료되면 해산시킬 수 없습니다. 그래서 일반적인 사용자 기업은 최소한의 사원을 정보 시스템 부문으로 확보하고 워크로드 변동 부분을 SI 사업자에게 외주를 주는 방식으로 대처해 왔습니다.

한편, 애자일 개발에서는 사용자에게 가능한 한 빠르게 가치를 제공하기 위해 필요한, 그리고 비즈니스 성과에 기여할 수 있는 최소한의 프로세스를 배포합니다. 배포 후에는 사용자로부터 피드백을 받아 지속적으로 개선합니다. 이어서 새로운 프로세스를 축적합니다. 이 작업을 반복해 충분히 비즈니스 성과에 기여할 수 있다고 사용자가 판단한 단계에서 완성합니다. 그렇기 때문에 워크로드의 출렁임 없이 평준화됩니다.

변화를 미리 읽을 수 없고 현장의 요구가 있을 때 즉시 대응해야 하는 상황에 있는 지금, 이런 애자일 개발을 채용하는 기업이 증가하고 있습니다.

특히 IT를 전제로 새로운 비즈니스 모델을 만들고자 하는 경우에는 업무에 책임을 가진 사용자와 IT 전문가인 엔지니어가 하나가 되어 의논하고, 시행착오를 빠르게 반복하면서 최선의 방법을 찾아내야 합니다. 여기에 대처하기 위해 사업 부문 아래 IT 시스템을 내부에서 만드는 팀을 두는 움직임도 확산되고 있습니다.

설명서를 확정한 뒤 시스템 개발을 하는 경우라면 SI 사업자에게 외주를 줄 수도 있지만, 업무 현장과 의논하면서 업무 프로세를 검토하고 시스템을 개발해야 한다면 내부 개발은 필수입니다. SI 사업자는 이런 수요에 대응해 내부 개발 지원으로 업무 범위를 확대하는 것을 요구받게 될 것입니다.

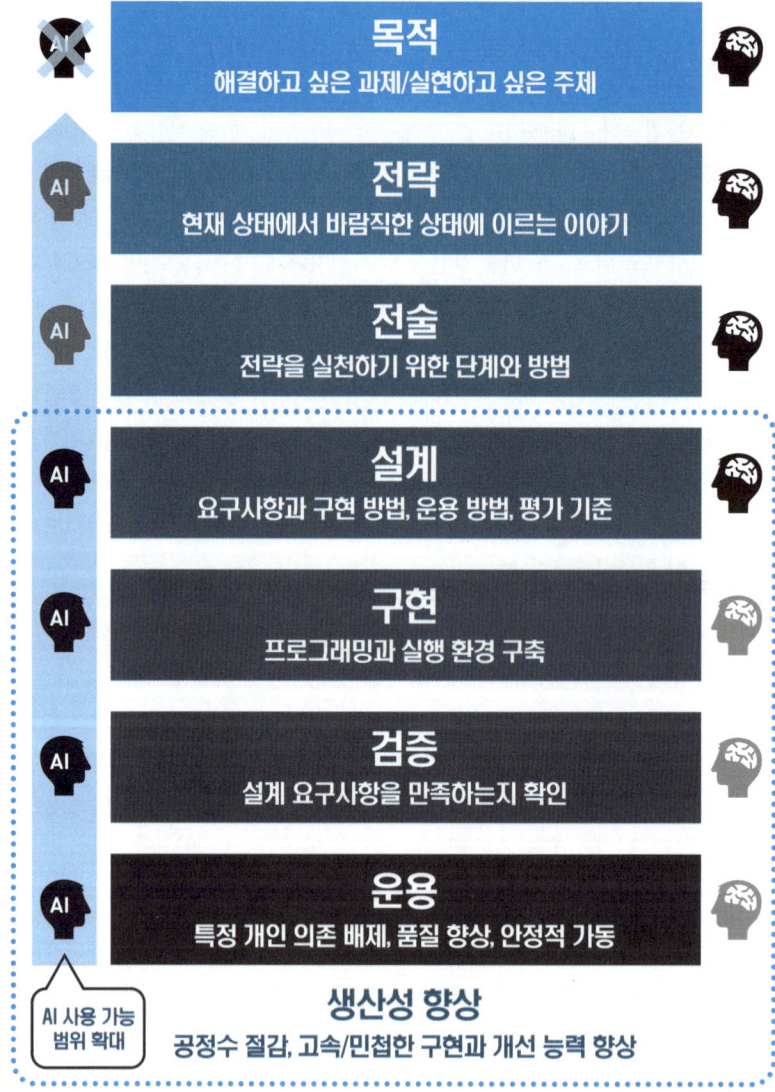

생성형 AI가 시스템 개발 현장에서 사용되기 시작했습니다. 예를 들어 프로그래밍을 지원하는 Devin, GitHub Copilot Workspace(2024년 4월 29일, 테크니컬 프리뷰 배포)라는 서비스를 사용하면 프로그램으로 어떤 기능을 동작 시키고 싶은지 기술하는 것만으로 프로그램 설명서를 작성하고, 구현 계획을 만들고, 그에 따라 프로그램 코드를 작성(코딩)하거나 기존 코드를 수정하고, 빌드(실행 가능한 형식으로 변환하는 작업)해서 에러가 있으면 수정하는 작업까지 수행해 줍니다. 인간은 그 과정을 확인하고 필요하다면 내용 변경 또는 수정 지시를 내리기만 하면 됩니다.

기존 방식과의 차이에 관해 다음과 같이 정리할 수 있습니다.

코드 생성과 자동화

- **생성형 AI를 사용하는 경우**: 개발자는 말(자연 언어)로 지시나 요구사항을 AI에게 전달하는 것만으로 실행 가능한 코드를 자동으로 생성할 수 있습니다. 이로 인해 인력과 시간이 드는 공정을 크게 단축할 수 있으며, 반복적 개발을 빠른 속도로 수행할 수 있게 되어 사용자의 니즈 반영이나 품질 향상에 도움이 됩니다. 예를 들어 자연 언어로 '고객 데이터베이스에서 모든 고객 리스트를 얻은 API를 작성해 줘'라고 지시하면 그 요구사항에 맞는 코드를 생성해 줍니다.
- **생성형 AI를 사용하지 않는 경우**: 개발자가 모든 코드를 수동으로 작성했습니다. 이를 위해서는 요구사항 이해, 아키텍처 설계, 코딩, 테스트 같은 각 단계에서의 전문적이고도 상세한 작업이 필요합니다. 따라서 휴먼 에러의 리스크도 높아집니다.

디버그와 테스트

- **생성형 AI를 사용하는 경우**: 에러 로그 분석을 통해 문제 파악과 대응 작업이 쉬워집니다. 그리고 테스트 케이스 생성도 자동화할 수 있어 디버그와 테스트가 효율화됩니다. 코드 최적화 제안이나 리팩터링(코드 품질을 높이는 작업) 아이디어도 제공되어 프로그램 개발 품질 향상에 도움이 됩니다.
- **생성형 AI를 사용하지 않는 경우**: 개발자는 디버그 도구를 사용해 에러를 검출하고 수정해야 합니다. 이는 테스트 케이스 설계나 실행, 결과 분석 등 전문적인 스킬을 필요로 하는 작업입니다. 코드 최적화, 리팩터링도 개발자의 스킬이나 경험을 바탕으로 하는 직감에 크게 의존합니다.

문서화와 지원

- **생성형 AI를 사용하는 경우**: 코드와 함께 그 설명이나 문서를 자동으로 생성할 수 있습니다. 이를 통해 코드 이해나 유지보수를 쉽게 할 수 있습니다. 그리고 프로젝트 고유의 요구사항이나 코딩 규약에 기반해 커스터마이즈 된 지원도 제공할 수 있기 때문에 개발 팀은 보다 복잡한 문제 해결에 집중할 수 있습니다.
- **생성형 AI를 사용하지 않는 경우**: 문서는 개발자가 수작업으로 작성해야 하므로 시간이 걸리고 변경이 지연되기 쉽습니다. 스킬을 특정 인원에게 의존하게 되며 새로운 멤버의 참가나 다른 사람에 의한 유지보수 작업이 어려워집니다. 지원이나 가이던스에 관한 정보는 동료, 커뮤니티, 포럼, 공식 문서에서 얻을 수 있는 정보로 한정되며 개발자의 자발적인 노력에 의존할 수밖에 없습니다.

생성형 AI를 사용한 시스템 개발은 코드 자동 생성, 디버그와 테스트 효율화, 문서 작성 자동화 등에 의해 개발 프로세스를 가속하고 품질 향상에도 도움이 됩니다. 한편, 기존 개발 방법에서는 모든 프로세스가 개발자의 수작업에 의존하기 때문에 시간이 걸리며 에러가 발생할 리스크도 높아집니다.

이렇게 생성형 AI 도구의 활용은 개발자가 보다 창조적인 작업에 집중하고 효율적으로 고품질의 시스템을 개발하는 데 큰 도움이 될 것입니다.

단, 이런 도구를 잘 사용하기 위해서는 프로그래밍이나 시스템 개발에 관한 전문 지식/스킬을 갖추어야 합니다. 그 능력이 높은 사람일수록 높은 성과를 이끌어낼 수 있습니다. 그 이유는 다음과 같습니다.

정확한 요구사항 정의와 지시

생성형 AI 도구가 정확한 코드를 생성하게 하기 위해서는 개발자가 의도한대로 동작을 구현하기 위해 필요한 요구사항을 명확하게 이해하고, 정확하게 지시해야 합니다. 이를 위해서는 프로그래밍의 기본 개념이나 전문 지식이 필요합니다. 그리고 생성형 AI에게 요구할 때는 모호함을 배제하고, 가능한 한 구체적으로 제시해야 합니다. 이를 위해서는 문제의 본질을 이해하고 그것을 기술적인 요구사항으로 만들어 낼 수 있는 스킬이 필요합니다.

▍생성된 코드의 평가와 수정

AI가 생성한 코드가 반드시 최적이라고 단정할 수는 없습니다. 생성된 코드의 품질을 평가하고 필요에 따라 수정이나 최적화를 수행하기 위해서는 고도의 프로그래밍 스킬과 경험에 기반한 직감이 필요합니다. 그리고 코드의 버그나 오류는 생성형 AI 도구에서 해결할 수 있는 부분도 있지만, 완전하지 않으므로 엔지니어는 디버그에 관해 이해하고 그에 관한 경험을 갖추고 있어야 합니다.

▍기존 시스템으로의 통합과 커스터마이즈

AI가 생성한 코드를 기존 시스템에 통합하기 위해서는 시스템 아키텍처나 데이터 플로에 관한 지식이 필요합니다. 이 지식이 없으면 시스템 전체를 기능적/효율적으로 동작시킬 수 없습니다. 어떤 생성형 AI 도구를 사용할 것인지, 어떻게 프로젝트의 라이프 사이클에 내장시킬 것인지 전략적인 결정을 내리기 위해서도 시스템 개발에 관한 포괄적인 지식이 필요합니다.

그리고 생성형 AI 도구의 배후에 있는 기술이나 제약을 이해하면 보다 효율적으로 이 도구들을 잘 사용할 수 있습니다.

이렇게 AI를 개발에 사용하면 코드 생성, 문서화, 정보 수집 같은 '지능 업무'의 생산성이 크게 향상됩니다. 그만큼 개발자는 사용자와의 대화나 업무 관찰을 통해 적확한 목적, 과제를 설정하는 일이나 개발/운용의 속도를 높이는 동시에 안정된 시스템을 실현할 수 있는 시스템 아키텍처 설계 같은 고차원적인 지적 작업에 보다 많은 시간을 할애할 수 있게 됩니다.

또한 상위 시스템 개발의 목적, 즉 자신들의 '바람직한 모습'을 정하고 거기에 도달하기 위한 과제나 그 과제를 해결해야 하는 이유를 명확하게 하는 것은 인간만이 할 수 있습니다. '바람직한 모습'에 이르는 이야기에 해당하는 전략을 책정할 때도 필요한 정보 수집이나 정리, 문서화 같은 지적 능력 업무에 AI의 도움을 받을 수는 있지만, 전략의 내용은 인간만이 만들 수 있습니다. 전략 실천을 위한 단계가 되는 전술 책정 또한 아이디어의 선택지를 AI에게 요구할 수는 있지만, 결정은 인간만이 내릴 수 있습니다.

AI와 인간의 공동 작업을 통해 IT 시스템은 변화에 대한 민첩성을 높이고, 경영이나 사업과의 연계를 지금 이상으로 높일 수 있게 될 것입니다.

시스템 개발을 비즈니스 현장에 가깝게 만드는 노-코드/로우-코드 개발

개발생산성 ↑ 높음 / ↓ 낮음

노-코드 No-Code

기능 제한이 있으므로 유스케이스를 좁힌 개발에 한정되며, 광범위한 시스템에는 적합하지 않다.

소규모 애플리케이션을 구축할 때 적합한 간단한 도구로 기본적인 기능을 하는 유스케이스 해결에 적합하다. 또한 전용이거나 기능이 제한되는 경향이 있다.

프로그램 코드를 작성하지 않고 GUI 조작으로 시스템을 개발한다

로우-코드 Low-Code

확장성이 높고, 다른 소프트웨어와의 통합 기능도 풍부해 광범위한 시스템에 적합하다.

확장성 있는 아키텍처, 재사용 가능한 오픈 API를 사용해 플랫폼의 기능을 확장하는 기능, 클라우드 환경이나 온프레미스 환경에 배포할 수 있는 유연함이 있다.

프로-코드 Pro-Code

코드를 작성해 다양한 기능을 구현할 수 있으므로 광범위한 시스템에 적합하다.

확장성 있는 아키텍처, 재사용 가능한 오픈 API를 사용해 플랫폼의 기능을 확장하는 기능, 클라우드 환경이나 온프레미스 환경에 배포할 수 있는 유연함이 있다.

프로그램 코드를 작성해 시스템을 개발한다

클라우드 보급에 의한 인프라스트럭처나 플랫폼 조달 및 구축의 생산성이 향상된 것에 비해 애플리케이션 개발은 그만한 생산 향상을 달성했다고 할 수 없습니다. 이 과제를 해결하는 수단으로 주목받고 있는 것인 '노-코드(No-Code)/로우-코드(Low-Code) 개발' 도구입니다.

'노-코드 개발 도구'는 프로그램을 전혀 작성하지 않고 GUI(Graphical User Interface)라 불리는 시각적, 직관적인 조작 화면에서 미리 제공되는 화면이나 기능 부품 아이콘을 연결하면 프로그램을 자동으로 생성해 줍니다. 이를 통해 프로그래밍 전문 지식이 없더라도 애플리케이션을 개발할 수 있습니다. '로우-코드 개발 도구'는 노-코드 개발 도구와 마찬가지로 GUI 조작으로 프로그램을 작성할 수 있지만 간이 프로그래밍 언어를 사용해 보다 세세한 처리 순서를 삽입할 수 있습니다.

이들을 사용하면 프로그래밍에 관한 전문 지식이 없어도 업무에 관해 이해하고 정리할 수 있다면 애플리케이션을 개발할 수 있어, 업무를 잘 아는 현장 담당자가 자신의 아이디어를 곧바로 형태로 만들 수 있고 지속적으로 개선하기도 쉽습니다. 그리고 업무 순서를 입력하면 자동으로 애플리케이션 프로그램이 생성되어 업무 프로세스가 시각화되므로 프로그래머에게만 종속되는 것도 배제할 수 있습니다.

단, 이것이 애플리케이션 개발의 모든 공정을 커버하지는 않습니다. 예를 들면 비즈니스 목적 설정이나 업무 분석, 업무 요구사항 명확화, 프로젝트 관리 등은 이전과 달라지지 않습니다. 반면에 설계, 프로그래밍, 테스트 등 지금까지는 프로그램을 기술하는 스킬이 요구되었던 공정에서는 공정수를 크게 줄일 수 있습니다. 생성형 AI와 조합하면 그 효과가 극대화될 것입니다.

새로운 애플리케이션을 개발할 때 공정수가 드는 요구사항 정의는 여전히 필요하며 공정수 절감의 효과는 한정적입니다. 단, 한 차례 만들어놓은 애플리케이션에서는 그 노력을 줄일 수 있으므로 유지보수/수정의 생산성은 크게 향상됩니다. 그리고 사전에 사양이 엄격하게 결정된 애플리케이션의 경우 '코드 자동 생성'이 제약으로 작용해 '사양대로' 구현하는 것이 어려워질 수도 있습니다. 한편, 빈번한 변경이 있고 요구사항을 정하면서 개발을 병행해 진행하는 경우에는 효과적이므로, 애자일 개발과 조합하면 그 진가를 한층 끌어낼 수 있을 것입니다.

생성형 AI와 노-코드/로우-코드 개발 도구 조합

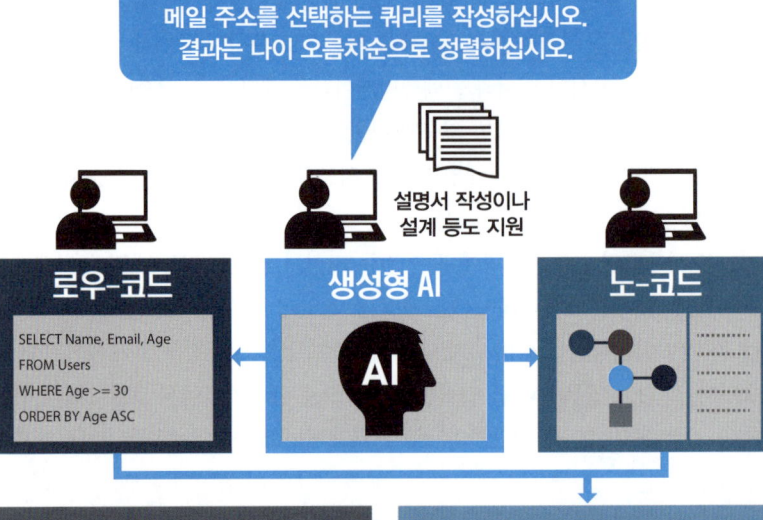

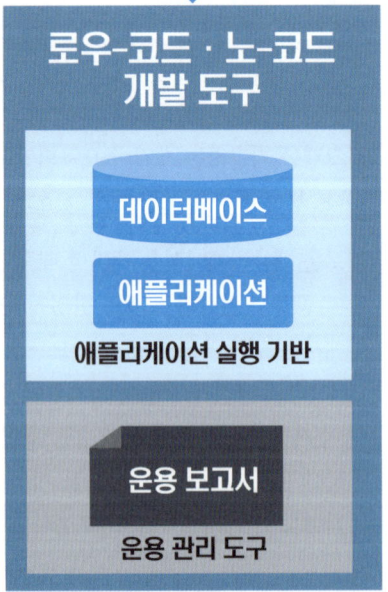

노-코드/로우-코드 개발 도구를 생성형 AI와 조합함으로써 보다 쉽게 사용할 수 있게 되면서, 프로그래밍 전문 지식을 갖추지 않은 사람의 사용이 확산될 것이라 생각할 수 있습니다.

현재 상태를 보면 시스템 내재화를 위해 노력하는 기업과 그 수단으로 노-코드/로우-코드 개발을 활용하는 기업이 많아지고 있습니다. 하지만 사용자가 충분히 잘 활용할 수 있는 상태에는 이르지 못했습니다.
여기에서 생성형 AI를 사용해 자연 언어로 작업 순서를 설명하면 애플리케이션 코드를 생성할 수 있게 되고, 애플리케이션 개발의 허들이 낮아집니다. 그 결과 IT 활용 저변이 넓어질 것이라 생각할 수 있습니다.

이런 시대가 되면 애플리케이션 개발에서의 SI 사업자의 역할이 줄어들지도 모릅니다. 기존에는 SI 사업자가 애플리케이션 개발을 담당했지만 생성형 AI에 의해 진화한 노-코드/로우-코드 개발 도구가 보급되면 사용자가 쉽게 시스템을 개발할 수 있게 되므로, 이 역할에서 SI 사업자의 필연성은 사라져버릴 것입니다. 한편, IT 엔지니어의 역할은 사라지지 않습니다. 시스템 개발은 코드를 생성하는 것뿐만 아니라 프로그램이나 시스템 개발, 시스템 아키텍처와 같은 넓은 범위의 지식이나 스킬, 경험을 기반으로 하는 직감이 필요하기 때문입니다. 이런 것들을 사용자에게 요구하는 것은 현실적이지 않습니다.
즉 '프로-코드(Pro-code, 전문가에 의한) 개발'의 필요성은 이후에도 사라지지 않을 것이며, 오히려 엔지니어는 생성형 AI 도구를 활용함으로써 시스템 개발 전반의 생산성을 높일 수 있을 것입니다. 그리고 기획, 설계, 아키텍처 같은 고차원 업무에 전념할 수 있게 될 것입니다.

이렇게 생각하면 생성형 AI를 사용한 개발 도구가 로우-코드 개발을 몰아내는 일은 없을 것임을 알 수 있습니다. 사용자는 시스템 개발이나 데이터 사용을 직접 손쉽게 할 수 있게 되고, 전문가는 보다 전문성이 높은 분야에 집중함으로써 서로 역할을 분담하면서 전체적으로는 비즈니스 가치가 향상될 것입니다.

AIOps: AI를 사용한 IT 시스템 운용

AIOps(Artificial Intelligence for IT Operations)

머신러닝/AI를 IT 운용에 활용해 IT 인프라스트럭처의
운용 효율화/자동화를 도모하는 개념

목적
IT 인프라 전체의 건전성을 감시하고, 잠재적인 문제를 조기에 탐지하는 것

개요
로그, 지표, 이벤트 등의 데이터를 수집/분석함으로써 이상한 징후를 발견한다

작업 내용
- 각종 감시 도구 도입/운용
- 데이터 수집/분석
- 이상 탐지
- 경고 알림 등

목적
문제 발생 시 관계자에게 신속하고 효과적으로 커뮤니케이션 하는 것

개요
AIOps 도구를 활용해 문제의 근본 원인을 특정하고 해결책을 검토/실행한다

작업 내용
- 문제 제기(Escalation)
- 관계자에게 정보 공유
- 해결책 검토/실행
- 상황 보고

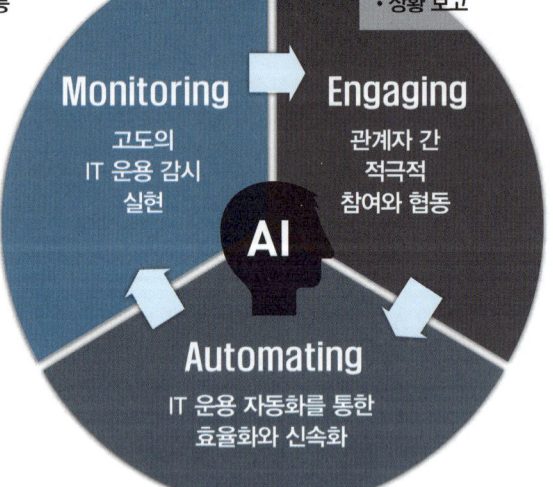

Monitoring — 고도의 IT 운용 감시 실현
Engaging — 관계자 간 적극적 참여와 협동
Automating — IT 운용 자동화를 통한 효율화와 신속화

목적
IT 운용에 관한 작업을 자동화하고 IT 운용 효율화를 실현하는 것

개요
머신러닝이나 자동화 도구를 활용해 문제 해결 시간을 단축한다

작업 내용
- 자동화 도구 도입/운용
- 자동화 대상 업무 선정
- 자동화 시나리오 작성
- 자동화 실행

IT 시스템 운용에서도 AI를 사용하면 생산성과 품질을 크게 향상시킬 수 있습니다. IT 시스템 운용이 여전히 사람 손에 의지하는 노동 집약형 업무이기 때문입니다. 전용 운용 관리 도구에 Excel이나 RPA 같은 도구를 조합해서 사용하고 있고, 이들을 잘 사용하기 위한 순서나 노하우는 특정 개인에 의존하는 경우가 적지 않습니다. 그렇기 때문에 유능한 직원에게 의존하기 십상이며, 세대 교체가 좀처럼 진행되지 않는 문제도 있습니다.

그리고 클라우드 사용 확대와 함께 온프레미스(자사에서 시스템 자산을 소유)와 클라우드가 혼재하게 되면서 시스템이 복잡해지고, 정보 유출이나 부정 접근 등에 대한 보안 강화 대책이 요구되게 되었습니다. 이에 더해 원격 근무가 당연시되고 업무 스타일도 다양해지고 있습니다. 이미 인간의 경험이나 특정 인원에게 의존하는 노하우에 의지하는 운용은 한계를 맞이하고 있습니다.

이런 가운데 운용 자동화와 효율화를 목표로 하는 방법으로 기대를 얻고 있는 것이 AI를 사용한 운용(AIOps: Artificial Intelligence for IT Operations)입니다. 2017년 가트너가 제창한 방법으로, 기업이 다루는 막대한 데이터와 AI를 조합해 시스템 감시, 데이터 분석, 문제 해결을 자동화합니다.

AIOps는 인간의 경험이나 감에 의존하지 않고 수집된 데이터를 기반으로 적절한 판단이나 조작을 실현합니다. 운용에 관한 이벤트 집약이나 분류 자동화, 이상 데이터를 활용한 고장 전조 탐지나 근본 원인 분석 등은 이미 보급되고 있습니다. 이에 더해 생성형 AI의 발전에 따라 운용 설계나 운용 규칙 설정 등 고도로 전문화된 업무를 지원하며, 전문 인력 부족을 보완해줄 것으로 기대되고 있습니다. 그리고 문제가 발생했을 때 엔지니어는 자연 언어를 사용해 운용 관리 시스템과 대화해 현상을 이해하고 원인을 좁히고 해결책을 찾아내, 그 해결 작업을 지시할 수 있게 될 것입니다.

운용 팀은 수많은 경고에 의한 고통에서 해방되고, 특정 인원에게 의존하는 수작업을 줄이며 작업을 자동화할 수 있습니다. 그리고 노력이 드는 지적 능력 작업에서 해방되어 보다 효율적으로 문제의 원인을 규명할 수 있게 됩니다. 또한 운용 설계나 운용 환경 정비 등 고차원적인 지적 작업에 많은 시간을 할애할 수 있게 될 것입니다.

RPA: PC 조작 자동화 도구

PC(마우스&키보드) 조작 자동화 도구

Robotic Process Automation(RPA/로보틱 프로세스 자동화)

복사/붙여넣기, 옮겨쓰기, 대조, 입력 등 키보드, 마우스를 조작해 수행하는 작업을 자동화하는 소프트웨어 '로봇'이라 불리는 소프트웨어가 입력에서 수행한 작업을 대행한다

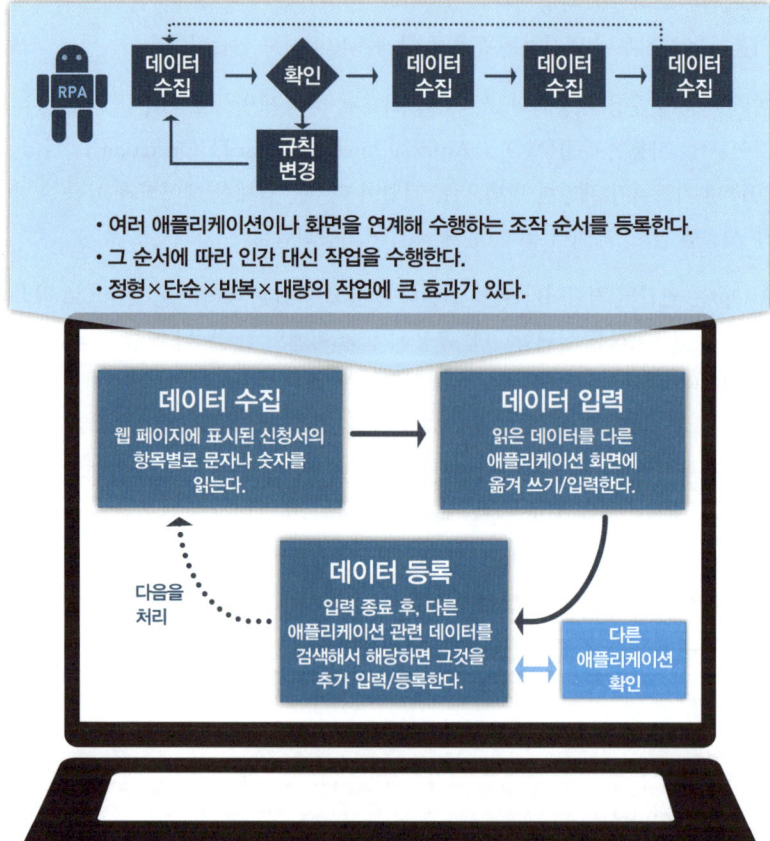

- 여러 애플리케이션이나 화면을 연계해 수행하는 조작 순서를 등록한다.
- 그 순서에 따라 인간 대신 작업을 수행한다.
- 정형×단순×반복×대량의 작업에 큰 효과가 있다.

RPA(Robotic Process Automation)는 복사&붙여넣기, 옮겨쓰기, 대조하기, 입력하기 등 화면을 보고 키보드 마우스를 조작해 수행하는 작업을 인간 대신 수행하는 소프트웨어입니다.

앞절에서 소개한 '노-코드/로우-코드 개발 도구'가 애플리케이션을 개발하는 수단인 것에 비해, RPA는 이미 존재하는 애플리케이션의 조작이나 연계를 자동화하는 도구입니다.

일반적으로 다른 애플리케이션을 연계시킬 때는 애플리케이션이 제공하는 연계 기능(API: Application Programming Interface)을 사용해 프로그램을 만듭니다. 하지만 이 방식은 전문적인 프로그래밍 지식이 필요한 동시에 각 애플리케이션에서 API를 제공해야 합니다.

그에 비해 RPA는 인간이 화면 위에서 수행하는 조작 순서를 녹화하듯 등록하면 해당 조작을 그대로 자동으로 재현해 줍니다. 예를 들면 '신청서 등록 화면에 표시된 항목별 데이터를 읽고, 그것을 다른 애플리케이션에 옮겨 쓴다', '선정한 키워드를 사용해 다른 애플리케이션에서 정보를 검색해서 필요한 항목을 복사&붙여넣기 한다' 등 인간이 수행하는 조작 순서를 그대로 실행하는 것입니다. 인간 대신 작업을 하는 노동자라는 의미에서 'Digital Labor', 'Robot' 이라 부르기도 합니다.

RPA는 사무 처리나 서류 작성과 같이 단순한 것에 비해 손이 많이 가는 업무가 많은 곳이나 공공 기관, 금융 업계 같은 업종/직종에서 작업 생산성을 크게 향상시킬 수 있습니다.

이전에는 사무 처리 합리화를 통해 비용 절감을 도모하기 위해 셰어드 서비스(Shared Service, 간접 부문의 업무를 1개 거점에 모은 것)의 해외 설치 또는 BPO(Business Process Outsourcing) 등을 사용해 왔습니다. 하지만 이들은 현지에서의 노동 단가 상승이나 높은 인재 유동성으로 인한 노하우 정착의 어려움이라는 문제를 안고 있습니다.

고령화 저출산으로 인한 노동자 부족을 피할 수 없는 국가에서는 업무 생산성 향상이 매우 중요한 과제입니다. 또한 저금리로 수익 확보가 어려운 은행에서는 막대한 사무 처리에 관련된 인원을 줄일 필요를 느끼고 있습니다. 단기간에 업무 부담을 극적으로 낮은 비용으로 절감할 수 있는 해결책으로 RPA가 주목받고 있습니다.

RPA의 과제, 역할과 대처 방법

프로그래밍은 불필요하지만 프로그래밍 스킬은 필요하다
- ✓ 업무 프로세스 정리와 사양화
- ✓ 설정 규칙과 명명 규칙 표준화
- ✓ 처리 순서 단순화/리팩터링

IT 부문에서 만들어도 업무 부문에서는 만들 수 없다 (그런 경우도 있다)
- ✓ 프로그래밍 스킬이 없음
- ✓ IT 부문에게는 업무지만 사업 부문에게는 본업이 아님
- ✓ 자신의 업무가 사라지는 것에 대한 저항

업무 프로세스를 알고 있는 사람이 없으면 블랙박스화 된다
- ✓ 특정 개인에 의존하므로 해당 프로세스의 목적이나 전후 단계가 불명확함
- ✓ 도입 초기에는 극적인 효과가 있지만, 효과의 지속적 확대는 어려움
- ✓ 특정 개인에 의존한 프로세스가 고정화되어 업무 개선이 정체됨

RPA의 장단점에 정통하지 않으면 효과는 한정적이다
- ✓ 로봇이 서툰 영역에 적용하면 효과를 얻을 수 없음
- ✓ 업무 프로세스나 사용자 인터페이스가 변경되어도 즉시 대처할 수 없음
- ✓ 간단한 기능만 사용한다면 투자 대비 효과를 이끌어낼 수 없음

로봇이 서툰 영역
- 판단이 필요한 프로세스가 많다
- 화면 위치나 자리가 동적으로 변한다
- 규칙이 모호하고, 화면 변경이 자의적이거나 빈번하게 일어난다

RPA 도입은 단기적으로는 업무 효율을 크게 향상시킬 가능성이 있지만, 또한 여러가지 고려해야 할 점이 있습니다.

- **프로그래밍은 불필요하지만 프로그래밍 스킬은 필요하다**: 업무 프로세스 정리와 사양화, 설정 규칙과 명명 규칙 표준화, 처리 순서 단순화, 리팩터링(이해하기 쉽게 정리)이 필요함 등
- **IT 부문에서 만들어도 업무 부문에서는 만들 수 없다(그런 경우도 있다)**: 프로그래밍 스킬이 없음, IT 부문에게는 업무지만 사업 부문에게는 본업이 아님, 자신의 업무가 사라지는 것에 대한 공포감으로 인해 도입하고 싶어하지 않음 등
- **업무 프로세스를 알고 있는 사람이 없으면 블랙박스화 된다**: 특정 개인에 의존하므로 해당 프로세스의 목적이나 전후 단계가 불명확함, 도입 초기에는 극적인 효과가 있지만 효과의 지속적 확대는 어려움, 특정 개인에 의존한 프로세스가 고정화되어 업무 개선이 정체됨 등
- **RPA의 장단점에 정통하지 않으면 효과는 한정적이다**: 인간의 판단을 필요로 하는 프로세스가 많은 것, 화면의 위치나 자리가 매번 동적으로 바뀌는 업무, 규칙이 모호하고 화면 변경이 자의적 또는 빈번하게 수행되는 것 등, 간단한 업무에 한정해서 적용하면 투자 대비 효과가 불충분

위와 같은 과제나 제약을 이해하고 다음과 같이 대처하는 것이 좋습니다.

- 사용자, IT 부문, 벤더를 포함한 추진 체제를 만들고 실시 목적을 명확하게 한 뒤, 효과를 올릴 수 있는 부분부터 우선 순위를 정해서 실시한다.
- 최신 정보를 업데이트하고 최적의 적용 방법을 항상 재검토하고, 업무 프로세스를 파악해서 개선/폐기를 우선한다. 의미가 불분명하거나 불필요하다고 생각되는 업무 프로세스를 철저히 폐기한다.
- 업무 개선으로 해결할 수 있는 부분은 그것을 우선하고, 스스로 어쩔 도리가 없는 것이나 적용이 효과적인 것을 찾아서 적용한다.
- 개선 사이클을 지속하고 RPA 해결에만 의존하지 말고, 업무 개선이나 개혁 또는 API 연계나 시스템 재구축 등도 선택지에 넣는다.

개발과 운용의 협조/연대를 실현하는 DevOps

정보 시스템에 요구되는 것
- 시스템을 통해 비즈니스 성공에 기여하는 것
- 비즈니스의 성공을 위한 기여를 확실하고 신속하게 사용자에게 전달하는 것
- 사용자에게 요구되는 노력의 변화에 신속/유연하게 대응하는 것

개발 팀 Development
시스템에 새로운 기능을 추가하는 것

신속하게 애플리케이션을 개발/변경해
사용자가 즉시 사용하게 하고 싶다

지금 즉시 변경을 반영하고 싶다!

애자일 개발

운용 팀 Operation
시스템을 안정적으로 가동시키는 것

확실하게 프로덕션 시스템을 안정시켜
사용자가 안심하고 사용하게 하고 싶다

안정적으로 운용하고 싶다!

SDI/IaaS (인프라의 소프트웨어화)

대립

도구와 조직 문화의 융합
개발 팀(Development)과 운용 팀(Operations)이 상호 협조하면서 '정보 시스템에 요구되는 것'을 실현하려는 노력

개발 팀과 운용 팀에 있어 '비즈니스 성과에 기여하는 것'은 공통의 목적입니다. 이 목적을 달성하기 위해서는 사용자가 원하는 니즈에 신속하고 유연하게 대응해야 합니다. 압도적인 속도가 요구되는 지금, 개발 팀과 운용 팀 모두에게 그 어느때보다 즉각적인 대응 능력이 요구됩니다.

단, 목적은 같아도 개발 팀과 운용 팀이 담당해야 할 역할이 다릅니다. 개발 팀은 시스템에 새로운 기능을 추가하기 위해 사용자로부터의 변경 요구나 개발에 신속하게 대응하려고 합니다. 그리고 운용 팀에게 '사용자에게 그 장점을 즉시 제공하기 위해 곧바로 프로덕션 환경에 마이그레이션하고 싶다'고 요구합니다. 이와 달리 운용 팀의 역할은 시스템을 안정적으로 가동시키는 것입니다. 프로덕션 시스템을 사용자가 안심하고 사용할 수 있게 하기 위해서는 프로덕션 시스템을 확실하게 안정적으로 가동시켜야 하며 인프라스트럭처의 조달이나 구축, 설정이나 운용 순서 정비, 테스트 등을 수행해야 합니다. 그렇기 때문에 개발 팀의 요구에 즉시 답할 수 없습니다. 그리고 이런 대립을 방치하면 압도적인 속도를 손에 넣을 수 없습니다.

그래서 개발(Development)와 운용(Operation)이 협조/연대해서 하나가 되어 이 장애를 극복하려는 노력인 'DevOps'가 필요합니다.

구체적으로는 개발한 시스템을 즉시 프로덕션 시스템에 반영하기 위해 개발 팀과 운용 팀의 역할을 재검토합니다. 예를 들면 개발자 자신의 판단으로 프로덕션 시스템에 마이그레이션하더라도 장애를 일으키지 않는 안정적인 운용을 담보할 수 있는 구조를 만드는 것입니다. 이를 위해 시스템 조달이나 구성을 위한 자동화 도구나 컨테이너 등도 적극적으로 도입합니다.

DevOps는 이런 일련의 대처에 의해 개발한 애플리케이션을 사용자가 즉시 검증할 수 있게 하는 '지속적 전달(Continuous Delivery)', 개발한 시스템의 프로덕션 환경으로의 마이그레이션을 계속 반복하는 '지속적 배포(Continuous Deployment)' 실현을 목표로 합니다.

현장의 니즈에 보다 빠르게 대응하고 변화에도 즉시 대응할 수 있는 애자일 개발의 '반복적 개발'이나 '지속적 통합'과 조합함으로써 변화에 민첩하게 대응할 수 있는 압도적인 속도를 개발과 운용에 가져올 수 있습니다.

DevOps×컨테이너로 압도적인 속도 실현

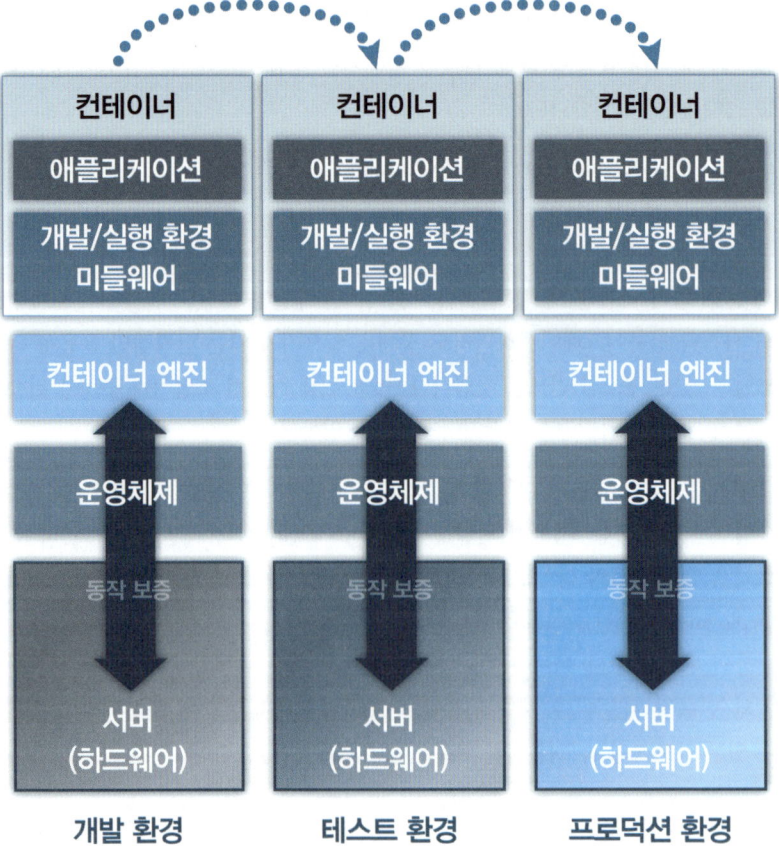

개발자는 애플리케이션의 프로그램 코드를 작성 또는 수정하면 그것을 테스트하여 올바르게 동작하는 것을 확인합니다. 이 작업을 매일 수행하는 것은 물론, 대규모 애플리케이션인 경우 여러 개발자가 동시에 같은 애플리케이션을 작성, 수정, 테스트하기도 합니다.

이렇게 작성된 프로그램 코드가 올바르게 동작, 연계하게 오류의 유입을 조기에 찾아서 대처하고 여러 개발자가 만든 코드를 항상 최신 상태로 유지하며 전체가 올바르게 기능하는 상태를 유지해야 합니다.

이를 위해서는 프로그램 코드를 변경할 때마다 단위 테스트가 실행되게 자동화하고 프로그램의 수정이나 기능 추가에 대한 오류를 조기에 발견하여 수정해야 합니다. 이 일련의 작업이 '지속적 통합(CI: Continuous Integration)'입니다. CI를 완료한 애플리케이션이 자동적으로 테스트 환경에 옮겨지고 항상 동작 가능한 최신 상태의 애플리케이션을 유지하는 작업이 '지속적 전달(CD: Continuous Delivery)'입니다. 그리고 실제로 프로덕션 환경으로 옮기는 작업을 자동화하는 것을 '지속적 배포(Continuous Deploy)'라 부릅니다.

DevOps는 CI/CD를 통해 애플리케이션 기능 추가나 수정을 신속하게 하는 것을 목표로 합니다. 여기에서 컨테이너를 사용하면 애플리케이션을 하드웨어나 OS에서 격리할 수 있으므로 컨테이너에서 개발, 테스트한 애플리케이션을 실제로 가동하는 프로덕션 환경에서도 동일하게 동작시킬 수 있습니다.

이것을 지속적으로 반복 수행하기 때문에 기동이 빠른 컨테이너는 그 자체로 CI/CD 작업 시간을 단축할 수 있습니다. 그리고 테스트 환경이나 프로덕션 환경이 동일한 컨테이너라면 해당 환경의 차이에 신경 쓰지 않고 그대로 동작시킬 수 있습니다.

이뮤터블 인프라스트럭처와 인프라스트럭처 애즈 코드

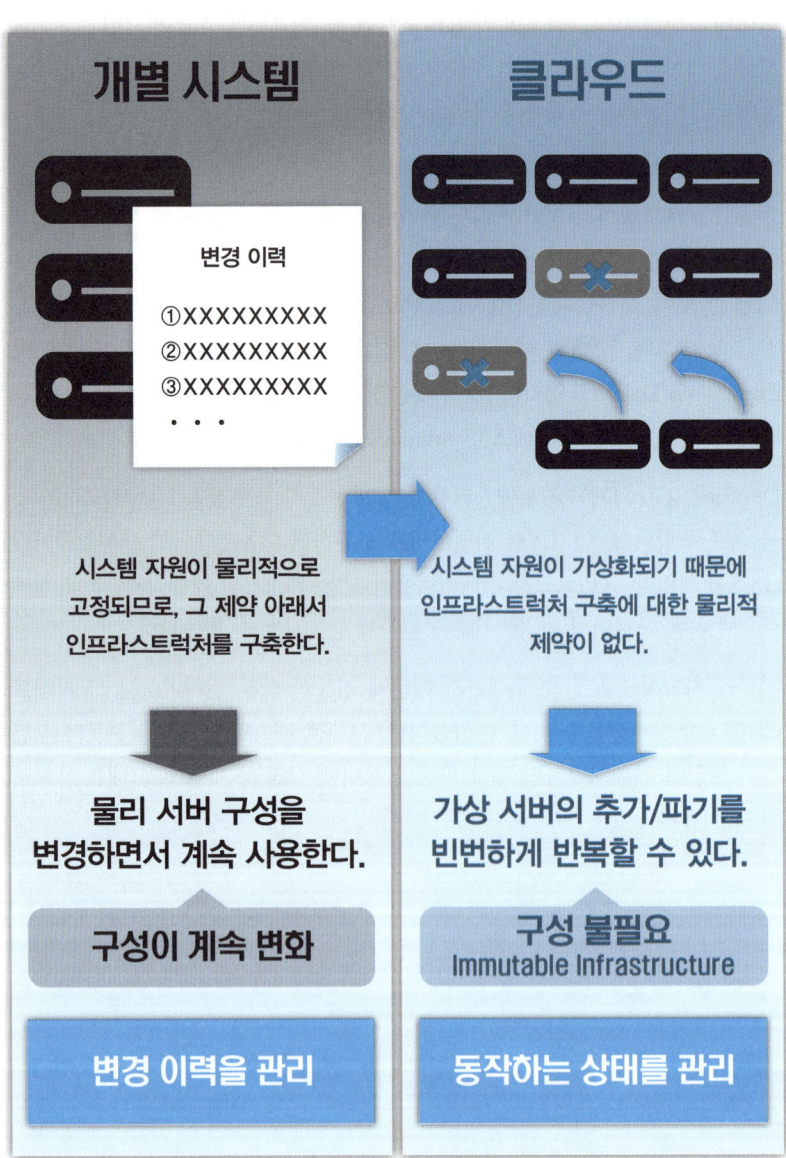

미들웨어나 애플리케이션은 버그 수정이나 보안 업데이트를 항상 적용해야 합니다. 운용 팀은 그때마다 애플리케이션이 정상 가동하는지 확인해야 하며, 만약 변경 후에 문제가 발생하면 매우 많은 수고를 들여 '문제 분리'를 해야 합니다. 이런 사태에 대응하기 위해 일반적으로 '장부'에 IT 자산 변경 이력, 용도, 버전, 책임자, 작업 내용, 날짜 등을 기록해 관리합니다. 하지만 하드웨어나 소프트웨어가 계속 늘어나면 그 관리가 쉽지 않으며, 실제 상태와 장부의 내용이 어긋남에 따라 개별적인 확인이 필요했습니다.

이 사태를 해소하는 수단이 이뮤터블 인프라스트럭처(Immutable Infrastructure) 입니다. 이뮤터블은 '불변', 즉 '프로덕션 환경에 손댈 수 없다'는 의미로 '버전 업데이트나 패치 적용 같은 관리를 하지 않는다'는 사고방식입니다.

이를 위해 완전히 동일한 구성이나 능력을 가진 프로덕션 환경과 개발 환경을 준비합니다. 그리고 프로덕션 환경에는 손을 대지 않고, 개발 환경에서만 버전 업데이트나 패치를 적용한 뒤 해당 환경에서 충분히 테스트하고 문제가 없다고 판단되면 네트워크 연결 대상을 개발환경에서 프로덕션 환경으로 전환합니다. 만약 전환에서 문제가 발생하더라도 네트워크를 원상 복구하면 이전 프로덕션 환경으로 되돌릴 수 있습니다.

프로덕션 환경과 개발/테스트 환경을 하드웨어가 아닌 가상 머신으로 준비하면 인프라스트럭처 구축이나 폐기, 기동에 수고나 시간이 걸리지 않고, 마이그레이션 작업의 부담을 크게 줄일 수 있습니다. 또한 컨테이너로 준비하면 인프라스트럭처 등을 의식하지 않아도 되기 때문에 보다 빈번하고 빠르게 이 작업을 반복할 수 있습니다.

하드웨어, OS, 컨테이너, 개발/실행 환경까지 중앙 집중화해 소프트웨어로 제어하고, 자동화하고자 하는 '인프라스트럭처 애즈 코드(Infrastructure as Code)'라 불리는 방식도 있습니다. 인프라스트럭처를 설정하는 모든 순서를 코드화 한다는 의미로, 이런 구조를 실현하기 위한 구조를 제공하는 소프트웨어로 Chef, Ansible, Terraform 등이 있습니다.

변화에 대한 민첩한 대응을 실현하는 마이크로서비스 아키텍처

모놀리스형 아키텍처
(거대한 하나의 바위 같은)

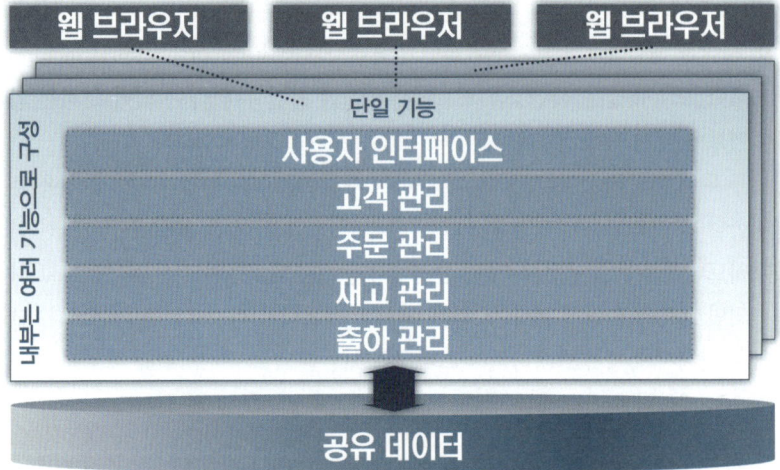

거대한 단일 기능으로 하나의 처리를 실현한다

마이크로서비스형 아키텍처

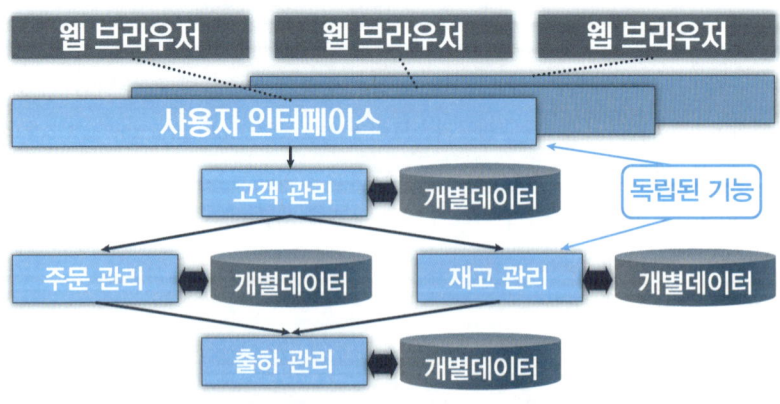

여러 독립된 기능(마이크로서비스)을
조합해 하나의 처리를 실현한다

프로그램은 다양한 기능을 조합해 전체 처리를 실현하고 업무 목적을 달성합니다. 예를 들면 온라인 쇼핑의 경우 사용자로부터의 접근을 처리하는 'UI'와 다양한 업무 처리(고객 관리, 주문 관리, 재고 관리 등)를 수행하는 '비즈니스 로직'을 조합해 하나의 프로그램으로 만듭니다. 만약 동시에 여러 주문이 발생하면 해당 프로그램은 주문만 병행 실행시킵니다. 이런 프로그램 작성 방식을 '모놀리스형(거대한 1개의 바위 같은)'이라 부릅니다.

단, 이 방식에서는 결제 방식이 바뀌거나, 고객 관리에서 외부의 클라우드 서비스를 새롭게 사용하게 되는 것과 같은 변경이 발생하면 변경 규모의 크고 작음에 관계 없이 프로그램 전체를 수정해야 합니다.

그리고 변경을 거듭함에 따라 초기에 깔끔하게 나누어져 있던 각 로직의 역할 분담이 모호하고 복잡해집니다. 이에 따라 처리 효율이 낮아지고 유지보수 관리가 점점 어려워집니다. 이것이 앞서 소개한 '기술 부채'입니다. 그리고 비즈니스 확대에 따라 주문이 늘어나면 부하가 증가하는 로직만의 처리 능력을 높일 수 없으며, 프로그램 전체의 가동 수를 늘려야 하므로 막대한 처리 능력이 필요해집니다.

이 과제들을 해결하는 작성 방식이 마이크로서비스 아키텍처입니다. 단일 기능 부품을 연결해 전체 처리를 실현하는 것으로, 이 '단일 기능 부품'을 '마이크로서비스'라 부릅니다.

각각의 마이크로서비스는 독립되어 있어 한 마이크로서비스에 대한 변경은 다른 마이크로서비스에 영향을 주지 않습니다. 그리고 각각 독립적으로 실행됩니다. 이 방식을 사용하면 기능 단위로 독립해 개발, 변경, 운용할 수 있고 마이크로서비스 단위로 실행되기 때문에 처리량이 늘어났을 때에도 필요한 마이크로서비스의 실행 수만 늘려서 시스템 부하 증가를 억제할 수 있습니다.

이 마이크로서비스를 컨테이너로 만들면 어디서든 가동시킬 수 있고 클라우드 서비스와 조합하면 순식간에 처리 능력을 확대/축소할 수 있게 됩니다.

단, 시스템 복잡성이 높아지기 때문에 도입 전에 장단점을 신중하게 검토하고 적절한 개발, 운용 체제를 구축해야 합니다.

서버리스(Serverless)와 FaaS

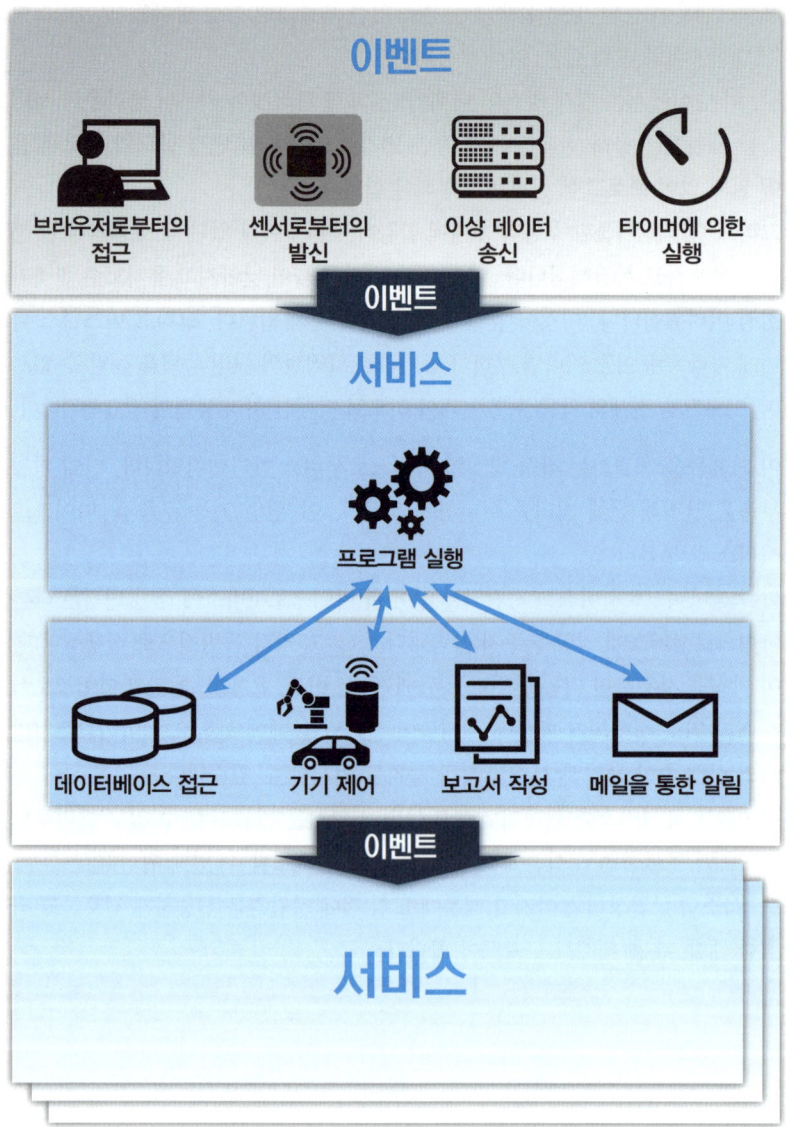

'서버리스(Serverless)'는 애플리케이션 실행에 필요한 서버 셋업과 관리에 신경 쓰지 않고 개발할 수 있는 구조입니다. 서버가 필요하지 않다는 의미가 아닙니다. 이 '서버리스'로 애플리케이션을 개발, 실행할 수 있는 클라우드 서비스를 FaaS(Function as a Service)라 부릅니다. FaaS를 사용하면 필요한 인프라스트럭처 조달이나 관리를 클라우드 서비스에 위임하고 데이터베이스, 메시징, 인증 등 개발에 필요한 기능이 서비스로 제공되므로 개발자는 프로그램에 전념할 수 있게 됩니다.

- 서비스(어떤 기능을 실현하는 프로그램)의 코드를 작성하고 그것을 연계시킴으로써 일련의 업무 처리를 실행할 수 있다.
- 처리 능력은 자동으로 할당되고 필요에 맞춰 스케일링된다.
- 작성한 코드는 컨테이너에서 실행되고 종료하면 즉시 폐기된다.

요금은 사용한 기능별로 과금됩니다. 예를 들면 2024년 3월 기준 AWS의 FaaS인 AWS Lambda에서 x86이라는 CPU를 사용하는 경우, 100만 요청당 0.20 USD, GB초당 0.00001667 USD로, 사용하지 않으면 요금은 발생하지 않습니다. 그리고 1,000,000건 요청, 월간 400,000GB초가 무료로 제공됩니다. IaaS처럼 사용 유무에 관계 없이 서버가 실행되어 있는 시간에 과금되는 것과 달리, 사용 방법에 따라서는 극적인 비용 절감을 기대할 수 있습니다. AWS Lambda외에도 Google Cloud Functions, Microsoft Azure Functions 등이 있습니다.

FaaS를 사용하는 것의 장점은 비용 절감, 확장성 확보 그리고 애플리케이션 개발자를 인프라스트럭처 운용 관리에서 해방시키는 것입니다. 마이크로서비스와도 호환성이 좋아 이를 실현하는 수단으로도 주목받고 있습니다.

FaaS로 모든 애플리케이션을 작성하라는 의미는 아닙니다. FaaS는 EC사이트나 마케팅 사이트처럼 부하 예측이 어렵고 동적인 분하 변동에 대응해야 하는 애플리케이션에 적합하다고 할 수 있습니다. 단, 그 제약도 적지 않습니다.

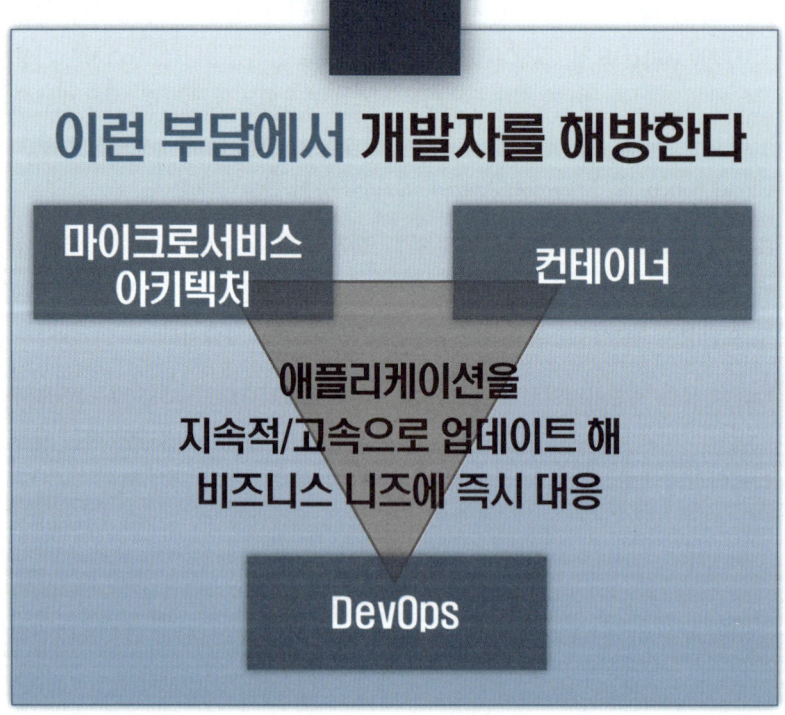

사회나 경제 환경이 어지럽게 변하고 있는 지금, 이 변화에 민첩하게 대응해 애플리케이션을 빠르게 개발/개선하는 것이 요구되고 있습니다. 이를 위해서는 애플리케이션 개발이나 운용에 관계된 엔지니어가, 부가가치를 만들지 않는 인프라스트럭처나 플랫폼이 아니라 다른 기업과의 차별화나 새로운 가치를 창출하는 비즈니스 로직에 집중할 수 있게 해야 합니다.

하지만 현실적으로는 미들웨어 설정, 인프라스트럭처 구축, 보안 패치 적용, 용량 계획 같은 작업을 일반적으로 개발자가 담당합니다. 그래서 이런 작업을 클라우드 서비스에 일임하고 그 부담에서 개발자들을 해방시키려고 하는 것이 '클라우드 네이티브'입니다.

'마이크로서비스 아키텍처', '컨테이너', 'DevOps'를 가능하게 하는/지원하는 클라우드 서비스를 사용해 엔지니어들이 애플리케이션 개발에 집중할 수 있게 하는 서버리스는 효과적인 수단입니다.

마이크로서비스 아키텍처는 애플리케이션을 작은 기능 부품, 즉 마이크로서비스의 조합으로 실현하는 방법입니다. 각 서비스는 독자적으로 동작하고 상호 통신함으로써 애플리케이션 전체를 실행합니다. 각 마이크로서비스는 다른 서비스에 의존하지 않으므로 서로 영향을 주지 않으며, 개선, 규모 변경, 재실행할 수 있고 사용자에 미치는 영향도 최소한으로 억제하면서 가동 중인 애플리케이션을 빈번하게 업데이트할 수 있습니다.

컨테이너는 가상 머신과 같이 '격리된 애플리케이션 실행 환경'입니다. 가상 머신에 비해 시스템 부하가 적고, 인프라스트럭처나 플랫폼을 뛰어 넘어 동작을 보증하기 때문에 하이브리드 클라우드나 멀티 클라우드 같은 상이한 시스템 환경으로 옮겨 동작시키거나, 여러 시스템에 걸쳐 실행시킴으로써 규모를 동적으로 변경할 수도 있습니다.

DevOps는 빈번한 애플리케이션의 수정이나 프로덕션 환경으로 마이그레이션을 수행해도 안정적인 가동을 보증하는 구조를 개발자와 운용자가 공동으로 실현하는 노력입니다.

이 일련의 구조나 노력으로 애플리케이션을 지속적이고 빠르게 업데이트하고, 비즈니스 니즈의 변화에 즉각 대응할 수 있게 되는 것입니다.

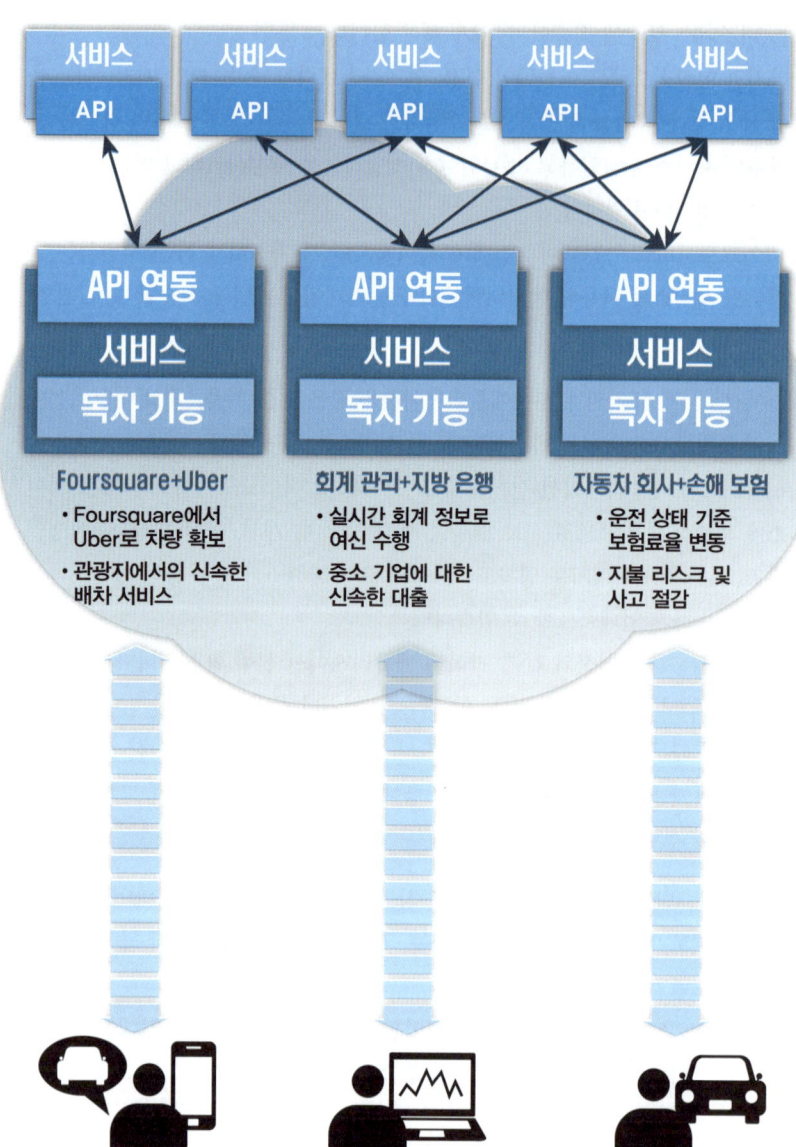

Amazon은 다양한 쇼핑 사이트에서 Amazon 결제 기능을 사용할 수 있는 'Amazon Pay'를 제공하고 있습니다. 'Amazon Pay'를 사용하면 사용자는 온라인 매장별로 개인 정보를 등록하지 않고 이미 등록 완료한 Amazon 계정을 통해 결제할 수 있어 수고를 덜 수 있습니다. 그리고 쇼핑 사이트 측도 결제 기능을 직접 만들 필요 없이 막대한 Amazon 사용자를 고객으로 만들 수 있습니다.

이렇게 각 서비스가 강점으로 하는 기능을 함께 사용해 직접 쉽게 실현할 수 없는 가치를 만들기 위해 자신들이 제공하는 서비스 기능을 다른 서비스에서 인터넷을 통해 사용할 수 있게 한 것이 API(Application Programming Interface)입니다.

API의 본래 의미는 어떤 소프트웨어에서 다른 소프트웨어의 기능을 호출해서 사용할 때 연결하는, 소프트웨어의 창구(구조)입니다. 이것을 인터넷에서 제공되는 서비스에서 다른 서비스 기능을 사용할 수 있는 구조로까지 그 해석을 넓혀 사용하게 되었습니다.

API 제공 기업의 장점은 자사 서비스 제공 범위를 넓히고 신규 고객을 획득하며, 사용료 수입까지 기대할 수 있다는 점입니다. API 사용 기업도 매력적인 기능을 직접 개발하지 않고 즉시 자사 서비스에 내장할 수 있게 됩니다. 이렇게 API를 상호 사용할 수 있는 관계를 'API 경제(API Economy)'라 부릅니다.

API를 제공하는 서비스는 다양합니다. 예를 들면 회계 관리를 수행하는 클라우드 서비스가 매일의 매출 장부 데이터를 은행에 제공함으로써 융자를 위한 여신을 신속하게 수행하게 할 수 있고, 자동차 기업이 차량에 탑재된 센서로부터 취득한 운전 데이터를 손해보험 기업에 제공해 운전의 정교함이나 주행 거리, 주행 지역 같은 데이터에 기반해 보험료율을 변동시키는 보험 등이 있습니다. 특히 금융 기관이 잔고 조회, 입출금 명세 조회, 계좌 정보 조회 같은 정보나 자금 이동 정보를 제공하는 API를 제공함으로써 새로운 금융 서비스가 만들어지고 있습니다.

단, API를 공개하게 되면 보안, 권한 설정이나 인증, 과금 등 검토해야 할 과제가 많아집니다. 그래서 이 과제들을 해결하고 API를 통한 서비스 연계를 중개하는 클라우드 서비스가 등장하는 등, 'API 경제'는 계속 확대되고 있습니다.

시스템 개발과 클라우드 서비스의 역할 분담

사업 전략에 직결
Just In Time
사업 성과에 기여

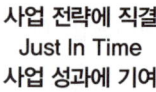

내부 팀에서 개발

전략적 애플리케이션
디자인 싱킹
린 스타트업

일상 애플리케이션
전자 메일
오피스 도구
비용 처리
비용 정산
일정 관리
파일 공유
프로젝트 관리 등

클라우드 서비스 채용

항상 최신
무료 유지보수
생태계 시스템

디지털 플랫폼
머신러닝/블록체인/IoT 등

핵심 애플리케이션
ERP/SCM

애자일 개발
×
DevOps

압도적인 속도로 IT 서비스를 실현하기 위해서는 모든 것을 직접 개발해서는 안 됩니다. 독자성이 요구되지 않는 애플리케이션은 적극적으로 SaaS를 사용해야 합니다. 예를 들면 전자 메일, 사무 도구, 경비 정산, 파일 공유 등은 어떤 기업에서도 동일한 작업을 수행하므로 일부 순서의 재검토는 필요하지만 SaaS를 사용하는 것이 현실적입니다.

그리고 재무 회계, 인사, 급여, 판매 관리, 생산 관리 같은 기간 계열 업무(핵심 애플리케이션)도 가능한 한 표준화해 SaaS를 되도록 수정하지 않고 사용하면 개발 부담을 줄이고 비용을 억제하며, 빠른 속도를 손에 넣을 수 있습니다. 또한 새로운 니즈의 도입, 법령, 규칙, 세제 등에 대한 독자적인 개별 대처도 불필요하게 됩니다.

자사의 독자적인 전략 애플리케이션을 개발하는 경우에는 플랫폼을 사용해서 필요한 기술을 개발하는 것도 좋을 것입니다.

예를 들어 AI나 블록체인 등 새로운 기술을 사용해 애플리케이션을 개발할 때는 필요한 기능 부품이 제공되는 플랫폼을 사용함으로써 개발 속도를 높일 수 있고 항상 최신 기능을 사용할 수 있고, 해당 기능의 확장이나 운용 관리를 위임할 수 있습니다. 그리고 핵심 애플리케이션과의 연계가 필요할 때도 표준화된 연계 기능이 제공되므로 최소한의 노력으로 연계할 수 있습니다.

이런 방식으로 IT 서비스를 실현하면 자사의 독자성을 발휘하고, 경쟁 우위를 만들어 내는 데 인재, 경비, 투자를 이동시킬 수 있습니다. 신규 사업 개발이나 사업, 경영 변혁을 추진하기 위해서도 전략 애플리케이션을 개발해야 합니다. 디자인 싱킹이나 린 스타트업 사고방식/기법을 도입해 혁신을 만드는 것으로 리소스를 이동시킬 수 있을 것입니다.

이런 방식을 활용하기 위해서는 변화에 민첩하게 대응하거나 현장의 니즈에 즉각 대응할 수 있어야 합니다. 따라서 애자일 개발이나 DevOps 사고방식과 기법이 전제가 됩니다.

앞으로의 운용 엔지니어와 SRE

운용 엔지니어
Operator / Operation Engineer

- IT 실무에서의 사용 방법에 관한 문의를 받아 대응하는 창구 업무
- 정해진 운영을 반복 실시하는 정상 업무
- IT에 관한 문제에 대응하는 장애 대응 업무
- 인프라스트럭처(네트워크, OS, 하드웨어 등의 기반 제품)에 관한 관리 업무 (구성 관리, 용량 관리 등)

DevOps를 위한 노력

적극적으로 소프트웨어로 치환해야 한다

- 클라우드 서비스
- 자동화/자율화 도구

비즈니스는 물론 애플리케이션의 요구사항이 점점 바뀌므로, 지속적으로 개선함에 따라 수작업을 소프트웨어로 치환해 나가야 한다.

조직을 가로지르는 인프라스트럭처 정비

- 변경에 대한 즉각적인 대응성과 신뢰성이 높은 시스템 설계
- 운용 관리 자동화/자율화 구조 설계/구축
- 개발자가 쉽게 사용할 수 있는 표준화된 정책 및 규칙 정비

> 작업자에서 소프트웨어 엔지니어로 변신!

SRE
Site Reliability Engineer

인프라스트럭처의 일상적인 운용 업무는 클라우드 사업자에게 위임할 수 있게 되었습니다. 그리고 클라우드에서는 인프라스트럭처를 사용하기 위해 필요한 설정을 전용 도구 또는 API를 통해 수행할 수 있기 때문에 애플리케이션 개발자도 이를 수행할 수 있습니다. 이런 구조가 앞서 소개한 인프라스트럭처를 설정하는 모든 순서를 프로그램 코드로 기술할 수 있는 'Infrastructure as Code'입니다. 이런 시대에 운용 엔지니어에게 요구되는 역할이 크게 변하고 있습니다. 예를 들면 지금까지 요구되던 업무로 다음을 들 수 있습니다.

- IT의 실무 사용 방법에 관한 문의를 받아 대응하는 창구 역할
- 정해진 작업을 반복 실시하는 정상 업무
- IT 관련 문제 발생 시 대응하는 장애 대응 업무
- 인프라스트럭처 관련 관리 업무(구성 관리, 용량 관리 등)

이런 업무는 적극적으로 클라우드 서비스나 자동화 도구로 대체하고, 점점 변하는 비즈니스 요구사항에 유연하고 신속하게 대응할 수 있는 인프라스트럭처 환경을 구축하는 데 업무의 중점을 옮기는 것이 요구됩니다.

구체적인 업무로 다음을 들 수 있습니다.

- 변경에 대한 즉시 대응성이나 신뢰성이 높은 시스템 기반 설계
- 운용 관리 자동화/자율화 구조 설계 및 구축
- 개발자가 쉽게 사용할 수 있는 표준화된 정책이나 규칙 정비 등

이런 역할을 담당하는 기술자를 'SRE(Site Reliability Engineer, 사이트 신뢰성 엔지니어)'라 부릅니다. 이들은 개발자와 서비스 수준의 목표값을 공유하고 협력하면서 개발, 테스트, 프로덕션 가동에 필요한 인프라스트럭처 환경을 즉시 사용할 수 있는, 조직을 가로지를 구조를 만들기 위해 노력합니다.

앞서 소개한 AIOps(AI를 사용한 운용) 서비스나 도구 보급도 이런 노력을 지탱하게 될 것입니다.

운용 엔지니어의 역할이 대응이나 인프라스트럭처의 안정적인 가동과 같은 수비적인 역할에서 빨라지는 비즈니스 속도의 변화에 대응해 '비즈니스 성과에 기여하는' 적극적인 역할로 넓어지고 있습니다.

09

지금 주목해야 할 기술

멈추지 않는 진화, 바뀌는 상식에 주목하자

기술 진화는 멈추지 않고, 그 속도는 언제나 '상상 이상'입니다. 동시에 유행의 흐름도 '상상 이상'의 속도로 반복되고 있습니다.

이번 장에서는 이런 상황 속에서 기업이나 비즈니스에 조금이라도 영향을 미칠 수 있는 기술에 관해 설명합니다.

운용에 대한 문제도 많고, 아직 보급되지 않거나, 일반적으로 주목도가 낮은 기술도 있습니다. 하지만 큰 경향으로 보면 미래의 우리 일상에 깊이 관련될 것으로 생각되는 것들도 있습니다.

특히 '양자 컴퓨터'는 지금까지의 컴퓨팅 상식을 근본부터 바꾸는 기술입니다. 따라서 각 국가, 각 기업이 막대한 자금을 들여가면서 연구/개발에 임하고 있습니다. 이런 흐름에 따라 획기적인 혁신이 일어나 2030년을 기점으로 영향을 끼치기 시작할 것으로 보입니다.

IT와 사람의 연결 방식을 크게 바꾸는 xR(VR, AR, MR)

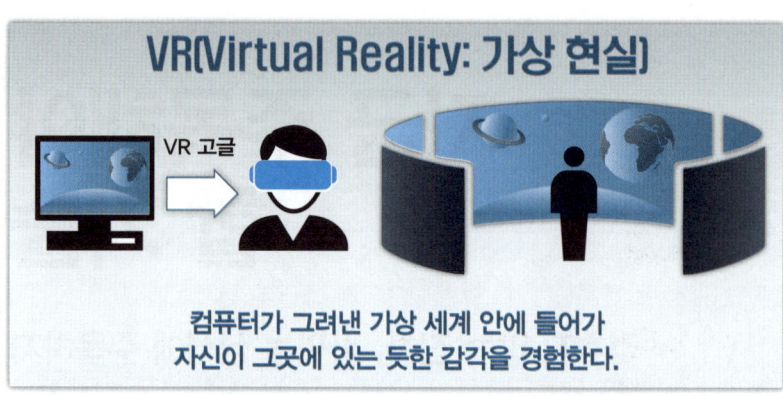

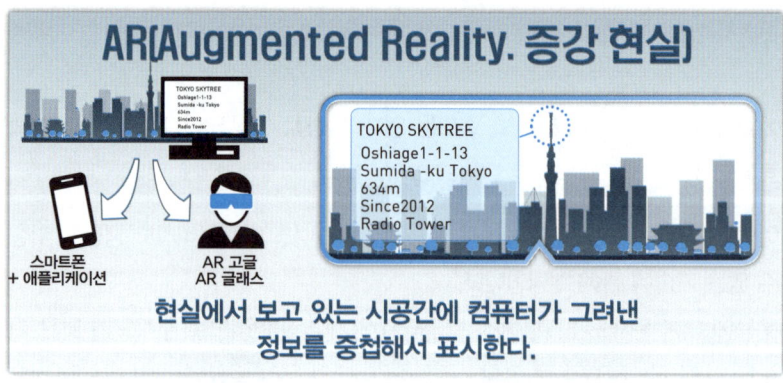

▎VR(Virtual Reality: 가상 현실)

고글을 착용하면 컴퓨터 그래픽으로 그려진 세계가 눈 앞에 펼쳐집니다. 얼굴이나 신체의 움직임에 맞춰 영상이 움직이며 헤드폰을 착용하면 음향 효과가 추가되고, 컴퓨터로 만들어진 인공적인 세계에 뛰어들어 마치 그곳에 있는 듯한 감각을 맛보고, 그것인 현실인 것처럼 경험할 수 있는 기술입니다.

몰입감을 경험할 수 있는 게임, 항공기 조작 시뮬레이션, 주택 경험 등에 사용되고 있습니다.

▎AR(Augmented Reality: 증강 현실)

고글 너머로 보고 있는 현실 풍경에, 그것이 무엇인지 설명하는 '다른 정보'가 겹쳐지듯 표시됩니다. 스마트폰이나 태블릿을 풍경에 겹치고 후면 카메라로 비춘 영상에 정보를 추가하는 소프트웨어나 클라우드 서비스도 등장했습니다. 이것이 AR입니다. 현실에서 보고 있는 시각 공간에 정보를 겹쳐 표시함으로써 현실 세계를 증강시키는 기술입니다.

점검하고 싶은 설비에 관한 정보를 표시하거나 기기 조작 패널 영상 위에 설명이나 조작 방법을 표시하거나 스마트폰 너머로 비춘 건물이나 풍경에 설명 정보를 겹쳐서 표시해 관광 안내를 하는 것 등에 사용되고 있습니다.

▎MR(Mixed Reality: 복합 현실)

고글 너머로 보고 있는 현실 풍경에 촬영된 3차원 영상이 표시되고, 그 영상을 만지거나 움직일 수 있습니다. 또는 현실 세계에 있는 아이템을 만지면 그에 대한 설명이 문자나 영상으로 표시됩니다. AR과 비슷한 개념이지만 AR이 현실 세계에 컴퓨터로 만든 정보를 투영시키는 기술인 것에 비해, MR은 현실 세계에 컴퓨터로 만들어 낸 디지털 세계를 겹치고 그 디지털 세계를 만지거나 조작하는 작용을 할 수 있게 한 기술입니다.

항공기 제트 엔진의 CG를 촬영하고 파일럿이나 정비사가 이를 둘러싸고, 각자의 시점에서 엔진의 해치를 열고 부품을 이동하고 확대하며 실제로 실물을 다루는 것처럼 경험하면서 엔진의 구조나 이름을 학습하는 연수 등에 사용되고 있습니다.

VR, AR, MX을 통틀어 xR(Cross Reality: 교차 현실)이라 부릅니다.

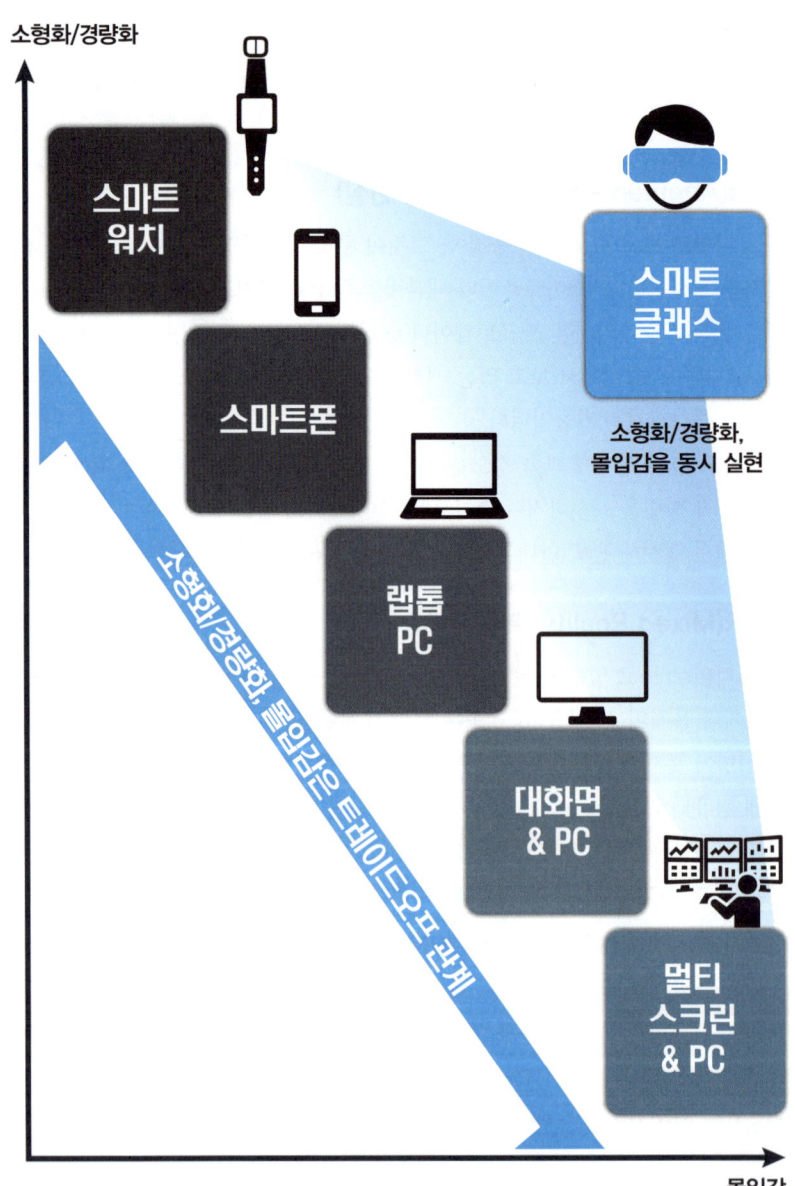

디스플레이는 IT로부터 정보를 받기 위한 UI입니다. 이런 디스플레이에 표시되는 정보량을 늘려 풍부한 표현력을 발휘하기 위해서는 화면 크기를 키워야 합니다. 현장감 있는 영상을 보거나, 온라인 게임과 같은 CG 세계에 몰입하는 경험을 얻으려면 보다 큰 디스플레이나 멀티 스크린이 필요합니다.

한편, 이런 디스플레이는 휴대를 위해서는 소형이어야 합니다. 랩톱 PC, 태블릿, 스마트폰과 같이 화면을 작게 만듦으로써 휴대의 편의성(모빌리티)이 향상됩니다. 지금 널리 사용되고 있는 디바이스 중 가장 소형이며 모빌리티 성능이 뛰어난 것은 단연 스마트 워치일 것입니다.

하지만 모빌리티가 높아질수록 화면은 작아지고, 표시할 수 있는 정보량도 적어지며 현장감이나 몰입감이 떨어집니다. 즉 이들은 트레이드오프 관계에 있습니다. 이 트레이드오프를 해소하는 수단이 되는 것이 xR에서 사용되는 고글 형태 또는 안경 형태의 스마트 글래스입니다.

스마트 글래스라면 휴대가 쉽고, 가상의 큰 화면을 볼 수 있습니다. 이를 통해 몰입감과 모빌리티가 양립할 수 있습니다. 스마트 글래스로 실현할 수 있는 것으로 다음을 들 수 있습니다.

- **핸즈 프리 조작**: 시선이나 제스처 조작을 할 수 있으므로 작업 중 정보 확인이나 커뮤니케이션을 원활하게 수행할 수 있다.
- **정보 표시**: 지도, 내비게이션 정보, 작업 지시서 등을 눈 앞에 표시함으로써 작업 효율을 향상시키고 정보 유출 리스크를 줄일 수 있다.
- **카메라 촬영**: 핸즈 프리로 사진이나 동영상을 촬영할 수 있어 현장감 있는 영상을 기록하거나 원격 작업 지원에 활용할 수 있다.
- **음성 통화**: 전화나 영상 통화를 핸즈 프리로 수행할 수 있으므로 이동 중이나 작업 중에도 원활하게 커뮤니케이션할 수 있다.

스마트 글래스는 현재 보급 단계에 있으며 가격이 비싸고, 배터리 시간이 짧아 오랫동안 휴대하기 위해서는 배터리 크기를 키워야 합니다. 그리고 패션 측면이나 착용성 면에서 문제가 있으며, 오랜 시간 착용하면 피곤해지는 것 등의 과제를 안고 있습니다. 단, 이 과제들을 극복한다면 다양한 분야에서 활용할 수 있게 되어 인간과 컴퓨터의 관계를 크게 바꿀 가능성을 품고 있습니다.

제 3의 기관에 의존하지 않고도 거래의 정당성을 보증하는 블록체인

기존 방법(집중 장부)

신뢰/권한을 가진 기관이나 조직에 장부를 맡겨, 거래 정당성을 보증한다.

블록체인(분산 장부)

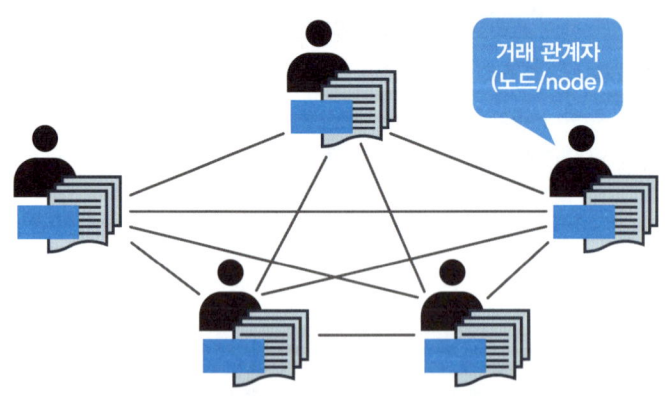

거래에 관련된 모든 주체가 장부를 갖고 거래의 정당성을 전원이 상호 보증한다.

일반적인 거래에서는 법률, 규칙 또는 오랜 기간의 실적에 따라 신뢰받는 은행이나 정부 기관 등, 제3의 기관이나 조직이 거래 이력을 중앙 집중 관리하고, 그 정당성이 보증됩니다. 이에 비해 '블록체인(Blockchain)'은 이런 제3의 기관에 의한 중개 없이 거래의 정당성을 보증하는 기술입니다.

블록체인은 원래 '정부나 중앙 은행에 의한 규제나 관리를 받지 않는, 누구나 자유롭게 거래를 할 수 있는, 조작 같은 부정을 저지를 수 없는 인터넷상의 화폐'로 개발된 '비트코인(Bitcoin)'의 신뢰성을 보증하기 위한 기반 기술입니다. 사토시 나카모토(サトシ・ナカモト)라는 이름을 사용하는 인물이 쓴 논문에서 처음으로 원리를 알린 것이 탄생의 계기가 되었습니다.

이 논문을 기반으로 뜻을 함께하는 사람들에 의해 오픈소스 소프트웨어로 비트코인이 개발되었고, 2009년부터 운용이 시작되었습니다. 운용 시작 이후, 조작 등에 의한 피해 없이 거래가 지속되고 있으며, 그 구조의 유효성을 인정받고 있습니다. 오늘날에는 비트코인 이외에도 다양한 '인터넷상의 화폐', 즉 '가상 화폐'라 불리는 것들이 등장하고 있습니다.

하지만 일본의 비트코인 거래소인 Mt.Gox 시스템이 2014년에 절도를 당해 거래가 불가능하게 되어 큰 사회 문제가 되었습니다. 또한 기타 가상 화폐도 동시에 거래소에서 절도를 당했지만 이것은 가상 화폐 자체의 문제가 아닌, 거래소 시스템의 문제였습니다. 이로 인해 가상 화폐의 유효성이 침해된 것은 아니므로, 가상 화폐와 거래소 시스템을 분리해서 생각해야 합니다.

비트코인의 신뢰성을 보증하는 기반으로 등장한 블록체인은 그 뒤 '신뢰받는 제3의 기관'에 의존하지 않고, 거래에 관련된 모든 주체가 같은 장부나 거래 이력을 공유하고, 모든 주체가 서로 감시함으로써 '거래의 정당상을 보증하기 위한 범용적인 기술'로 개발이 진행되고 있습니다. 또한 가상 화폐 이외에도 송금, 결제, 무역 금융, 감정서 관리 등 다양한 거래나 가치 교환의 신뢰성을 보증하기 위한 구조로 사용되고 있습니다.

특히 신뢰 가능 여부를 알 수 없는 거래 상대의 거래나 신뢰할 수 있는 중개자가 존재하지 않는 경우, 거래 및 송금 같은 가치 교환을 해야 할 때는 블록체인이 유효한 수단이 될 것으로 기대되고 있습니다.

블록체인이 조작을 방지하는 구조

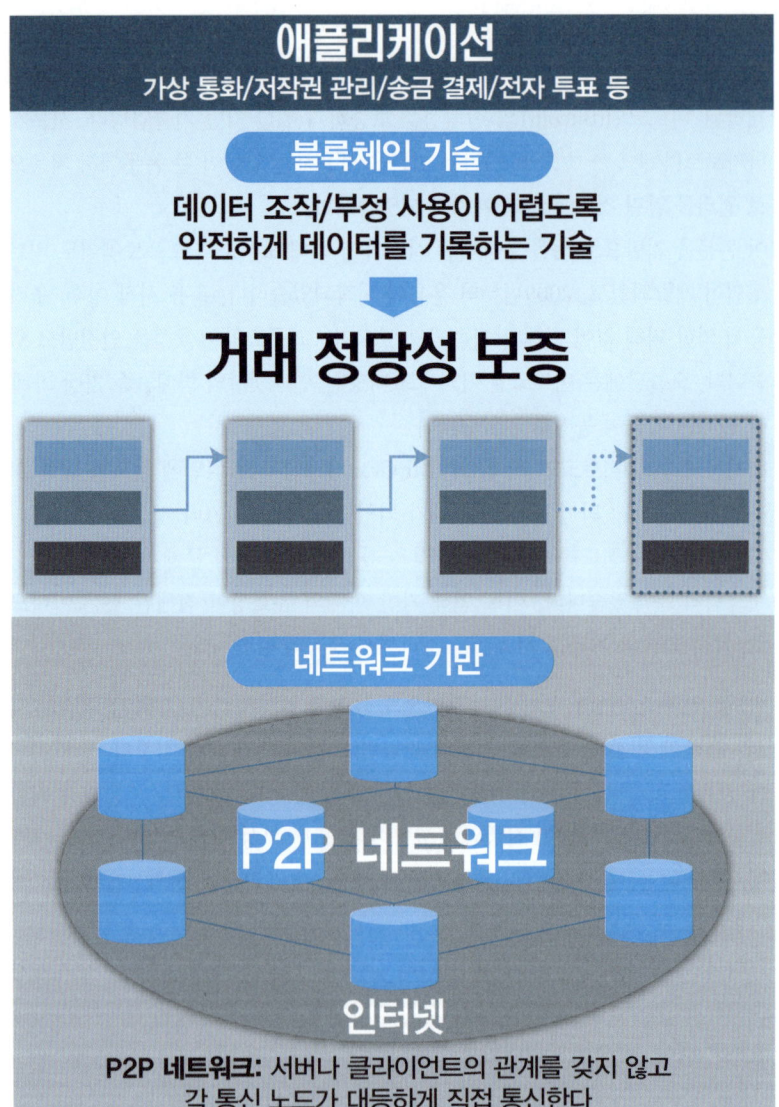

블록체인에서는 여러 거래를 '블록'이라는 단위로 모읍니다. 이 '블록'을 시계열 순으로 연결한 것을 '블록체인'이라 부릅니다. 이 블록체인은 해당 거래 구조에 참가하는 모든 참가자의 시스템에 복제, 공유됩니다. 거래가 발생하면 새롭게 블록이 만들어지고, 정해진 순서(컨센서스 알고리즘)에 따라 정당한 거래 여부를 검증한 뒤, 블록 체인에 추가됩니다. 그리고 참가한 모든 시스템의 블록체인이 업데이트됩니다. 이 일련의 순서를 통해 거래 이력이 모두에게 분산 공유되어 거래가 발생했음이 기록됩니다.

과거에 발생했던 특정 거래를 조작하기 위해서는 막대한 수의 시스템에 분산 공유된 모든 거래 이력이 모여있는 장부 안에서, 그리고 특정한 블록을 모든 시스템에서 조작해야 합니다. 거기에 각 블록에는 이전 블록의 지문(Fingerprint)에 해당하는 암호화된 코드(해시값)가 포함되어있기 때문에 조작한 거래 이후의 모든 블록에서 해시값을 재계산하고, 모든 시스템에 전달해 수정해야 합니다. 또한 비트코인의 경우 계속 블록체인을 변경하고 있어 이 변경 속도보다 빠르게 모든 참가자 중 51% 이상의 참가자가 가진 거래 이력을 조작해야 합니다.

이것은 강력한 슈퍼 컴퓨터로도 계산할 수 없는 규모이기 때문에 실질적으로 조작은 불가능합니다. 관점을 바꿔보면, '한번 기록한 것을 변경할 수 없다'는 의미이며, 변경을 허용하지 않은 이력이나 증명에 적합합니다.

거래자의 정보는 암호화되어 있으며 거래 내용이 누구나 알 수 있는 형식으로 공개되더라도, 이러한 특성에 따라 현실의 거래자와 연결할 수 없어 익명성이 보장됩니다.

블록체인은 가상 화폐로 대표되는 퍼블릭 거래에 적용하는 것뿐만 아니라 조작이나 변경이 불가능하고, 비용이 저렴한 저성능 시스템을 여럿 사용해 무중단 운용이 가능하기 때문에 은행 거래나 계약 등 핵심이 되는 원장 관리에 적합합니다. 따라서 프라이빗 시스템에 대한 적용도 주목받고 있습니다. 은행 예금, 이체, 결제 같은 계정 계열 업무, 증권 거래, 부동산 등기, 계약 관리 등에 적용할 수 있습니다.

이런 블록체인은 이미 실용화가 진행되고 있어 계속 주목해야 합니다. 단, 금전에 관련된 거래나 계약 등은 고도의 안전성과 신뢰성, 가용성이 요구되기 때문에 실용적인 측면에 있어서는 신중하게 접근하는 기업이 많은 것 또한 사실입니다.

블록체인으로 실현되는 애플리케이션

통화, 부동산, 주식, 라이선스 등의 가치/자산을 인터넷 상에서 특정한 관리자를 거치지 않고 안전하고 확실하게 거래할 수 있게 한다

애플리케이션
가상 통화, 전자 투표, 송금 결제 등

암호화, 인증 기술을 활용해 블록체인 기능을 비즈니스 프로세스에 적용한 구조

블록체인
Ethereum, Hyperledger, Bitcoin Core 등

가치의 소재나 그 교환을 참가자 전원이 상호 공유/확인하기 위한 방법과 그것을 실현하는 구조

인터넷
정보를 교환하기 위한 순서와 그것을 실현하는 구조

인터넷은 1990년대부터 전세계에서 특정 관리자에 의존하지 않고, '정보를 교환하기 위한 수단과 이것을 실현하는 구조'로 사용되고 있습니다. 소위 '정보 교통의 민주화'를 실현하고 있다고 할 수 있습니다.

블록체인 또한 인터넷과 마찬가지로 특정한 관리자에 의존하지 않고 '가치 교환 의 민주화'를 실현하는 구조라 할 수 있습니다. 블록체인은 이 인터넷 상에서 '가치의 소재나 그 교환을 참가자가 상호 공유/확인하기 위한 수단 및 그것을 실현하는 구조'입니다. 원래는 비트코인의 거래 정당성을 확보하는 구조로 등장했지만 현재는 블록체인만 분리해 다양한 거래의 정당성을 보증하는 수단으로 사용하고 있습니다. 구체적으로는 Ethereum, Hyperledger 등이 있습니다. 이 블록체인에 암호화, 인증 기술을 조합해 다양한 애플리케이션이 가동됩니다. 블록체인은 조작이 어렵고, 한번 기록된 것은 변경할 수 없다는 특징을 활용해 가치나 자산을 인터넷 상에서 안전하고 확실하게 보증 및 거래하기 위해 사용됩니다. 예를 들어 다음과 같은 서비스를 들 수 있습니다.

- **금융/결제**: 가상 화폐/암호화 기술을 사용해 위조/조작을 방지한 디지털 화폐. 국제 송금/수수료가 낮은 신속한 송금을 실현. 무역 금융/무역 거래 서류 관리를 간소화하여 비용 절감. 증권 거래/주식이나 채권 발행 및 관리 효율화.
- **공급망 관리**: 식품 추적성/식재료의 원산지에서 유통 이력 투명화. 의약품 위조 방지/의약품의 정직성 보증. 물류 관리/화물 추적 및 관리 효율화.
- **신원 관리**: 자주적 신원(Self-Sovereign Identity)/본인에 의한 개인 정보 관리. KY(Know Your Customer)/고객 정보의 안전한 관리 및 공유.
- **데이터 관리**: 의료 데이터 공유/환자의 의료 데이터를 안전하게 공유. 저작권 관리/저작물의 권리 보호. 투표 시스템/조작을 방지한 투명성이 높은 투표.
- **기타**: 에너지 거래/재생 가능 에너지 거래 효율화. 게임/게임 내 아이템 소유권 관리. 음악 스트리밍/음악 저작권 보호. 아티스트에게 정당한 보수 배분.

블록체인의 기능을 활용한 서비스는 사회나 경제의 새로운 기반으로써 이후 다양한 분야에서 중요한 역할을 담당하게 될지도 모릅니다.

화폐와 동등한 가치를 갖는 '디지털 화폐'

디지털 화폐

화폐와 동등한 가치를 갖는, 화폐처럼 사용할 수 있는 디지털 데이터

전자 화폐

현금 대신 사용할 수 있는 디지털 화폐. 미리 현금을 충전해 두고 지불하는 선불(Prepaid) 방식, 신용 카드와 연계한 후불(Postpaid) 방식이 있다.

네이버페이, 카카오페이, 토스페이 등

가상 화폐

국가(중앙 은행)에 의존하지 않고 유통하는, 비중앙집권형 화폐. 국가나 조직의 관리를 받지 않는 화폐이며, 수요와 공급의 균형에 따라 그 가치가 결정된다.

Bitcoin, Ether, Ripple 등

CBDC (중앙 은행 발행 디지털 화폐)

국가(중앙 은행)가 발행하는 법정 화폐를 디지털 데이터로서 유통시키는 것. 원, 달러, 유로, 위안화 등 각각의 법정 화폐에 대응한 CBDC가 검토/실증/실험되고 있다.

'디지털 화폐'는 '화폐와 같은 가치를 가지며 화폐처럼 사용할 수 있는 디지털 데이터'이며, '전자 화폐', '가상 화폐', 'CBDC(중앙 은행 발행 디지털 화폐)'로 분류됩니다.

▎전자 화폐

국가(중앙 은행)가 발생하는 법정 화폐(한국의 원)를 대체하는 수단으로, 미리 법정 화폐의 현금을 충전해 두고 지불하는 선불 방식(Prepaid)이 기본이나, 신용 카드와 연계한 후불 방식(Postpaid)도 있습니다. 스마트폰이나 IC 카드 등으로 지불할 수 있으며 현금을 가지고 다닐 필요가 없고, 잔돈(동전)을 지불하는 번거로움도 없습니다. 그리고 사용에 따라 포인트를 부여하기도 합니다.
(한국에서는 네이버에서 발행하는 네이버 페이, 카카오에서 발행하는 카카오 페이, 비바 퍼블리카에서 발행하는 토스 페이 등이 있습니다.)

▎가상 화폐

국가(중앙 은행)에 의존하지 않고 통용하는 화폐로 사용자의 수요와 공급의 균형에 따라 그 가치가 결정됩니다. 가상 화폐는 특정한 국가에 의존하지 않기 때문에 분쟁이 일어나고 있는 국가나, 정부가 빈번하게 교체되어 국가에 대한 신뢰도가 낮은 지역에서는 자국의 법정 통화보다 신뢰를 받으며 유통되기도 합니다. 또한 투기 목적으로의 거래가 많아 가치 변동이 큰 경우도 빈번합니다. 이런 가상 화폐 거래의 신뢰를 담보하는 수단으로 '블록체인'이 사용됩니다.
가상 화폐는 다양하게 존재하며 대표적으로 Bitcoin, Ether, Ripple 등이 있습니다.

▎CBDC(Central Bank Digital Currency: 중앙 은행 발행 디지털 화폐)

국가(중앙 은행)가 발행하는 법정 통화를 디지털 데이터로 통용하는 것으로 지폐 인쇄나 동전 주조, 현금 유통이나 폐기 같은 비용을 줄일 수 있으며 위조 방지, 사용 이력 유지 등으로 탈세에 대한 대책이 될 것으로 기대되고 있습니다.
원, 달러, 유로, 위안화 등 각 법정 통화에 대응하는 CBDC가 검토되고 있으며 실증 실험도 이루어지고 있습니다.

자율 분산형 인터넷을 목표로 하는 Web3

Web3
자율/분산형

- 읽기
- 쓰기
- 소유/참가

2021년~
- ☑ 데이터는 개인/기업이 관리
- ☑ 데이터 활용 범위는 다양화
- ☑ 플랫폼을 통하지 않고 자율적으로 업무 전개

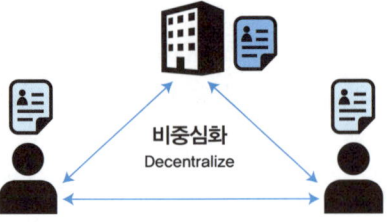

비중심화
Decentralize

Web2.0
양방향/참가형

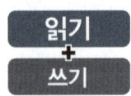
- 읽기
- 쓰기

2004년~
- ☑ 데이터는 플랫폼이 관리
- ☑ 데이터 활용 범위는 확대
- ☑ 플랫폼을 통한 비즈니스 전개

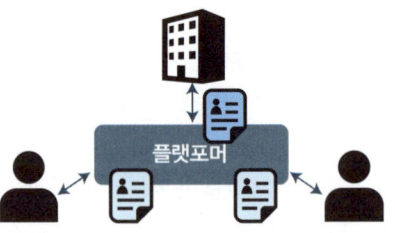

플랫폼

Web1.0
단방향/일방통행형

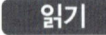
- 읽기

1990년~
- ☑ 데이터는 개인/기업이 관리
- ☑ 데이터 활용 범위는 한정적
- ☑ 정보 발신 중심으로 비즈니스 용도는 한정적

Web3는 2021년 후반부터 급속하게 주목받는 새로운 인터넷의 형태를 나타내는 개념입니다. 이 용어는 등장한 지 오래되지 않았기 때문에 명확한 정의는 없지만 말로 표현해보면, '자율 분산형 인터넷'이라 할 수 있습니다. 정보를 독점해 오던 GAFAM(Goole, Apple, Facebook, Amazon, Microsoft) 같은 플래포머에 의존하지 않고 정보를 분산 관리해 그 활용을 민주적인 것으로 하고자 하는 개념입니다. Web1.0, Web2.0에 이어 인터넷의 변천을 나타내는 개념입니다.

▌Web1.0: '단방향/일방통행형' 인터넷

1990년대 초기에 등장한 인터넷에서는 WWW(World Wide Web) 기술이 보급되어 누구나 홈페이지를 만들어 정보를 발신할 수 있게 되었습니다. 그러나 이를 위해서는 홈페이지를 제작할 수 있는 전문적인 스킬이 필요했기에 누구나 간단히 만들 수는 없었습니다. 그렇기 때문에 커뮤니케이션 수단은 메일이 중심이었으며, 발신자와 수신자와의 양방향 소통은 거의 불가능했습니다.

▌Web2.0: '양방향/참가형' 인터넷

미국의 기술계열 출판사가 2004년에 제창한 것이 계기가 되었습니다. 이후 Twitter(현 X), Facebook 같은 SNS, YouTube 같은 동영상 스트리밍 서비스가 등장하고 전문 지식이 없어도 누구나 정보를 발신할 수 있게 되었습니다. 이런 편의성의 이면에 서비스를 운영하는 특정 기업이 개인 정보를 포함한 다양한 정보를 독과점화해, 거대 기업/플랫포머가 개인 정보를 임의로 사용함에 따라 발생하는 문제에 대한 우려나 그에 의한 보안 리스크가 커지게 되었습니다.

▌Web3: '자율 분산형' 인터넷

특정 플랫포머에게 의존하지 않고 인터넷 참가자가 스스로 데이터를 관리, 활용할 수 있는 시대를 나타내는 개념입니다. 그 핵심이 되는 기술이 '블록체인'입니다. '특정한 제 3자에게 의존하지 않고도 안전하게 데이터를 기록할 수 있는' 블록체인 기술을 사용해 정보 관리나 활용 권한을 사용자가 갖고, 다방향의 정보 전달을 실현하고 자율 분산적인 조직 운영을 가능하게 합니다. 다음 절에서 소개할 DAO(자율 분산형 조직)가 이런 시대의 전형적인 조직 형태라 할 수 있습니다. 그리고 금융 기관에 의존하지 않은 금융 거래(DeFi/Decentralized Finance), 플랫포머나 특정 조직에 의존하지 않은 권리 인증(NFT) 등이 등장하기 시작했습니다.

Web3 시대의 조직 형태인 DAO(자율 분산형 조직)

일반적인 기업 조직

조직을 통솔하는 대표자가 의사 결정을 하고 계층 조직으로 운영

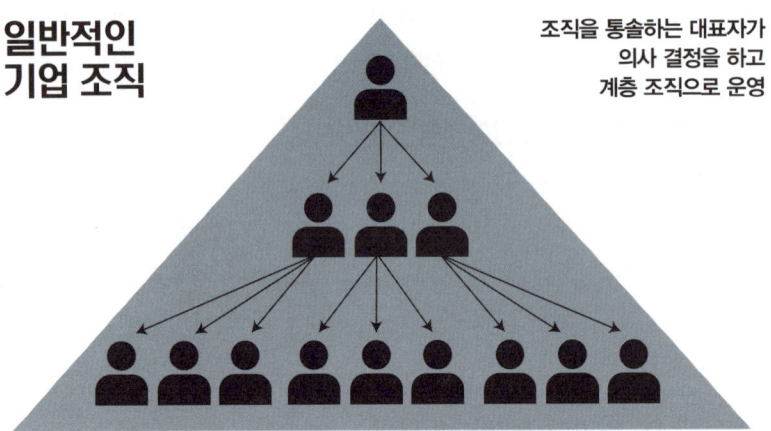

주식, 스톡 옵션을 가진 창업 멤버나 벤처 캐피털에 이익을 환원하는 구조. 직원의 인센티브는 급여임.

DAO (자율 분산형 조직)

참가자끼리 자율적으로 의사 결정해 조직을 운영

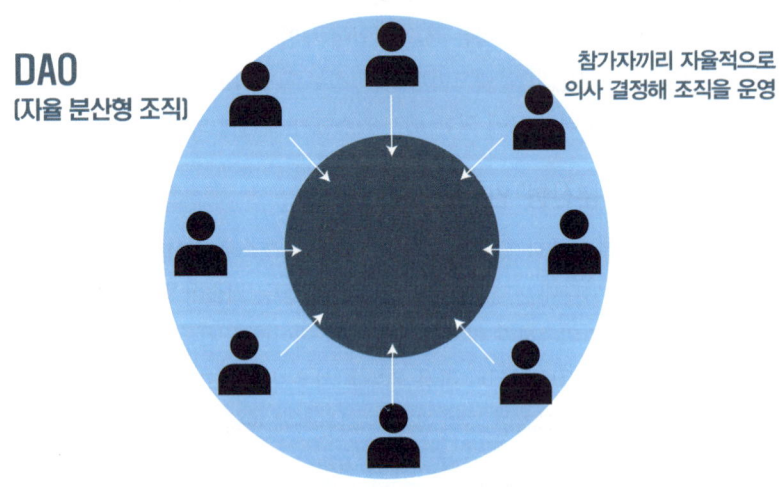

다양한 형태로 기여한 참가자 전원에게 이익을 환원하고, 이것이 인센티브가 되어 자율적으로 조직의 성공에 기여함.

DAO(Decentralized Autonomous Organization: 자율 분산형 조직)는 '비전에 찬성하는 사람들이 모여 참가자가 협력해 관리, 운영되는 커뮤니티 조직'을 말합니다.

'이더리움(Ethereum)'은 이런 DAO의 전형적인 사례입니다. 2013년 당시 19세였던 비탈릭 부테린(Vitalik Buterin)은 '다양한 목적을 위해 사용할 수 있는 블록체인 플랫폼을 만든다'는 비전을 제시했고, 그것에 공감한 사람들이 모여 커뮤니티를 만들었습니다. 그들은 각각 자신이 잘하는 부분, 예를 들어 프로그램 작성, 자금 제공, 홍보 활동 등을 수행함으로써 커뮤니티에 기여하고 있습니다. DAO에는 일반적인 기업 조직과 달리 계층적인 조직이나 조직을 통솔하는 대표자가 존재하지 않습니다. 참가자들은 어떤 이에게도 명령을 받지 않고, 자율적으로 의사 결정을 하며, 조직을 운영합니다.

이를 실현하고 있는 것이 '거버넌스 토큰'이라 불리는 '가상 화폐'를 사용한 구조입니다. 거버넌스 토큰을 보유한 사람에게는 DAO 조직 운영에 대한 제안과 의사 결정에 관해 투표할 수 있는 권한이 부여됩니다.

이더리움의 '거버넌스 토큰'은 '이더(Ether)'입니다. 이더를 소유하고 있는 커뮤니티 참가자는 다양한 형태로 이 노력에 기여함으로써 가치를 높여왔습니다. 그 결과 불과 몇 명이 시작했던 커뮤니티는 이제 2억명에 가까운 사람들이 참가하게 되었으며, 가상 화폐인 이더의 가치도 높아져 이들은 금전적인 보상을 받을 수 있었습니다.

앞절에서 소개한 Web2.0 조직, 예를 들면 Facebook이나 Google 같은 스타트업 기업은 창업 멤버나 직원, 벤처 캐피털이 주식이나 스톡 옵션을 갖고 '기업이 성공하면 자신도 금전적 보상을 얻을 수 있다'는 인센티브가 작동해 조직에 대한 기여를 촉진했습니다. 하지만 일부 창업 멤버나 벤처 캐피털이 보상을 얻은 구조이기 때문에 급여를 받는 직원 이외의 사람들이 기여를 하더라도 그에 대한 대가는 주어지지 않습니다.

한편, DAO에서는 다양한 형태로 기여한 참가자 모두에게 이익이 환원됩니다. 이것이 인센티브가 되어 자율적으로 조직의 성공에 기여하게 되는 것입니다.

이런 구조가 자율 분산형 조직 운영을 가능하게 합니다.

디지털 데이터에 자산 가치를 부여하는 NFT(비대칭성 토큰)

위조 불가한 감정서/소유 증명서

- 프로그램 가능성: 디지털 데이터에 다양한 부가가치를 부여할 수 있다.
- 상호 운용성: 표준 규격화되어 어디에서든 취급할 수 있다.
- 거래 가능성: 특정 사업자에게 의존하지 않고 자유롭게 거래할 수 있다.

- 가치 보증 리스크: 대상 데이터의 가치를 보증하지 않는다.
- 가치 소실 리스크: 특정 서비스에 의거하는 경우, 해당 서비스가 없으면 가치가 소실된다.
- 법률 대응 리스크: 법률상의 자산에 해당하지 않는다.

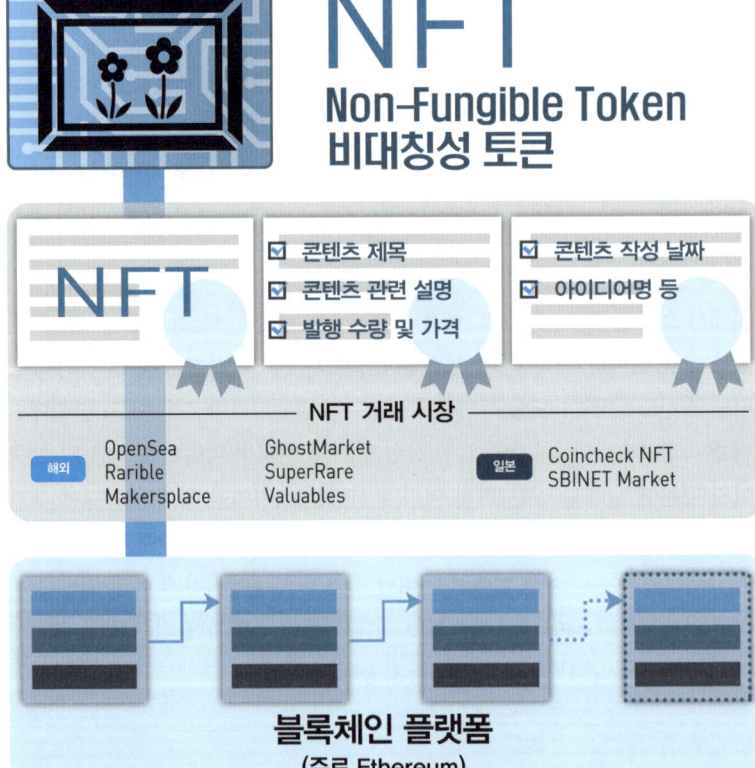

기존의 디지털 아트는 디지털 데이터(이하 데이터)이기 때문에 쉽게 복사, 조작할 수 있어, 실물 보석 등과 같은 자산 가치를 갖지 않았습니다. 그래서 블록체인을 사용해 데이터에 '위조 불가능한 감정서/소유 증명서'를 부여하는 기술로 등장한 것이 'NFT(Non-Fungible Token: 비대칭성 토큰)'입니다. '비대칭성'은 '바꿀 수 없는, 유일무이한'이라는 의미입니다.

NFT를 사용하면 데이터라도 '소유자의 명확함'와 '비대칭성'이 보장되어, '희소성'이 있다면 자산 가치를 부여할 수 있으므로 거래가 가능해집니다.

NFT에는 다음 세 가지 특징이 있습니다.

- **프로그램 가능성(Programmability)**: 디지털 데이터에 다양한 부가가치를 부여할 수 있는 것입니다. 예를 들면 어떤 예술 작품을 구입한 사람이 이를 전매한 경우, 기존에는 작가에게 수입이 돌아가지 않았지만 거래가 발생할 때마다 구입 대금의 일부를 지불한다'는 프로그램을 삽입하면 지속적으로 작가가 수입을 얻을 수 있습니다.
- **상호 운용성**: NFT의 사양은 공통 규격화되어 어디서든 취급할 수 있습니다. 단, 지금의 기술로는 완전하지 않으므로 주의해야 합니다.
- **거래 가능성**: 특정한 사업자에게 의존하지 않고 거래할 수 있으며, 국가나 기존 업계의 규칙이나 규제의 테두리에 국한되지 않고 자유롭게 거래할 수 있습니다.

그러나 다음 세 가지 리스크도 있습니다.

- **가치 보증 리스크**: NFT는 데이터에 '유일무이'하다는 증명을 부여하는 것뿐이며 그 가치를 보증할 수 없습니다. 예를 들면 창작자와 관계 없는 제 3자가 복사해 NFT를 임의로 부여할 수 있습니다.
- **가치 소실 리스크**: NFT가 부여된 데이터가 특정한 서비스에 의거하는 경우, 해당 서비스가 사라지면 가치도 사라집니다.
- **법률 대응 리스크**: NFT가 부여된 데이터는 법률상 자산에 해당하지 않습니다. 그렇기 때문에 어떤 문제가 발생하더라도 본인의 책임이 됩니다.

NFT에는 해결해야 하는 과제가 있지만, 데이터에 자산 가치를 부여해 시장성을 갖게 할 수 있는 가능성이 있으므로 새로운 비즈니스를 만들어 낼 가능성이 있습니다.

현실 세계와 가상 세계를 융합하는 메타버스

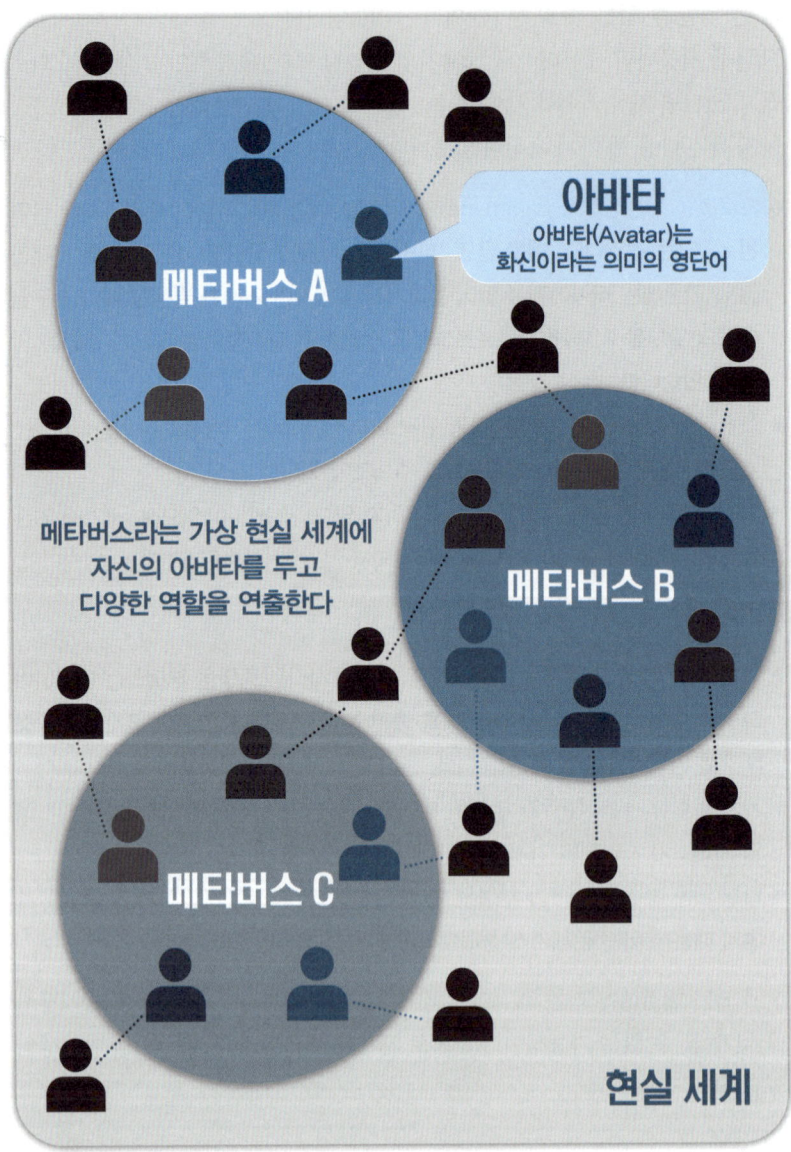

메타버스는 '메타(Meta=초월하다)와 유니버스(Universe=우주)'를 조합한 용어로, 인터넷 상에 만들어진 가상 공간 안에서 놀이나 커뮤니케이션, 비즈니스를 할 수 있는 세계로 이해되고 있습니다.

메타버스는 2003년에 등장한 '세컨드라이프'의 시작으로 인식되고 있으며 이후 등장한 인기 게임인 '포토나이트' 또는 온라인 게임 플랫폼 '로블록스' 등이 계기가 되었다고 말할 수 있습니다.

가상 공간 안에서 온라인 게임이 가능한 것뿐이라면 '파이널 판타지(Final Fantasy)', '드래곤 퀘스트(Dragon Quest)' 등과 같지 않은가라고 생각할수도 있습니다. 하지만 이것들은 게임으로 만들어진 시나리오 범위에서 어느 정도 자유가 존재하는 것에 지나지 않습니다. 메타버스는 그 범위를 넘어, 참가자 자신의 시나리오를 그리고 그것이 자기 증식적으로 확산되어 게임과 관계 없이 자신의 세계를 만든다는 차이가 있습니다.

메타버스는 VR이나 AI 기술의 발전, 고속의 대용량 네트워크 보급에 힘입어 적용 범위를 넓혀가고 있습니다. 특히 생성형 AI는 AI 아바타의 리얼리티를 높이고, 진짜 인간처럼 유창한 대화가 가능한 정도까지 진화했습니다. 그리고 Apple Vision Pro처럼 고해상도로 현실 세계와 가상 세계를 융합할 수 있는 제품도 등장하고 있습니다. 이런 기술들로 다음과 같은 것을 할 수 있습니다.

- 눈 앞에 상대가 있는 듯한 감각으로 회의나 논의를 할 수 있다.
- 메타버스 안에서 상품을 사용, 착용해 보고 그곳에서 쇼핑한다.
- 다른 사람들과 같은 공간에서 감각을 공유하면서 라이브 콘서트를 즐긴다.

그리고 메타버스 안의 디지털 자산에 MFT를 사용해 자산 가치를 부여하고, DAO로 사업 조직을 운영하고, 가상 화폐로 결제하는 새로운 경제 기반이 나타납니다.

기술 발전과 함께 디지털 트윈의 해상도가 높아지고 현실 세계와 가상 세계의 융합이 한층 진행될 것입니다. 그리고 메타버스는 현실 세계의 규칙, 습관, 성별, 인종 등에 얽매이지 않고 다른 자신이 되어서 활동할 수 있습니다. 그리고 현실 세계에서는 리스크가 있을 수 있는 시도를 하고 그 성과를 활용해 현실 세계를 보다 쾌적하게 만들 수도 있을 것입니다.

아직 기술적인 과제도 많고 사회적 인식도 당장은 따라잡을 수 없지만, 메타버스를 단순한 게임의 확장이 아니라 새로운 사회의 경제, 또는 커뮤니티의 기반으로의 가능성을 염두에 두고 주목해야 할 것입니다.

컴퓨터의 새로운 형태인 뉴로 모픽 컴퓨터

통합적인 지적 처리 능력

기존 컴퓨터

논리적/분석적 사고

수학 계산
언어 이해
구조 이해

다양한 정보 처리
높은 소비 전력
대규모 수치 연산

클라우드에서의 제공 등

뉴로 모픽 컴퓨터

감각/패턴 인식

이미지 인식
음성 인식
문자 인식

높은 신뢰성
낮은 소비 전력
고속의 머신러닝/추론

IoT 디바이스에 탑재 등

'뉴로 모픽 컴퓨터(Neuro Morphic Computer)' 또는 '두뇌형 컴퓨터'는 뇌의 신경 세포인 뉴런을 모방한 전자회로로 구성된 컴퓨터를 말합니다. 뉴런은 전기적인 '스파크' 또는 '펄스'에 의해 정보를 전달하며, 이 구조를 전자 회로를 사용해 모방하고 정보 처리를 시키고자 하는 것입니다.

인간의 뇌에는 대략 1,000억개의 뉴런이 존재하며 각 뉴런이 상호 연결되어 네트워크(뉴럴 네트워크)를 형성하고 있습니다. 이 연결 부분을 시냅스라 부르며, 시냅스를 모두 더하면 대략 1,000조 개의 시냅스가 존재합니다. 뉴런은 전구 1개보다 적은 에너지로 이 구조를 동작시킵니다.

뇌는 새로운 것을 학습하면 시냅스에서의 신호 전달 용이성(결합 강도)이 변화합니다. 이에 의해 뉴런 사이의 정보 전달이 쉬워지고 특정 정보에 의해 만들어진 자극에 강하게 반응하는 뉴럴 네트워크가 만들어집니다. 예를 들면 사람의 얼굴, 사과, 고양이 등 시각을 통해 얻어진 정보에만 강하게 반응하는 각각의 뉴럴 네트워크가 만들어지는 것입니다.

'뉴로 모픽 컴퓨터'는 이 원리를 사용해 뇌 안에서의 기억이나 정보 처리를 컴퓨터에서 수행합니다. 기존 컴퓨터와 같이 기억 회로와 연산 회로를 개별적으로 탑재하고 그 사이에 데이터를 전송함으로써 대량의 전력을 소비하는 것과 함께 일부 회로에 오류가 발생하더라도 대량으로 존재하는 다른 회로가 대체해 줌으로써 높은 신뢰성을 유지할 수 있습니다. 이 특성을 활용해 스마트폰이나 스마트 워치 같은 웨어러블 기기, 자동차나 가전제품 같은 IoT 디바이스에 탑재하고, 클라우드에 의존하지 않고도 디바이스 측에서의 고도의 학습/추론이 가능하게 되는 것이 기대되고 있습니다.

인간의 뇌에 비유하자면, 기존 컴퓨터는 논리적/분석적 사고를 관장하는 좌뇌를, '뉴로 모픽 컴퓨터'는 감각이나 패턴 인식을 관장하는 우뇌를 담당하는 것입니다. 이 둘을 조합해 인간의 뇌에 해당하는 통합적인 지적 처리 능력을 실현하는 것도 기대될 수 있습니다.

아직 인간의 뇌의 규모에는 미치지 못하지만, 이미 세계 각국에서 연구 개발이 진행되어 다양한 성과가 발표되고 제품도 등장하고 있습니다.

양자 컴퓨터가 필요하게 된 이유

물리적 움직임을 사용해 추상적 '수'를 연산하는 도구

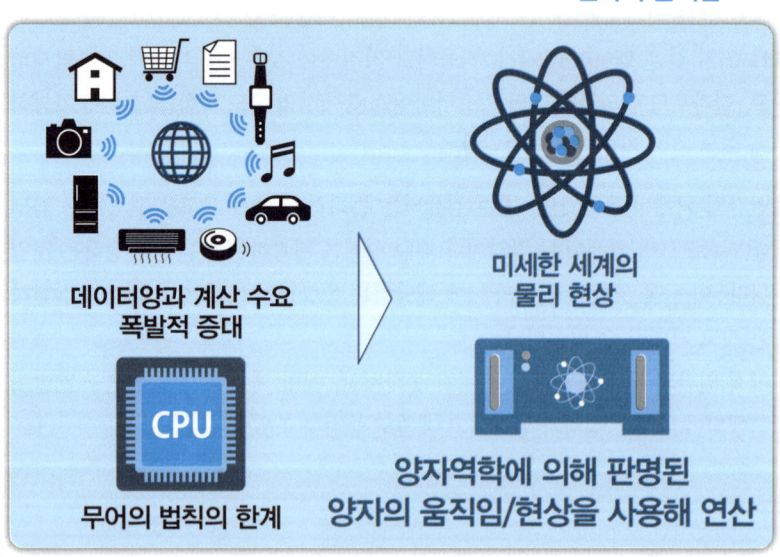

'수'는 추상적인 개념이라 그대로 계산하는 것은 간단하지 않습니다. 그래서 이 '수'를 '사물을 움직인다'는 물리 현상에 빗대어 계산하자는 아이디어가 생겨났습니다. 예를 들면 바구니에 가득한 물고기를 균등하게 나눌 때, 물고기를 5명 앞에 순서대로 주면 나눗셈이 됩니다. 그리고 돌멩이를 물고기에 대응시키면 마찬가지 방식으로 계산할 수 있습니다. 하지만 어디에나 적당한 돌멩이가 있다고 단정할 수는 없습니다. 그래서 주판과 같이 운반할 수 있는 도구가 발명되었습니다. 하지만 '사물을 움직이는' 방법으로는 대규모로 복잡한 계산은 할 수 없습니다. 그래서 톱니바퀴를 사용해 계산하는 도구가 등장합니다. 그 톱니바퀴를 손이나 태엽, 증기기관을 사용해 돌리는 도구도 등장합니다. 그 톱니바퀴 이의 개수 차이를 정교하게 조절하고 교체하면서 복잡한 대규모의 계산을 할 수 있는 도구가 고안되었습니다. 이런 역사는 기계식 시계로 오늘날에도 이어지고 있습니다. 단, 보다 대규모의 복잡한 계산을 고속으로 하려면 톱니바퀴로는 실현하기 어렵습니다. 그래서 '전자기'의 물리 현상, 즉 스위치의 ON/OFF 조합을 사용해 계산하는 도구가 등장합니다.

현재 사용되는 컴퓨터는 이 '전자기'라는 물리 현상을 사용하고 있습니다. 그러나 여기에는 두 가지 큰 과제가 있습니다.

첫 번째는 데이터양과 계산 수요의 폭발적인 증대입니다. IoT 보급에 의해 막대한 데이터가 생겨났으며, 그것을 머신러닝으로 분석하려고 하는 용도가 그 전형입니다.

두 번째는 '무어의 법칙'이 한계를 맞이하고 컴퓨터 성능을 높이기가 어려워진 것입니다. '무어의 법칙'은 '반도체의 집적 밀도는 18~24개월마다 두 배로 증가하고, 처리 능력이 두 배가 되어도 한층 소형화가 진행된다'는 경험 법칙입니다. 이 법칙은 반도체의 미세 가공 기술의 발전에 근거하고 있기 때문에 미세화가 원자 수준까지 진행되면 더 이상 통용되지 않으며, 그것이 현실이 되고 있습니다.

'계산 수요의 폭발적 증대'와 '무어의 법칙의 한계'라는 두 가지 과제를 동시에 해결하는 수단으로 주목받고 있는 것이 '양자 컴퓨터'입니다. 양자 컴퓨터는 '양자'라는 미세한 세계에서 일어나는 물리 현상을 사용해 계산하는 것이므로 계산의 특성에 따라 다르지만 '전자기'의 물리 현상을 사용하는 지금의 컴퓨터의 수억 배~수조 배의 계산 능력도 기대되고 있습니다.

양자 컴퓨터와 고전 컴퓨터

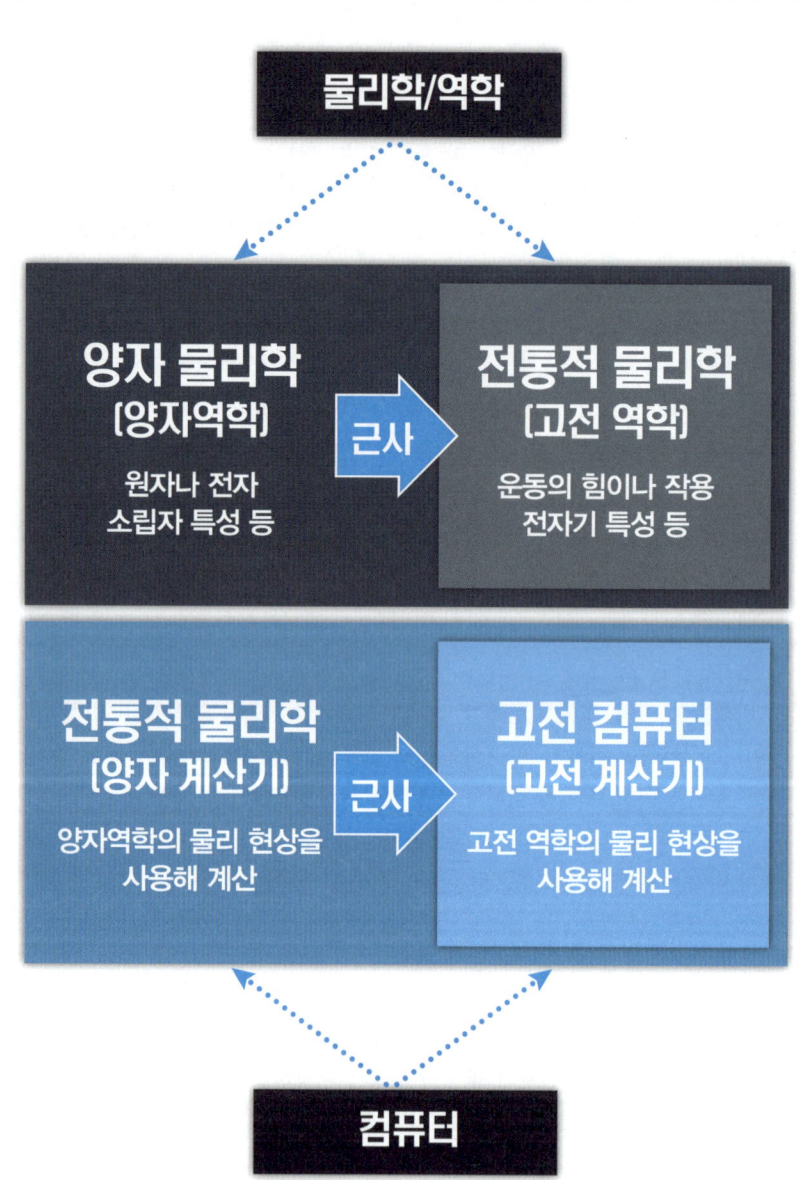

'양자 컴퓨터'는 양자물리학(양자역학)의 물리 현상을 사용해 계산을 수행하는 컴퓨터입니다.

양자물리학은 이 세계를 만들고 있는 물질보다 한참 적은 원자, 전자, 광자, 소립자 같은 미시 세계에서의 물리 현상을 설명하기 위해 구축된 논리입니다. 물질보다 작은 미세한 세계를 구성하는 이 존재들은 '입자' 상태와 '파동' 상태를 함께 갖기 때문에 이를 '물질'과 구별하기 위해 '양자'(Quantum)라 이름 붙여졌습니다. 이 세계에서 일어나는 현상은 따져보면 모두 양자의 행동에 의한 것이기 때문에 양자물리학에 의해 모든 물리 현상을 설명할 수 있습니다.

한편, 우리가 평소 눈으로 보는 세계는 수억 개, 수조 개의 원자가 모인 세계이며, 거기에서의 물리 현상은 고전 물리학(고전역학)에 의해 설명할 수 있습니다. 예를 들면 물건이 떨어지고, 전류가 흐르고, 지구가 태양 주변을 도는 것입니다. 이런 거시 물리 현상을 양자물리학으로 설명하는 것은 원리적으로는 가능하지만 복잡하고 방대한 계산을 수반하기 때문에, 일반적으로는 이를 간략화한 근사 계산으로 대체합니다. 이를 위한 논리가 고전 물리학입니다. 즉 고전 물리학은 양자 물리학의 근사 이론입니다. 단, 거시 물리 현상에서는 고전 물리학을 사용하는 것이 적은 계산량으로 실용상 문제가 없는 정확도로 충분히 설명할 수 있기 때문에 널리 사용되고 있습니다.

이 고전 물리학으로 설명할 수 있는 물리 현상을 사용하고 있는 것이 컴퓨터고, 때문에 '고전 컴퓨터'라 부르고 있습니다.

고전 컴퓨터는 '스위치의 ON/OFF'라는 물리 현상을 사용합니다. 한편, 양자 컴퓨터는 '입자'나 '파동' 같은 물리 현상을 사용합니다. 이 차이로 인해 양자 컴퓨터는 고전 컴퓨터로는 도저히 실현할 수 없는 고속 계산을 실현할 수 있을 것으로 기대되고 있습니다.

또한 이 세계에서 일어나는 다양한 현상은 양자 물리학을 따르기 때문에 양자 컴퓨터는 이론상 양자역학의 기초 방정식을 계산할 수 있으며, 다양한 물리 현상을 근사값이 아니라 엄밀하게 계산할 수 있습니다. 이를 통해 계산을 고속화할 수 있을뿐만 아니라 물리 현상의 이해나 화학 합성(양자 화학 계산) 등 고전 컴퓨터로는 불가능했던 계산이 가능할 것으로 기대되고 있습니다.

세 가지 종류의 양자 컴퓨터

고전 컴퓨터
고전 역학의 물리 현상을 사용해 계산

만능성(에러 내성*)	: ×
양자 우위성	: ×
양자 특유 물리 현상	: ×

일반적인 CPU
FPGA GPU
노이만 형식

뉴로 모픽

양자 컴퓨터
양자역학의 물리 현상을 사용해 계산

특화 양자 컴퓨터
양자 어닐링 컴퓨터

만능성(에러 내성)	: ×
양자 우위성	: ×
양자 특유 물리 현상	: ○

양자역학 특유의 물리 현상을 사용해 계산을 수행하거나 그것을 목표로 하는 컴퓨터. 고전 컴퓨터에 대해 우위성을 갖지 않는 컴퓨터.

비만능 양자 컴퓨터
NISQ × 양자 컴퓨터

만능성(에러 내성)	: ×
양자 우위성	: ○
양자 특유 물리 현상	: ○

만능 양자 계산은 할 수 없지만, 일부 양자 계산을 수행할 수 있어 고전 컴퓨터에 비해 우위성을 갖는 양자 컴퓨터. 에러 내성이 없어 불충분한 양자 컴퓨터.
※Noisy Intermediate Scale Quantum

만능 양자 컴퓨터
에러 내성 양자 컴퓨터

만능성(에러 내성)	: ○
양자 우위성	: ○
양자 특유 물리 현상	: ○

만능 양자 계산을 수행할 수 있는 양자 컴퓨터. 노이즈의 영향도 커지므로 계산 도중의 오류(에러)를 정정하는 능력(에러 내성)을 반드시 가져야 함.

비 노이만 형식
이징 머신(Ising Machine) 방식
양자 컴퓨터 방식

* '오류 정정' 능력을 갖는 것을 '에러 내성'이 있다고 표현합니다.

양자 컴퓨터는 이론상 세계의 모든 것을 계산할 수 있는 컴퓨터입니다. 단, 그 실현은 쉽지 않으며 이를 위한 연구 개발이 계속되고 있습니다.

만능 양자 컴퓨터

양자 물리학의 기초 방정식으로 모든 것을 계산할 수 있는 컴퓨터입니다. 양자의 움직임을 정확하게 조작함으로써 그 실현을 목표로 하고 있습니다.

이런 만능 양자 컴퓨터를 실현하기 위해서는 양자의 움직임을 일정 시간 정지시켜야 합니다. 그리고 만약 오류가 발생하더라도 자동적으로 정정할 수 있는 구조(오류 정정)가 필요합니다. 이런 오류 정정 능력을 가진 만능 양자 컴퓨터는 'FTQC(Fault-Tolerant Quantum Computer)'라고도 불립니다.

비만능 양자 컴퓨터

만능 양자 컴퓨터에는 큰 가능성이 기대되고 있지만 오류 정정 능력을 갖는 것은 쉽지 않으며, 아직 해결법을 찾지 못하고 있습니다. 그래서 '노이즈가 있는 중규모의 양자 컴퓨터'를 먼저 만들고, 거기에서 용도를 찾아내는 노력을 하고 있습니다. 이런 컴퓨터는 'NISQ(Noisy Intermediate-Scale Quantum) 컴퓨터'라 부르며 이를 실현하기 위한 노력이 진행되고 있습니다. 단, 오류 정정 능력을 갖기 위한 새로운 방식의 제안이 이루어지고 있어 NISQ를 건너 뛰고, 한 번에 FTQC로 이동할 가능성도 있습니다.

특화 양자 컴퓨터

'조합 최적화 문제'에 특화해 고속으로 계산하기 위해 개발되어 '양자 어닐링 컴퓨터'라고도 불립니다.

'어닐링(Annealing)'은 '금속의 담금질'을 의미하며 이 물리 현상의 원리를 참고해 '조합 최적 문제'를 고속으로 해결할 수 있는 계산 방식입니다. '조합 최적 문제'는 '다양한 제약 아래 여러 선택지 중에서 어떤 지표 또는 값을 가장 좋게 하는 조합을 구하는 계산'입니다. 그 응용 범위는 매우 넓습니다. 예를 들면 배송 비용을 최소로 하는 배송 경로를 구하는 문제, 머신러닝 알고리즘에서의 학습 과정, 금융 포트폴리오의 최적의 조합 찾기 등에 적용이 진행되고 있습니다.

양자 물리학적인 성질을 사용해서 계산하기 때문에 양자 컴퓨터로 구분되어 이미 시판 제품이 출시되어 사용되고 있습니다.

양자 컴퓨터의 속도가 빠른 이유

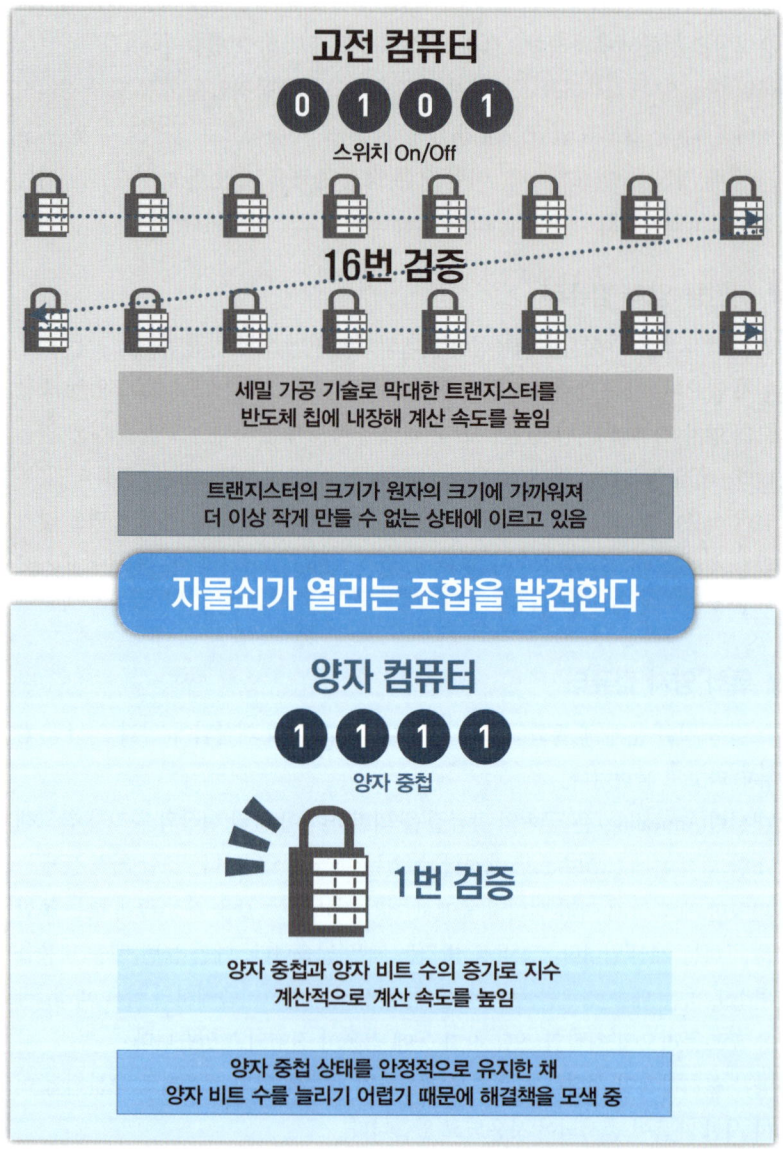

고전 컴퓨터와 양자 컴퓨터에서 사용하는 계산 실행 단위는 전혀 다릅니다. 고전 컴퓨터에서는 이 최소 단위를 '비트(Bit)'라 부르며, 1 비트로 '"0" 또는 "1" 중 하나의 상태'를 나타냅니다. 한편, 양자 컴퓨터에서는 이 최소 단위를 '양자 비트(Quantum Bit/Qubit)'라 부르며 1 양자 비트로 '"0" 또는 "1"의 양쪽 상태'를 동시에 나타냅니다. 이것은 양자 물리학에서 설명되는 '겹치기'라 불리는 성질을 사용한 것입니다.

고전 컴퓨터에서는 이 비트 수(n)를 늘려가면 2n번의 계산이 필요하며, 계산량은 지수 함수적으로 증가합니다. 한편, 양자 컴퓨터에서는 양자 비트의 수를 늘려가면 1번으로 계산할 수 있는 조합이 늘어나기 때문에 고전 컴퓨터를 한참 능가하는 계산을 할 수 있습니다.

이에 따라 양자 비트 수를 늘리는 연구가 진행되고 있습니다. 단, 고전 컴퓨터와 마찬가지로 계산에서는 반드시 에러가 발생합니다. 이것을 정정하지 않으면 계산 정확도를 보증할 수 없습니다. 양자 컴퓨터에서는 0.1~수 % 정도의 에러가 발생하지만 현재 이것을 정정하는 것은 거의 불가능합니다.

또는 고속으로 계산할 수 있게 되어도 그것만으로는 필요한 답을 얻을 수 없습니다. 원하는 대답을 얻기 위한 양자 컴퓨터 전용 알고리즘이 필요합니다. 현재 '소인수분해'와 대량의 데이터 중에서 어떤 조건에 일치하는 데이터를 찾아내기 위한 '검색'을 고속으로 계산하는 알고리즘이 발견되고 있습니다. 이 알고리즘을 사용하면 암호 해독이나 검색의 속도가 차원이 다르게 빨라지며, 비즈니스나 사회에 큰 영향을 미칠 가능성이 있습니다. 이는 아직 연구 개발 중이며, 향후 발견될 양자 알고리즘에 따라 다르겠지만 컴퓨팅 상식을 근본적으로 바꿀 수도 있습니다.

하지만 양자 컴퓨터 등장에 따라 고전 컴퓨터가 불필요하게 되지는 않을 것입니다. 적재적소에 구분해서 사용하는 시대가 올 것입니다.

10

DX 실천

'현재'를 끝내는 것에서 시작

아날로그 시대의 가치관을 고집해서는 디지털 전제의 사회에 적응할 수 없습니다. 디지털이 당연한 세상에 최적화된 비즈니스 모델이나 비즈니스 프로세스, 조직의 바람직한 모습이나 일하는 방식을 새롭게 바꾸는 것이 DX입니다.

이런 DX에 대비하기 위해서는 모든 직원이 스스로를 둘러싼 사회의 변화를 직격으로 맞이해 위기감을 융성하고, 직면한 과제를 공유해야 합니다. 그리고 오랜 가치관에 의해 굳어진 상식을 의심하고, 이런 상식을 지탱하던 '지금'을 버려야 합니다. 그 상태에서 새로운 시대에 요구되는 가치관을 받아들이고 사고방식은 물론 행동도 바꿔야 합니다.

디지털 도구를 사용하는 것만으로 'DX를 하고 있는 것'이라고 생각하는 것은 DX가 아닙니다.

'DX실천=비즈니스의 당연함을 디지털 전제로 바꾸는 것'

이런 변혁을 실천하는 것이 쉬운 일은 아닙니다. 기존에 성과를 올리고 정착된 업무 방식, 고객과의 관계, 고용 제도를 디지털 전제 사회에 최적화하고 바꾸는 것이므로 현장의 불안이나 반발은 각오해야 하며 그에 상응한 투자가 필요합니다.

이런 DX 실천의 출발점은 하향식(Top-Down)입니다. 경영자는 DX의 본질을 올바르게 이해하고 확고한 신념으로 리더십을 발휘해야 합니다. 이를 위해 위기감을 부추기기도 하고, 새로운 시대를 스스로 만들어가는 것에 대한 보람이나 사명감을 느끼게도 해야 합니다. 개개인의 업무 방식이나 대우가 향상될 것을 나타내고, 기대나 고양감을 변혁의 원동력으로 삼게 하는 것도 잊어서는 안 됩니다.

한편, 이런 하향식 대처에 상향식(Bottom-Up) 동기화가 이루어지지 않으면 아무것도 변하지 않고, 성과도 없습니다. 비즈니스의 최전선에 있는 사람들이야말로 과제를 피부로 느끼고 그 해결을 원합니다. 현장에 있기 때문에 이런 깨달음이 많을 것입니다. 이런 깨달음을 얻은 사람이 스스로 올바른 것을 시작하면 공감하는 동료가 모이고, 조직이나 기업을 움직이는 힘이 됩니다.

이런 하향식과 상향식을 동기화하는 것이 DX 추진 조직의 가장 중요한 역할입니다. 경영자에게 자사의 상황을 나타내고 어떤 전략을 채용해야 할 것인지 선택지를 제시해야 합니다. 현장의 자발적인 노력을 촉진하고, 지원하는 환경을 정비하고, 양자를 같은 방향으로 향하게 함으로써 변혁을 가속합니다.

단지 다른 기업의 사례를 모아 소개하고 '디지털로 무엇인가 하는 것'을 촉진하는 것, 부서의 이해 관계를 조정하는 것이 아닙니다. 보다 고차원에서 자신들의 비즈니스 환경 변화나 앞으로의 '바람직한 모습'을 제시하고 조직의 벽을 넘어서는 노력을 촉진하는 리더십을 발휘해야 합니다.

DX 실천에서 빼놓을 수 없는 또 하나는 디지털 기술에 대한 적극적인 대응입니다. 예를 들면 ChatGPT 같은 생성형 AI는 일상 업무의 생산성을 극적으로 향상시킬뿐만 아니라, 고객 응대 품질 향상이나 혁신의 가속 등 비즈니스 전반에 걸쳐 큰 영향을 미칩니다. 이런 새로운 기술을 하루라도 빠르게 도입해 업무를 혁신하는 기업과, 그렇지 않은 기업의 격차는 더욱 커질 것입니다. 비즈니스에서 디지털의 역할이 점점 커진다는 것을 이해해야 합니다.

이런 디지털을 업무 실적 개선으로 연결하기 위해서는 열심히 디지털을 사용하는 것에서, 디지털을 중심으로 생각하고 능숙하게 사용할 수 있는 인재를 길러야 합니다. 인재 육성이 그 어느 때보다 중요합니다.

이를 위한 교육이 필요하지만, 동시에 해결해야 할 과제도 있습니다. 예를 들어, 사람들이 당연하게 사용하고 있는 클라우드 서비스를 컴플라이언스나 보안을 핑계로 제약을 가하고, '디지털을 사용하는 것은 힘들다'라는 분위기를 조성하거나 시스템 개발을 외부에 의존하는 등의 구시대적인 관행을 버리는 것입니다. 디지털 리터러시란 그런 기업 문화에서만 길러질 수 있습니다.

디지털을 전제하여 생각하고 행동하는 '당연함'을 정착시키지 않고, 단지 디지털 툴의 자발적인 활용 장려와 시스템 내제화 범위 확대로는 디지털 전제 풍토가 형성되지 않습니다.

또한 교육 역시 그 목적과 지향점을 분명히 하며 임할 필요가 있습니다. 로우-코드 개발 툴이나 클라우드 서비스 등의 사용법을 가르쳐도, 현장에서 이를 사용할 기회나 필요, 혹은 사용하고자 하는 의지가 없다면 시간낭비일 뿐입니다. 또한, 생성형 AI를 사용할 수 있는 환경을 갖추고도 이를 현장에 맞게 어떻게 사용할지 고민하지 않으면 충분히 활용할 수 없을 것입니다. 무엇을 위해, 즉 목적이 무엇인지 그리고 어떤 성과를 내고 싶은지를 명확히 하고 연수를 세심하게 디자인하는 것도 필요합니다.

2장에서 언급했듯이 '변화가 빠르고 미래를 예측할 수 없는' 사회에 적응하기 위해서는 '변화에 민첩하게 대처할 수 있는 압도적인 속도'가 필요합니다. 이를 위해서는 '변화가 완만하고 미래를 예측할 수 있는' 시대의 상식이나 가치관과는 결별하고, 그 시대에 만들어진 방식을 근본적으로 바꿔야 합니다. DX가 바로 그러한 변혁이며, 이것이 쉽게 실현될 수 없다는 것을 자각해야 합니다. 디지털 툴을 사용하는 것을 'DX를 하는 것'이라고 생각해서는 안 됩니다.

이번 10장에서는 그러한 DX 실천에 대해 알아보겠습니다.

DX라는 마법의 지팡이?

사회 분위기에 스며든
막연한 불안

파편적인 정보에 의한
얕은 고찰

위에서 내려오는 압박감에
궁지에 몰린 느낌

AI IoT DX 5G Web3 플랫폼 서비스화 구독 DX Web3

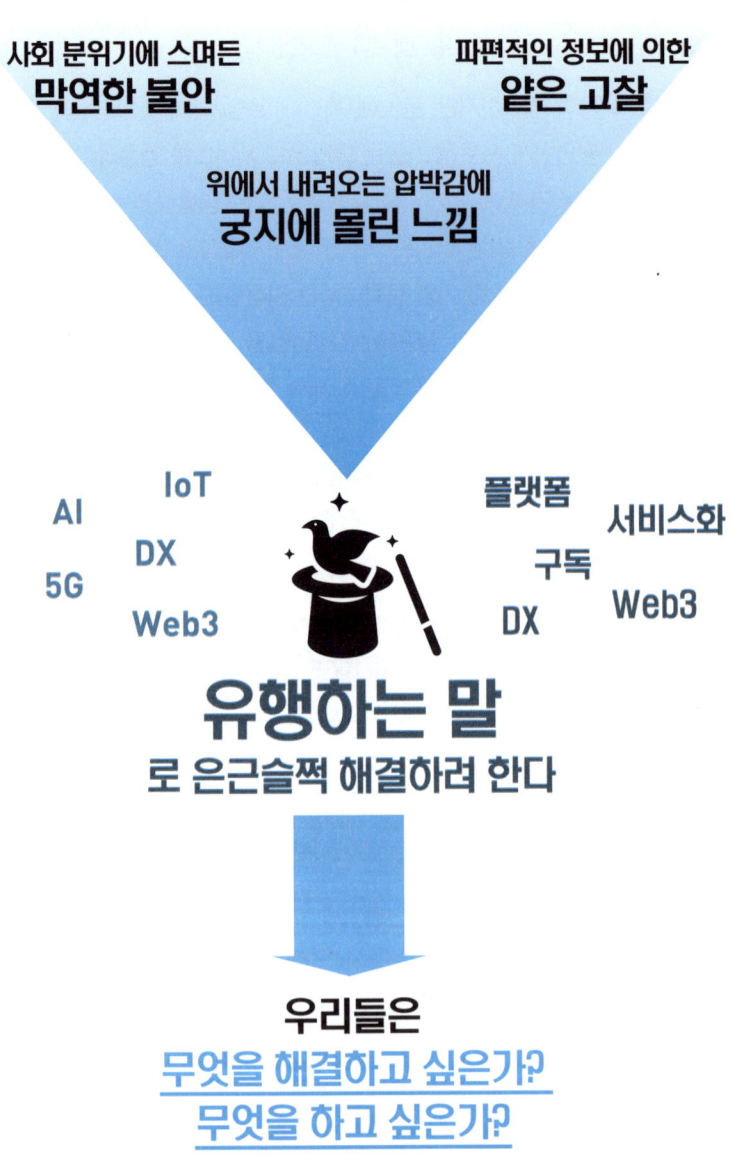

유행하는 말
로 은근슬쩍 해결하려 한다

우리들은
무엇을 해결하고 싶은가?
무엇을 하고 싶은가?

그것을 확실하게 하는 것이 모든 것에 우선한다.

사례로 DX 실천을 살펴본다

불도저, 전동삽 같은 건설 기계를 제조하는 코마츠는 SMART CONST-RUCTION이라는 서비스를 제공하고 있습니다. 제품에 내장된 센서나 드론을 활용해 건설 현장을 데이터로 '시각화'해 건설 작업 효율화, 안전 확보, 토목 공사 자동화를 도모하는 서비스입니다. IoT의 전국적 사례로 널리 소개되어 2020년 DX 그랑프리를 수여했습니다.

"토목 공사 현장의 인력 부족은 심각합니다. 저출산 고령화가 진행되는 상황에서 지금까지의 방식으로는 계속 증가하는 공사 수요에 대응할 수 없게 됩니다. 이에 대처하기 위한 다른 선택지는 없었습니다."

담당자는 위와 같이 말했습니다. IoT 사례를 만들고 싶었던 것도, DX 그랑프리를 수여하고 싶었던 것도 아닙니다. 눈앞의 과제가 있고, 그것을 극복하기 위한 전략을 그려 서비스를 실행한 결과를 세상은 이렇게 평가한 것입니다.

트러스코 나카야마(トラスコ中山)는 건설 현장이나 공장에 필요한 공구 같은 전문 도구를 전문으로 다루는 기업입니다. 이들은 현장으로부터 주문이 들어오면 곧바로 전달할 수 있게 물류 속도 향상을 도모했지만 기후의 급변이나 예상하지 못한 계획 변경이 일상 다반사인 현장에서는 고객의 기대에 부응할 수 없음을 깨달았습니다. 그래서 필요할 것이라 예상되는 전문 도구를 미리 현장에 비치하고 'MRO 스토커'라 불리는 서비스를 시작했습니다. 사용한 만큼 나중에 청구하는 '토야마의 약장수(富山の薬売り)' 서비스를 전문 도구에 적용한 것입니다. 이것을 실현하기 위해 기간 계열 업무 시스템을 쇄신하고 IoT나 스마트폰을 활용해 현장 데이터를 수집해, AI로 적확하게 수요를 예측하고 발주를 자동화하는 등과 같은 최신 기술을 동원했습니다. 이 서비스는 고객으로부터 높은 평가를 받아 실적 또한 향상되었고, 코마츠와 마찬가지로 2020년 DX 그랑프리를 수여했습니다. 또한 'DX의 바람직한 모습을 보여주었다'는 평가로 이어져 2020년 IT상, 'IT 최우수상'도 수여했습니다.

코마츠, 트러크소 나카야마의 대응에서 공통된 것은 우선 사업 과제를 명확하게 결정하고 과제 해결을 위한 전략을 수립해, 그것을 실천한 것입니다. 공통적으로, 기술은 전략을 실천하기 위한 수단에 지나지 않습니다.

그리고 기술을 사용하는 것 이상으로 해야 할 일이 많습니다. 예를 들어 새로운 비즈니스 모델을 어떻게 할 것인지, 그 성과를 평가하기 위한 KPI를 어떻게 할 것인지, 효과적인 운영을 지탱하는 조직 및 체제 같은 변혁은 어떻게 할 것인지 등에도 대처해야합니다. 기술을 사용하는 것은 이런 통합적인 노력의 일부에 지나지 않습니다.

기술은 전략을 실천하기 위한 수단

- 어떤 산업 분야에서 5G가 가장 많이 사용될 것인가?
- AI를 어떻게 사용하는 것이 가장 효과적일 것인가?
- IoT를 사용한다면 어떤 용도가 효과적일 것인가?

이런 호기심을 갖는 것이 잘못된 것은 아닙니다. 하지만 일반론적인 기술 활용 방법이나 다른 기업의 성공 사례를 알더라도 그것을 바로 사용할 수는 없습니다. 먼저 자신들의 과제를 명확하게 해야 합니다. 그 후 이를 해결하는 전략을 세우고, 그 전략을 실천하기 위해 어떤 기술을 수단으로써 사용하는 것이 좋을지 생각해야 합니다.

이런 전제가 있어야만 위와 같은 질문을 통해 과제 해결에 도움이 되는 깨달음이나 지혜를 얻을 수 있습니다. 하지만 곧바로 도움이 되는 정답을 요구하는 사람에게는 이런 이야기를 하더라도 '그 기업이기 때문에 가능한 것이지, 우리에게는 무리'라며 단적으로 결론을 내버리고 말 것입니다.

DX도 마찬가지입니다.

- DX를 위해 노력함으로써 어떤 변혁을 기대할 수 있는가?
- DX를 위해 먼저 어떤 노력을 해야 하는가?
- DX 실천에는 어떤 기술을 사용하면 좋은가?

DX가 유행이기 때문에 늦어서는 안 된다고 초초해하는 사용자 기업, 그 붐에 올라타 비즈니스 기회를 확대하고자 하는 IT 벤더, 이런 세상의 흐름에 올라타 시청률이나 구독자를 모으고자 하는 미디어의 삼파전으로 인해 DX는 뜨겁게 달아오르고 있습니다.

AI나 IoT 같은 기술로 무엇을 할 수 있는지 아는 것은 중요합니다. 하지만 그것을 '아는' 목적은 '사용하는 것'이 아니라 과제 해결의 '수단으로써의 선택지를 늘리는 것' 또는 '현시점에서 가장 효과적인 수단을 찾아내는 것', '판단이나 선택의 관점을 다양화하는 것'임을 명심해야 합니다.

마법의 지팡이는 없다

새로운 기술을 알면 알수록 그것이 '마법의 지팡이'로 보일지도 모릅니다. 특히 '무언가를 하는 것'을 목적으로 하는 DX에서는 선진적인 시도를 한다는 점이 어필하기 적절하며, 미디어 역시 이런 인식을 DX와 연결해 부추기고 있습니다. 예를 들면 '(유행하는) 생성형 AI로 뭔가 할 수 없을까'하고 생각합니다. 그래서 괜찮은 결과를 얻을 수 있을 만한 주제를 찾습니다. 하지만 결재를 받으려면 그만한 이유가 있어야 합니다. 그래서 생성형 AI를 사용해야만 하는 이야기(전략)를 씁니다. 계속해서 그 이야기를 정당화하는 이유(과제)를 찾습니다.

'수단으로서의 AI'를 전제로 그것을 정당화하기 위한 '적당한 전략'을 만들고, 그 전략에 어울리는 '적당한 과제'를 만드는 것입니다. 하지만 이런 방식으로는 성과를 만들 수 없습니다. 그뿐만 아니라 불필요한 시간과 노력을 사용하게 되고, 비용도 들게 됩니다.

불확실성이 높은 세상에서 지금까지의 방식은 통용되지 않습니다. 그럼에도 사업은 지속돼야 합니다. 직원의 의욕을 고취해야 합니다. 그렇기 때문에 최신 기술을 사용하면 뭐든 될 것이라 기대하고 싶을 것입니다.

안타깝지만 최신 기술이 다양한 과제를 순식간에 해결해 주는 '마법의 지팡이'는 아닙니다. DX라는 간판을 내걸었다고 스스로 변할리가 없습니다.

먼저 스스로의 과제와 진솔하게 마주하고 이를 어떻게 해결해야 할지 생각해야 합니다. '최선의 수단으로 어떤 기술을 사용할 수 있을까?' 혹은 '이런 기술이 있다면 이 과제를 해결할 수 있을 것이다'라고 생각해야 합니다.

DX 실천의 3단계

해결할 과제를 명확하게 한다.
- 방치할 수 없는 위협
- 이것만 해결하면 돌파할 수 있는 것
- 반드시 실현하고 싶은 것 등

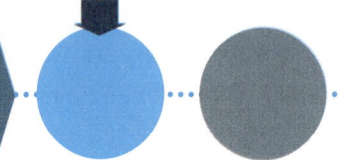
우리 사업부가 극복해야 할 중대한 과제는 무엇인가?

과제 해결을 위한 전략을 그린다.
- 과제의 원인과 해결 방법에 관한 가설
- 해결 방법에 이르는 통합적 이야기
- 사업에 대한 영향과 결과 등

전략 실천을 위한 수단을 짠다.
- 비즈니스 모델과 비즈니스 프로세스
- 조직, 체제, 업적 평가 기준, 보수 제도
- 기술, IT 서비스, 제품, 매장 등

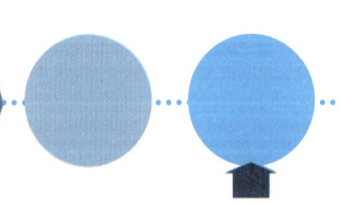
AI를 사용한 새로운 비즈니스로 무엇이 좋을까?

DX에서 성과를 얻으려면 과제 정의, 전략 책정, 수단 선택이라는 순서를 밟아야 합니다. 수단은 기술뿐만 아니라 비즈니스 모델이나 비즈니스 프로세스, 업적 평가 기준, 고용 제도 등도 포함합니다.

기술은 효과적인 수단이지만 그것만 있다고 해서 모든 것이 해결되지는 않습니다. 그리고 기술을 활용하기 위해서는 기존의 업무 방식을 답습하는 것이 아니라 기술을 살릴 수 있게 최적화된 업무 방식으로 전환해야 합니다.

그렇지 않으면 기술을 충분히 활용할 수 없습니다.

다른 것도 마찬가지지만, DX 또한 과제를 명확하게 하는 것에서 시작해야 합니다. 앞절에서 설명했듯 '수단만 앞세우면' 개혁도 개선도 진행되지 않습니다. 다음의 단계로 DX를 진행하는 것이 가장 좋습니다.

- **과제 정의**: '우리 사업부가 어떻게든 극복해야 하는 문제는 무엇인가?'를 생각하고 의논하는 것입니다. 방치할 수 없는 위협, 이것만 해결하면 돌파할 수 있는 것, 반드시 실현하고 싶은 것 등이 과제입니다.
- **전략 책정**: 과제의 원인과 해결 방법에 관한 가설, 해결 방법에 이르는 통합적인 이야기, 사업에 대한 영향이나 결과 등 과제 해결을 위한 일련의 시나리오가 전략입니다.
- **수단 선택**: 비즈니스 모델과 비즈니스 프로세스, 조직이나 체제, 업적 평가 기준이나 보수 제도, 기술이나 IT 서비스, 제품이나 매장 같은 조합이 수단입니다.

기술은 수단의 하나입니다. 기술을 활용하면 지금까지 할 수 없었던 것을 할 수 있게 되는 것은 분명합니다. 그렇다면 이를 적절히 살릴 수 있게 기술 이외의 수단을 조합해야 합니다.

또는 기술을 사용하지 않고 업무 방식을 바꾸면 과제를 해결할 수 있을지도 모릅니다. 그렇다면 그렇게 하는 편이 보다 효율적입니다.

중요한 것은 과제 해결과 업무 성과입니다. 그것이 DX인지 아닌지는 그렇게 중요하지 않을 것입니다.

DX에 이르는 3단계

당연한 일상 비즈니스의 전제	디지털 트랜스포메이션 **인간을 바꾼다.** 전략/목적 재정의 직원의 사고/행동 방식 변혁
없어서는 안될 수단 가치를 만드는 원천	디지털화 디지털라이제이션 **사업을 바꾼다.** 신규 사업 개발/새로운 비즈니스 모델 창출
편리한 도구	디지털화 디지타이제이션 **도구를 바꾼다.** 기존 사업 개선/비즈니스 프로세스 효율화

과제 해결이 우선되어야 할 것이며 'DX인지 아닌지는 그렇게 중요하지 않다'고 했지만, '디지털 전제 사회에 적응해 디지털을 활용하고 기업을 탈바꿈하는 것'을 피할 수는 없습니다. 즉 'DX 실천' 역시 기업에게 있어 노력해야 하는 과제인 것입니다.

이런 DX를 실천하기 위해서는 다음의 단계적 접근 방식이 현실적입니다.

▌디지털화: 디지타이제이션은 도구를 바꾸는 것

Web 회의나 워크플로 시스템을 도입하고 원격에서도 종이에 의존하지 않고 업무를 수행할 수 있게 하고, 전자 메일을 사내 SNS나 파일 공유 서비스로 바꿔 정보 공유를 신속하게 합니다. 그리고 클라우드 사용 제약을 완화해 사용 범위를 넓히는 등 디지털을 일상적인 도구로 활용해 효율이나 편의성을 높이는 것을 목표로 합니다.

▌디지털화: 디지털라이제이션은 사업을 바꾸는 것

새로운 고객 접점 개척이나 새로운 비즈니스 모델로의 도전을 통해 경쟁력 강화나 새로운 수익원 획득 등, 디지털이 사업 가치를 만드는 원천으로, 없어서는 안 되는 것이 되는 것을 목표로 합니다.

▌디지털 트랜스포메이션/DX는 인간을 바꾸는 것

기업의 목적이나 사업 목적, 조직이나 의사 결정 방법, 실적 관리 기준이나 고용 제도 등을 근본적으로 재검토하고 직원의 사고나 행동 양식을 변혁하는 것을 목표로 합니다.

디지타이제이션과 디지털라이제이션 단계를 밟지 않고 DX를 목표로 하는 것은 현실적이지 않습니다. 두 단계를 진지하게 대하는 프로세스를 통해 디지털을 활용하는 스킬을 축적하고 감성을 갈고 닦아야 합니다. 그 결과로 '디지털 리디러시'가 높아지고 디지털이 일상의 일부가 되고, 이를 당연한 것으로 여기는 기업 문화와 풍토가 생겨납니다. 그 결과 디지털 전제 사회에 최적화된 기업으로 바뀔 수 있습니다.

DX의 실천은 이 일련의 프로세스를 진행하는 것입니다. 디지털 도구를 도입하는 것(디지타이제이션), 디지털을 활용한 신규 사업을 만드는 것(디지털라이제이션)은 이 프로세스의 단계 중 하나일 뿐입니다.

현장으로부터의 변혁

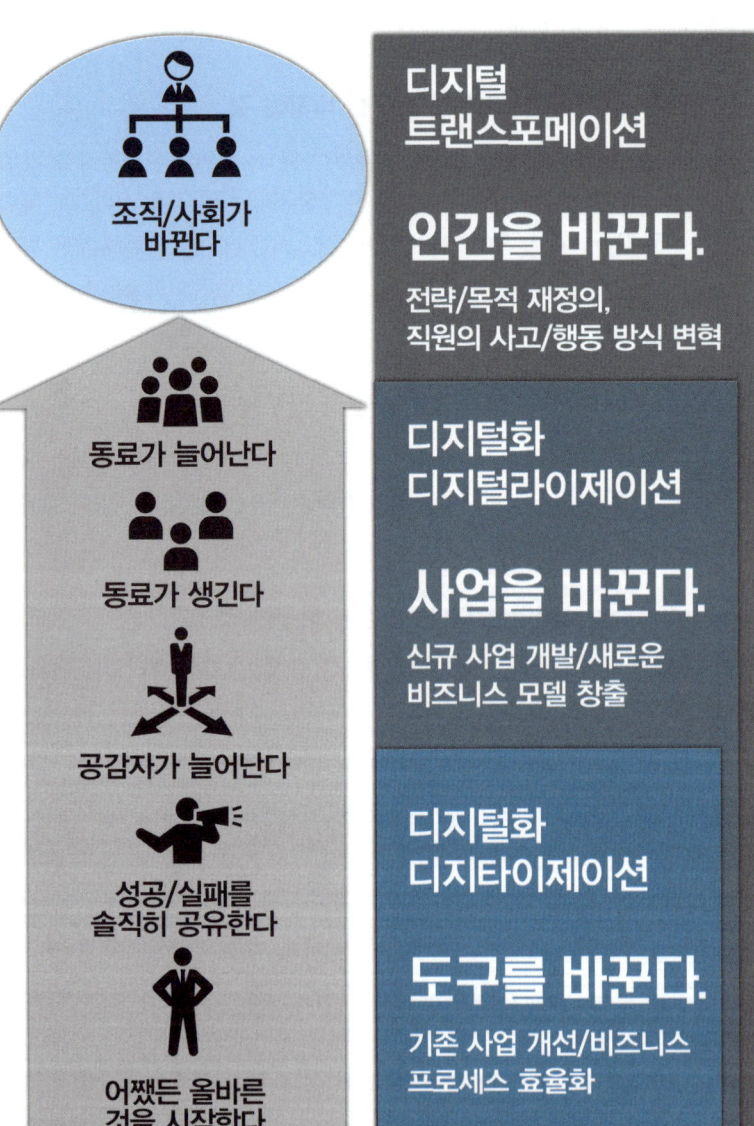

변혁, 즉 새롭게 탈바꿈하는 것은 쉽지 않습니다. 당연히 경영층의 확고한 의지와 리더십이 필요합니다. 하지만 현장에서도 행동하지 않으면 변혁은 불가능합니다. 오히려 현장의 힘이 기업이나 조직을 바꿔 나가는 원동력이 되는 것을 자각해야 합니다.

현장으로부터의 변혁은 무엇을 해야 하는가를 깨달은 사람이 행동하는 것에서 시작합니다. '기업을 바꾸자'나 '조직을 움직이자'가 아니라, 가까운 것부터 시작하는 것입니다. 자신이 담당하는 프로젝트의 커뮤니케이션을 슬랙으로 통일하거나, 무엇을 위해 일을 하는지 모르는 유명무실해진 업무를 도출하고 그만두거나, 보안 대책상 의미가 없고 리스크를 높이는 ZIP 암호화 파일을 메일에 첨부하는 것 등을 그만둘 수 있습니다. 이렇게 올바른 것을 실천하고 성공과 실패를 계속 알리는 것입니다.

처음에는 비판받거나 인내심이 필요할 수 있습니다. 하지만 그것이 올바른 일이라면 성과가 나타나고 공감하는 사람들이 증가하고, 행동을 함께하는 동료도 늘어나게 됩니다. 이 변화가 일정한 수를 넘었을 때 조직이나 사회가 크게 변하는 것입니다.

누군가가 해 주길 기다리지 말고 스스로 할 수 있는 일을 시작해야 합니다. 중요한 것은 그것이 아무리 작은 일이라 하더라도 시작하는 것입니다. 그리고 계속하는 것입니다. 변혁은 그렇게 사소하고 수고와 시간이 드는 노력입니다.

'하지만 우리에겐 이런 것이 가능한 문화도 풍토도 없습니다'

문화도 풍토도 없기 때문에 변혁이 필요합니다. 문화와 풍토는 그곳에서 일하는 사람들이 만드는 것이며, 여러분 역시 그 담당자임을 자각해야 합니다.

문화와 풍토는 행동의 결과입니다. 행동의 결과가 축적되어 만들어지는 '행동양식'입니다. 그것은 누군가에게 지시나 명령을 받아 수행하는 것이 아니라 스스로의 자발적인 행동이 쌓여서 만들어지는 결과입니다. 스스로의 행동 습관을 바꾸고 그 실패와 성공을 공유하면, 행동을 함께 하는 사람이 늘어나 이윽고 기업 문화가 됩니다.

스스로의 행동을 바꾸는 것까지 누군가의 지시나 명령을 기다려야 한다면 그것은 기업에 풍토나 문화가 없는 것이 아니라, 여러분 자신에게 변혁에 대한 진짜 욕구가 없는 것입니다.

칼럼

다른 사람을 바꿀 수는 없다.
바꿀 수 있는 것은 자신뿐이다.

'상사나 경영자의 생각이나 행동을 바꾸려면 어떻게 해야 합니까?'

이런 질문을 받을 때가 있습니다. 하지만 이 질문에는 세 가지 오류가 있습니다.

▮ 타인을 바꿀 수 있다고 생각한다

여러분은 다른 사람으로부터 '변하십시오'라는 말을 듣는다면 사고방식이나 행동을 바꿀 수 있겠습니까? 설령 스스로는 변하고 싶더라도 다른 사람에게 변하라는 말을 듣고 싶어 하지 않는 것이 대부분입니다. 그렇다면 다른 사람을 변화시키려는 생각도 하지 말아야 합니다. 그것보다 먼저 스스로 바뀌는 것부터 시작해야 합니다.

이런 여러분의 행동을 보고 공감한 사람들이 스스로 행동할 것입니다. 이런 사람들 사이에 공감의 고리가 확산되면 드디어 여러분이 바꾸고 싶어하던 사람들 역시 자발적으로 행동을 바꿀 것입니다.

▮ 타인이 결정해주면 좋겠다고 생각한다

조직이나 기업은 고객이나 사회에 가치를 제공해야 비로소 성립합니다. 그렇다면 상사나 회사의 평가가 아니라, 고객과 사회로부터의 평가야말로 여러분이 목표로 해야 하는 바입니다. 그것을 위해 무엇이 최선인지 생각해 행동해야 합니다. 고객이나 사회가 이렇게 하라고, 혹은 저렇게 하라고 명령하지 않습니다. 스스로 생각해 다른 사람과 만나고, 스스로 답을 찾아내야 합니다. 그리고 스스로 판단해 행동해야 합니다. 그렇게 하면 고객이나 사회로부터 평가를 받고 여러분의 실적도 향상되며, 기업에서도 좋은 평가를 받습니다.

이런 행동 습관이 스스로를 성장시키는 원동력이 됩니다. 이런 중요한 것을 타인에게 맡겨서는 안 됩니다. 스스로 결정해야 비로소 성장의 기회가 찾아옵니다. 이것을 스스로 할 수 있다면 여러분은 사내에서는 물론 사외에서도 존재감을 늘리고, 여러분이 하는 말의 영향력 또한 높아질 것입니다.

중요한 것은 '상사나 경영자가 변하지 않으면 조직이나 기업은 변하지 않는다'는 사고를 버리고, '내가 변하면 조직이나 기업이 변한다'고 생각하는 것입니다.

■ **열심히 하면 보상받을 수 있다고 생각한다**

'드래곤 퀘스트에 빠져서 정신을 차려보니 벌써 이런 시간이 되었다.'

좋아하는 것이기 때문에 시간조차 잊고 몰두하다 정신을 차려보니 상당한 달인이 되어 있다고 말하는 사람들이 상당히 있습니다.

'당신과 같은 일류 프로게이머가 되기 위해 학교를 그만두고 게임에 전념해 스킬을 연마하려고 합니다.'

이런 질문에 유명한 프로게이머는 다음과 같이 대답했습니다.

'프로 게이머는 노력해서 되는 것이 아니라 정신을 차려보니 "되어 있는" 것입니다.'

재미있고, 좋아하기 때문에 노력을 노력이라 느끼지 않는다. 그렇기 때문에 한 가지 일에 시간을 들일 수 있고, 스킬이 향상되고 그 결과 일류가 되었다는 이야기를 자주 들을 수 있습니다. 기업을 좋게 만들고 싶거나 상사나 기업에서 좋은 평가를 받고 싶다면, 여러분은 이를 위해 노력하는 것을 즐기고 있습니까? 그것이 여러분의 행복입니까?

스스로가 성장하여 사회에서 평가받고 여러분의 발언이나 행동이 영향력을 갖게 되는 것은 너무나도 즐겁고 행복한 일입니다. 이것은 스스로의 일에서 성장의 기회를 찾아내고 그것을 즐기는 것입니다. 그렇게 되면 결과적으로 기업에서도 좋은 평가를 받을 것입니다.

다른 사람은 바꿀 수 없다. 다른 사람에게 기대하지 않는다. 노력하더라도 어쩔 수 없다.

다른 사람의 행동을 바꾸려고 하는 것이 아니라 먼저 스스로의 행동을 바꾸는 것에서 시작하는 것은 어떨까요?

'상사나 경영자의 생각이나 행동을 바꾸려면 어떻게 하면 좋을까요?' 이런 생각은 버립시다. 그것보다는 다른 사람이 하게 하고 싶은 것을 스스로 해보는 것입니다. 그것이 올바른 일이라면 동료가 증가하고, 성과가 나타나고, 즐길 수 있게 될 것입니다.

DX 추진 조직의 역할

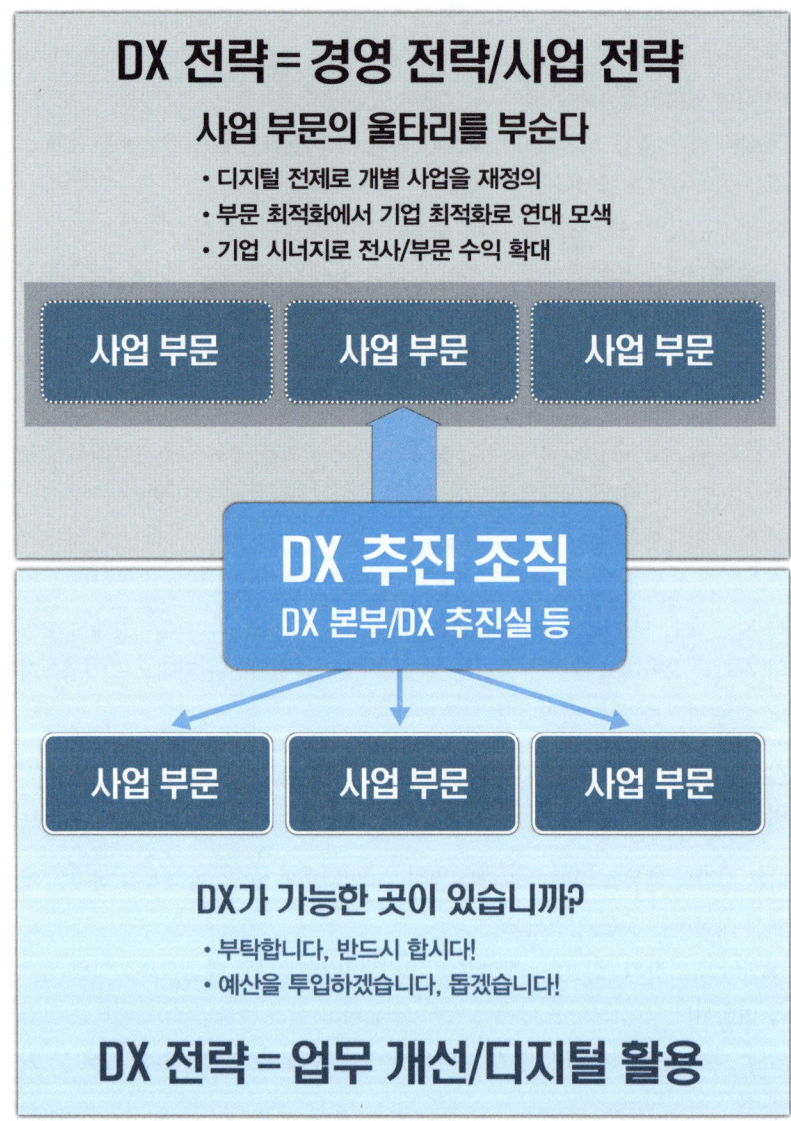

▌알기 쉬운 성과만을 추구하지는 않는가?

'DX 본부'나 'DX 추진실', '디지털 비즈니스 부문' 같은 DX 추진 조직을 만들어 DX 실천에 대처하는 기업이 있습니다. 하지만 현실을 들여다보면 'DX 실천'과 동떨어진 노력으로 끝나는 조직도 있습니다.

예를 들어 사업 부문에 연락해, 'DX할 수 있을만한 것은 없을까요?', '만약 주제가 있다면 돕겠습니다. 예산도 드리겠습니다.'와 같이 협력을 촉진합니다. 사업 부문도 기업의 방침인 DX를 위한 노력을 하지 않으면 체면이 서지 않습니다. 단, 본업을 헤집고 싶지는 않습니다. 그래서 본업이 아닌 부수적인 업무에 디지털을 사용하면서 'DX를 실행하고 있습니다'라고 보여주기 위한 모습을 만들려고 합니다. 하지만 그 대부분은 '어떻게든 해결하고 싶은 과제의 해결'이 아니기 때문에 업자에게 위임하거나, 'DX했습니다'라고 성과를 내보이는 것에 그칩니다. 잘 되지 않더라도 이것을 PoC(Proof of Concept, 사업 개념 검증)라 부르면서 '검증했으니 됐다. 잘 되지 않았지만 그것을 알았으니 충분하다'며 모두가 납득하기도 합니다.

이런 상황은 '알기 쉬운 성과'를 경영진에 가능한 한 빠르게 보이고자 하기 때문에 발생합니다. 기업의 방침, 또는 하향식 업무 명령으로 DX 추진을 요구받았기 때문에 '그 나름의 형태'를 보이고자 생각하는 것은 어찌 보면 당연할 것입니다.

DX는 '디지털 전제의 사회에 적응하기 위해 기업을 탈바꿈하는 것'입니다. 디지털을 사용하는 것은 수단일 뿐, 목적이 아닙니다. 이런 방식으로 본래의 DX, 즉 변혁이 가능할 리 없습니다.

▌이해 조정 역할로 변질되어 있지는 않은가?

어떤 기업의 인사 부문의 담당자에게 다음과 같은 이야기를 들었습니다.

'DX 추진 본부(가명)를 만들었습니다. 이들은 각 부서에 DX 이니셔티브와 달성 목표를 제출할 것을 요구하고 있습니다. 하지만 DX가 무엇인지, 무엇을 하는 것인지 알려주지는 않습니다. 그것이 우선되어야 하지 않냐고 물으면 각 조직의 의견을 수렴해 결정할 것이므로, 먼저 각 부문의 DX 이니셔티브를 제출하라고 합니다. 각 부서로부터 받은 정책을 정리해 위쪽에 보고하고 싶어 할 뿐입니다.'

DX 추진 본부는 DX를 '디지털을 사용해 무엇인가 하는 것' 정도로 파악하고 있는지도 모릅니다. 그렇기 때문에 각 부문별로 무엇을 하고 있는지 결정하게 하고, 자신들은 각 부문의 이해를 조정하는 역할로 일관하려는 듯 보입니다.

그래서는 안 된다고 생각해 DX 추진 조직이 선창을 하고, 각 부문에서 사람을 모아 'DX 태스크 팀'을 만들고 논의하게 되었다고 합니다. 하지만 네트워크의 아티클이나 다른 기업의 DX 성공 사례를 각자 가져와 발표하는 데 그쳐 점점 혼란해지기만 한다고 합니다.

'DX 놀이'가 된 것은 아닌가

DX라는 변혁을 달성하고 싶다면 '스스로 달성하고자 하는 비전과 목적(존재 의의)'을 전사에 공유하고, 그 실현을 위협하는 '현재 직면한 과제', 이에 대처하기 위한 '전략이나 수단'을 명확하게 해야 합니다. DX 추진 조직은 이런 노력의 이니셔티브를 취해야 합니다. 하지만 이를 하지 못하면서 현장에만 맡기는 기업들도 있습니다.

당연히 현장으로서는 매출, 이익 같은 사업 목표를 달성하는 것이 최우선이고 여기에 전념해야 합니다. 한편, 기업의 방침으로서 DX 추진이라는 명령이 내려왔으니 그 성과도 보여야 합니다. 무엇을 하는 것이 DX인지 제시되지 않기 때문에 디지털을 사용해 무언가 형태를 만들려는 것은 당연한 수순입니다.

이렇게 되면 각 부서는 시간을 별로 들이고 싶지 않기 때문에 부문 안에서 독자적으로 할 수 있는 것, 짧은 기간 안에 성과를 보일 수 있는 것을 하게 됩니다. '빨리 알 수 있는 성과'를 내고 'DX를 하고 있습니다'라고 할 수 있기 위해서입니다. 기업의 'DX는 무엇인가?'가 없으므로 좋고 나쁨을 평가하는 기준도 없습니다. 결과적으로 'DX를 하고 있습니다'가 되어 모두의 기분이 좋아지는 것으로 끝납니다. 이것은 DX의 본질에서 완전히 벗어난 것입니다. 'DX 놀이'라고 부르는 편이 어울릴 것입니다.

▌리더십을 발휘하고 있는가?

본래 DX 추진 조직의 역할은 '사업 부문을 개별적으로 끌어들이는 것'이며, 단순히 'DX를 하고 있습니다'를 늘리는 것이 아닙니다. 기업을 바꿔서 만들기 위한 리더십을 발휘하는 것입니다. 부서 사이의 이해 조정 역할에 머물러서는 '변혁=새롭게 바꿔서 만든다'를 달성할 수 없습니다.

각 부서에 '디지털을 사용한 것'을 요구하는 것이 아니라, 지금 놓인 상황이나 과제를 정직하게 전달하고, 자신들의 '바람직한 모습'을 제시하고, 변혁의 필요성을 호소하고, 부문 간의 벽을 허물고, 같은 방향으로 향하게 하는 것이 DX 추진 조직에게 요구됩니다.

이대로는 사업의 지속이나 기업의 존속이 위험해지고, 고용이 사라진다는 위기감을 조성합니다. 그리고 우리의 사업 자산을 활용하면 새로운 사회 공헌을 할 수 있고 미래를 개척할 수 있다는 사명감을 고취하고, 현장의 의욕을 높이는 것입니다.

그렇게 해서 기업에서 변혁 운동이 일어나고 사업 부문의 실천을 불러 일으키는 것이 DX 추진 기구의 역할입니다.

▌DX 추진 조직은 경영자와 현장을 같은 방향으로 향하게 하는 역할을 담당한다

경영자는 이런 DX 추진 조직과의 의논을 멈추지 않고 이들을 지지해야 합니다. 'DX=변혁=지금까지의 방식을 버리고 새롭게 바꿔서 만드는' 책임을 담당하는 것은 경영자이기 때문입니다. 이런 경영의 본질에 관한 노력을 DX 추진 조직에만 전적으로 맡겨서는 안 됩니다.

과거 상식의 연장선에 미래는 없습니다. 그것을 가장 잘 이해하고 변혁을 솔선하는 것이 경영자의 역할입니다. 이를 위해 스스로도 디지털에 관한 감도를 높이고, 지식을 쌓아야 합니다. 그리고 디지털 전제 사회에서의 '자신들의 미래'를 그려내야 합니다.

이런 경영자를 지원하고 경영자의 생각과 현장의 생각을 같은 방향으로 향하게 하는 것이 DX 추진 조직의 가장 중요한 역할이라 할 수 있습니다.

변혁은 '현재'를 끝내는 것에서 시작

쿠르트 레빈(Kurt Lewin, 1890~1947년)

유태계 독일인이며 독일 출생. 베를린 대학 철학/심리학 교수로 근무하고 있었지만 나치 정권 수립으로 1993년 미국으로 망명했다. 코넬 대학에서 교수로 지낸 뒤, 메사추세츠 공과대학에 그룹 역학 연구소를 창설했다. 장 이론, 리더십, 집단역학(Group Dynamics)행동 연구 등 수만은 업적을 이뤘으며 '사회 심리학의 아버지'라 불린다.

혁신의 3단계

1단계: 해동(Unfreezing)
위기 상황에 대한 현재 상태 인식과 위기감을 공유하고 새로운 사고방식, 작업 방식에 따라 개선하고자 하는 분위기가 양성된다. 기존 가치관이나 선입관을 버리고 새로운 기업 문화/풍토를 만들자는 합의에 의해 추진력이 생겨난다.

2단계: 변혁(Moving/이동)
달성하고자 하는 개혁의 방향성/전체 이미지를 공유하고 누가, 무엇을, 언제까지 실행하는지 등의 구체적인 실효책을 결정한다. 변혁의 결과를 검증하고 시행착오를 거치면서 변혁을 진행한다.

3단계: 재동결(Freezing)
변혁의 성과를 조직 안에 정착 및 습관화 시킨다. 변혁 후의 상태를 당연한 것으로 정착시켜 새로운 기업 풍토/문화를 뿌리내리게 한다.

사회 심리학의 아버지라 불리는 쿠르트 레빈(Kurt Lewin)은 변혁을 성공으로 이끌려면 기존의 방식과 가치관을 파괴(해동)하고 그것을 변화시켜(변혁) 새로운 방법과 가치관을 구축하는(재동결) 3단계가 필요하다고 말하고 있습니다.

1단계: 해동(Unfreezing)

기존 방식이 통하지 않고 바꾸지 않으면 기업의 경영이 위기 상황으로 내몰린다는 현상과 위기감을 공유하고, 새로운 사고방식, 일하는 방식을 통해 개선할 수 있다는 분위기를 조성합니다. 기존의 가치관이나 선입관을 버리고, 새로운 기업 문화나 풍토를 만드는 것에 직원이 합의하고 변혁의 추친력을 만듭니다.

2단계: 변혁/이동(Moving)

달성해야 할 변혁의 방향성과 전체 이미지를 공유하고 누가, 무엇을, 언제까지 실행할 것인지와 같은 구체적인 실천 방침을 결정합니다. 그리고 변혁의 실행이 얼마나 효과를 낳고 있는지 검증하고 시행착오를 거치면서 변혁을 추진합니다.

3단계: 재동결(Freezing)

변혁을 일으켜도 원래대로 되돌아 간다면 의미가 없습니다. 그래서 변혁의 성과를 검증할 수 있는 단계에, 변혁한 상태가 조직 안에서 당연한 것이 되게 정착시킵니다. 그 결과 새로운 기업 풍토와 문화가 뿌리내립니다.

많은 기업들이 'DX'라는 이름을 들으면 무언가 새로운 것을 시작해야 한다고 말하고 있습니다. 하지만 레빈이 말한 '변혁의 3단계'에 따르면 새로운 것을 시작하기 위해서는 '현재'를 끝내는 것이 전제가 됩니다.

예를 들면 COVID-19 팬데믹에 직면해, 절차나 결제를 원격으로 할 수 있게 워크플로 디지털화를 꾀한 기업이 있습니다. 하지만 기존의 종이와 도장에 의한 워크플로는 그대로 남겨두기로 했습니다. 그 결과 업무 프로세스가 복잡해지고 현장은 혼란에 빠졌습니다. 그리고 면서 디지털 워크플로로 절차를 진행한 뒤, 나중에 종이 서류도 제출해야 하는 로컬 규칙이 만들어져 업무가 오히려 늘어났다는 목소리도 있었습니다.

현재 시점에서 '가치가 없는' 것이 무엇인지 재고하고 무엇을 버려야 하는지, 무엇을 그만둘 것인지 명확하게 하여 새로운 것에 노력을 기울여야 합니다.

DX 인재

- 경영/사업의 현재 상태를 부감/정리하고 과제와 원인을 정의할 수 있다.
- 경영자나 사업 부문이 제시한 사업 과제를 고찰하고, 과제를 정교화/명확화할 수 있다.
- 디지털 기술이나 디지털 비즈니스 모델에 관해 폭넓은 지식을 갖고 있다.
- 디지털에 관한 지식을 활용해 사업 과제를 해결하는 전략을 그릴 수 있다.
- 그린 전략의 실천을 주도하거나 사업 책임자를 지원할 수 있다.

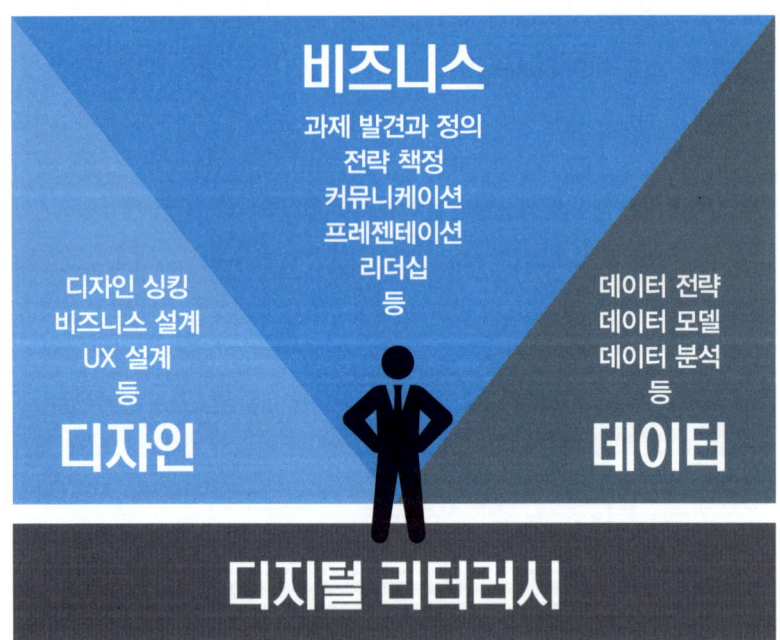

IT에 관해 자세히 알고 있다고 해서 또는 프로그램을 작성할 수 있다고 해서, DX라는 변혁을 주도할 수 있는 것은 아닙니다.

▍DX 인재 정의

디지털을 전제로 비즈니스를 발상/기획할 수 있고, 실현을 위한 리더십을 발휘하고, 그것을 위해 노력하려는 사람들에게 조언할 수 있고, 함께 달릴 수 있는 사람

▍요구되는 능력

- 자사뿐만 아니라 고객이나 다른 기업의 비즈니스 프로세스, 상품 유통과 관련된 거래 관계의 흐름, 물류를 보고 사업의 소재가 될 과제를 발견할 수 있다.
- 발견한 과제로부터 '디지털 기술을 전제로' 한 변혁이나 개선을 거듭해 새로운 구조를 생각할 수 있고, 전략을 그리고, 사업 계획을 수립할 수 있다.
- 계획을 솔선해 실행하고 고객/사내/파트너를 끌어들여 실행할 수 있다.

IT 지식이나 스킬이 불필요한 것은 아니지만 이들은 추후에 보완하거나 외부 협력을 구할 수도 있습니다. 보다 중요한 것은 자신들의 사업 과제를 해결하고, 업적 향상에 기여하고자 하는 의욕과 이를 실천하는 능력입니다.

▍요구되는 행동 특성

- 다양한 것에 호기심이 왕성하고 정보 수집력이 뛰어나다.
- 사내외에 넓은 인맥을 가지며 인맥을 넓히기 위한 정보 공유, 커뮤니티 만들기에 노력한다.
- 사람의 이야기를 솔직하게 듣고 자신의 의견을 솔직하게 말하고, 대화나 논의를 좋아한다.

이런 인재라면 설령 IT에 관해 정통하지 않더라도 필요한 지식이나 스킬을 스스로 익혀 나갈 것입니다.

이런 변혁의 리더가 될 DX 인재를 육성해야 합니다. 물론 누구나 리더가 될 수 있지는 않습니다. 그리고 그럴 필요도 없습니다. 단, 지금 자신들의 상황을 냉정하게 파악하고 올바른 위기감을 갖춰, 리더와 함께 변혁에 참여하는 인재를 길러내야 합니다. 각각의 역할과 입장에서 '목적'과 '바람직한 자세'를 명확하게 정의한 인재 육성 프로그램을 설계하고 실천해야 합니다.

> 칼럼

DX와 리스킬링

'리스킬링(Re-Skilling)'이라는 용어를 접할 기회가 증가하고 있습니다. 한편, 'DX 연수'나 '디지털 리터리시 연수'라는 용어도 주목받게 되었습니다. 하지만, 이들의 관계가 모호한 상태에서 '리스킬링'이라는 용어가 사용되기도 합니다.

'리스킬링'은 '다른 업무나 직업으로 이동하기 위해 필요한 스킬을 획득하게 하는 것'입니다.

이 용어는 2018년 세계 경제 포럼(다보스 포럼)에서 언급된 것을 계기로 주목받게 되었습니다. 그 해 다보스 회의에서 몇 년 안에 8,000만 개의 업무가 사라지고, 9,700만 개의 새로운 업무가 생겨날 것이라는 예측을 보고했습니다. 그리고 이후 새롭게 생겨나는 업무들은 현재의 스킬로는 수행할 수 없기 때문에 사회 전체에서 리스킬링을 위한 노력이 필요하다고 제안한 것입니다.

이것에서 알 수 있듯, '리스킬링'은 현재의 업무에 필요한 스킬을 갈고 닦는 것이 아니라 이제부터 만들어지는 새로운 업무에 적응하기 위해 새로운 스킬을 획득하는 것을 목표로 합니다.

오늘날 데이터 활용이나 새로운 IT 도구, 클라우드 서비스의 사용 방법을 학습하는 연수를 '리스킬링' 연수라 부르기도 합니다. 하지만 이것이 항상 올바른 사용 방법인 것은 아닙니다. 이 연수들은 대부분 기존의 업무 개선을 목적으로 하는 것이며, 새로운 업무에 대처하기 위한 능력을 획득하는 '리스킬링'은 아닙니다. '리스킬링'이라 부르기 위해서는 먼저 '새로운 업무'를 준비하고, 그 업무로 이동하는 것을 전제로 해야 합니다.

물론 현재의 업무를 효율화하고 개선해야 하며, 변혁을 주도하는 리더도 육성해야 합니다. 이런 연수는 앞절에서 설명한 세 가지 인재 육성 시나리오가 담당하는 부분입니다. '리스킬링'은 이와는 다릅니다. '리스킬링'은 경영 전략 또는 사업 변혁의 일환으로 추진하는 것입니다. 대상이 되는 인재에게 이동이나 직종 변경을 전제하는 직무로 기업에서 제공하는 연수입니다.

앞 절의 세 가지 인재 육성 시나리오는 개인의 자발적인 호기심, 개선, 성장 의욕에 의지해 학습 기회를 부여하기 위해 수행합니다. 그 목적은 인재의 질을 높이는 것으로, 디지털 시대에 맞지 않는 오래된 지식이나 스킬을 사내에 맞는 것으로 업데이트하는 것입니다. 즉 개인의 스킬 강화나 지식 업데이트에 해당하며, 현장 개선이나 변혁 리더 육성이 목적이 됩니다.

한편, '리스킬링'은 사업 전환이 목적입니다. 전환 배치, 새로운 기업으로의 전출 및 전직, 직종 변경과 같은 인사 이니셔티브를 전제로 하며, 이런 새로운 직장에서 필요한 스킬을 획득하는 것을 목표로 합니다.

어떤 거대 자동차 부품 제조사의 '리스킬링 연수'를 도왔던 적이 있습니다. 연수의 목적은 하드웨어 엔지니어를 소프트웨어 엔지니어로 전환하는 것이었습니다. 이 기업은 자동차 부품이 상품이기 때문에 하드웨어 엔지니어의 수가 대단히 많았습니다. 하지만 소프트웨어의 역할이 확대되면서 소프트웨어 엔지니어를 늘려야 하는 상황에 직면했습니다. 이를 위한 대책으로 실시하게 된 것이 바로 '리스킬링 연수'입니다. 이 연수는 인사 정책과도 연계되었으며 연수 후 새로운 소속 부서도 준비되어 있었습니다.

아직 진행 중인 단계이기는 하나 잘 될 것이라 생각됩니다. 그 이유로 하드웨어와 소프트웨어 엔지니어는 공통적으로 수학과 공학에 관한 기본적인 소양을 갖고 있기 때문입니다. 다루는 대상이 다르더라도 엔지니어로서의 공통 기초의 토대가 있기 때문에 원만하게 전환이 진행되고 있는 것 같습니다.

이 사례에서 알 수 있듯 '리스킬링'을 위한 연수와 배치 전환은 하나입니다. '개인의 스킬 향상이나 현장 개선을 위한 연수'와 '리스킬링을 위한 연수'는 달성하고자 하는 '목적'은 물론 '바람직한 모습'도 다르기 때문에, 이니셔티브로서도 구분해야 합니다. 일반적인 연수 예산 안에서 수행해서도 안 됩니다. 각각의 역할과 입장에서 '목적'과 '바람직한 모습'을 명확하게 결정한 인재 육성 프로그램을 설계하고 실천해야 합니다.

DX 실현을 지탱하는
네 가지 방법과 사고방식

변화에 민첩하게 대응할 수 있는
기업 문화/체질을 실현하는 것

디자인 싱킹
디자이너적 크리에이티브 관점에서 비즈니스 과제를 해결한다.

혁신 탄생

DevOps
안정적 가동을 유지하면서, 개발된 시스템을 즉시, 빈번하게 프로덕션 환경으로 마이그레이션한다.

혁신과 비즈니스 속도 융합

린 스타트업
최소한의 기능으로 범위를 좁혀 단기간에 개발하고 피드백을 받아 완성도를 높인다.

Just In Time 제공

애자일 개발
비즈니스 성과에 기여하는 시스템을 버그 없이 변경에 유연하게 개발한다.

디자인 싱킹(Design Thinking)은 '디자이너의 창의적 관점에서 최적의 해결책을 찾아내는 방법'입니다. 논리적으로 사물을 정리해 과제 해결을 도모하는 것과 대조적으로, 창의적인 사고를 통해 문제를 해결하고자 하는 것입니다. 이를 실천하기 위해서는 항상 사용자 관점에 서서 사용자가 정말로 고민하고 있는 것은 무엇인지, 어떻게 해결해야 하는지, 왜 필요한지, 사용자가 가치를 느끼는 지점은 어디인지 생각하고 활발하게 열린 커뮤니케이션을 하면서 많은 사람의 생각을 끌어내고, 아이디어를 만들어가야 합니다. 단, 아이디어에 완벽을 요구하지 않고 빠르게 프로토타입을 만들어 시행착오를 거치면서 최적의 해결책을 찾아냅니다.

린 스타트업(Lean Startup)은 신규 사업의 성공 확률을 높이기 위한 방법론입니다. 신규 사업 아이디어가 잘 될 것인지 판단할 때 비용을 들이지 않고 최소한의 기능으로 한정해 시제품(Prototype)을 만들어 고객에게 제공한 뒤 그 반응을 관찰하고 분석해서 개선합니다. 시장 가치가 없다고 판단하면 철수도 고려합니다. 이것을 짧은 기간에 반복함으로써 신규 사업 성공 확률을 높이고자 하는 시도입니다.

애자일 개발(Agile Development)은 현재 시점에서의 최선을 철저히 추구하면서 시스템을 개발하는 방법입니다. 불확실한 미래에 관한 예측, 사용 여부에 관한 추측을 포함한 사양에 따라 모든 것(기능)을 만들지 않고, 반드시 사용하는 프로그램만으로 개발을 한정해 기대되는 효과에 맞춰 우선순위를 결정해서 만듭니다. 1주 또는 2주 정도의 짧은 사이클로 사용자의 피드백을 수집하면서 완성도를 높이는 동시에 기능을 추가합니다. 비즈니스 현장에서 이것으로 충분하다고 판단하면 제품이 완성됩니다.

DevOps(Development&Operation)는 개발을 마쳤다면 프로덕션에 마이그레이션하더라도 안정적으로 가동되게 실현하는 노력입니다. 시스템을 완성하더라도 즉시 프로덕션 환경으로 마이그레이션할 수 없다면 현장의 요청에 즉시 대응할 수 없습니다. 한편, 충분히 테스트하지 않은 시스템을 프로덕션 환경에 투입하면 안정적인 가능을 보증할 수 없습니다. 이 둘의 양립을 해소하고 개발된 시스템을 즉시, 그리고 빈번하게 프로덕션 환경으로 마이그레이션 하기위한 구조를 만드는 것을 개발, 운영과 연계해서 함께 실현합니다.

디자인 싱킹과 린 스타트업으로 혁신을 만들고, 애자일 개발과 DevOps를 활용해 적시에 현장에 서비스를 제공합니다. 이 일련의 대응을 반복해 나가는 것이 DX 실천을 지탱합니다.

최적의 해결책을 찾아내기 위한 디자인 싱킹

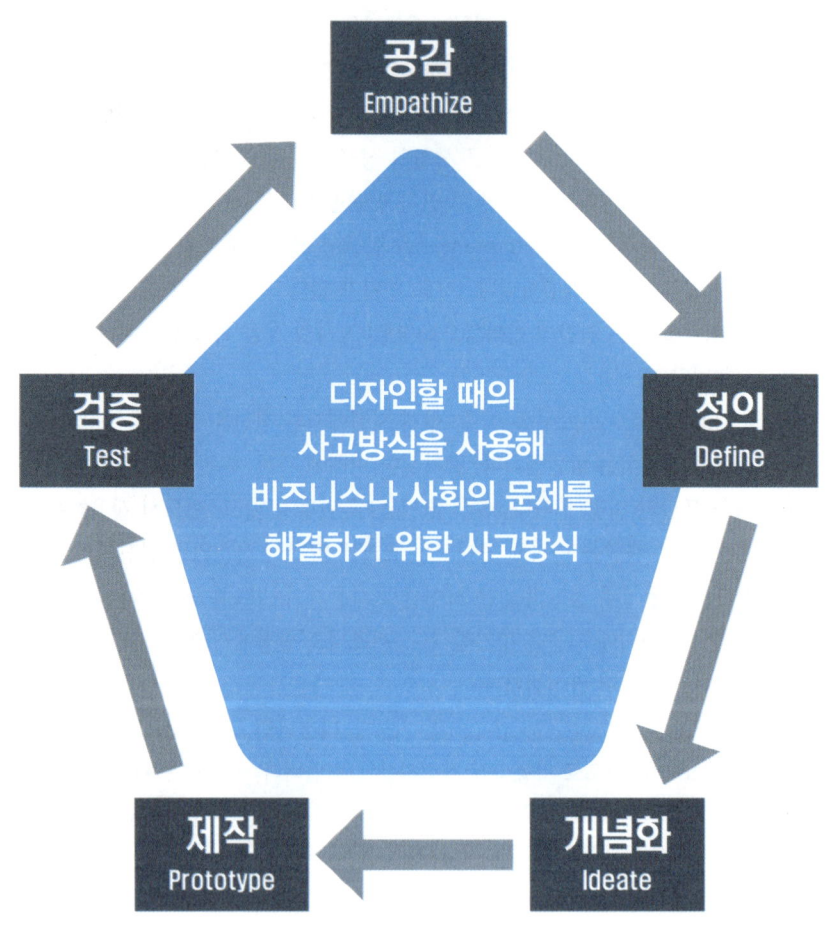

'디자인 싱킹(Design Thinking)'은 디자이너가 디자인을 할 때 사용하는 사고방식을 활용해 비즈니스나 사회 문제를 해결하고자 하는 사고방식입니다.

디자인은 사용자에게 보다 좋은 경험을 제공하고, 보다 좋아하는 상태로 서비스를 바꿔가기 위한 활동입니다. 먼저 사용자를 철저하게 관찰하고, 사실에 기반해 그들을 깊이 이해하고, 가설을 세우고, 그 가설을 실현하기 위한 형태나 모습, 순서 등을 만듭니다. 이를 위한 사고방식을 전례 없는 문제나 미지의 과제 해결을 위해 사용하고자 하는 것이 디자인 싱킹입니다.

'디자인 싱킹'을 실천하려면 다양한 아이디어를 만들어내는 브레인스토밍, 프로토타입 작성, 사용자의 프로토타입 사용을 확인하는 검증 등을 실천해야 하기 때문에 '실험적 사고법'이라 부르기도 합니다.

디자인 싱킹 방법은 다양하게 제안되어 있지만 그 대표적인 것으로 하버드 대학 디자인 연구소(d.school)의 하쏘 플래트너(Hasso Plattner) 교수가 제창한 '디자인 싱킹 5단계'가 있습니다.

- **1단계, 공감**: 사용자에게 다가가 그 사용자가 그렇게 행동하는 이유는 무엇인지, 니즈는 무엇인지를 인터뷰나 관찰 등을 통해 이해하고 사용자가 정말로 원하는 것을 찾아낸다.
- **2단계, 문제 정의**: 사용자가 요구하고 있는 것, 그것을 필요로 하는 상황, 그것이 발생한 원인을 분석하고 무엇을 실현하면 좋을지 명확하게 한다.
- **3단계, 개념화**: 브레인스토밍을 통해 '문제 정의'에서 명확하게 한 것을 실현하기 위한 아이디어를 가능한 한 많이 만들어낸다.
- **4단계, 프로토타입 제작**: 몇 가지 아이디어로 프로토타입을 만들어 실현 가능성을 확인한다.
- **5단계, 검증**: 프로토타입을 실제 사용자가 사용하게 하고 '문제 정의'된 것을 실현할 수 있는지 검증한다.

이 순서가 반드시 절대적이지는 않습니다. 어떤 때는 동시에, 어떤 때는 순서를 바꿔 실행하면서 최선의 방법을 찾아냅니다.

세계가 다양화하고 불확실성이 높아지는 이 시기에 절대적 정답을 찾아내는 것은 쉽지 않습니다. 그렇기 때문에 다양한 아이디어를 내고, 많은 사람이 만족할 수 있는 최적의 해결책을 찾아내는 수단으로 '디자인 싱킹'이 주목받고 있습니다.

신규 사업의 성공 확률을 높이는 린 스타트업

Idea

빠르게 학습한다
학습 Learn

빠르게 코드를 작성한다
구현 Build

신규 사업 개발의 성공 확률을 높이기 위한 관리 방법

데이터를 분석해 MVP를 개선한다

아이디어 검증을 위한 MVP를 단기간에 만든다

Data

Code

측정 Measure

빠르게 측정한다
MVP를 고객에게 제공하고 그 반응을 관찰해 데이터를 수집한다

MVP: Minimum Viable Product

'린 스타트업(Lean Startup)'은 기업가인 에릭 리스(Eric Reis)가 자신의 경험을 기반으로 체계화한 스타트업 방법론입니다.

스타트업은 '새로운 비즈니스 모델을 성공해 매우 짧은 시간 동안 급격한 성장을 도모하는 조직'이며 이런 조직을 관리하는 방법을 사용해 신규 사업 개발의 성공 확률을 높이고자 하는 관리 방법입니다.

린(Lean)은 '군더더기 없이 깔끔한'이라는 의미로, '낭비의 철저한 배제'라는 토요타 생산 방식에 뿌리를 두고 있는 사상입니다. 이 토요타 생산 방식의 방법론을 '새로운 비즈니스 모델 개발'에 활용해 신규 사업을 실현하기 위한 조직 운영이나 접근 방법으로 나타낸 것이 린 스타트업입니다. 구체적인 순서는 다음과 같습니다.

- **구축**: 아이디어를 제안한다. 그 아이디어가 잘 될 것인지 확인하는 데 필수적이며, 실제로 사용해 확인할 수 있는 최소한의 기능을 가진 제품인 MVP(Minimum Viable Product)를 짧은 기간에 만든다.
- **측정**: MVP를 고객에게 제공하고 그 반응을 관찰해 데이터를 수집한다.
- **학습**: 관찰 결과나 데이터를 분석해 제품, 서비스가 시장에 받아들여질지 판단한다. 그리고 MVP를 개선한다. 단, 가설 자체가 잘못되었다고 판단되면 가설을 수정하고 아이디어를 다시 만들거나 철수를 포함해 방향을 크게 바꾸는 '피봇(Pivot)'도 고려한다.

이 사이클을 짧은 기간동안 반복함으로써 신규 사업의 성공 확률을 비약적으로 높일 수 있는 것입니다.

이런 '린 스타트업'은 어디까지나 신규 사업을 만들어내기 위한 관리 방법이며, 새로운 아이디어 자체를 만드는 방법은 아닙니다. 그래서 '디자인 싱킹'를 통해 먼저 아이디어를 만들고, '린 스타트업'을 통해 성공 확률을 높이는 것이 현실적인 접근 방식이라 할 수 있습니다.

단, 이러한 '린 스타트업'은 현재의 불확실한 비즈니스 환경에서 진행되기 때문에 압도적인 속도가 반드시 필요합니다. 또한 어떻게든 실현하고자 하는 열정과, 실패를 허용하고 경우에 따라서는 기존 사업을 뒤집을 수도 있다는 리스크를 허용할 수 있는 조직 문화가 필요합니다.

크게 다른 자연 생태계와 비즈니스 생태계

자연 생태계

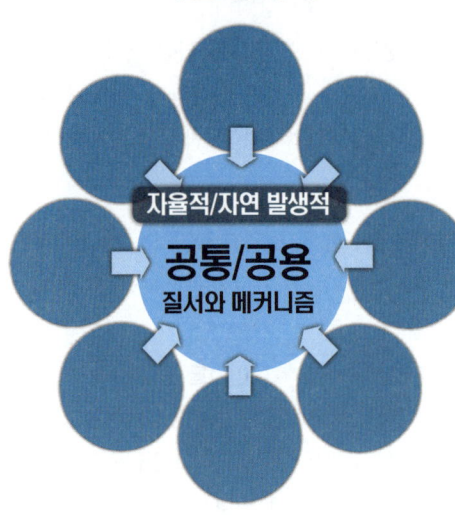

- 시간: 장시간
- 형성: 자율적/자연 발생적
- 참가자: 상호 의존적(생존)
- 주도자: 없음

비즈니스 생태계

- 시간: 단기적
- 형성: 의도적(기업이 주도)
- 참가자: 공영 공존적(수익 확대)
- 주도자: 배타적 이익

'생태계(Ecosystem)'는 본래 자연계의 생태계를 가리키는 용어이며 동식물의 먹이 사슬이나 물질 순환이라는 생태 순환계를 의미합니다. 이것을 비즈니스 용어로 전환해 경제적인 의존 관계나 협동 관계 같은 기업 간의 연대 관계를 나타내는 데 사용하고 있습니다. 그 형태는 유사하지만 형성 과정은 전혀 다릅니다.

자연계에서의 '생태계'는 오랜 시간에 걸쳐 자율적/자연 발생적으로 형성되고 생존에 유리한 상호 의존 관계를 만들어 갑니다. 특정한 리더는 존재하지 않습니다. 한편, 비즈니스계에서의 '생태계'는 짧은 기간에 특정 개인이나 기업이 리더가 되어 형성되며, 자신들의 수익 확대를 위해 상호 의존 관계를 만들어 갑니다. 리더는 참가자에게 수익 확대라는 인센티브를 제공하는 한편, 생태계를 지배하는 절대적 지위를 얻습니다. GAFAM으로 대표되는 플랫포머들은 이 구조에서 막대한 수익을 낳는 독과점적 생태계를 구축했습니다.

DX 실천에 관해 '플랫폼 비지니스'를 언급하기도 하지만 이것은 비즈니스 생태계를 토대로 전개하는 것으로, 플랫포머들의 성공을 보면 매우 매력적입니다. 하지만 이미 견고한 지위를 구축하고 있는 그들에게 대적하기는 쉽지 않으므로 절충할 수 있는 방법을 찾아야 할 것입니다.

그 선택지로 다음의 방법을 생각할 수 있습니다.

- 플랫포머와 경쟁하지 않고, 새로운 고유한 생태계를 만든다.
- 플랫포머와 공존하는 생태계에 올라타 그 안에서 독자적인 부가가치를 붙여 새로운 하위 생태계를 만든다.
- 플랫포머에게 의존하지 않는 독자적인 생태계를 만든다.

이미 막대한 수익을 올리고 있는 플랫포머를 보고 자신들도 그렇게 되고 싶다 생각하는 것은 자연스럽습니다. 하지만 그들이 구축한 생태계에 정면 대치하는 것은 쉽지 않습니다. 현실적인 비전과 전략을 가져야 합니다.

칼럼

DX 실천과 생성형 AI

ChatGPT가 등장하고 생성형 AI에 대한 관심이 단숨에 높아졌습니다. 이런 생성형 AI에 관해서는 7장에서 자세히 설명했습니다. 생성형 AI에 기대할 수 있는 성과는 다음과 같습니다.

- 업무 생산성이 대폭 향상된다.
- 고도의 전문적인 스킬을 쉽게 사용할 수 있게 된다.
- 혁신을 가속한다.

구체적으로 다음과 같은 것을 할 수 있게 됩니다.

▎업무 생산성이 대폭 향상된다

- 전달하고자 하는 요점을 입력하고 전달하는 상대의 특성을 지정하면 그에 어울리는 표현이나 내용으로 보고서나 제안서를 작성해준다.
- 실현하고자 하는 기능을 전달하면 프로그램 코드를 생성해준다.
- 광고 동영상의 시나리오를 입력하고 그림 콘티를 출력해 필요한 부분만 수정하면 내용에 어울리는 캐릭터를 만들고 동영상을 생성해준다.

지금까지 이런 작업은 인간만 할 수 있는 것으로 여겨졌지만 생성형 AI가 이것을 대체하고 있습니다. 물론 현 단계에서는 완성이라 말할 수는 없습니다. 인간의 확인이나 수정이 필요하지만 그 정확도가 급속하게 향상되고 있으며, 같은 작업을 사람이 하는 것에 비해 생산성이 크게 향상되었습니다. 이것은 같은 작업 시간 대비 훨씬 많은 일을 할 수 있음을 의미하며, 변화에 민첩하게 대처하는 능력을 높이는 것이 되기도 합니다. 생성형 AI는 인간의 노동 생산성 향상에도 기여하고, 노동 시간 단축에 의한 스트레스 경감이나 처우 개선에도 기여합니다.

그리고 이제까지는 시간적 제약으로 인해 다양한 방식을 시도해 볼 수 없던 업무도, 같은 시간 안에 여러차례 시행착오를 거칠 수 있게 되었습니다. 이렇게 업무 품질 향상이나 새로운 것에 도전할 때의 성공 확률을 높이는 데도 기여합니다.

▌고도의 전문적인 스킬을 쉽게 사용할 수 있게 된다

Excel의 매크로나 함수를 숙지하고 활용하는 사람은 거의 없습니다. 하지만 Excel에 내장된 생성형 AI는 이것들을 완전하게 숙지하고 있습니다. 이런 Excel에 '이런 테이블을 만들고 싶다'고 지시하면 효율적으로 세련된 테이블을 만들어 줍니다.

프로그램 개발에 사용되는 도구인 GitHub 서비스에는 전세계 엔지니어들이 만든 막대한 프로그램 코드가 축적되어 있고, 이들을 해석해 도출한 '뛰어난 프로그램 코드의 특징이나 패턴'이 생성형 AI에 정리되어 있습니다. 이를 사용해 프로그램을 작성하면 이 부분은 이렇게 작성하는 것이 좋다, 이렇게 작성하는 것은 어떤가라고 그 자리에서 조언하거나 더욱 좋은 코드를 제안해 줍니다. 그리고 이런 기능을 실현하고 싶다고 전달하면 설명서 작성, 테스트 코드 생성, 테스트와 수정, 프로덕션 시스템으로 출시/배포까지 일괄적으로 실행해 줍니다.

이들이 생산성 향상에 기여하는 것은 당연합니다. 이에 더해 매우 뛰어난 담당 전문가를 항상 곁에 두고 조언을 받으면서 업무를 하는 것과 마찬가지이기 때문에 업무의 질도 향상됩니다.

▌혁신을 가속한다

1장에서 설명했듯 혁신의 본질은 '지금까지 없는 새로운 조합을 찾아내, 새로운 가치를 창출하는 것'입니다. 생성형 AI는 그 새로운 조합의 선택지를 계속 만들어내고 제시해 줍니다.

예를 들면 ChatGPT에 마케팅 전문가 A, 기계공학 전문가 B, 업계에 정통한 영업 담당자 C를 설정하고 이들과 브레인스토밍함으로써 새로운 조합의 선택지를 찾아내 의논할 수 있습니다.

신약을 만들기 위해 막대한 화학 물질의 조합 중에서 목표로 하는 약효를 기대할 수 있는 선택지를 좁히는 과정에서 AI는 지금까지 많은 기여를 했습니다. 여기에 생성형 AI를 조합함으로써 대화형으로 선택지를 좁히고 시뮬레이션을 수행함으로써 이 작업의 효율을 한층 높일 수 있을 것입니다.

> 칼럼

DX 실천은 변화에 민첩하게 대처하는 능력을 획득하는 것이며, 혁신을 가속해 경쟁력을 높이는 것입니다. 물론 생성형 AI만으로 이를 달성할 수는 없습니다. 생성형 AI와 같은 새로운 기술을 당연하게 활용하고 현장에 많은 권한을 위임하고 짧은 기간에 시행착오를 허용할 수 있는 기업 문화와 풍토가 전제가 되어야 함은 다시 말할 필요가 없을 것입니다.

DX 실천이란 이렇게 디지털과 인간의 새로운 역할에 대한 바람직한 방식을 만들어 내기 위한 노력이기도 합니다.

11

가상화의 종류와 특징

하드웨어의 한계를 넘어서자

가상화 기술은 하드웨어의 물리적 한계를 넘어 유연성과 확장성을 극대화하는 기술입니다. 가상화는 물리적 제약에 얽매이지 않고 컴퓨팅 지원을 논리적으로 분리/배치함으로써 보다 압도적인 속도로 변화에 대응하고, 효율적으로 자원을 사용할 수 있게 합니다.

빅데이터 시대에 접어든 지금, 이러한 가상화는 단순한 기술을 넘어 '디지털 전제' 사회를 뒷받침하는 전략적 인프라로 자리 잡고 있습니다. 이제 가상화 기술은 단순한 선택을 넘어, 변화에 유연하게 대응하고 압도적인 속도를 내기 위한 핵심 옵션이 될 것입니다.

이번 11장에서는 다양한 유형의 가상화가 중 데스크톱, 애플리케이션, 스토리지, 네트워크 가상화를 간단하게 훑어보며 가상화로 실현되는 유연성과 확장성 그리고 앞으로의 사용 가능성을 살펴봅니다.

'데스크톱 가상화'와 '애플리케이션 가상화'

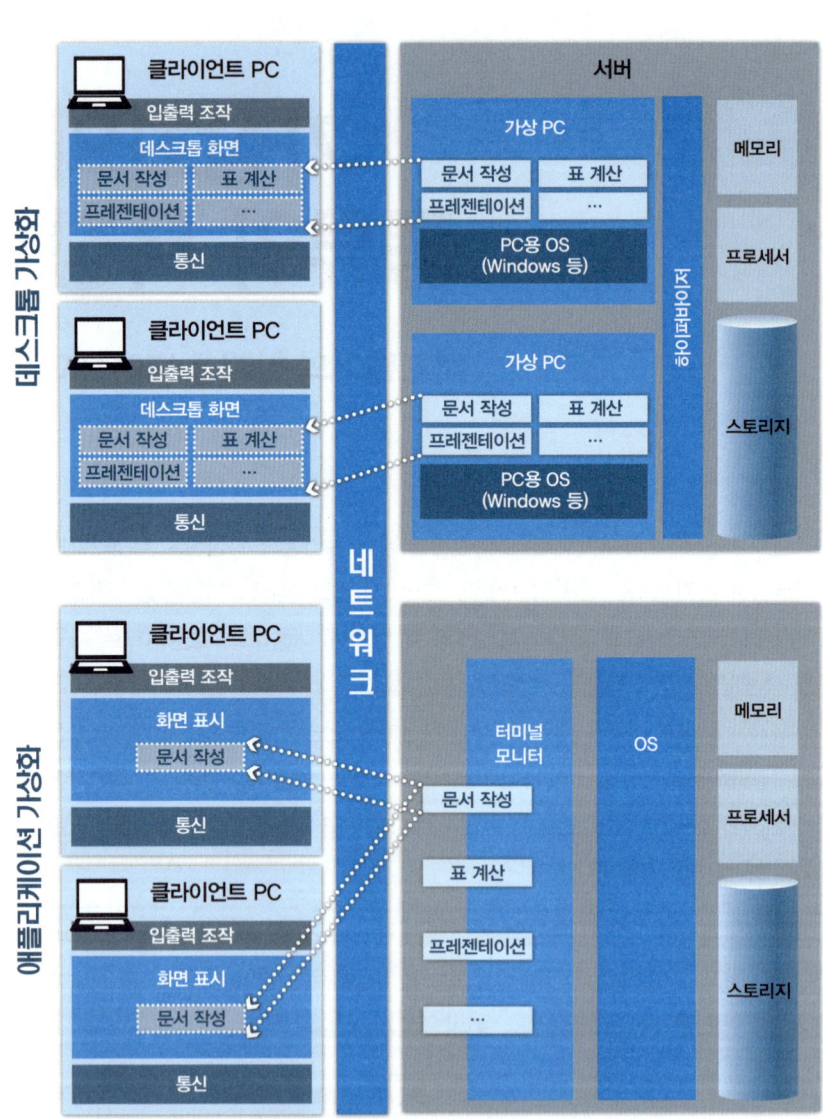

▍데스크톱 가상화

서버 가상화에서도 사용된 하이퍼바이저를 사용해 서버상에 사용자가 로컬에 두고 사용하는 PC를 대신하는 '가상 PC'를 실행시킵니다. 그 화면(데스크톱 화면이라 부름)을 네트워크를 통해 로컬 PC의 데스크톱에 전송/표시하고 키보드나 마우스 등의 입출력 장치를 이용할 수 있게 하는 기술로, VDI(Virtual Desktop Infrastructure)라고도 부릅니다.

예를 들면 가상 CP에서 Windows를 실행하고 Word나 Excel을 사용해 작성한 문서나 표는 자신의 로컬 PC에 할당된 서버 스토리지에 저장됩니다. 사용자는 로컬에 있는 PC 디스플레이를 보면서 키보드, 마우스를 조작하지만, 실제로 사용하는 프로세스나 스토리지는 서버의 것입니다.

▍애플리케이션 가상화

PC의 모든 기능이 아니라 특정 애플리케이션만 서버에서 실행하고 네트워크를 통해 사용하는 기술입니다. 네트워크가 끊어졌을 때도 조작을 계속할 수 있도록 하는 소프트웨어도 등장했습니다.

두 가상화 모두 관리되는 데이터 센터에 설치된 서버에서 동작하므로 데이터를 외부로 유출할 수는 없습니다. 그리고 도난이나 방치로 인해 로컬 PC가 사라져도 관리자가 해당 PC에서 가상 PC로의 연결을 차단하면 사용할 수 없게 됩니다.

그리고 잊어버리기 쉬운 백업이나 보안 대책 등을 운용 관리자가 일괄 수행할 수 있어 안전하게 안심하고 사용할 수 있으며 관리 운용 부담을 줄이는 데도 도움이 됩니다. 또한 자택에서 일을 할 때 자택 PC에서 네트워크를 통해 기업에서 사용하는 가상 PC 데스크톱을 호출하면 같은 환경을 그대로 사용할 수 있습니다. 재해나 사고로 PC가 파손되어도 사용할 수 있기 때문에 사업 지속 관점에서도 주목을 받고 있습니다.

한편, 사용자 본인임을 증명하기 위한 인증을 엄밀하게 수행해야 합니다. 그리고 네트워크 속도가 느리거나 응답이 좋지 않거나 일정하지 않아, 업무 집중도가 도중에 떨어진다는 과제도 있습니다.

신 클라이언트

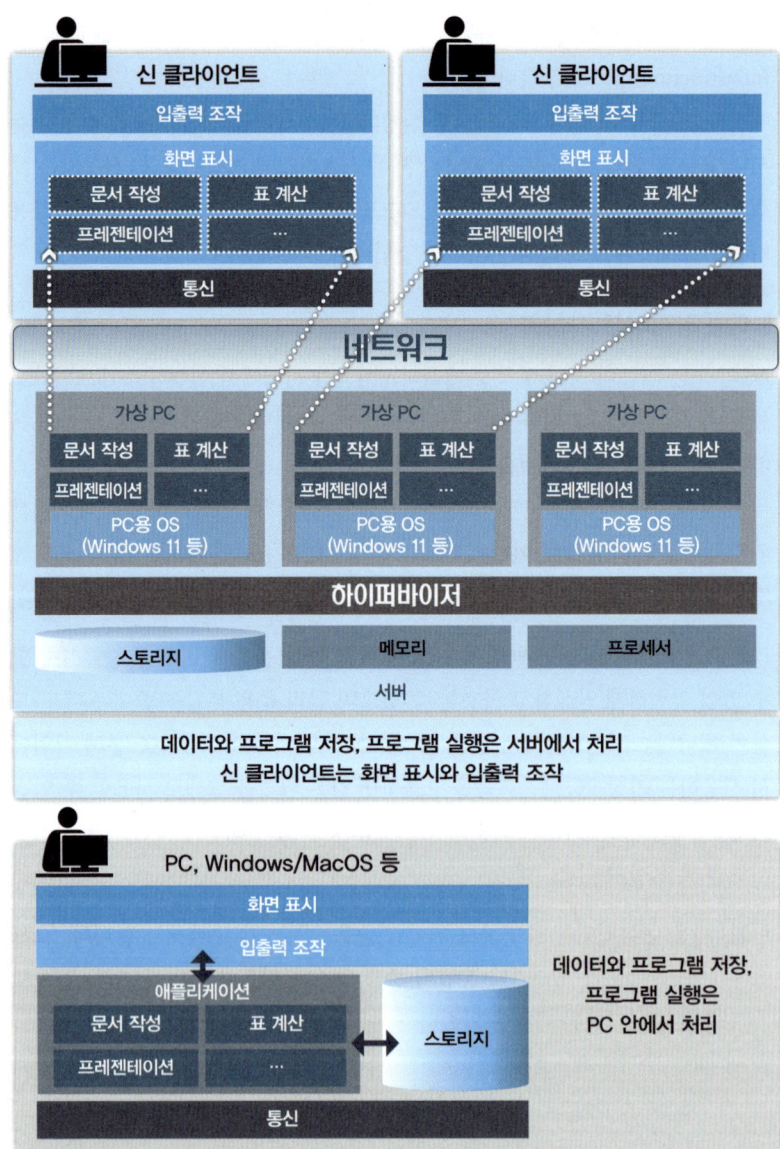

'데스크톱 가상화'와 '애플리케이션 가상화'는 모두 로컬 PC에서 OS나 애플리케이션을 설치할 필요가 없습니다. 그렇다면 네트워크에 연결할 수 있고, 화면을 표시하거나 입출력 조작 기능을 가진 최소한의 메모리나 프로세서만 있으면 충분합니다. 그리고 프로그램 또는 작성한 문서, 표 같은 데이터를 PC 측에 보관할 필요가 없어 스토리지도 불필요합니다.

'데스크톱 가상화'와 '애플리케이션 가상화' 사용을 전제로 최소한의 기능을 제한한 클라이언트 PC가 만들어졌습니다. 이를 신 클라이언트(Thin Client)라 부릅니다. Thin은 '날씬한, 얇은'이라는 의미입니다. 덧붙여 일반적인 PC를 팻 클라이언트(Fat Client)라 부르기도 합니다.

신 클라이언트는 높은 처리 능력이나 대용량 스토리지를 탑재한 일반 PC에 비해 저렴합니다. 그리고 사용자 개별 설정이나 애플리케이션, 데이터를 서버 측에서 관리하기 때문에 기기가 고장나더라도 복구 작업을 하지 않고 교체하는 것만으로 다시 사용할 수 있어 관리 부담이 적습니다.

또한, 신 클라이언트에는 스토리지가 없고 데이터를 저장하지 않으므로 서버에 연결하는 순서만 모르게 한다면 기기를 도난당해도 데이터를 도난당할 위험은 없습니다.

'신 클라이언트'는 이렇게 기능을 제한한 PC의 명칭으로 사용됩니다. 그리고 '신 클라이언트를 사용할 수 있는 가상화 방식'은 '데스크톱 가상화'와 '애플리케이션 가상화'를 통틀어 가리키기도 합니다.

Chromebook

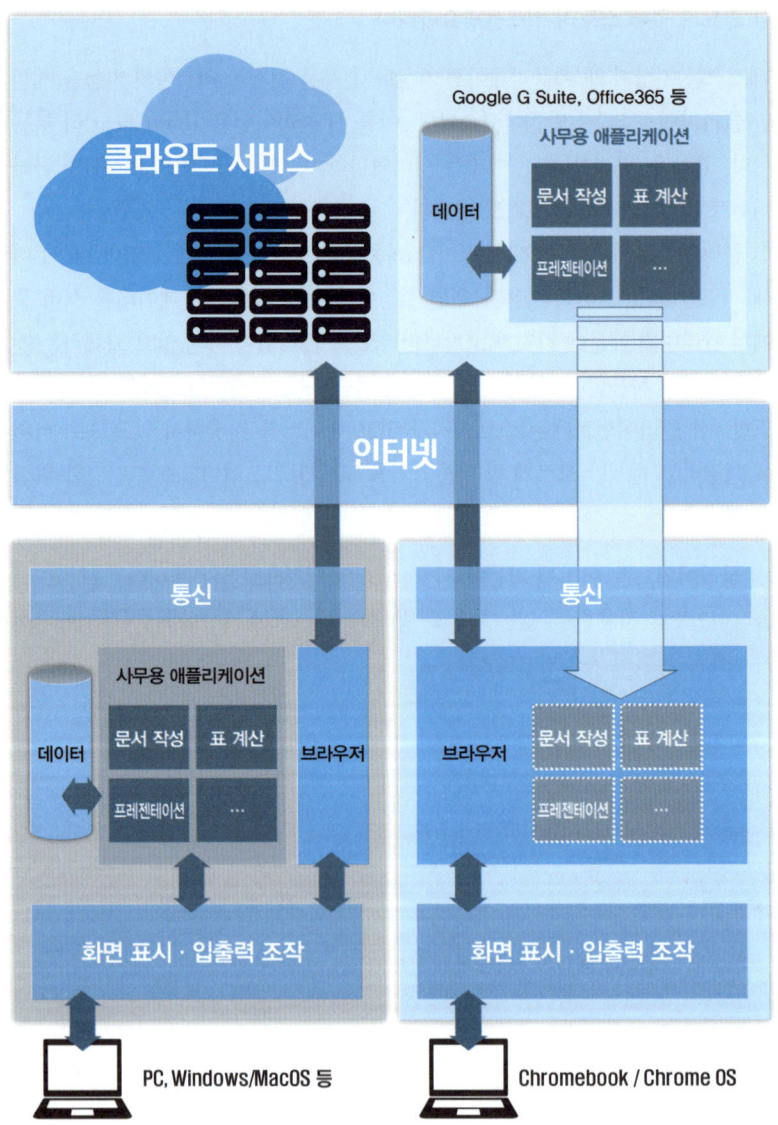

'Chromebook'은 Google의 'Chrome OS'를 탑재하고 Google이 개발한 Chrome 브라우저를 실행하는 것에 특화된 랩톱 PC입니다. 단순한 기능에 특화시킴으로써 고도의 CPU나 대량의 메모리가 불필요하게 되어 가격을 저렴하게 억제할 수 있습니다. 그리고 애플리케이션을 PC에 설치하지 않고 브라우저를 통해 클라우드 서비스처럼 사용합니다.

프로그램이나 데이터를 저장하기 위한 스토리지는 클라우드에서 관리되므로 데이터 유출 위험이 줄고 백업도 불필요합니다. 그리고 기능이 단순하기 때문에 취약성이 적고 바이러스나 멀웨어의 표적이 될 위험도 적으며 안정성도 높아집니다. 또한 사용자가 사용할 수 있는 애플리케이션의 선택, 데이터의 범위 같은 권한 설정도 관리자가 일괄로 관리 화면에서 수행할 수 있어 PC를 개별적으로 배포하는 것에 비해 운용관리 부담을 크게 줄일 수 있습니다.

지금까지 '무엇이든 할 수 있는' 것을 추구해 개발되었던 Windows나 MacOS 같은 범용 OS는 쾌적하게 동작하기 위해 고성능 하드웨어가 필요했지만, '클라우드 서비스'를 사용하는 것을 전제로 기능을 제한함으로써 저렴한 랩톱 PC를 실현한 것입니다.

Chromebook은 저렴한 가격과 보안 안전성 등을 이유로 교육 기관을 중심으로 크게 사용자를 늘리고 있습니다. 일본 교육 시장에서는 Chrome OS가 점유율 43.8%로 1위, iPadOS가 28.2%로 2위, Microsoft Windows가 28.1%로 3위를 차지하고 있으며, 2위, 3위와의 점유율 격차가 상당합니다(MM 연구, 2021년 2월 18일 'GIGA 스쿨 구상 실현에 관한 ICT 환경 정비 조사'[*]).

과거 메일이나 표 계산, 문서 작성 같은 작업은 PC에 설치된 애플리케이션에 의존했지만 이제는 브라우저를 사용해 클라우드에서 사용할 수 있게 되었습니다. Google은 이를 위한 서비스로 'Google Workspace'를 제공하고 있습니다. 기타 업무 애플리케이션도 클라우드에서 사용할 수 있는 것들이 늘어나고 있습니다. 많은 PC 사용자를 가진 기업이나 교육 기관은 보안상 우려가 적고, 운용 관리 부담도 적은 Chromebook에 주목하고 있습니다.

아직 PC로만 수행할 수 있는 작업이나 사용 편의성에서 기존의 랩톱 PC가 필요하다는 의견도 있으나, 네트워크 환경 개선이나 클라우드 서비스 확충 그리고 일부 Android 애플리케이션도 사용할 수 있는 점과 그래픽 성능을 향상시키는 기능도 도입되어 그 문제 역시 점차 해소되고 있는 것으로 보입니다.

---

[*] https://www.m2ri.jp/report/market/detail.html?id=62

클라이언트 가상화

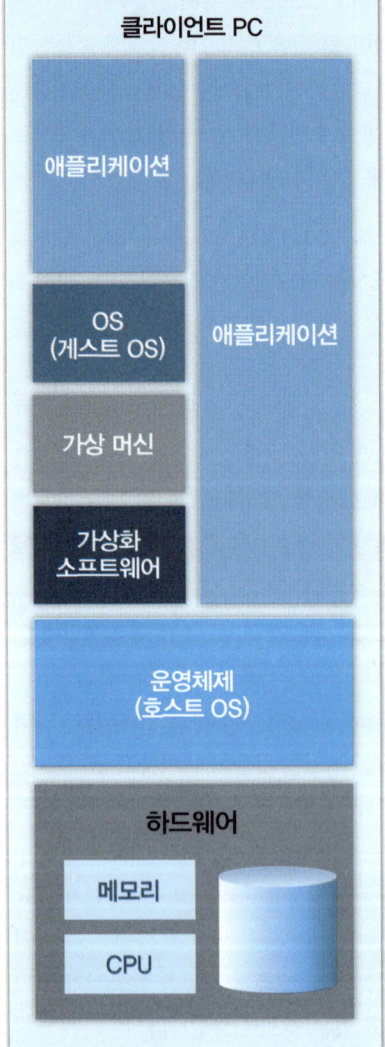

클라이언트 가상화는 1대의 클라이언트 PC에 여러 다른 OS를 동시에 가동하는 기술입니다.

원래 1명의 사용자가 점유해서 사용하는 클라이언트 PC에 여러 가상 머신을 실행해서 다른 OS를 가동시키는 것은 프로그램이나 데이터 호환성을 확보하기 위한 목적입니다.

예를 들면 Windows 10에는 '클라이언트 Hyper-v'라 불리는 클라이언트 가상화 기능이 탑재되어 있습니다. 서버용 OS인 Windows Server에 탑재되어 있는 가상화를 위한 하이퍼바이저 'Hyper-v'를 클라이언트 PC용으로 수정해 만든 것입니다. Windows 10 이전 버전인 Windows 7, Windows 8을 동작 시킬 수 있는 가상 PC를 Windows 10 안에 만듭니다. 이 기능을 사용하면 1대의 PC에서 Windows 10과 이전 버전의 Windows를 동시에 가동시킬 수 있습니다.

이 기능이 필요한 이유는, 이전 버전의 Windows에서는 동작하지만 Windows 10에서는 동작하지 않는 소프트웨어가 존재하기 때문입니다. Windows 10 도입에 따라 애플리케이션을 마이그레이션하는 경우 구입한 패키지 소프트웨어라면 유료로 버전을 업데이트해야 할 수도 있습니다. 이를 위해 작업의 수고나 비용은 PC 대수가 많을수록 부담이 됩니다. 하지만 클라이언트 가상화 기술을 사용하면 이전 OS 버전에서 동작하도록 개발된, 구입한 소프트웨어를 그대로 사용할 수 있습니다.

Apple의 macOS에서 Windows를 가동할 수 있는 클라이언트 가상화 소프트웨어도 있습니다. 이 소프트웨어를 사용하면 1대의 Mac PC에서 macOS와 Windows를 동시에 동작시킬 수 있습니다. 각각의 OS에서만 동작하지만, 모두 사용하고 싶을 때 클라이언트 가상화 기능을 사용하면 두 대의 머신을 준비할 필요가 없어집니다.

스토리지 가상화

블록 가상화 ▶ 볼륨 가상화

 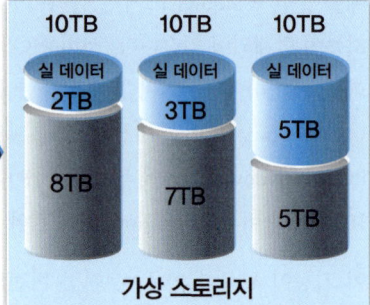

신 프로비저닝 ▶ 용량 가상화

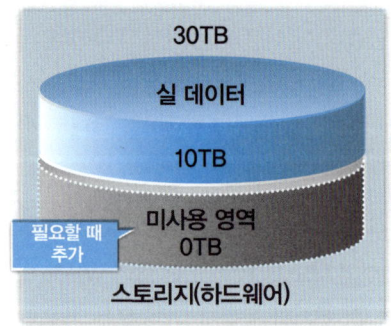 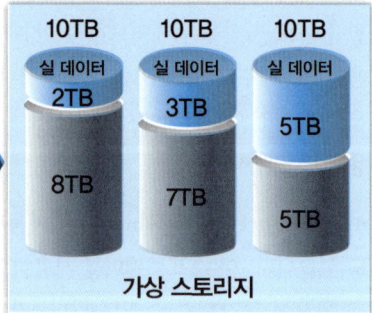

중복 배제 ▶ 데이터 용량 절감

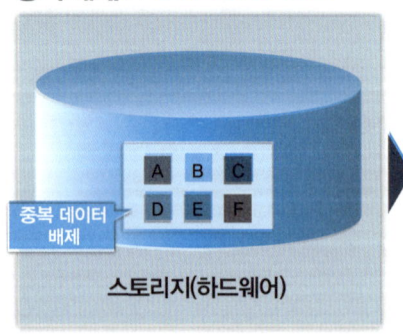 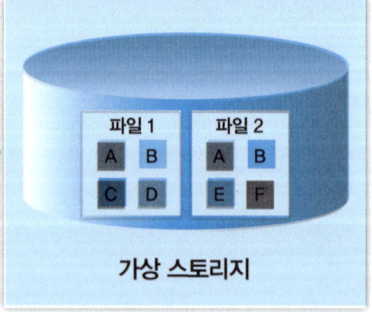

스토리지 가상화는 스토리지가 가진 하드웨어의 물리적인 제한/제약에서 벗어나도록 하기 위해 사용하는 기술입니다.

예를 들면 스토리지 용량은 사용 여부에 관계없이 물리적으로 결정되어 있습니다(128GB 등). 이를 서버에 개별적으로 할당해 그만큼만 사용할 수 있다면 여러 서버를 사용하는 경우 비효율적입니다. 그래서 여러 스토리지를 하나로 모아 여러 서버에서 공유하고, 필요한 용량만큼만 할당해 사용 효율을 높일 수 있습니다. 신 프로비저닝(Thin Provisioning)이나 중복 배제 기술을 활용해 사용 효율이나 편리성을 한층 높일 수도 있습니다.

신 프로비저닝은 서버 상의 OS가 봤을 때 물리 스토리지 용량을 실제보다 많은 것처럼 보이게 하는 기술입니다. 지금까지는 물리 스토리지 용량이 변하면 서버 OS의 설정을 변경해야 했습니다. 하지만 신 프로비저닝 기술을 사용하면 서버 OS에는 처음부터 충분히 큰 용량을 설정하고, 사용 시점에 사용하는 용량만 준비하고, 용량이 부족해지면 물리적으로 보충하기만 하면 됩니다. 이렇게 하면 노력이 드는 설정 변경이 불필요하게 되어 운용 부담을 줄임과 동시에 물리적인 스토리지 용량을 절약할 수 있습니다.

중복 배제는 중복되어 있는 데이터 부분을 삭제해 스토리지 사용 효율을 높이는 기술입니다. 예를 들면 전자 메일에서 파일을 첨부해 동시에 여러 사람에게 송신하면 같은 파일의 복사본이 여럿 만들어 집니다. 이 중복 데이터를 삭제해 데이터 용량을 줄이는 한편, 사용자에게는 지금까지와 마찬가지로 여러 파일이 있는 것처럼 보이게 할 수 있습니다. 이렇게 사용자가 의식하지 않고 스토리지 용량을 줄일 수 있습니다.

빅데이터 시대가 되어 스토리지 용량에 대한 수요가 높아지고 있으며 효율적으로 스토리지를 사용하고 운용이나 관리 부담을 줄이는 것에 대한 수요도 점점 높아질 것입니다.

SDI를 손쉽게 실현하는 하이퍼 컨버지드 인프라스트럭처

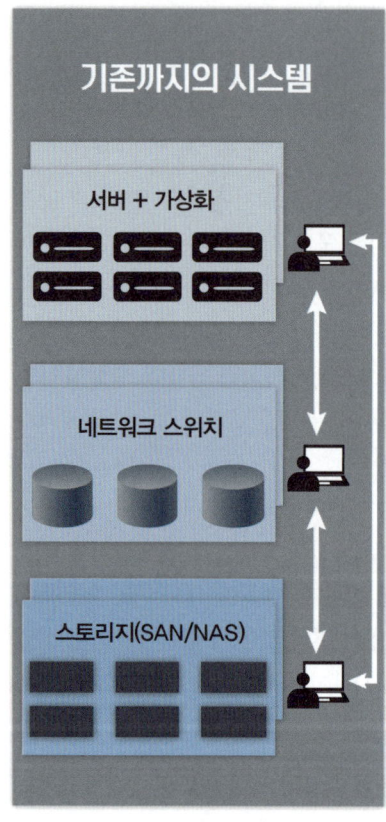

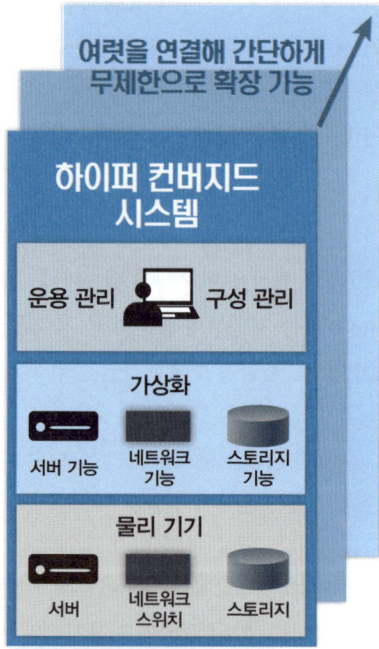

개별로 구성/운용 관리/확장

- ✓ 하드웨어, 가상화 소프트웨어 등 복잡한 설계
- ✓ 복잡한 운용 관리, 관리자 간 분산
- ✓ 각각 대응이 필요하므로 성능 확장이 어려움

일괄적으로 구성/운용 관리/확장

- ✓ 하드웨어, 가상화 소프트웨어 등이 이미 통합
- ✓ 일괄/중앙 집중 운용 관리
- ✓ 스케일 아웃으로 성능 확장/자동 구성

인터넷에 연결하면 언제 어디서든 원하는 정보를 손에 넣을 수 있고, 애플리케이션 서비스를 받을 수 있게 되었습니다. 그 결과 필요한 시스템 자원은 질적/양적으로 기존과는 차원이 다른 규모가 되었고, 그것이 지속적으로 증대하고 있습니다. 이것은 '웹 스케일'이라 부릅니다. 퍼블릭 클라우드는 이 웹 스케일에 대응해야 합니다.

이를 위해 CPU, 메모리, 스토리지 등의 하드웨어 능력을 각각 개별적으로 강화하는 '스케일 업(Scale-Up)'을 사용하면 이내 한계에 도달하게 됩니다. 그래서 일반적으로 같은 하드웨어를 병렬로 추가하고 전체 규모를 확대해서 능력을 강화하는 '스케일 아웃(Scale-Out)'으로 대응합니다.

이 방식을 자사 내 인프라스트럭처로 실현하고자 하는 제품이 '하이퍼 컨버지드 인프라스트럭처(HCI: Hyper-Converged Infrastructure)'입니다. 2개 분량의 랙(2U) 케이스에 CPU, 네트워크, 스토리지가 표준화된 시스템 구성으로 갖춰져 있고, 케이스 단위로 증설하면 탑재되어 있는 가상화 소프트웨어가 이들을 통합하고, 하나의 인프라스트럭처로 기능하도록 자동 설정합니다. 이를 통해 설치나 확장에 수반되는 작업 부담이 크게 줄어들게 되었습니다.

표준 기능을 하나의 매체에 넣어 시스템 연결이나 기본적인 설정을 미리 완료한 뒤 출하하는 '컨버지드 시스템'이라 불리는 제품도 있습니다. 최초 도입은 간단하지만 구성이 고정적이며, 규모나 구성을 바꾸지 않는 것을 전제로 사용하기에는 좋지만 쉽게 확장할 수 없는 과제를 안고 있었습니다. 한편, HCI는 표준화된 시스템 구성 모듈을 추가하면 능력을 확장(스케일 아웃)할 수 있으며, 그 구성이나 설정도 자동으로 수행하므로 능력을 신속하고 단계적으로 확장할 수 있습니다.

단, HCI는 표준 시스템 단위로만 확장할 수 있습니다. 예를 들어 스토리지 용량만 추가할 수는 없습니다. 이 과제에 대처하기 위해 등장한 것이 '컴포저블 인프라스트럭처(Composable Infrastructure)'입니다. CPU, 네트워크, 스토리지 등을 각각 설치해도 소프트웨어에 의해 자동으로 통합되고, 운용 관리도 자동화해 줍니다. 이후 HCI가 진화되면서 HCI와 컴포저블 인프라스트럭처의 경계가 모호하게 될 것입니다.

네트워크 가상화

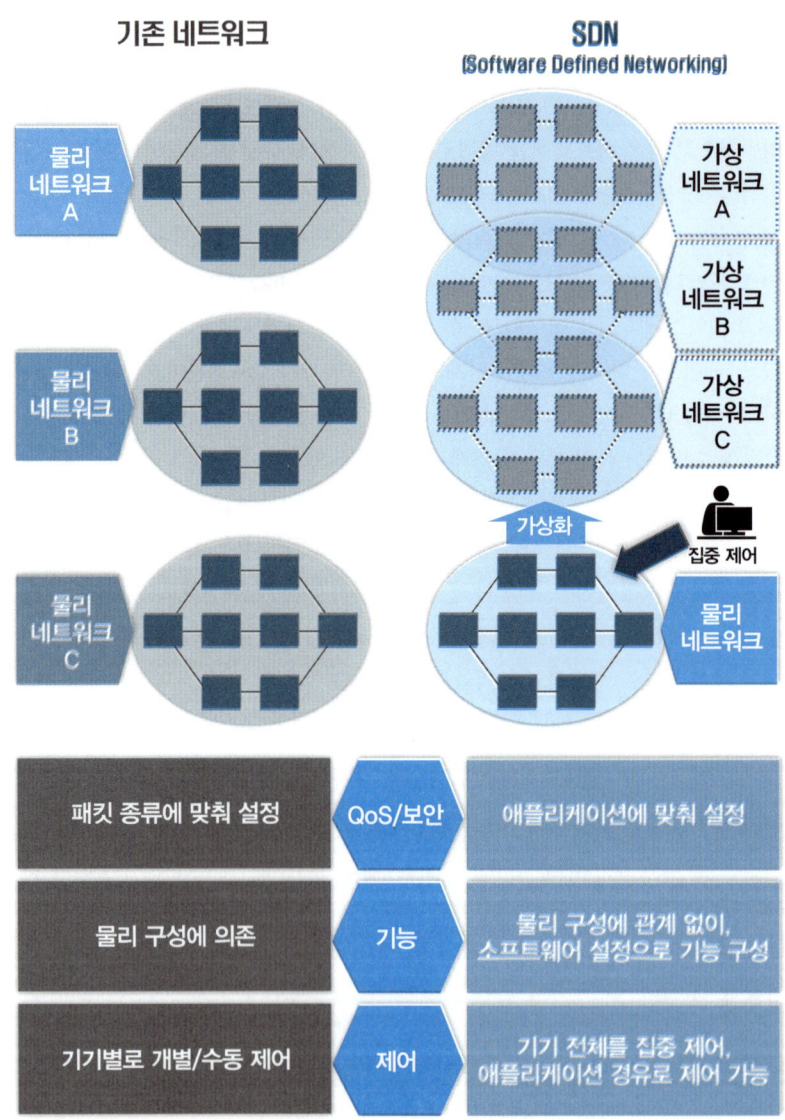

기존의 네트워크 구성은 다른 역할이나 기능을 가진 여러 기기를 케이블로 연결하고, 각각 개별적으로 설정해야 했습니다. 이 상식을 바꾼 것이 SDN(Software-Defined Networking)입니다. SDN은 라우터나 스위치 같은 네트워크 기기 구성이나 연결 라우팅 등을 소프트웨어에서 설정하는 것만으로 실현하는 기술을 총칭합니다.

예를 들면 다른 여러 기업의 시스템 기기가 혼재되어 설치되어 있는 데이터 센터의 경우, 기존에는 독립성을 보증하기 위해 각 기기도 네트워크를 분리해 개별적으로 구축/관리해야만 했습니다. 하지만 SDN에서는 모든 것을 하나의 물리적인 네트워크로 연결하고, 설정만으로 각각 독립된 네트워크로서 분리해 기능하도록 할 수 있습니다. 그리고 라우터나 스위치 같이 기능이 다른 기기도 필요했지만, 소프트웨어 설정만으로 필요한 기능을 실현할 수 있는 NFV(Network Functions Virtualization, 네트워크 기능 가상화)도 사용되고 있습니다.

그리고 '정책'에 따라 네트워크 성능을 제어할 수 있게 되었습니다. 정책은 기기 등을 다루는 방침이나 제약 조건을 결정한 규범입니다. 기존에는 운용 관리자가 정책에 따라 수작업으로 네트워크 기기를 개별적으로 설정했습니다. SDN을 사용하면 이 작업들을 네트워크 전체에 대해 일괄적으로 적용하거나 애플리케이션에서의 요구에 따라 자동으로 대응할 수 있게 됩니다. 예를 들면 '부하를 분산하고 싶다', '음성이나 영상은 도중에 끊어지지 않도록 우선적으로 처리하고 싶다'와 같이, 애플리케이션에 따라 정책을 설정하고 그에 맞춰 네트워크 전체의 동작을 제어합니다.

그 결과 네트워크 운용관리 부담이 줄어드는 것과 함께 애플리케이션 변경이나 트래픽(네트워크를 흐르는 통신량) 변화에 동적으로 대응할 수 있는 유연한 네트워크가 실현됐습니다.

네트워크 가상화는 설명한 SDI(Software-Defined Infrastructure)의 일부로, 민첩하고도 유연한 IT 인프라스트럭처 구축이나 운용 기반으로써 중요한 역할을 담당하고 있습니다.

WAN 소프트웨어화를 실현하는 SD-WAN

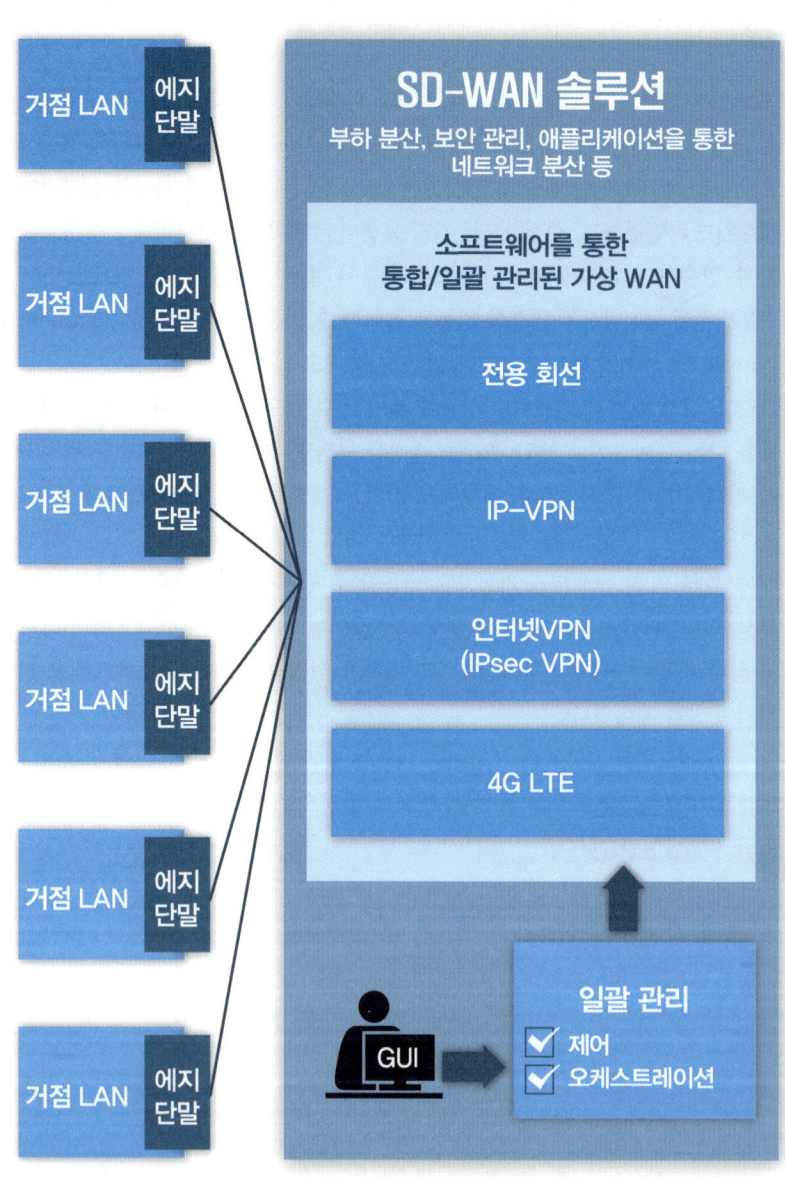

지금까지의 광역 네트워크(WAN: Wide Area Network)는 전용 회선, IP-VPN, 인터넷 VPN, 4G 등 대역이 한정되고, 서비스 품질이 고정적인 네트워크를 사용했기 때문에 변화에 신속하고 유연하게 대응할 수 없다는 과제를 안고 있었습니다. 이 상황을 바꾸고자 하는 것이 바로 SD-WAN(Software-Defied WAN)입니다.

SD-WAN은 거점 사이를 연결하는 여러 다른 회선을 통합/중앙 집중 관리해 하나의 가상적인 네트워크로 만듦으로써 이 과제를 해결하고자 하고 있습니다. '사용하는 애플리케이션을 식별해 사용자가 설정한 정책에 기반해 WAN의 트래픽을 제어하는 기술'이라 할 수 있습니다.

지금까지 많은 기업들은 애플리케이션을 자사 데이터 센터에서 중앙 집중적으로 운영하고 전용선이나 폐쇄망을 통해 각 거점에 서비스로 제공했습니다. 그렇기 때문에 인터넷을 통해 외부 클라우드 서비스를 사용할 때도 이 전용선이나 폐쇄망을 통해야만 했습니다. 하지만 클라우드 서비스 보급과 함께 이런 사용 방식은 데이터 센터의 네트워크 능력이 병목이 되고, 응답 저하나 보안상 제약 등이 있어 매우 사용하기 어려워졌습니다. 그래서 SD-WAN을 사용해 이런 과제를 해결하고자 하는 것입니다.

- '애플리케이션의 차이', '모바일이나 업무 거점의 차이', '트래픽 양의 차이', '음성이나 동영상 등 낮은 지연 시간이 강하게 요구되는 서비스와 그렇지 않은 일반적인 업무 시스템의 차이' 등 다양한 상황에 맞춰 최적의 회선을 자동으로 전환해 서비스 품질을 최적화하고 회선 요금을 줄일 수 있다.
- 네트워크 연결 방법이 다른 여러 퍼블릭 클라우드와 자사가 소유한 시스템을 연계하는 경우의 네트워크를 중앙 집중 관리할 수 있다.
- 이해하기 쉬운 GUI(Graphical User Interface)로 네트워크 상황을 파악할 수 있고, 설정 변경도 쉽게 할 수 있기 때문에 네트워크 기기 설정 지식을 갖지 않은 사람도 가상 네트워크를 구축/운용할 수 있다.

업무 방식 개혁의 일환으로 클라우드 서비스나 원격 근무에 대한 대응이 필요하게 되고, 다양한 네트워크 사용에 대처해야만 하므로 이 기술에 주목해야 할 것입니다.

부록: DX 관련 참고 서적 소개

이 책을 쓰는 과정에서 참고했던 서적들을 몇 가지 소개합니다. 물론 모든 서적을 소개할 수는 없습니다. 이 책 1장부터 3장까지 IT 트렌드를 만드는 기업 환경이나 디지털의 본질, DX란 무엇인가 등에 대해 영감을 받고 아이디어를 얻은 책들 중 일부를 소개했습니다.

DX 사고법: 일본 경제 부활을 위한 최강 전략(2021년 4월)[*]

'DX'라는 용어를 책 제목에 사용했지만 결코 DX에 관한 해설서는 아닙니다. 그 뿌리에 있는 디지털의 본질, 즉 '디지털화의 형태는 깊은 레이어 구조를 사용한 네트워크이다'라는 한 문장이 그것을 훌륭하게 설명하고 있습니다. 여기에서 필자가 얻은 디지털의 가치는 '레이어 구조화와 추상화'입니다. 책에서 DX의 본질에 관해 '변화에 민첩하게 대응할 수 있는 기업으로 탈바꿈하는 것'이라고 설명했습니다. 이 책에서는 그 전제가 되는 디지털화해야만 하는 이유를 적확하게 설명하고 있습니다.

현명한 기업들: 지식 창조에서 지식 실천으로 가는 새로운 모델 (2020년 8월)[**]

경영학 분야의 세계적인 명저인 '지식창조기업(1998, 세종서적)'의 두 저자가 25년만에 쓴 속편입니다. 물론 DX에 관한 해설서는 아닙니다. 기업 경영의 '바람직한 모습'에 관해 풍부한 사례를 들면서 그 원리와 원칙을 명확하게 풀어냅니다. 이 책에서 배운 것은 DX의 본질은 인간 능력의 활성화에 있다는 것입니다. 즉 '디지털로 할 수 있는 것은 철저하게 디지털에 위임하고, 인간만 할 수 있는 것에 인간은 생각과 시간을 기울인다'는 DX의 '바람직한 모습'은 저자들이 말하는 '현명한 기업들(Wise Company)', 즉 '현명하고 사려 깊은 기업'과 겹치는 것입니다. 결국 'DX란 무엇인가, 무엇을 해야 하는가'라는 세간의 질문에 끌려가는 것이 아니라, '기업 경영은 어떻게 해야 하는가'라는 근원적인 질문에 답하는 것이 중요하다는 것을 알게 되었습니다.

---

[*] 『DXの思考法 日本経済復活への最強戦略』(西山 圭太, 文藝春秋), 국내 미출간
[**] 『The Wise Company: How Companies Create Continuous Innovation』(Ikujiro Nonaka, Hirotaka Takeuchi, Oxford University Press), 국내 미출간

▌DX 실행 전략: 디지털로 움직이는 조직을 만들라(2019년 8월)*

마이클 웨이드는 스위스의 명문 비즈니스 스쿨인 IMD의 교수로, 글로벌 기업의 경영진 교육도 하고 있는 연구자입니다. 이 책에서는 2004년에 스톨터만이 제창한 '기업 현상 및 연구 방침으로의 디지털 트랜스포메이션'에 대해, '기업 변혁으로서의 디지털 비즈니스 트랜스포메이션'을 구별하고 이것을 '디지털 기술과 디지털 비즈니스 모델을 사용해 조직을 변화시켜 업적을 개선한 것'이라 정의했습니다. 그리고 '디지털 비즈니스 트랜스포메이션에는 기술보다 훨씬 많은 것이 관여한다.'고 지적하고 있습니다. 즉 아무리 뛰어난 혹은 최첨단의 기술을 활용한다 하더라도 인간의 사고 프로세스나 리터러시, 조직의 움직임을 디지털을 활용하기에 적합한 모습으로 탈바꿈시키지 않으면 '업적을 개선하는 것'을 불가능하다는 것입니다. 어디까지나 디지털은 수단이며, 그것을 사용하는 것이 목적이 아니라는 것입니다. 이 본질적인 명제는 DX를 마주하는 데 있어 절대로 간과해서는 안 되는 중요한 것입니다.

▌애프터 디지털 2: UX와 자유(2020년 7월)**

이 책의 저자는 2019년 저서에서 '애프터 디지털(After Digital)'이라는 용어를 처음 사용했습니다. 그 책에서 디지털이 불러올 세계를 구체적인 사례로 보여주었습니다. 애프터 디지털 2는 그 책의 후속작입니다.

저자는 많은 일본 기업들이 'DX'의 중요함을 인식하면서도 '모든 것이 온라인이 된다는 전제'를 적용하지 못하고 있는 위험을 지적합니다. DX에 앞서 디지털은 무엇인가, 디지털에 의해 비즈니스는 어떻게 변하는가에 관해 중국 알리바바, 텐센트, 평안 보험의 사례를 제시하면서 표면적인 노력 내부의 '본질'에 집중합니다. 특히 디지털이 전제인 사회가 되면 시장의 규칙이 변한다는 것을 지적하고, 그 키워드로 'UX'를 뽑습니다. 이 기업들이 공통적으로 가지고 있는 사고법인 'OMO(Online Merges with Offline)'를 소개하고, 이것이 앞으로의 기업 전략의 기본이 될 것을 설명합니다. 그야말로 'DX는 무엇을 하는 것인가'에 관해 구체적으로 알 수 있는 단서를 주었습니다.

---

* 『Orchestrating Transformation』(Michael Wade, DBT Center Press), 국내 미출간
** 『アフターデジタル2 UX と自由』(藤井 保文著, 日経BP), 국내 미출간

부록: DX 관련 참고 서적 소개

▎스크럼: 업무 속도가 4배로 빨라지는 "세계 표준" 팀 전략(2015년 6월)[*]

'스크럼(Scrum)'은 애자일 개발의 실천적 프레임워크로 널리 알려져 있습니다. 스크럼을 체계화한 당사자인 제프 서덜랜드(Jeff Sutherland)가 스크럼의 기본 사상을 이해하기 쉽게 설명합니다. 스크럼의 탄생 배경, 필요성에 관해 저자의 경험을 들어 설명합니다. 이 책은 스크럼 개발 방법론이 아니라 예측 불가능한 시대의 기업이나 조직의 바람직한 자세나 행동 방식으로의 스크럼이 무엇인지 설명합니다. 그것은 DX가 목표로 해야 할 바람직한 자세와 다르지 않습니다. 애자일 개발의 본질은 '계획은 가설로서 필요하지만 "계획대로 실행하는 것"은 무리이다. 따라서 사용자의 니즈 변화, 비즈니스 환경 변화에 대응해 변경을 적극적으로 수용하고 시스템 개발이 아니라 비즈니스 성공을 목표로 해야 한다'는 것입니다. 그야말로 오늘날의 기업 영역에 요구되는 가치관이며, 결국 DX는 그런 기업, 즉 '애자일 기업'으로 탈바꿈하는 것임을 깨달았습니다.

그밖에도 소개하고 싶은 서적들이 많지만 이정도로 마무리하겠습니다. 단, 이 서적들 모두에 관통하는 개념이 있습니다. 그것은 '변화에 민첩하게 대응할 수 있는 기업으로 탈바꿈해야 한다. 그러면 실적이 개선된다'는 것입니다. DX는 이를 위한 사고방식이자 수단이라고 말할 수 있습니다. 디지털이 큰 도움이 되는 것은 말할 필요도 없지만, 디지털을 사용하는 것 자체가 목적은 아님을 명심하시기 바랍니다.

---

[*] 『Scrum: The Art of Doing Twice the Work in Half the Time』(Jeff Sutherland, Random House Business Books), 국내 미출간

마치며

필자가 주최하는 IT 솔루션 학원의 참가자 명단을 메일에 텍스트로 입력해서 보내주신 분이 있었습니다. 참가자는 30여명이었으며 이름과 함께 소속, 직책, 메일 주소 등이 개조식으로 쓰여 있었습니다. 이것을 데이터베이스에 등록해야 했습니다. 이를 위해서는 먼저 테이블 형식의 데이터로 변환해야 했기 때문에 항목별로 일일이 복사해서 옮겨 써야 했고, 상당한 시간이 걸릴 것으로 생각되었습니다.

그래서 어떻게 할까 고민하다가 항상 의지하고 있는 ChatGPT(GPT-4)에게 의뢰해 보기로 했습니다.

'항목별로 추출해서 목록 테이블로 정리하고 싶다'

그리고 메일 텍스트를 복사해서 붙여 넣고 실행했습니다.

Analyzing...

ChatGPT의 코드 인터프리터가 실행되고 Python으로 프로그램 코드를 출력했습니다.

...Error

역시나 실패입니다. 전송된 참가자 목록은 항목 순서별로 정리되어 있었지만 자리 수가 제각각이어서 간단하지 않으리라고 생각했습니다. '복사&붙여넣기' 할 수밖에 없다고 생각하며 포기하려는데, ChatGPT가 다시 마음대로 'Analyzing…'을 출력합니다.

'엇, 이번에는'이라는 기대는 사라지고 다시 'Error'. '역시 안 되려나…' 이제 어쩔 수 없다 생각하고 Excel을 실행하려는데, 다시 'Analyzing'이 시작되었습니다. 그리고 이번에는 테이블을 작성했습니다. 세 번 만에 '원하는 것'의 코드를 생성한 것입니다. 솔직히 놀랐습니다.

필자는 프로그래머가 아닙니다. 이런 필자가 일본어로 원하는 것을 기술하기만 하니 Python 코드를 생성하고, 기대했던 대로 목록 테이블을 만들어 준 것입니다.

필자는 업무에 필요한 정보를 검색해서 정리할 때나 문장 초안을 작성할 때 ChatGPT를 사용합니다. 이런 작업들은 모두 '내가 직접 할 수 있는 것들'입니다. 하지만 노력이나 시간을 크게 단축할 수 있어 사용하고 있습니다. 하지만 위와 같은 Python 코드 생성이나 프레젠테이션 자료로 사용할 일러스트를 그리는 것과 같이 '내가 직접 할 수 없는 것'도 시킵니다. 이것은 자신의 능력을 확장, 강화하는 사용 방식입니다.

'새로운 관점을 손에 넣는 것'에도 사용하고 있습니다. 예를 들면 사업 계획의 목표와 과제를 설정하고 과제를 해결하는 10가지 아이디어를 만들어 달라고 지시합니다. 그 대부분은 누구나 생각할 수 있을만한 것입니다. 하지만 그 중에는 '이것은 재미있겠는 걸'이라 생각되는 아이디어가 포함되기도 합니다. 이것을 발판 삼아 아이디어를 세련되게 다듬거나, 보다 깊이 고찰합니다. 그리고 문장의 목적과 문장에 담아야 할 것을 지시하면 이 책의 '들어가며'와 같은 문장을 작성해 줍니다. 이것을 토대로 자신의 아이디어를 포함해 자신의 문장으로 마무리하는 사용 방법도 많이 사용합니다.

ChatGPT를 사용하면 '자신이 할 수 있는 것'의 생산성을 극적으로 향상시키고 '자신이 할 수 없는 것'을 할 수 있게 되며, '새로운 관점을 손에 넣는 것'을 통해 아웃풋의 질이 향상됩니다.

처음은 단순한 호기심이었습니다. 하지만 사용할수록 그 방법이 다양해지고, 사용 방법이 세련되어졌습니다. ChatGPT는 이미 업무의 훌륭한 친구가 되어, 헤어질 수 없는 존재입니다. 우리는 이렇게도 뛰어난 친구를 한 달에 20달러라는 가격으로 옆에 둘 수 있는 것입니다.

ChatGPT에게는 미안하지만 그 밖에도 의지할 수 있는 친구들이 등장했습니다. Google의 Gemini, Anthropic의 Claude3입니다. 이들도 상당히 우수하기 때문에 사용하면서 나름의 사용 방법이나 조합 방법을 시도해보고 있습니다.

이 '마치며'를 작성하고 있는 도중에 OpenAI가 ChatGPT(GPT-4o)를 릴리스했습니다(2024년 5월 13일). 놀랄만큼 유창하게 음성으로 시간 지연 없이 대화할 수 있고, 실제 사람을 상대로 대화하는 듯 느껴집니다. 음성뿐만이 아닙니다. 이미지나 영상도 실시간으로 인식하고, 이에 관해 설명하고 질문에도 대답해 줍니다. 감정 기복도 풍부하며, 농담을 건네기도 하고, 노래도 부르며 무서울만큼 인간처럼 대응합니다. 그리고 그 다음 날에는 Google도 비슷한 제품인 Gemini 1.5 Pro를 발표했습니다.

텍스트 박스에 문자를 입력해 AI와 대화하는 AI 챗 UI는 이미지 시대에 뒤떨어진 것처럼 느껴질 정도입니다. 눈, 귀, 입을 가진 인간을 상대로 대화하는 듯한 느낌으로 AI를 사용할 수 있게 된 것입니다.

이 책에서 '챗 AI의 개발자는 AI 에이전트의 포지션을 잡으려고 한다'고 썼습니다. OpenAI와 Google의 발표는 그 길을 명확하게 보여주는 것이라 할 수 있습니다.

생성형 AI에 국한된 이야기가 아닙니다. IT는 다양한 분야에서 일상에 침투하고 있으며 할 수 있는 것도 계속 급속하게 증가하고 있습니다. 이런 새로운 수단에 흥미를 갖고 활용하게 된 사람과 그렇지 않은 사람 사이에는 업무 퍼포먼스에서 당연히 큰 차이가 발생할 것입니다. 이것은 개인뿐만 아니라 기업도 마찬가지입니다. 적극적으로 활용하는 기업과 그렇지 않은 기업에서는 경쟁력의 격차가 치명적입니다. 기술 발전이 계속 가속도를 높이는 지금, 단기간에 이 격차는 커질 것입니다.

이런 시대에 '보안의 우려가 있기 때문에', '기업의 시스템에서는 사용할 수 없기 때문에', '업무에는 그다지 필요가 없기 때문에' 라며 망설이다가는 눈 깜짝할 사이에 뒤쳐질 것입니다. IT를 스스로 멀리하기 위한 핑계로 이런 말을 하는 것은 말도 안 된다고 생각합니다.

기업에 의지하지 않고도 자신의 PC나 스마트폰으로 간단하게 할 수 있습니다. 계속 이런 핑계만 댄다면 스스로를 '쓸모없는 사람'으로 만드는 것에 지나지 않습니다.

언제까지나 회사가 뒤를 봐줄 것이라 기대할 수 있는 만만한 시대가 아닙니다. 언제든, 어디에서든 통용되는 자신의 능력을 가져야만 살아남을 수 있습니다. 이런 현실을 진지하게 받아들이고 행동해야 합니다. IT의 상식은 이런 스스로의 힘의 전제가 됩니다.

이 책은 이런 여러분의 IT 상식을 끌어 올리거나 업데이트하는 데 도움이 될 것입니다.

물론 이 책을 읽었다고 해서 IT 전문가가 될 수는 없습니다. 하지만 세상이나 직장에서 들리는 새로운 용어가 '무엇'에 관해 말하는 것이지는 알 수 있게 될 것입니다. 어떤 기술인지 상상할 수 있다면 그것을 기반으로 비즈니스 이야기를 할 수 있게 될 것입니다. 이 책을 통해 이런 IT 상식을 얻을 수 있기를 바랍니다.

모든 사람이 IT 전문가일 필요는 없습니다. 하지만 비즈니스에 관련되어 있다면 적어도 IT 상식을 가진 사람 정도는 되어야 합니다. 이런 상식을 가진 사람의 감성으로 사물을 파악하고, 행동해야 합니다. 행동하면 할 수 있는 것, 할 수 없는 것이 명확해집니다. 지식을 사용해 생각하고, 결과로부터 판단해 개선하고, 다시 행동합니다. 이렇게 손에 넣은 지식은 실천으로 이어집니다.

'바뀌어 가는 것, 그것이 배움이라는 것, 안다고 하는 것이다. 스스로가 변하지 않았다면 아무것도 배우지 않은 것과 같다. – 해부학자, 요로 타케시(養老孟司)'

이 책이 이런 여러분의 실천에 도움이 되면 더없이 행복하겠습니다.
이 책을 마지막까지 읽어 주셔서 대단히 감사합니다.

야스카타케 남쪽 기슭에 위치한 신사의 워킹 플레이스 8MATO(야마토)에서
Saito Masanori

다운로드 안내

이 책에서 사용한 모든 다이어그램은 파워포인트 프레젠테이션 자료로 다음 웹사이트에서 다운로드할 수 있습니다. 본 자료는 로열티 프리로 사용할 수 있습니다. 사내 스터디, 기획 자료, 고객 제안서 같은 소재로 활용해 주십시오.

infopub.co.kr (자료실)

색인

2단계 인증 191
5G 019, 082, 173, 219, 223, 244, 246, 250

A

AGI 264, 267, 315
AI 052, 063, 082, 217, 260, 262, 264, 268, 271, 304, 320, 322, 324, 326, 331, 354, 362, 407
AIOps 362, 385
Airbnb 040, 047
AI 애플리케이션 284
AI 에이전트 065, 310, 312, 316
Alexa 312, 317
Alibaba 161
Amazon 051, 317, 319, 345, 381
Amazon EC2 145
Ambiguity(모호성) 044
Android 312
Ansible 373
Anthropic 033
API 365, 380
API 경제 380
APN 255
Apple 051, 071, 137, 235, 314, 317, 319
Apple Vision Pro 407
Apple Watch 312
AR 388
ARPANet 071
Attention 296

AWS 133, 139, 153, 161, 163, 377
AWS Lambda 145, 377
Azure OpenAI Service 161

B

BCP 181
Bing 161
Business Experience 068
BX 068

C

CaaS 147, 171
CBDC 398
CDO 019
ChatGPT 033, 139, 161, 291, 294, 312, 317, 318, 453
Chef 373
Chromebook 460
CIO 019
Claude3 033
CO_2 233
Complexity(복잡성) 044
containerd 117
Copilot 161
Copilot for Microsoft 365 294, 318
Copilot in Windows 319
cri-o 117
CRM 069
CSIRT 210
Customer Experience 068
CX 068
Cybozu Kintone 145

D

DALL-E2 295

DAO 401, 402
DDoS 241
DEC 136
DeFi 401
Developer Experience 068
Devin 355
DevOps 172, 339, 342, 368, 370, 378, 382, 384, 444
Digital Transformation 068
Docker 117, 121
DX 051, 054, 060, 062, 066, 068, 071, 072, 074, 077, 078, 082, 084, 086, 092, 209, 422, 424, 426, 428, 442, 444
DX 인재 440
DX 추진실 019, 435

E

ECU 105
EDR 202
Employee Experience 068
ERP 026, 052, 382
ERP 시스템 026
ERP 패키지 025, 026
Ether 398
Ethereum 397, 403, 404
EX 068

F

FaaS 147, 171, 172, 377
Facebook 089, 401, 403
FACOM M190 136
FIDO2 193, 195
FTQC 415

G

GCP 153

479

GitHub Copilot	294, 318	
GitHub Copilot Workspace		355
Google	033, 051, 089, 161, 292, 296, 311, 313, 317, 319, 403	
Google App Engine		145
Google Arts&Culture		091
Google Chrome		313
Google Compute Engine		145
Google Pixel		312
Google Workspace	161, 313, 461	

H

Hotmail	055
Hyperledger	397

I

IaaS	109, 110, 147, 164, 168, 171, 344
IBM	135, 161
IBM PC	137
ICT	016, 018
Intel	137, 227
Internet Explorer(IE)	313
IoT	052, 063, 082, 090, 216, 218, 220, 228, 238, 382, 408
IoT 보안	240
IOWN	244, 254
iPhone	032, 227, 235, 314
iPod	235
IT	016, 018

J

Job	111

K

Kubernetes	120
KVM	113

L

Linux	022, 113
Lyft	041

M

MacOS	022
Meta	311, 317
Microsoft	161, 292, 311, 313, 317
Microsoft Azure IaaS	145
Microsoft Entra ID	145
Microsoft Office 365	145
Microsoft Teams	063
Microsoft Windows 95	313
Midjourney	295
MR	388
MS-DOS	313
Mt.Gox	393
MVP: Minimum Viable Product	448
My GPTs	319

N

NCSA Mosaic	313
NEF	252
Netflix	040, 047
NFT	401, 404
NISQ	414

O

OAuth2	197
OpenAI	161, 311, 317, 319
OpenID	197

OS	022, 099, 104, 108, 112, 114, 116, 118, 144, 310
OS: Operating System	137
OSS	341

P

P2P 네트워크	394
PaaS	054, 082, 144, 147, 155, 164, 168, 172
PayPal	040
PLATEAU	225
POC(Point of Contact)	210
Purpose Beyond Profit	066

Q

QoS	123

R

RAG	304
Ripple	398
RLHF	308
RPA	363, 364, 366

S

SaaS	054, 082, 144, 147, 155, 164, 168, 171, 383
Sales Cloud	145
Salesforce	055, 153
SAML	197
SDI	106, 109, 155
Sketchpad	071
Slack	063
Society 5.0	169
Spotify	091
SRE	384
Stable Diffusion	295, 318
System/360	135

T

TCA	138
TCO	138, 140, 154, 170
Terraform	373
Try and Learn	050, 052, 077
Twitter	401

U

Uber	040, 047, 380
UI	004, 006, 032, 081
UKAEA	225
Uncertainty(불확실성)	044
UNIVAC I	135
UX	004, 006, 008, 032, 059, 081, 088, 222

V

VAX11/780	136
VDI	123
Virtual	012, 100
VMware ESXi	113
Volatility(변동성)	044
VR	100, 388, 407
VUCA	035, 044, 046, 050, 061, 067, 080, 085

W

Waymo	225
Web1.0	400
Web2.0	400
Web3	400
Windows	022, 123, 138
Windows95	055
Windows Server	113
Wintel	138
WWW(World Wide Web)	401

X

xR	388

ㄱ

가공 세계	226
가상 머신	379
가상 세계(Virtual World)	225
가상화	101, 110, 122, 155
가상 화폐	395, 398, 403
가용성(Availability)	180
가치 주도형	348
감성 혁신	032
감시(Monitoring)	216
강한 AI	266
강화 학습	276
개인용 컴퓨터	136, 243
계획 주도형	348
고전 컴퓨터	412, 414, 416
공개키	192
광전 융합 기술	255
기밀성(Confidentiality)	180
기반 모델	292, 294
기술 부채	345
기호 접근 문제	323

ㄴ

넓은 의미의 IoT	220, 222
네트워크 가상화	122
네트워크 슬라이싱	250
노-코드 개발	358
뉴런	278, 409
뉴럴 네트워크	268, 278, 283
뉴로 모픽 컴퓨터	408

ㄷ

다운 사이징	055, 136
당근마켓	089
대규모 언어 모델(Large Language Models(LLM))	294
데이터	179
데이터베이스	022
데이터 사이언스	052, 328, 331
데이터 사이언티스트	329, 330, 333
데이터 엔지니어링	331
데이터 주도 경영 기반	034
동적 정책	204, 206, 209
디자인 싱킹	444, 446
디자인 싱킹 린 스타트업	382
디지타이제이션	020, 072, 074, 428, 430
디지털	016, 018, 058
디지털 네이티브 기업	040, 042
디지털 디스럽션(Digital Disruption)	041, 050
디지털라이제이션	020, 072, 074, 428, 430
디지털 비즈니스 트랜스포메이션	093
디지털 트윈	012, 079, 082, 222, 224, 228, 230, 232, 260
디지털화	016, 020, 022, 025, 030, 034, 052, 072, 074, 088
디지털 화폐	398
딥러닝	019, 268, 278, 280, 282, 293

ㄹ

랜섬웨어	178, 208
레이어 구조화	022, 024, 041, 084

로우-코드 개발 172, 358, 360	배치 모델 142, 148	서버 OS 113
로컬 5G 248	배치 처리 243	서버 가상화 112, 114, 117, 122
리스크 185	버그 185	서버리스(Serverless) 054, 082, 147, 172, 376
리스크 관리 184	베어메탈(Bare Metal) 147, 171	
리스킬링(Re-Skilling) 442	벤더 록인(Vendor Lock-In) 153	서비스 모델 142, 144
린 스타트업 444, 448	보안(Security) 178	서비스 비즈니스 010
	보안 구멍 185	설명책임(Accountability) 184, 188
ㅁ	부인 방지(Non-repudiation) 180	소유 인증 190
머신러닝 082, 260, 268, 272, 274, 276, 281, 282, 284, 286, 288, 291, 292, 382	분류 286	소프트웨어 009, 098, 104, 106, 108, 130, 229, 234
	분산화 110	
	분할 102	소프트웨어화 104, 106, 108, 154
멀웨어(Malware) 178, 187, 201	블록체인 382, 392, 394, 396, 401, 404	
멀티 모달 AI 267		소형 컴퓨터 110, 136
멀티 클라우드 152	비만능 양자 컴퓨터 414	수용 수준 184
멀티 팩터 인증 190	비밀번호 없는 인증 192, 206	스마트 글래스 390
메인프레임 110	비밀키 192	스케일링 법칙(Scaling Law) 281
메칼프의 법칙 245	비지도 학습 276	스토리지 022
메타버스 226, 406	비트코인 393, 397, 398	스토리지 가상화 122
모놀리식(Monolithic) 아키텍처 056	빅데이터 079, 331	스파이웨어(Spyware) 187
	빅 테크(Big Tech) 051, 061, 293, 319	스프링보드 공격 241
모델 273, 275, 285, 290		시각화 286
모델 기반 개발(Model-Based Design, MBD) 033		식별(Identification) 188
	ㅅ	신뢰성(Reliability) 180
모집단 219	사고 185, 211	신체성(Embodiment) 323
무어의 법칙 227	사무용 컴퓨터 136, 243	실제 012, 058
물리 보안(Physical Security) 178	사물의 서비스화 228, 234, 236	심리적 안전감 081, 342
	사이버 보안(Cyber Security) 178, 181, 185	싱글 사인 온(SSO) 196
미들웨어 022, 112, 114, 120		
미션 크리티컬 139	사이버 위생 202, 206, 209	**ㅇ**
민첩성 054	사이버 피지컬 시스템(CPS: Cyber-Physical System) 079, 082, 220, 229, 230, 232	아날로그 016
		아키텍처 135
ㅂ		암묵지 283
바이러스(Virus) 187	생성 288	애그리게이션 102
반복적 개발(Iterative Development) 347	생성형 AI 065, 263	애자일 060
	생체 인증 190	애자일 개발 011, 054, 070, 172, 342, 346, 348, 350, 368, 382, 444
발명 030	서버 113	
발전소 모델 128		
배치 110		

애자일 기업	073, 085
애자일 소프트웨어 개발 선언	055
애플리케이션	022, 098, 105, 108, 116, 119, 164, 396
애플리케이션 가상화	122
약한 AI	266
양자 비트	417
양자 컴퓨터	410, 412, 414, 416
어닐링(Annealing)	415
언번들(Unbundle)	028
에뮬레이션	102
에지 서버	238, 243
에지 컴퓨팅	238
엔지니어링 워크스테이션	136
연동(Cooperation)	216
연속적인 양	017
예측	286
오버헤드	115
온프레미스(On-Premise)	056, 170, 363
완전성(Integrity)	180
원격 근무	201
웜(Worm)	187
위협	185
의도적 위협	185
의사 세계	225
이뮤터블 인프라스트럭처	372
이산적인 양	017
이음 5G	249
인가(Authorization)	188
인위적 위협	185
인증(Authentication)	188
인증 연동(페더레이션)	196
인증 자격 정보	193
인터넷	396, 401
인텔 아키텍처	137
인프라스트럭처 애즈 코드 (Infrastructure as Code)	372, 385

ㅈ

자가 발전 모델	128
자기 주의 메커니즘(Self-Attention Mechanism)	297, 298
자기 지도 학습	296, 300
자동화(Automation)	085, 155
자연 생태계	450
자연 언어 처리	296
자율화(Autonomous)	085, 216
전문가 시스템	269
전자 화폐	398
접근 제어	189
정보	179
정보 보안(Information Security)	178, 181
제로 데이 공격(Zero-day Attack)	203
제로 트러스트	198, 206, 342
제로 트러스트 보안	206
제로 트러스트 아키텍처	200
제어(Control)	216
좁은 의미의 IoT	220
주의 메커니즘(Attention Mechanism)	279
지도 학습	276
지속 가능성(Sustainability)	054
지속적 배포(Continuous Deploy)	371
지속적 배포(Continuous Deployment)	369
지속적 전달(CD: Continuous Delivery)	369, 371
지속적 통합(CI: Continuous Integration)	347, 371
지식 인증	190
지연 시간	159
진정성(Authenticity)	180
집약	102

ㅊ

차원 압축	276
창발(Emergence)	281
책임 추적성(Accountability)	180
챗 AI	294
챗봇	033
최적화 루프	222
추론	272, 274, 280, 282, 284
추상화	022, 024, 041, 084
취약성	185

ㅋ

커널	111
컨테이너	082, 110, 114, 118, 120
컨테이너 엔진	116
코모도어(Commodore)	137
쿠르트 레빈	438
클라우드	011, 054, 070, 078, 083, 109, 118, 129, 132, 134, 140, 142, 144, 146, 154, 156, 162, 172, 219, 220, 238, 243, 342, 408
클라우드 네이티브	378
클라우드 바이 디폴트 원칙	139, 168
클라우드 서비스	014 063, 196, 384
클라우드의 정의	143
클라이언트	113
클라이언트 가상화	122
클라이언트-서버 방식	055, 243
클러스터링	276

483

ㅌ

타임 셰어링(시분할)	110
데스크톱 가상화	122
테스트 주도 개발(Test Driven Development, TDD)	349
텐디/라디오섹(Tandy/RadioShack)	137
토큰	296, 299
통한 리번들(Rebundle)	028
트랜스포머	296, 298, 300
트로이의 목마(Trojan Horse)	187
특정 기업 점유	148
특화 양자 컴퓨터	414

ㅍ

파인 튜닝	304
파티셔닝	102
패스키	194
퍼블릭 5G	248
퍼블릭 클라우드	149, 151, 153, 154, 158, 164, 171, 173
평행 세계	225
포그 컴퓨팅(Fog Computing)	239
폭포수 개발	054, 346, 348, 350, 352
표본	219
프라이빗 클라우드	148, 151, 154, 168
프로세서	019, 022
프로-코드 개발	358, 360
플랫폼	098, 108, 164
피싱 사기	193

ㅎ

하드웨어	104, 106, 108, 112, 118, 130, 229, 234
하이브리드 클라우드	148, 150, 152, 154
하이퍼바이저	112, 117, 120, 155
하이퍼컴피티션	046
학습	272, 273, 274, 276, 280, 282, 290
할루시네이션	304, 307
해시값	395
핵심 가치	013
향상	028
혁신	030, 084, 233, 453
현상적 위협	185
후지통	136
훈련	273